উত্তর সম্পাদকীয় ইত্যাদি

নীহার মজুমদার

editionNEXT, Kolkata, India
www.editionnext.com

"Uttar Sampadakiya Ityadi" :: A Collection of Postedit, Published in Various Bengali Newspapers of Nihar Majumdar

© Author

Indian Edition

Cover Designed by: Uday Bhattacharyya

First Edition: August 2024

Price: ₹ 359.00

Available at: amazon.in, flipkart.com & other leading online stores
Publisher: Mousumi Bhattacharyya
FD 16/1, Baguiati, Kolkata- 59
Website: editionNEXT.com
Facebook: facebook.com/editionnext
Twitter: twitter.com/editionnext
eMail: Link "Contact Us" in editionNEXT.com

উৎসর্গ

শ্রী স্নেহাশীষ সুর

সভাপতি, প্রেস ক্লাব, কলকাতা

স্বয়ং ১৯৮২ সাল থেকে সক্রিয় সদস্য। এই ঐতিহাসিক সংগঠন আমার কাছে পেশাগত মন্দিরসম। উল্লিখিত প্রখ্যাতজনের মাধ্যমে সংগঠনের সকলের প্রতি কৃতজ্ঞতা রইলো।

প্রাক কথন

কলকাতা বিশ্ববিদ্যালয় থেকে সংবাদিকতা পাঠ্যক্রম শেষ করে যুগান্তর পত্রিকায় শিক্ষানবীশ ছিলাম। পরবর্তী সময়ে জনসংযোগ পেশায় চলে আসা এবং সেখানেই অবসর গ্রহণ। কিন্তু নানান কাগজ, সাময়িকপত্রে নিয়মিত লেখা বহাল রেখেছি।

বিগত চারদশকেরও উপর সেই চর্চা অবাহত রেখেছি। সেই সব অজস্র উত্তর সম্পাকদীয়, প্রবন্ধ তথা ফিচার -ভাণ্ডার থেকে কিছু রচনা নিয়ে এই সংকলন -যা জুতো সেলাই থেকে চণ্ডীপাঠ বিশেষ। রাজনৈতিক লেখায় চেষ্টা করেছি। কোনও দলীয় পক্ষপতিত্বকে প্রশয় না দেওয়া।

বিশ্বাস লেখাগুলোর মাধ্যমে বিভিন্ন সময়ের বিশেষ করে সমকালীন অর্থ-সমাজিক পরিস্থিতি অবলোকন করা যাবে।

বিনীত

নীহার মজুমদার

কলকাতা-৫৯

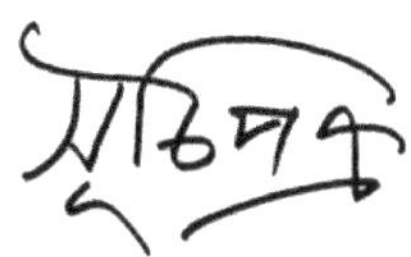

সূচিপত্র

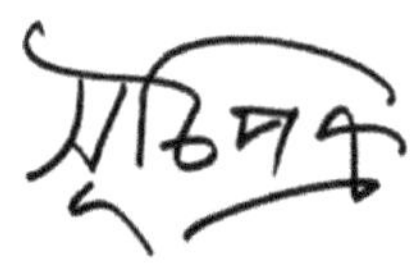

সূচিপত্র

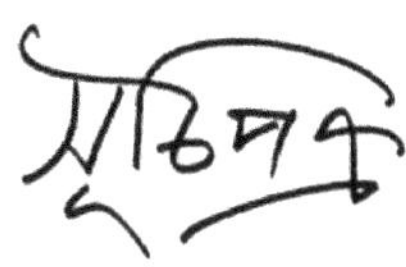সূচিপত্র

নববর্ষের প্রবর্তক সম্রাট আকবর

দৈনিক স্টেটসম্যান, রবিবার ১৫ এপ্রিল ২০১৮ ● কলকাতা

বাংলা নববর্ষের সূচনা নিয়ে আলোচনা করতে গেলে এই ভেবে আশ্চর্য হতে হয় যে, এর উদ্ভাবক ছিলেন কোনও হিন্দু শাস্ত্রজ্ঞ কিংবা উক্ত ধর্মীয় অনুশাসনের সৌজন্যে নয়, বাংলা নববর্ষের উদ্ভাবক তৃতীয় মোগল সম্রাট, দক্ষ প্রশাসক, দার্শনিক, বুদ্ধিজীবী, সমাজতান্ত্রিক কিংবদন্তী 'আকবর'। তাঁর দুই দশকের প্রশংসিত রাষ্ট্রশাসন সম্পর্কে সবাই অবহিত। কিন্তু তিনি যে হিন্দু নববর্ষের সূচনাকার, তা আমরা অনেকেই জানি না। এ এক রোমাঞ্চকর কৌতূহলোদ্দীপক কাহিনি। মোগল মুসলমানী শাসনব্যবস্থায় বঙ্গীয় রীতিনীতি মেনে, কৃষিজীবীদের যৌক্তিক দাবি মেনে পয়লা বৈশাখ দিয়ে বর্ষ শুরুর উদার মানসিকতার নিদর্শন বাংলা নববর্ষে বর্ষসূচনার ইতিহাসে স্বর্ণাক্ষরে লেখা থাকবে। সেই ধর্মীয় উদারতা এবং মৈত্রীভাব আজ হারাতে বসেছে।

সম্রাট আকবর বাংলা নববর্ষের প্রথম দিন অর্থাৎ পয়লা বৈশাখের মাধ্যমে বাৎসরিক ক্যালেন্ডারের সূচনা করেন ১০ মার্চ ১৫৮৫ খ্রিস্টাব্দে। তা আনুষ্ঠানিক হলেও বলবৎ বা কার্যকরী হয় ১৬ মার্চ ১৫৮৬ সালে। কারণ প্রথমোক্ত সময়ে তাঁর অভিষেক পড়ে গিয়েছিল বলে বৎসরাধিকাল সময় লেগে যায়। শুরু হয় বঙ্গাব্দ বা 'কৃষিভিত্তিক' বছর। আজ থেকে ৪৩২ বছর আগে ভারতবর্ষের মূল ভিত্তিই ছিল কৃষি- এবং রাজস্ব আদায়ের প্রায় ৯৮ শতাংশ সূত্র। বৈশাখ থেকে চৈত্র পর্যন্ত বারো মাসের বঙ্গাব্দ সন চালু হওয়ার আগে পশ্চিমি মুসলিম রাষ্ট্রের ঘরাণা অনুযায়ী 'হিজরি সন' মানা হত, যা এখনকার বাংলা ক্যালেন্ডার অনুযায়ী শীতে ভরা ফসল তৈরির মরশুম ছিল। চাষিরা সে সময় মাঠে মাঠে চাষে পুরোপুরি ব্যস্ত থাকত। পশ্চিম এশিয়ার হিজরি সন এবং প্রাকৃতিক আবহাওয়ার সঙ্গে ভারতের বৈপরীত্য এতকাল যুক্তিযুক্তভাবে মানা এবং বিবেচনা করা হয়নি বলে, ফসল ওঠার সময় মাঠে শস্য থাকা সত্ত্বেও চান্দ্রবর্ষীয় ক্যালেন্ডার এদেশে প্রচলিত ছিল, যে সময় এখানে আবহাওয়া অনুযায়ী সৌর-কৃষি মরশুম চলত বা এখনও যা চলে। ফলে ওই সময় কৃষিজীবীদের পক্ষে ফসল না তুলে ভরা মরশুমে কৃষিকর দেওয়া অসম্ভব ছিল। চৈত্রে ফসল তুলে বিক্রি করে তবেই কৃষিকর বা সরকারি রাজস্ব দেওয়া সম্ভব ছিল। গোল বাঁধল। রাজস্ব ভাণ্ডারে প্রায় শূন্যতার সৃষ্টি হল। প্রজাবৎসল মানবিক বিবেচনাবোধী সম্রাট আকবর ফতোয়া জারি না করে উপায়-সূত্র সন্ধানে অগ্রণী হলেন, যাতে কৃষিজীবীরা কর দিতে পারে এবং বিনা ছলিয়াতেই পূর্ণ রাজস্ব আদায় হয়।

দুর্ভোগে পড়া প্রজাদের স্বার্থকে প্রাধান্য দিয়ে তিনি মোগল দরবারের রাজজ্যোতিষী জনাব ফতেউল্লাহ সিরাজিকে একটি সর্বসম্মত নতুন বর্ষপঞ্জী তৈরির দায়িত্ব দিলেন। তিনি পরিবেশ-পরিস্থিতি থেকে সর্বজনীন সিদ্ধান্ত দিলেন যে 'ফসলী-সন' শেষ হবে ৩১ চৈত্র এবং নতুন বর্ষ শুরু হবে পয়লা বৈশাখ থেকে। কারণ চৈত্রের মধ্যে দেশের সর্বত্র ফসল উঠে গিয়ে চাষিদের ঘরে ঘরে অর্থও এসে যাবে, ফলে চৈত্র শেষের মধ্যে সরকারি কর আদায়ে আর কোনও সমস্যা থাকবে না। ওরাও নিশ্চিন্তে কর মেটাতে পারবে এবং একই সঙ্গে নতুন বীজ-ফসলের সূচনা আনন্দে শুরু করতে পারবে। সম্রাট আকবর তৈরি করেন 'তার্কিশ-ই-ইল্লাহী সন' বা বর্ষপঞ্জী। চালু করার আগে প্রজা সাধারণের সর্বসম্মত অভিমত সংগ্রহ করে তিনি সূচনা করেন বঙ্গাব্দ ১ বৈশাখ থেকে

৩১ চৈত্র। অন্য অর্থে এই মিশ্র হিন্দু-ইসলামের বর্ষপঞ্জীকে বলা হয় 'ফসলী সন'। এরই সূত্র ধরে বলা হয় মোগল গভর্নর জনাব মুর্শিদকুলি খান বছরের এই প্রথম দিনটিকে 'পুণ্যাহ' রূপে চিহ্নিত করে জমি-কর চালু করেন, যাতে নির্দেশিত ছিল ৩১ চৈত্রের মধ্যে বকেয়া কৃষি ও অন্যান্য কর মিটিয়ে দিতে হবে। পয়লা বৈশাখ নববর্ষের প্রথম দিন হিসেবে সংস্কৃত 'সূর্যসিদ্ধান্ত' ও সহমত পোষণ করে আসছে। বাংলা বর্ষপঞ্জী নির্ণয় বা প্রণয়নে ধর্ম-বিভেদ ভুলে প্রজা সাধারণকে প্রাধান্য দিয়ে তা রচনা ও চালু করা একটি চিরসত্য এবং ঐতিহাসিক সিদ্ধান্ত, যার পূর্ণ কৃতিত্ব সম্রাট আকবরের।

ভারতের সর্বত্র এবং বিশ্বের বহু রাষ্ট্রে বাংলা নববর্ষ ভিন্ন ভিন্ন নামে সাড়ম্বরে উদ্‌যাপিত হয়ে আসছে। প্রসঙ্গত এই সময়টায় কোনও কোনও রাজ্যে (বাংলাসহ) ভিন্ন নামে নবান্ন পালিত হয়। যেমন অসম, তামিলনাড়ু ও কেরল। ভিন্ন পরিচিতিতে নববর্ষ, যেমন বৈশাখী (শিখ সম্প্রদায়), পুথান্ডু (তামিলনাড়ু), রঙ্গোলী (অসম), পুরম্ বিষু (কেরল), চেরাওবা (মণিপুর), জুইর সিহাহ (মিথিলা), বৈশাখী (মধ্য ও উত্তর ভারত), বিশুভসংক্রান্তি (ওড়িশা), বিক্রম সামোয়াত (নেপাল), অথলুথ আভুরুথু (শ্রীলঙ্কা), সোঙক্রান (থাইল্যান্ড), চোল চানম থেমি (কম্বোডিয়া), সেঙকান/পাইমাইলাও (লাওস), থিঙ্গিয়ান (মায়ানমার), বৈশবী (চট্টগ্রাম আদিবাসী অঞ্চল), ভাসক (বুদ্ধ ধর্মাবলম্বী), ওয়াইশোক (ইন্দোনেশিয়া), ওয়েশাক (মালয়েশিয়া), হনুমান জয়ন্তী (দক্ষিণ ভারত), অলিয়েন্ত (জৈন)। তাছাড়া পৃথিবীর বড় বড় দেশে যেখানে বিশেষ করে বাঙালি, দক্ষিণ ভারতীয় ও শিখ অধ্যুষিত অঞ্চল, সে স্থানে নববর্ষ উদ্‌যাপন তো হবেই। সঙ্গে আছে সমান গুরুত্বের বাংলাদেশীয় পরিবারসমূহ।

অন্য এক সিদ্ধান্ত অনুযায়ী শকাব্দ ব্যবস্থা চালু হলে, ওই সাম্রাজ্যের শাসককুলের সিদ্ধান্ত অনুযায়ী বাংলা ১২ মাসের নাম বিভিন্ন নক্ষত্র বা তারার নাম দিয়ে বৎসর সম্পূর্ণ হয়, যা চন্দ্র নির্ভর অর্থাৎ ওই গ্রহের চলমান অবস্থান-নির্ভর, যাকে বলা হয়েছে চান্দ্র বৎসর। যাই হোক, নক্ষত্রে নাম অনুযায়ী ১২ মাস হল: বিশাখা (বৈশাখ), জ্যেষ্ঠ বা জেষ্ঠা (জ্যৈষ্ঠ), ষঢ় (আষাঢ়), শ্রাবণী (শ্রাবণ), ভাদ্রপদ (ভাদ্র), অশ্বিনী (আশ্বিন), কার্তিকা (কার্তিক), অগ্রেহন (অগ্রহায়ণ), পৌষ্যা (পৌষ), মঘা (মাঘ), ফাল্গুনী (ফাল্গুন), চিত্রা (চৈত্র)। সব ধরনের ব্যবসায়ী মহলে প্রবাদ রয়েছে— 'দেনা মেটাও চৈত্রের শেষ দিনে/বছর শুরু হালখাতা কিনে।' হালে দেখা যায় সূর্যসিদ্ধান্তর বদলে ছক বা বিশুদ্ধ সিদ্ধান্ত পঞ্জিকা। সর্বশেষ আমদানি: ইন্টারনেটে ডিজিটাল ক্যালেন্ডার।

ব্যতিক্রমী এবং অভিনন্দনযোগ্য দৃষ্টান্ত হল নববর্ষ উপলক্ষ্যে রাজ্যভিত্তিক সরকারি ছুটির দিন আছে দুটি রাজ্যে— পশ্চিমবঙ্গ এবং ত্রিপুরায়। কিন্তু রাষ্ট্রীয়ভাবে ভারতে নয়। একমাত্র পার্শ্ববর্তী রাষ্ট্র বাংলাদেশে ওই পুণ্যদিনটি সরকারি ছুটির দিন হিসাবে নানান বর্ণাঢ্য অনুষ্ঠানের মাধ্যমে পালিত হয়। এটিও ওদেশে একমাত্র দিন, যেদিন ধর্মনির্বিশেষে আত্মার টানে সকলেই বর্ষবরণ উৎসবে মেতে ওঠে। বলতে দ্বিধা নেই, ওখানে পয়লা বৈশাখকে যেভাবে ছাত্রছাত্রী থেকে শুরু করে আবাল-বৃদ্ধ-বণিতা, বিভিন্ন ধর্মাবলম্বী পরিবার, ঘরে ঘরে এবং রাষ্ট্রীয়ভাবে নতুন বছরকে স্বাগত জানাতে উচ্ছ্বাস-উদ্দীপনা, সাংস্কৃতিক অনুষ্ঠানে মেতে ওঠে, তা এপারের বিশেষ করে পশ্চিমবঙ্গবাসীর কাছে শিক্ষণীয় এবং অনুকরণীয় দৃষ্টান্তস্বরূপ। বাংলাদেশে বর্ষবরণ অনুষ্ঠান সততই সর্বধর্ম-মৈত্রীর স্বতঃস্ফূর্ত মঞ্চবিশেষ। এমনটি সারা বিশ্বে বিরল। এদিন ঢাকা থেকে পার্বত্য চট্টগ্রাম পর্যন্ত বিশেষ করে ছাত্রছাত্রী, যুব সম্প্রদায়ের বর্ণাঢ্য পোশাকে সজ্জিত হয়ে স্বর্গীয়

আনন্দে উচ্ছ্বসিত হয়ে সকাল থেকে প্রকাশ্য রাস্তায় নেমে নববর্ষ পালন দেখে বোঝার উপায় নেই, যে কোনও ধর্মাবলম্বী। অন্তত এই একটা দিন বাঙালির স্বজাত্যবোধের সাক্ষী হওয়া পরম ভাগ্য, যেখানে এপার বাংলা সম-ঐতিহ্য থেকে ক্রমেই হারিয়ে যেতে বসেছে।

পাকিস্তানি তানাশাহী আমলে বঙ্গাব্দ অনুযায়ী নববর্ষ উদ্‌যাপনে ওপার বাংলার জনগণকে সংগ্রাম করতে হয়েছে। জনতার ব্যাপক চাপে পড়ে শেষমেশ ১৯৬৫ সালে নববর্ষ উদ্‌যাপন সরকারি স্বীকৃতি পায়। রাষ্ট্রসঙ্ঘও এগিয়ে এসে এদিনের বর্ণাঢ্য শোভাযাত্রা ও বর্ষবরণকে 'মঙ্গল শোভাযাত্রা' হিসেবে স্বীকৃতি দেয়। সেই থেকে ঢাকার ঐতিহাসিক রমনা উদ্যানে সংশ্লিষ্ট বিশ্ববিদ্যালয়ের ছাত্রছাত্রী-অধ্যাপক-অধ্যাপিকা সহ সকল শিক্ষায়তনের বিদ্যার্থী, যুবগোষ্ঠী সকলেই বর্ণাঢ্য শোভাযাত্রা সহকারে রমনা উদ্যানে সমবেত হয়। আয়োজন হয় বইমেলারও, তাছাড়া সাংস্কৃতিক অনুষ্ঠানসূচির মধ্যে উল্লেখযোগ্যভাবে থাকে বিভিন্ন ধরনের পালাগান, কবিগান, তরজা, জারিগান, গম্ভীরাগান, বাউল সম্মেলন, গাজীর গান, আলকাপ, মারফতী গান, মুর্শিদি, ভাটিয়ালি, সারিগান, যাত্রা, বৃন্দগান ইত্যাদি। সুদীর্ঘ রাজপথগুলি ভরে ওঠে রঙ-বেরঙের বর্ণাঢ্য আলপনায়, যা না পরখ করলে বর্ণনা করা যাবে না। এত সুন্দর বিচিত্রবর্ণের সুচারু বাংলার ঐতিহ্যময় আলপনা-সরণিতে পা দিয়ে হাঁটতে ইতস্তত বোধ হয়। জলপথে অনুষ্ঠিত হয় নৌকা বাইচের সঙ্গে সারিগান। চলে ঘুড়ি ওড়ানোর প্রতিযোগিতা, হালখাতা, ষাঁড়ের দৌড় প্রতিযোগিতা, পায়রা ওড়ানো। পার্বত্য এলাকায় অনুষ্ঠিত হয় স্থানীয় আদিবাসী সাংস্কৃতিক অনুষ্ঠান।

ক্রমেই ম্রিয়মান হয়ে এলেও এই সেদিন পর্যন্ত পশ্চিমবঙ্গে বিশেষ করে কলকাতা শহরে সকাল থেকেই ছোটদের প্রভাতফেরী, পাড়ায় পাড়ায় বিভিন্ন ক্লাবের শিশু, তরুণ-তরুণীরা মিছিল করে সমবেতভাবে গাইতে গাইতে বাদ্য সহকারে বর্ষবরণ পালন করত। সন্ধেবেলা অনুষ্ঠিত হত বিচিত্র সব নাচ, গান, আবৃত্তি, নাটকের অনুষ্ঠান— সহযোগিতায় পাড়ার মা-বাবা'রা। চাই নতুন পোশাক, দুপুরে প্রতি পরিবারে একটু আলাদা গোছের অতিরিক্ত ব্যাঞ্জনসহ ভোজনের আয়োজন। মা-বাবাদের জন্যও বরাদ্দ ছিল নতুন ধুতি, প্যান্ট, শাড়ি ইত্যাদি। তার আগের দিন অর্থাৎ ৩১ চৈত্র অনুষ্ঠিত হত চড়ক মেলা, সঙ-সাজা। আর পয়লা বৈশাখে ছোটরা মুখিয়ে থাকত কখন বাড়ির কর্তাদের হাত ধরে বিভিন্ন দোকানে গিয়ে হালখাতার দৌলতে মিষ্টির প্যাকেট পাবে, সঙ্গে বরাদ্দ দইয়ের ঘোল এবং বাংলা ক্যালেন্ডার। ওই সন্ধ্যায় দোকানদারের সাজসজ্জা এবং বিনয় ছিল অবাক হয়ে পরখ করার, যা সারা বছর দেখা মিলত না। এখন কোথায় সেই প্রভাতফেরী, ফাংশন, নতুন পোশাকের সম্ভার, লোভনীয় অভিজাত খাদ্যের পংক্তিভোজন আর হালখাতা রক্ষায় হিমশিম খাওয়া। তবুও স্বর্ণকারেরা হালখাতাকে বাঁচিয়ে রাখার চেষ্টা করছেন। কোথায় সেই কাঁড়ি কাঁড়ি বাংলা ক্যালেন্ডার (বেশিরভাগই ছিল ঠাকুরের ছবিওয়ালা)। অথবা সকালে পবিত্র হয়ে গুরুজনদের প্রণাম করা বা বাবা-জেঠাদের পোস্টকার্ডে দূর-আত্মীয়দের নববর্ষের শুভেচ্ছা বা প্রণাম জানানো। হারিয়ে গেছে সকালেই একপাতা ঠাকুরের নাম লিখে বড়দের দেখিয়ে উত্তীর্ণ হওয়া। হারিয়ে গেছে সেই ছোটবেলাকার সব পেয়েছির আসর, শিশুতীর্থ, কচি সংসদের প্রভাতফেরী, একসঙ্গে গলা মিলিয়ে রবীন্দ্র-নজরুল-দ্বিজেন্দ্রলাল রায়ের গান গাওয়া আর তাল মেলানো দাদাদের ব্যান্ড বাজানো।

আজ থেকে কয়েক দশক আগেও দেখেছি, নববর্ষের দিনে বাড়িতে একটু ব্যতিক্রমী অথচ লোভনীয় ব্যঞ্জন বা পদ রান্নার ষোলোআনা বাঙালিয়ানার স্বাদ পেতে। অপ্রাপ্তবয়স্ক এবং কিশোর-

কিশোরীদের কাছে এই পর্বটি লোভনীয় এবং আকর্ষণীয় ছিল। কর্তাব্যক্তিরা উচ্ছ্বাস চেপে পূর্ণ সমর্থনই জানাতেন। ওই ভিন্নধর্মী রসনা তৃপ্তির আয়োজনে সহায়তার হাত বাড়িয়ে দিত অতি পরিচিত জোড়াসাঁকো বাড়ির বিচিত্ররন্ধন অভিধান। এক্ষেত্রে বিশেষভাবে সক্রিয় ছিল উত্তর কলকাতার সচ্ছল এবং রক্ষণশীল বনেদি বাড়িগুলি। এখন আর সেই রাজা নেই, নেই রাজত্ব, না সামর্থ্য এবং সর্বোপরি ঐতিহ্যবহনের আগ্রহ ও ইচ্ছা। এখন তো ফোর-জি, টেন-জি'র দিন। সাবেকি বাংলার সেই বর্ণময় খাদ্যসম্ভারের বদলে এখন আধুনিকতার পরশে জায়গা করে নিয়েছে ডেস্টিনেশন পার্ক স্ট্রিট, ফ্রি স্কুল স্ট্রিট, বাইপাস, বালিগঞ্জ প্লেস, বিস্তীর্ণ চিনেপাড়া এবং মল-কালচার। নেই পয়লা বৈশাখে ঠাকুমা-দিদিমা-জেঠি এবং মায়েদের সেই ব্যঞ্জন রান্নার ধারক-বাহক, না আছে সেই রমনার চাহিদা। রসে-বশে বাঙালির সেই জিহ্বা বিক্রি হয়ে গেছে ওয়েস্টার্ন, থাই, চৈনিক, ভোজনপ্রণালীর আগ্রাসনে।

সেকাল থেকেই জোড়া বাংলার বঙ্গীয় সমাজে নববর্ষ বরাবরই একটি বিশেষ তাৎপর্যপূর্ণ সামাজিক অনুষ্ঠান, যেখানে অকল্পনীয়ভাবে ধর্মের অনুপস্থিতি লক্ষণীয়। এই একটি উৎসব যেখানে কোনও ধর্মীয় বিভাজন নেই, না আছে এতটুকু গুরুত্ব। পয়লা বৈশাখ উদ্‌যাপন বাঙালি সমাজে এক পারিবারিক উৎসব। রবীন্দ্রনাথ ঠাকুরও চেয়েছিলেন বর্ষবরণ উৎসব যেন সর্বধর্মের সমন্বিত বার্ষিক মিলনোৎসব, যা তিনি তাঁর সৃষ্টিতে এবং বিশ্বভারতীতে করে দেখিয়েছেন। প্রাসঙ্গিকতা টেনে তাই তাঁকে বলতে শুনি:

"হিন্দু-মুসলমানের মিলন যুগ পরিবর্তনের অপেক্ষায় আছে। জীবনের যে বৎসরটা গেছে, তা পূজার পঙ্কের ন্যায় তাহাকে উৎসর্গ করিতে পারি নাই— তাহার তিনশত পঁয়ষট্টি দল দিনে দিনে ছিন্ন করিয়া লইয়া পঙ্কের মধ্যে ফেলিয়া দিয়াছি। অদ্য বৎসরের অনুদ্ঘাটিত প্রথম মুকুল সূর্যের আলোকে মাথা তুলিয়াছে। ইহাকে আমরা খণ্ডিত করিব না, সৌন্দর্যে সৌগন্ধে শুভ্রতায় ইহাকে সম্পূর্ণ করিয়া তুলিব। নাত্মানমবমন্যতে।"

ভ্যালেন্টাইনস ডে: প্রেম প্রকাশের দাবি দিবস

আবার যুগান্তর ১৪ ফেব্রুয়ারি ২০১৩

আজ ১৪ ফেব্রুয়ারি, ভ্যালেন্টাইনস ডে। যৌবনের অন্তর্নিহিত উন্মাদনার বিশ্বব্যাপী প্রতীকী দিবস। এই একটি দিন, যার সূত্রপাতের জনক জৈনেক খ্রিস্টিয় যাজক ভ্যালেন্টিনাস নামক রোমান ব্যক্তিত্ব হলেও ইদানীং সময়ে স্থান কাল পাত্র ধর্ম সবকিছুকে ছাপিয়ে সারা পৃথিবীর যুব সম্প্রদায়ের সর্বজনীন আন্তর্জাতিক স্মারক দিবসের স্বীকৃতি পেয়েছে। এই দিনটির নামকরণ নিয়ে পাশ্চাত্যের বিভিন্ন দেশে নানারকম উপাখ্যান বা রূপকথা বর্ণিত আছে। অভিধানিক মতে সাধু ভ্যালেন্টাইন–এর মৃত্যুদিবস ১৪ ফেব্রুয়ারি'র এই দিনে, পাখিরা নিজ নিজ সঙ্গী নির্বাচন করে যা তাদের আত্মিক বন্ধন স্থাপনের পুণ্য মুহূর্ত।

অন্যমতে খ্রিস্টোত্তর ১৬০ বছর পরে সাধু ভ্যালেন্টানিয়াস–এর ১৪ ফেব্রুয়ারি মৃত্যু দিবসে তাঁর আকাঙ্ক্ষিত প্রেম প্রণয় রোমান্টিসিজম–এর তত্ত্বাদিকে এইদিনে স্মরণ করা হয়। কথিত আছে ধর্মযাজক ভ্যালেন্টাইন সেকালে রোম সাম্রাজ্যে নিষিদ্ধ সেনাবাহিনীর কেউ বিবাহ করতে পারবে না এই কঠোর বিধিকে তুচ্ছ করে তিনি রোমান সৈন্যদের বিবাহে সম্মতি ও পৌরোহিত্যে সম্রাটের বিষ নজরে পড়েন। এবং শহিদের মৃত্যুবরণ করেন। এ প্রসঙ্গে কথিত আছে তিনি জেলকর্তার কন্যার প্রতি (মেয়েটির নাম অস্টেরিয়াস) প্রেম নিবেদনের জন্য কঠোরতম সাজা পেলে প্রণয়িনীকে উদ্দেশ্য করে প্রেমপত্র লিখে দিয়ে যান 'ইতি তোমার ভ্যালেন্টাইন'। অন্য তত্ত্ব অনুযায়ী এই স্মরণীয় দিনটি সত্য জোড় বাঁধা পাখিদের প্রেমগান গাইবার দিন। আবার অ্যাংলিকান কম্যুনবাসীদের কাছে 'সেন্ট ভ্যালেন্টাইনস ডে' হল সরকারিভাবে স্মরণীয় ভোজন দিবস বা ফিস্ট ডে। ওয়েস্টার্ন ক্রিশ্চিয়ান চার্চ এই দিনটি উদযাপন করলেও ইস্টার্ন ক্রিশ্চিয়ান চার্চ এই স্মরণীয় দিন পালন করে ৬ জুলাই।

যাই হোক, সময়ের দ্রুত পট পরিবর্তনে বিশ্বের সর্বত্রই যুব সম্প্রদায়ের বিরাট অংশ রক্ষণশীলতার মোড়ক ছিঁড়ে বেরিয়ে এসে ধার্মিক আধিপত্যকে চুরমার করে দিয়ে সাধু ভ্যালেন্টাইন–এর স্মরণে দিবসটিকে প্রেম নিবেদন, অনুরাগ জ্ঞাপন, প্রণয়ের প্রগাঢ়তা প্রকাশ অথবা নিদেনপক্ষে আকাঙ্ক্ষিত দয়িত–দয়িতাদের মধ্যে নিবিড় আবেগের উষ্ণতা অনুভবের তাগিদকে ১৪ ফেব্রুয়ারির শুভ সন্ধিক্ষণ বলে চিহ্নিত করে আত্মিক মিলনে কাঙ্ক্ষিত আগ্রহ প্রকাশ করে আসছে শত শত বছর ধরে।

ইতিহাস ঘেঁটে ভ্যালেন্টাইনস ডে'র পূর্ণত্বপ্রাপ্তির সন্ধান পাওয়া যায় ১৫শ খ্রিস্টাব্দে, যখন যুবক–যুবতীদের মধ্যে বিনম্র প্রণয় বিনিময়ের চরম অভিমুখ ইউরোপের সর্বত্র ছড়িয়ে পড়ে। উচ্চবিত্ত এবং ধনী সম্প্রদায়ের যৌবনোচ্ছল ছেলেমেয়েরা পারস্পরিক সত্ত্বাকে জানবার কৌতুহল প্রকাশ্যে নিয়ে আসে, যা এতকাল ওই সকল রক্ষণশীল বর্ধিষ্ণু সমাজে নিষিদ্ধ থাকাটাই ছিল নির্মম অনুশাসন। অনুরাগের প্রতীক হিসেবে বিনিময়ের সূচনা হল পুষ্পস্তবক উপহার, চকোলেট, শুভেচ্ছা কার্ড এবং সুগন্ধি সেন্ট আদান প্রদানের মাধ্যমে। তৈরি হল স্মারক পানের মতো হৃদয় চিত্র, উড়ন্ত প্রাণবন্ত জোড়া ঘুঘুর ডানা মেলে ওড়া এবং পেছনে ডানা মেলা রোমানদের তৈরি সেই প্রণয় দেবতার অবস্থান... প্রেম নিবেদন অথবা উষ্ণ অনুরাগময় কার্ডে। গত শতাব্দীতে শুভেচ্ছা

কার্ডে অতিরিক্ত আন্তরিকতার প্রকাশে পাত্র-পাত্রীকে কার্ড বিনিময়ে হাতে আঁকা লেখা স্মরণিকের নতুন ঘরাণা।

প্রেম বিনিময়ে এমন কথকতায় কোনও রূপকথার স্থান নেই। সেজন্য এখনও পর্যটকরা আয়ারল্যান্ডের ডাবলিনস্থিত হোয়াইটফ্রায়ার স্ট্রিট কার্মেলাইট চার্চে সেন্ট ভ্যালেনাইন-এর মর্মর মূর্তি দেখতে বার বার ছুটে যান। এই আদি এবং অকৃত্রিম প্রণয়-ভালবাসার সরকারি স্বীকৃতিতে যে সকল খ্রিস্টান সাধু তদানীন্তন রক্ষণশীল রাষ্ট্রীয় নেতাদের হাতে এই দর্শন বার্তা ছড়িয়ে দেওয়ার নেতৃত্ব দিয়ে মৃত্যুদণ্ড পেয়ে শহিদ হতেন, তাঁরাই কালক্রমে ভ্যালেন্টাইন নামে শ্রদ্ধার সঙ্গে স্বীকৃতি পেয়েছিলেন। এরকমই একজন রোমান ধর্মযাজক তথা ভ্যালেন্টাইন একই অমানবিক অভিযোগে মৃত্যুদণ্ডের শাস্তি পেয়েছিলেন ২৬৯ খ্রিস্টাব্দে এবং তাঁকে কসমেডিন, রোমস্থিত সান্তা মারিয়ায় কবরস্থ করা হয়। পশ্চিমের অন্যত্র ভ্যালেন্টাইনস ডে তত্ত্ব প্রচারের জন্য বহু ধর্মযাজককে প্রাণদণ্ড দিতে হয়েছিল। এমনকি আফ্রিকাতেও এই আন্দোলনের ছায়াপাত ঘটেছিল, মৃত্যুর কবরে ওঁদের শহিদত্ব বরণ করার প্রমাণও পাওয়া যায়। আন্দোলনের প্রথম উদ্যোক্তা সেন্ট ভ্যালেন্টানকে রোম সাম্রাজ্যের অধীন ফ্ল্যামিনিয়াতে এই ১৪ ফেব্রুয়ারিতে মৃত্যুদণ্ড দিতে অন্তর বিনিময়, আদান প্রদানের উদ্যোগকে ধামাচাপা দিতে চেষ্টা করা হলেও সেই অযৌক্তিক রক্ষণশীল গোয়ার্তুমী কিন্তু আখেরে কোনও জনসমর্থন না পাওয়ায় আজ এই দিনটির বিশ্বময়তা অচিন্তনীয়। জন সমর্থনের জোয়ারের তোড়ে ইদানিং ইউরোপের কোনও কোনও দেশে ভ্যালেন্টাইনস ডে'কে রাষ্ট্রীয় ছুটির দেশ হিসেবে প্রতিপালিত হয়। এই দিনে সর্বত্র ছুটির জোয়ারের সঙ্গে শুভেচ্ছা কার্ড বিনিময়ে, সার্টিনের ফিতে মোড়া রঙিন বাক্সে উপহার সামগ্রী চকোলেট বিনিময়ের জনপ্রিয়তা লক্ষ্যণীয়।

এই প্রতীকী দিবস উদযাপনে স্থান, সময় বা বয়সের উপেক্ষা করে সাম্প্রতিককালে এমনতর আবেগে আবাল-বৃদ্ধ যুবক-যুবতীদের মধ্যে ভীষণভাবে শুধু ব্যপ্তির গণ্ডিই পার হয়নি, রীতিমতো জাতীয় উৎসবে পরিণত হয়েছে। মার্কিন যুক্তরাষ্ট্রের প্রখ্যাত যুব আন্দোলনের হোতা অ্যাংগ্রি কবি-সাহিত্যিক আলেক গিনসবার্গ বলেছেন, 'প্রেম নিবেদন, আবেগ প্রকাশের উচ্ছ্বাস, অনুরাগ প্রকাশে কোনও বয়ঃসীমা রেখা টানা যায় না। লোলিতা যদি স্বীকৃতি পায়, যৌবনোচ্ছল মিসেস জেকলিন কেনেডির সঙ্গে জাহাজ ব্যবসায়ী ধনকুবের অ্যারিস্টল ও বাসিসের প্রেম-প্রণয় ভীষণভাবে আপেক্ষিক বিষয় এবং এর ব্যাপ্তির কোনও আবর্তরেখা থাকতে পারে না। তাই ১৪ ফেব্রুয়ারি দিনটিকে যে কোনও ব্যক্তিসত্তাই কতটা হৃদয় বিনিময়ে সফল তার আত্মবিশ্লেষণের দিন, অঙ্কুরিত প্রেমের স্বীকৃতি লাভের, প্রিয়জনকে অভিনন্দন জানাবার দিন। সেকালে হাতে লেখা শুভেচ্ছাপত্রের জায়গায় ইউরোপে, আমেরিকায় চলে এসেছে ব্যক্তিগত পর্যায়ে অফসেট/ডিজিট্যাল প্রিন্ট, লাল লার্টিন ফিতেয় মোড়া উপহার বাক্স (হৃদয় চিহ্নিত) এবং গোলাপগুচ্ছ। সাম্প্রতিক দশকগুলিতে আধুনিককরণের মাধ্যমে এসেছে হীরেখচিত উপহার সামগ্রী।

কি ব্যাপকভাবে গ্রিটিংস কার্ড প্রেরণের প্রবল প্রচলন শুরু হয়েছে, তার একটি ছোট্ট উদাহরণ: 'দি ইউএস গ্রিটিংস কার্ড অ্যাসোসিয়েশনের অনুমান অনুযায়ী শুধু আমেরিকতেই ফি-বছর ১৯০ মিলিয়ন শুভেচ্ছাপত্র বিনিময় হয়। এগুলি পাঠানো হয় বাবা-মা বাদ দিয়ে পরিবারের অন্যান্য সদস্য অথবা শিশু-কিশোর-কিশোরীদের মধ্যে। আর তা যদি ভবিষ্যৎ সময়ে স্কুল পর্যায়ে চলে যায়, তা দাঁড়াবে ১ বিলিয়নে। এছাড়া সংযোজন হয়েছে ই-কার্ড, লাভ কুপন এবং এসএমএস।

এই সব যোগাযোগের সূত্র ধরলে সাকুল্যে প্রায় ৮৫ শতাশং মার্কিন জনজাতি এর আওতাভুক্ত হতে বাধ্য।

মজার ব্যাপার ঘটে ইংল্যান্ডের নরফোক–এ। এখানে 'জ্যাক' নামে এক ব্যক্তি গোলাপ বাড়ি বাড়ি এসে চুপিসাড়ে সদর দরজার নীচে বাচ্চাদের জন্য মিষ্টি এবং নানান উপহার রেখে যায়। ওয়েলস্‌– এ এই দিনটি উদযাপন করা হয় ২৫ জানুয়ারি, যা সেইন্ট 'ডউইওয়েনস্‌ ডে' নামে প্রচলিত। ক্যাটোলিনায় এই দিনটির নামকারণ করা হয়েছে সেইন্ট জর্জেস ডে, পর্তুগালে 'লাভার্স ডে', সুইডেনে 'অল হার্টস ডে', ফিনল্যান্ডে এই দিনটি 'ফ্রেন্ডস ডে' এস্তোজিয়াতেও তাই। স্লোভেনিয়ায় প্রচলিত প্রবাদ হল, এই দিন সেইন্ট ভ্যালেন্টাইনে গাছ ও ফুলের বীজ নিয়ে আসে এবং সেদিন থেকেই ফুল ফল গাছের বৃদ্ধি ঘটতে থাকে এবং পাখিরা ওই দিনেই প্রেম প্রণয়ে আবদ্ধ হয়। কোথাও কোথাও এই দিনটিকে বলা হয় 'বসন্তের শুভাগমনের দিন'। ল্যাটিন আমেরিকায় এটি হল 'প্রেম এবং বন্ধুত্বের দিন' ব্রাজিলে 'প্রেমের দিন'। ছেলেমেয়েদের বন্ধুত্ব পাতাবার দিন।

ব্যতিক্রমী হল ভেনেজুয়েলা। ২০০৯ সালে এখানকার প্রেসিডেন্ট হিউগো চ্যাভেজ (বর্তমানে অসুস্থ) ঘোষণা করেন, এমনভাবে বহুমুল্য সময় এবং অর্থ ব্যয়ের কোনও যৌক্তিকতাই নেই। আর লাটিন আমেরিকার বহুদেশেই এই দিনটিকে বলা হয় 'গোপন বন্ধুর দিন'। দক্ষিণ কোরিয়ায় ওইদিনে মেয়েরা দয়িতকে চকোলেট দেয় আর পরের মাসের একই দিনে ছেলেরা প্রেমিকাদের দেয় নন–চকোলেট ক্যান্ডি। ভ্যালেন্টাইনস ডে পালনের প্রবল আধিক্য দেখা যায় এশিয়ার সিঙ্গাপুর, চিন, জাপান, উত্তর কোরিয়া, তাওয়ান, ফিলিপাইন, থাইল্যান্ড ইত্যাদি দেশে।

ভারতের ক্ষেত্রে এই পশ্চিমী সংস্কৃতি ততটা জনপ্রিয়তা না পেলেও এই উপমহাদেশের একটি ব্যতিক্রমী ঐতিহাসিক সংস্কৃতি রয়েছে। এখানে সেইন্ট ভ্যালেন্টাইনস ডে নিয়ে জনপ্রিয়তা এবং উন্মাদনার সূত্রপাত বেশিদিনের নয়। আমাদেরও ছিল প্রেমের দেবতা কামদেবকে পূজা, যার নিদর্শন খাজুরাহো মূর্তিসামগ্রী এবং কামসূত্র নিয়ে নরনারীর প্রেম–দর্শনের প্রাসঙ্গিকতা। পরবর্তীকালে এই প্রেম তথা জৈব চেতনার চিন্তনটির ভিন্নরূপী বিশ্লেষণে তদানীন্তন দেশবাসী এর পবিত্রতার ভুল ব্যাখ্যায় মগ্ন হয়ে যায়। পরবর্তীকালে শ্রীকৃষ্ণ ও রাধাকে নিয়ে রাসলীলা সবকিছু প্রেম বিরহের কথকতাকে ছাপিয়ে যায়। এর স্পন্দন আজও উত্তর এবং পূর্ব ভারতে সীমিত হলেও লক্ষণীয়।

বিশ্বের তাবড় তাবড় বিশেষজ্ঞদের একাংশের মতে সাধু ভ্যালেন্টাইন প্রেম, বিরহ, ভালবাসাকে সদর্থক এবং ব্যাপক অর্থে সমগ্র মানবজীবনে অবাধ অধিকারের মৌলিক স্বাধীনতার কথাই হয়তো বলতে চেয়েছিলেন। শুধু বয়ঃসন্ধিকালের আবেগকেই মাত্র গুরুত্ব দেননি। যেজন্য ২৬৯ খ্রিস্টাব্দে শ্রদ্ধেয় উল্লিখিত খ্রিস্টিয় যাজক ১৪ ফেব্রুয়ারি তারিখে রোমান সম্রাটের সামাজিক নিয়মবিধির রক্ষণশীলতাকে নরনারীর প্রেমাধিকারকে প্রতিষ্ঠিত সত্য বলে প্রমাণিত করতে রাজকীয় শাসনের কাছে আত্মাহুতি দেন। তিনি প্রেমের আসীন ব্যক্তিকে শ্রদ্ধা জানিয়েছিলেন, যে প্রেম পরিণতিতে বিবাহ নয়, যে প্রেম আপেক্ষিক, যা আবালবৃদ্ধবনিতার কাছে সমানভাবে প্রযোজ্য। প্রতিটি সত্তার অন্তরতর প্রেম নামক অনুভূতির ব্যাপকতাই এই পূণ্যদিনের মূল বাণী বা বার্তা, যা তরুণ–তরুণীর মধ্যেই সীমাবদ্ধ নয়। প্রেমকে বয়ঃসন্ধিক্ষণের গণ্ডীতে আবদ্ধ করা যায় না। উক্ত ব্যাখ্যাকারেরা কিন্তু ইদানিং কালের সীমায়িত যৌবনের প্রেমকে মূল চেতনার বিকৃতি বলে অভিহিত করেন।

অপর দিকে ভ্যালেন্টাইনস ডে-র সমকালীন ফলিত রসায়নকে সমর্থন জানিয়ে এক বিশাল সংখ্যক তান্ত্রিক কুলের মতে, এই দিনটি সততই যৌবনের আবাহন, আবেদন। বল্লাটি এই বয়ঃক্রমের তরুণ-তরুণীদের হাতে ন্যস্ত থাকাই আদর্শ বিধিব্যবস্থা। একে অপরের প্রতি ভাব, ভালোবাসা, অনুরাগ প্রকাশে এই দিনটির মহত্ত্বকে সম্মান জানিয়ে অভীষ্ট জগতে প্রবেশ উন্মুক্ত দ্বার বিশেষ। প্রেমের আবেগকে সর্বজনীন স্বীকৃতির আকুলতার স্বীকৃত অধিকারের অপর নাম ভ্যালেন্টাইনস ডে, আজই সেই পুণ্য দিন। এ যে বসন্তকে স্বাগত জানানোয় প্রেমজ অভিবাদন।

ভারতবর্ষে ভ্যালেন্টাইনস ডে'র আবির্ভাব বার্তা সূচিত হয় ৯০-এর দশকে অর্থাৎ আড়াই দশক আগে। সূচনার এই দিনটি উদযাপনের হোতা ছিল উচ্চবিত্ত, অত্যাধুনিক, স্বচ্ছল তারুণ্যের আবেদনের মধ্যে। বিশেষ করে দিল্লি, মুম্বই, গোয়ার মতো কতকগুলি সচ্ছল সমাজের এই দিনটি পালনে অগ্রণী ভাব দেখায়, যার প্রচার সহায়তায় এগিয়ে আসে বিভিন্ন টিভি চ্যানেল, রেডিও, সংবাদমাধ্যমের পেজ থ্রি এবং নামীদামি হোটেল রেস্তোরাঁ এবং শহর থেকে দূরের পিকনিক স্পটগুলি। তারপরই এই তারুণ্যের সুপ্ত আবাহনকে সামাজিক উদারতায় সমৃদ্ধ করে ইদানিং সময়ে এই দিনটি সীমিত বয়সীদের কাছে এক উৎসবের প্রবল আধিপত্য। গ্রিটিংস কার্ড, পুষ্পস্তবক, লাল ফিতে মোড়া উপহার সামগ্রীর সমৃদ্ধিতে ওই শ্রেণীর অভিজাত পরিবারগুলির বেড়াজাল ছিন্ন করে সমাজের সর্বত্র যেন সাম্যবাদী বা সমাজতান্ত্রিক অধিকারে দাঁড়িয়ে। ইউরোপের বহু দেশে এই দিনটি জাতীয় ছুটি হিসাবে ঘোষিত। আমাদের দেশে ওই ক্রেজ ততটা গুরুত্ব না পেলেও উন্মাদনায় আমরা মোটেই পিছিয়ে নেই, যা ফি-বছর এই আনন্দ ঘনতার অসীম পরিব্যাপ্তিই সাক্ষ্য বহন করছে।

পশ্চিমবঙ্গে ভ্যালেন্টাইনস ডে'র প্রচলন হওয়ার অনেক আগে থেকেই আমরা বাঙালিরা এই প্রেমানুরাগের বন্দনা করে আসছি সরস্বতী পুজোর শুভলগ্নে। এবার সেদিনটি পড়েছে ভ্যালেন্টাইনস ডে'র পরদিনই, অর্থাৎ ১৫ ফেব্রুয়ারি। আশৈশব চপলাবস্থা থেকেই দেখে আসছি, ওই দিন নবকিশোরীরা অনভ্যস্তভাবে নতুন শাড়ি পরে কেমন যেন প্রণয়িনী হিসেবে দলে দলে বেরিয়ে পড়ে। নব কিশোরদের কাছে যা ভীষণ কৌতূহলোদ্দীপক আকর্ষণ। এই এতদিনই হঠাৎ করে মেয়েরা বড় হয়ে যায়। যেন নব বসন্তের ডাক। একটু সাহসীরা সেদিন যেন কোনও দেবতার প্রশ্রয়ে খানিকের আবেগের টানে পরস্পর ভাব-বিনিময়ের উচ্ছ্বাসে ভেসে যায়, বাঁধনহীন ভাবে। প্রেমের অঙ্কুরোদগম। চির বসন্তের জন্য প্রেমানুরাগ।

তাই ভ্যালেন্টাইনস ডে নিয়ে বাঙালির নতুন কৌতূহলী চরম আকর্ষণ না থাকাটাই স্বাভাবিক। পাশ্চাত্যে খ্রিস্টিয়দের জন্য যদি থাকে ভ্যালেন্টাইনস ডে, তাহলে আমাদেরও বহুকাল ধরে শ্রীপঞ্চমীতে প্রেমানুরাগ বিনিময়ের আকর্ষণ। হয়তো পরিস্থিতিগতভাবে অভিভাবকরাও এই বিশেষ দিনে পুত্র-কন্যাকে একটু বেশি উদারতা নামক উসকানি দিয়ে থাকেন। বেঁচে থাক, আরও জনপ্রিয় হোক সরস্বতী পুজো, নব বসন্তের কুহু কুহু ধ্বনি আরও বিস্তার লাভ করুক।

অত্যন্ত বিনয়ের সঙ্গে বলতেই হচ্ছে, বাঙালি যৌবনের কাছে এবার পর পর দু'দিন ভ্যালেন্টাইনস ডে। আজ বাস্তবিকই সেন্ট ভ্যালেন্টাইনস ডে আর আগামীকাল সরস্বতী পূজার দিন বঙ্গীয় কিশোর মতেও ভ্যালেন্টাইনস ডে! পরপর দু'দিন ভালোবাসা, প্রেম, অনুরাগ, আবেগ উগরে দেবার দিন সচরাচর আসে না। ভ্যালেন্টাইনস ডে জিন্দাবাদ! জাতি ধর্মবর্ণ নির্বিশেষে প্রেমের অভিজাত্যে ভেসে যাবার দিন ভ্যালেন্টাইনস ডে। নবীনেরা ক্যালেন্ডার দেখে জেনে গেছে পরদিন আবার পাতি বাঙালি ভ্যালেন্টাইনস ডে অর্থাৎ সরস্বতী পুজো না?

ডি ডে ইকোয়ালটু সরস্বতী প্রেম–অভিসারে চৈরেবেতি

আনন্দবাজার পত্রিকা। ১৫ ফেব্রুয়ারি ২০১৩

পাশ্চাত্য মতে প্রেমসাগরে উথালপাথাল হওয়ার দিন যদি ভ্যালেন্টাইন'স ডে হয়, তা হলে বাঙালি ঘরানায় এমনই দিন সরস্বতী পুজোর সুপ্রভাত। বঙ্গীয় হৃদয়তারুণ্যের আবেগময়তায় এটা যেন ভ্যালেন্টাইন'স ডে–র রেপ্লিকা। একটি পশ্চিমী ধাঁচ আর অপরটিতে খাঁটি বঙ্গবাসীর বঙ্গীয় সংস্কৃতির ছাপ। লিখছেন নীহার মজুমদার।

নব্বইয়ের দশক থেকে ঝটিতি বেগে সেন্ট ভ্যালেন্টাইন নামক রোমান ধর্মযাজকের প্রেমের তরী ফি বছর ১৪ ফেব্রুয়ারি বার বার এসে আছড়ে পড়ে ভারতের বন্দরে বন্দরে। যা মুহূর্তে ছড়িয়ে পড়ে শহরে–নগরে। এই প্রতীকী দিনটির অর্থ প্রিয়-প্রেয়সী, সখা-সখী, চখা-চখীর কল-কুহতানে ঘনিষ্ঠতর হওয়ার আবেগমিশ্রিত অন্তরের আবেদন। প্রথম ভাগে রয়েছে চিহ্নিত জনকে দীর্ঘ প্রতিক্ষার অবসানে অন্তরতম আকাঙ্ক্ষাকে ফিসফিসিয়ে বলা, 'পরাণ সখা আমার'। আর এই পাঠ শেষ হয়ে থাকলে নীড় বাঁধার স্বপ্নচারণা পর্ব। আধুনিকতার সঙ্গে পাল্লা দিতে অভিভাবকদের সন্তানরা কেমন করে যেন নীরব সম্মতির দৌলতে ইদানীং কালে সাহস ভরে প্রকাশ্যেই যুগলবন্দি প্রেম–রাগ গাইছে, ভালোবাসার জলতরঙ্গের সুরধ্বনি সর্বত্র কান পাতলেই শোনা যায়। এই প্রেম তাড়না, প্রণয়েচ্ছুদের জন্য রোমান খ্রিষ্টীয় পুরোহিত ২৬৯ খ্রিষ্টাব্দে কট্টরপন্থি, গোঁড়া ধর্মাবলম্বী রাজরোষে পড়ে মৃত্যুবরণ করে সারা পৃথিবীর প্রেম-প্রণয়-অভিসার হৃদয়ের আবেগ এবং নারী–পুরুষের মিলনেচ্ছাকে ঢালাও স্বীকৃতি দিয়ে গিয়েছেন। তাঁর শহিদ হওয়ার দিনটি ১৪ ফেব্রুয়ারি।

ইতিহাসে কথিত আছে, সে সময় রোমান সাম্রাজ্যে সেনাবাহিনীর কোনও সদস্যই প্রণয়, প্রেমদান তদর্থে বিবাহে কোনও অনুমতি ছিল না। সমকালীন ধর্মগুরু সেন্ট ভ্যালেন্টাইন রোম সম্রাটের কঠোর নিষেধাজ্ঞাকে উপেক্ষা করে ফৌজিদের বিবাহে নেতৃত্ব তথা সমর্থন জানালে তিনি রাজ রোষানলে পড়ে কারাগারে বন্দি হন এবং পরবর্তী কালে তাঁকে মৃত্যুদণ্ডও দেওয়া হয়। এখানেই শেষ নয়, বন্দি থাকাকালীন তিনি কারাধ্যক্ষের কন্যার প্রতি আসক্তি দেখাবার সাহসও দেখিয়েছিলেন। ফাঁসির কাঠে ঝুলবার আগে ইনি ওই কারাধ্যক্ষের কন্যা যার উপর ওঁর আসক্তি ছিল, সেই অস্টেরিয়াকে একটি প্রেমপত্রে লেখেন— 'ইতি তোমার ভ্যালেন্টাইন'।

এর পর সমগ্র পশ্চিমী রাষ্ট্রগুলিতে সর্বত্র প্রেম, প্রণয়ঘটিত বিবাহ, একে অপরের প্রতি আসক্তির বিপুল সমর্থন, সম্মতি এবং প্রচার পায়। পনেরো শো শতাব্দীতে প্রেমিক তার প্রেয়সীর প্রতি অনুরাগ প্রকাশে ১৪ ফেব্রুয়ারি শুভদিনে রঙিন পুষ্পস্তবক, চকোলেট, লাল সার্টিনের ফিতেয় মোড়া চমক দেওয়া উপহার বাক্স এবং সর্বোপরি তির বেঁধা পানাকৃতি হৃদ–বিনিময়ের রঙিন কার্ড আদানপ্রদানের ধারা শুরু হয়। যা আজও সমান ভাবে ঐতিহ্য বহন করে চলেছে। ভ্যালেন্টাইন'স ডে–র প্রচলন ইউরোপ-আমেরিকা ছাড়িয়ে আজ বিশ্বের কোণে কোণে ছড়িয়ে পড়েছে। কোনও কোনও রাষ্ট্রে পরিস্থিতিগত কারণে ১৪ ফেব্রুয়ারির বদলে অন্য দিন হলেও ঐতিহাসিক বার্তা বহন করছে ১৪ ফেব্রুয়ারিই।

ইতিহাসবিদ মহলের তথ্য অনুযায়ী পরবর্তী সময়ে যে সকল খ্রিস্টান ধর্মযাজক প্রেমের প্রতি সমর্থন জানিয়ে লাতিন আমেরিকা এবং অন্যান্য ইউরোপীয় রাষ্ট্রে শহিদ হয়েছেন, তাঁরাও পরবর্তী কালে 'সাধু ভ্যালেন্টাইন' নামে শ্রদ্ধিত হয়েছেন। সমকালীন দুনিয়াদারিতে এই দিনটি সততই সোজা কথায় 'প্রেম দিবস' বলে খ্যাত।

ছোটবেলায় দেখেছি কলেজ স্ট্রিট পাড়ায় সস্তা কাগজে ছাপানো 'প্রেমপত্র লিখন পদ্ধতি' নামাঙ্কিত ছোট ছোট বই পাওয়া যেত, আর সেই কৌতূহলোদ্দীপক প্রেমপত্র টুকলি করে পাড়ার মেয়েদের হাতে গুঁজে কিংবা লেটারবক্সে ফেলে মজা করা হত। এ রকমই চমকপ্রদ কৌতূহলোদ্দীপক ঘটনার সন্ধান পাওয়া যায় বিলেতে। ১৭৯৭ সালে এক জন ব্রিটিশ প্রকাশক আবেগভরা কবিতায় হাতে লেখা প্রেমপত্রগুচ্ছ 'দ্য ইয়ং ম্যান'স ভ্যালেন্টাইন রাইটার'। সেটি পরে ছাপার অক্ষরে প্রকাশ পায় এবং হটকেকের মতো বিক্রি শুরু হয়। তখন থেকেই প্রেম নিবেদনে কার্ডের প্রচলন শুরু হয়। প্রেমকে পদ্যময় করে আজ সেই কার্ডের আধুনিক সংস্করণ বিশ্বময়তা লাভ করেছে।

গত প্রায় তিন দশকেরও আগে থেকে বঙ্গীয় যুবসম্প্রদায়, সদ্য কিশোর-কিশোরী, প্রেমাস্পদকুল এই ১৪ ফেব্রুয়ারি ভ্যালেন্টাইন'স ডে-তে লাভ-ফিভার-এ সংক্রামিত হয়ে পড়ে। রক্ষণশীল বাবা-মায়েরা পর্যন্ত সাধু ভ্যালেন্টাইনের জাদুতে নীরবতা পালনে বাধ্য হন। আর যারা উচ্চবিত্ত, সচ্ছল, ধনী সম্প্রদায়ের পুত্র-কন্যা, তাদের জন্য এই দিনে অবারিত দ্বার, গো অ্যাজ ইউ লাইক ইট। কার্ড বিক্রেতাদের কাছে খোঁজ নিয়ে জানলাম, গত ৩০ বছরে কলকাতাতেই গ্রিটিংস কার্ড বিক্রি ২৫০ শতাংশ বৃদ্ধি পেয়েছে। তাও দামি কার্ড আগেই শেষ হয়ে যায়। ইদানিং তো গিফ্ট বক্স, চকোলেট প্যাকেট, ফুলের তোড়া আগে থেকে না বায়না দিলে সাধারণ মানের দ্রব্যাদি মেলে। কনফেকশনার এবং ফ্লুরিস্টদের বছরে দু'বার বাজার গরম হয়। এক, ভ্যালেন্টাইন'স ডে-তে এবং দুই, ক্রিসমাসে।

তবে এটা মানতেই হবে পাশ্চাত্য মতে প্রেমসাগরে উথাল-পাথাল হওয়ার দিন যদি ভ্যালেন্টাইন'স ডে হয়, তাহলে পাতি বাঙালি ঘরানায় এমনই দিন শ্রীপঞ্চমী বা সরস্বতী পুজোর সুপ্রভাত। এটা বঙ্গীয় হৃদয়তারুণ্যের আবেগময়তায় যেন ভ্যালেন্টাইন'স ডে-র রেপ্লিকা। একটি পশ্চিমী ধাঁচ আর অপরটিতে খাঁটি বঙ্গবাসীর বঙ্গীয় সংস্কৃতির ছাপ। অঞ্জলি দিয়ে কিংবা তাতে ফাঁকি দিয়ে মেয়েরা হঠাৎ করেই বড় হয়ে পাণিপ্রার্থিনীর রূপসজ্জায় 'দেবী দেবী' ভাব দেখিয়ে বেরিয়ে পড়ে সখাবিহনে। পড়ে থাকে খালি পেটে অঞ্জলি দেওয়া, দুপুরে শিক্ষায়তনে, পাড়ার পুজোয়, কোচিং স্যারের বাড়িতে প্রসাদ-ভোগ ছেড়ে পালিয়ে চলো মিলেনিয়াম পার্কে, মল মলান্তরে আইনক্সে, নলবনে, নিদেনপক্ষে বাবুঘাটের নৌকাবিহার, রবীন্দ্রসদন, ভিক্টোরিয়া, বাংলা আকাদেমি চত্বরে। আর প্রেমিক যদি পৌরুষত্বের অহঙ্কারে ভূষিত থাকেন তো পার্ক স্ট্রিট চত্বর কিংবা চায়না টাউনে লাঞ্চ পর্ব। আর সিটি সেন্টারের জ্যামিতিক লম্বা সিঁড়ি তো আছেই।

প্রকৃতিও যেন কেমন সাযুজ্য রেখে নিজেকে সাজিয়ে তোলে। ফুল ফুটুক না ফুটুক আজ বসন্ত। মিষ্টি ওয়ে। গর্ভনর হাউসের প্রাচীন গাছগুলো থেকে একনাগাড়ে কোকিলের আকুতিভরা মিষ্টি সুর। ভ্যালেন্টাইন'স ডে-র আভিধানিক মর্মার্থেও সম্ভাব্য ঘুঘু দম্পতির এমন দিনে (১৪ ফেব্রুয়ারি) প্রণয় লীলার কথা বলা হয়েছে। কিউপিড আর সরস্বতী যেন প্রেমার্থীদের কাছে একাকার হয়ে গিয়েছে। প্রেমের ক্ষেত্রে প্রাচ্য-প্রতীচ্যে কী মিল! সত্যিই তো দেশ-বিভেদে তো আর প্রেমাতুর প্রণয়কাঙ্ক্ষী হৃদয়ের আবেগে পরিবর্তন হয় না।

কোথায় গেল মুখগুলো সব ফেসপাউডার মাখা, টিভিতে নাই দেখা!

খবর ৩৬৫ দিন, ১৮ মে ২০১৪

ষোড়শ নির্বাচন চমক দিয়ে বঙ্গবাসীদের শিক্ষা দিয়ে গেল: পেশিশক্তির অবসান, দলতন্ত্রের আস্ফালন শেষ এবং দাঙ্গার মুখ চাই না। শুক্রবার সাতসকালে গিয়ে যে সকল কৌতূহলী মুখের ভিড় চোখে পড়েছিল ছোট লাঠিতে মোড়ানো লাল ঝান্ডা হাতে, সেই সকল মুখ দুপুর গড়াতে অদৃশ্য হয়ে গেল। মুঠোফোন কানে লেপ্টে ওরা চুপিসারে ভিড়ের মধ্যে হারিয়ে গেল। ফেলে গেল ডান্ডায় জড়ানো লাল পতাকাগুলো, প্লাস্টিকে মোড়া লাল আবির। শান্তিতে সম্ভাব্য ঔদ্ধত্যের অবসান। হায়, শেষ সম্বল এগজিট পোলের আশাও ব্যর্থ হল। এই চিত্রটা ২০১১-র মে পর্যন্ত দেখিনি। সিপিএমের চরম মস্তানির বছরগুলো স্মরণ করিয়ে ২০০৮ সালে ১৮ জানুয়ারি প্রবীণ বিজেপি নেতা তথাগত রায় লিখেছিলেন: 'Party (CPM) must stay in power. No matter what... and this end will justify by all means.'

দুপুর গড়াতেই আলিমুদ্দিনের বাস্তিল দুর্গ জনমানবহীন, অপরাহ্নেই ঘুমের দেশে। বাস থেকে উৎসাহী মুখগুলো দেখছেন বিধান রায়ের মুখাবয়ব সাঁটানো কংগ্রেস ভবনের শূন্যতা। হারিয়ে গেল প্রতি সন্ধ্যায় চ্যানেলে চ্যানেলে মমতার আদ্যশ্রাদ্ধ করা বিরোধী দুটি দলের বোদ্ধা বক্তাদের, যাঁরা নির্বাচনে দাঁড়ানোর ঝুঁকি না নিয়ে টিএমসি'র বাপ-বাপান্ত করে এসেছেন। এমনই একজন সবজান্তা জ্ঞানবাগীশ তাঁর স্ত্রীকে সিক্রেট টিপস দিয়ে জিতিয়ে আনতে পারলেন না তো? কোথায় গেল সেই টিভিতে প্রাত্যহিক মুখ দেখানো বিভিন্ন সময়ে ইলেকশনে হেরে যাওয়া ঝোড়ো কাকের তৃণমূল বিরোধী বক্রভাষণ?

এত তাড়াতাড়ি হারিয়ে যাওয়া?

গত ৩৪ বছর ধরে পেশি প্রদর্শন, পাড়ায় পাড়ায় মস্তানি রক্তচক্ষু, সকলকে দলদাস করে রাখার ফর্মুলাকে চ্যালেঞ্জ করার ক্ষমতা রাজ্য কংগ্রেসের ছিল না। হ্যাঁ, সেটাই করে দেখিয়েছেন মমতা বন্দ্যোপাধ্যায়। নির্বাচন ঘোষণার পর থেকে এই নেত্রী সারা রাজ্যে ঘুরে ঘুরে ২০০টিরও বেশি জনসভা করেছেন। প্রতিটি সভায় উপচে পড়েছে জনতার ঢল। বিরোধী দলগুলির তা চোখে পড়েনি? সিপিএম তো সংগঠিত সর্বভারতীয় দল, কংগ্রেসও, এরা কি সেই রাজনৈতিক বাধ্যবাধকতা বঙ্গবাসীর প্রতি দেখাতে পেরেছে, না বিবেক এবং দলের প্রতি আনুগত্য দেখাতে পেরেছে? এতৎসত্ত্বেও ভোটের আগে পর্যন্ত বর্তমান শিশু সরকার এবং দলনেত্রীর প্রতি যে কুৎসার বৃন্দগান করেছে, তার প্রতিফলন ঘটেছে ভোট বাক্সে টিএমসি-৩৪, কংগ্রেস-৪, বিজেপি-২ এবং লজ্জার কথা, বামফ্রন্ট— মাত্র ২। ফলে জোট ছেড়েও টিএমসি'র বেড়েছে ১৫টি আসন, কংগ্রেসের ক্ষতি ২টি আসন, বিজেপি'র লাভ ১টি আসনে। সিপিএমের নেতৃত্বাধীন বামফ্রন্টের আসন ২০০৪ সালে ছিল ৬১, তা আজ দাঁড়িয়েছে ১২টিতে।

নির্বাচনের ফলাফল ডাকসাইটে প্রচারে থাকা হেরো দলীয় মুখপাত্ররা মুখ লুকিয়েছেন। সাক্ষাৎ নেই, মোবাইল বন্ধ করে নেতারা চুপিসারে সরে পড়েছেন। এর মধ্যে বিশেষভাবে উল্লেখযোগ্য উত্তর ২৪ পরগনার এক ডাকসাইটে অবিসংবাদী চৈতন্যময় কীর্তনের নেতা এবং তাঁর সহযোগী দল। গত নির্বাচনেও তাঁকে প্রায়শই তৃণমূল কংগ্রেসের জেলে পোরার চ্যানেলে তুফান তুলতে দেখা যেত। অবস্থা এমন দাঁড়িয়েছিল— বুদ্ধবাবু, বিমান বসু, রবীন দেব এবং গৌতমায়নন্দ— এই নির্বাচনী অভিযানের নেতা চতুষ্টয়ের প্রথম মুখ তিনিই ছিলেন। আড়ালে নিন্দুকেরা চুপিসারে বলে উনি নাকি 'নখদর্পণ'-এ বিশেষজ্ঞ। যে জন্য নানান আস্ত, পোড়া কাগজপত্র দেখিয়ে বলতেন, কোথা থেকে কত টাকা সদলে মুকুল রায় তছনছ করেছেন। তিনি নখদর্পণে বলে দিতেন তৃণমূল ভবনের কোথায় কী রয়েছে, কোথায় ব্ল্যাক মানি রাখা আছে। সব্বাইকে জেলের ঘানি টানতে হবে, এমনকী মমতা বন্দ্যোপাধ্যায়কেও। এর সঙ্গে দিদিমণির ব্যক্তিগত চরিত্র হরণ এবং পারিবারিক আর্থিক (বিপুল) ভাঙারের হদিশ। সব তথ্যপ্রমাণ ওই কীর্তনীয়ার পকেটে। শুধু সময়ের অপেক্ষা, তারপরই সদলে বিরোধী জেলে যেতে বাধ্য।

লোকসভা নির্বাচনের ফলাফল বেরিয়ে গেল। আস্ফালনও থেমেছে। কোথায় গেলেন সেই কিরীটী রায়। আলিপুর থেকে তিহার সংশোধনাগারে তো কেউ নিক্ষেপিত হলেন না। থার্ড ফ্রন্ট নামক ছাগ-এর তৃতীয় সন্তান এখন যে পরিস্থিতির উদ্ভব হয়েছে, তা এক কথায় সিপিএমের পক্ষে ন যযৌ ন তস্থৌ অবস্থা। নীচুতলার কর্মীরা উধাও। রোজ সন্ধ্যায় মার্কস-লেনিনের দলীয় কার্যালয়ে আলো জ্বলে না, তালা খোলা হয় না। বুথ দখল, রিগিং মাস্টার, জামার তলায় মেশিন, একনলা, দোনলা মাস্তান প্রযুক্তিবিদরা হাওয়া বুঝে কেটে পড়েছে, হুমকি বাহিনী উধাও, বুথে বসার মতো জনবল হারিয়ে গিয়ে বিগ ৩৪ বছরের রক্তচক্ষু ভোট বিশেষজ্ঞরা এই প্রথম লোকসভা নির্বাচনে হারিয়ে গেছে 'দূরে কোথায় দূরে'। দিদি আসার পর ওরা বুঝেছিল ভোট-দুষ্টুমিতে আর পার্টি গ্যারান্টি দেবে না, ষোড়শ লোকসভা নির্বাচনে তাই ষোড়শ উপাচারে আলিমুদ্দিনকে নিবেদনকারীও আর পাওয়া গেল না।

সে যে চলে গেল, বলে গেল না

সিপিএম ডেরা থেকে কানে ভেসে এল, 'এক পাঞ্জা সিটও পাওয়া গেল না? শেষমেশ যেন ভিক্ষের ঝুলিতে ২টা।' বামফ্রন্ট নেতা নরেন চট্টোপাধ্যায় টিভি সাক্ষাৎকারে রাগ সামলাতে পারলেন না: 'ফ্রন্টের লোকজন শেষ মুহূর্তে ভোট বিপর্যয় ঠেকাতে ব্যস্ত, সে সময় বুদ্ধদেব ভট্টাচার্য গেলেন প্রেস ক্লাবে মার্কুয়েজ স্মৃতিচারণায়।' এই প্রথম একপেশে গণমাধ্যমকে টেট-সিবিআই-সারদা ইত্যাদিকে নিয়ে গত মাস তিনেক পরিকল্পিতভাবে রাজ্য সরকার নয়, শুধুমাত্র মমতা-বিরোধিতায় প্রতিদিন ব্যবহার করে বরং তারাই মানুষের মনকে ভারাক্রান্ত করে তুলেছিল। সিপিএম প্রতিটি সভায় দলীয় সংগঠনমূলক বক্তব্য না রেখে খামকা মমতা-বিরোধিতা করেছে, নির্বাচনী ইস্তেহার নিয়ে মানুষের দ্বারস্থ হয়নি। বক্তৃর প্রকট অভাব। কে বলবেন? যাঁরা বলেছেন, অতীত কুকীর্তির দৌলতে তাঁদের বক্তিমে শুনতে লোক হয়নি। বক্তব্য ছিল, রাজ্যের উন্নয়ন হয়নি, মমতা মিথ্যাচার করছেন, ভুল তথ্য দিচ্ছেন। গৌতম, সুজনদের কোথাও নেই ক্যারিশমা। কে শুনবে তাঁদের কথা? দ্বিতীয়জন গতবার হেরেছিলেন, এবার তাঁর নির্বাচনী ময়দান ছেড়ে ছিল প্রচুর অলস সময়, তাই যখন-তখন তাঁকে বাইট-এ পাওয়া যেত, প্যানেলেও। উনি কি বুঝতে পারেননি, পেছনে নিঃশ্বাস ফেলছেন রেজ্জাক মোল্লা? এসবের মধ্যে জনমত না তৈরি করা গেলেও দোসর মিলেছিল রাজ্য

কংগ্রেসকে। সান্ধ্য টিভি চ্যানেলে গালাগালি করে চি চি করে মমতার আদ্যশ্রাদ্ধ করাটা সান্ধ্য বাসরের মহড়া দিতে বঙ্গবাসী দেখেছেন। এখন কী হবে? উভয় দলের ভোটযুদ্ধে প্রায় নগ্ন হয়ে যে স্থিরচিত্র রেকর্ড করানো হল, তা দেখে লজ্জা হয়। সিপিএম কি জানে না, অতীত কুশাসনের দৌলতে ওঁদের ৫০ শতাংশ কমরেড বসে গেছে? হেরে গিয়ে সব দোষ সুধীর রাকেশের।

ভুল চাল পাশা খেলায়

সিপিএম, কংগ্রেস ও বিজেপি নেমেছিল কালনেমির লক্ষাভাগে। লক্ষ্য ছিল চতুর্দলীয় লড়াই ও মমতা–বিরোধী কয়্যার করলে ৪২টি আসনের অনেকগুলোই তৃণমূল কংগ্রেসের হাতছাড়া হবে। বাস্তবে দেখা গেল, সরকারিভাবে বামফ্রন্টের কংগ্রেস ও বিজেপি বিরোধিতায় প্রাথমিকভাবে লাভবান হল রাজ্যের শাসকদল এবং অংশত বিজেপির ফলাফল সেই কথাই বলল: আসনসংখ্যা– ৪২। টিমসি ৩৪, কংগ্রেস ৪, বামফ্রন্ট ২ এবং বিজেপি ২। কাটাকুটির অবাস্তব খেলায় ৩টি দলই পর্যুদস্ত হল। মাঝখান থেকে সাম্প্রদায়িক দলকে কংগ্রেস ও সিপিএম আড়ম্বর সহকারে রাজ্যে অনেককাল পরে ঢুকতে দিয়ে ২ আসন ভেট দিয়ে প্রতিশ্রুতি দিল ২০১৬–তে আরও বড় পিঁড়ি দেওয়ার কথা। নরেন্দ্র–মমতা তরজায় ওই দল দুটি যতটা নিজেদের গুটিয়ে রেখেছিল, ঠিক সেভাবেই তারা অকল্পনীয়ভাবে দুর্বলতর হয়েছে।

বলতে এতটুকু দ্বিধা নেই, যে অসহায়তা দেখিয়ে সিপিএমের সেই পরিচিত মুখ বারবার নির্বাচন কমিশনের দ্বারস্থ হয়েছেন, তাঁর দল যখন ৩৪ বছর শাসন করেছে, নিজেও ভোটে কেমন সক্রিয় মুখ দেখাতেন, তা সবারই জানা। সর্বভারতীয় দলের তকমা লাগিয়ে ওঁরা ভেবেছিলেন ম্যানেজ করা যাবে। তা না হওয়াতে দিল্লি পর্যন্ত দরবার নিষ্ফল হওয়ায় সব দোষ হল। এবারের লোকসভা নির্বাচনে বস্তুতান্ত্রিকতার নিরিখে রাজ্যবাসী নিশ্চিত হয়েছিল সার্থক স্টেট লিডার ছাড়া পশ্চিমবঙ্গের রাজনৈতিক সংস্কৃতির সাফল্য আসবে না। তারই নিরিখে একক মমতা সরকারের প্রশংসনীয় উত্থান এবং উন্নয়ন ধারা। তারই প্রতিফলন ঘটেছে বর্তমান নির্বাচনে, যেখানে এককভাবে তৃণমূল কংগ্রেস পেয়েছে ৩৪টি আসন। আর ৩৪ বছরের বিদায়ী বামফ্রন্ট পেয়েছে মাত্র ২টি আসন। কংগ্রেস মাত্র ৪টি। অকারণে অন্ধভাবে মমতা–বিরোধিতা করলে কী ফল হয়, তার তিক্ত অভিজ্ঞতা নিয়ে পরাজয় মেনে নিতে বাধ্য হয়েছেন উত্তরবঙ্গের ব্যান্ডেড কংগ্রেস হাফ প্যান্ট মন্ত্রী। গেল ঠাঁটবাট আর চ্যানেলে চ্যানেলে মুখ্যমন্ত্রী–বিরোধী শ্লাঘা প্রকাশ। তাঁরই সদৃশ অপর কংগ্রেস জঙ্গি নেতাকে গান্ধী পরিবার নির্বাচনী বৈতরণী পার হতে যাঁকে নিয়ে এলেন, আসন বাড়ানো তো দুরের কথা, তিনি কংগ্রেসের ভরাডুবি ঘটালেন।

রাজনৈতিক বিশেষজ্ঞরা অভিমত প্রকাশ করেছেন, দলীয় সংগঠনের দ্রুত অবক্ষয়ে এবারের লোকসভা নির্বাচনে সিপিএম যেমন ইচ্ছুক প্রার্থী পায়নি, তেমনি কংগ্রেসেরও একই হাল। যে জন্য সুভাষিণী আলির আগমন ও প্রস্থান, তেমনি কেন্দ্রীয় চাপে পড়ে আবদুল মান্নান, মানস ভুঁইঞাকে ইচ্ছার বিরুদ্ধে নির্বাচনে দাঁড় করাতে হয়। অন্য দিকে তৃণমূল কংগ্রেসের কালঘাম ছুটেছে বহুর মধ্যে ৪২ জন প্রার্থী নির্বাচনে, যেখানে ছিল ক্রীড়া ও সংস্কৃতি জগতের পরিচিত ব্যক্তিত্বরা। এ নিয়ে কম টীকাটিপ্পনী শোনা যায়নি। কিন্তু জনমত যে বিবেকের টানে অন্য কথা বলল। হারলেন বাসুদেব আচারিয়া, রামচন্দ্র ডোমের মতো হেভিওয়েট প্রার্থীরা। দলের লজ্জা হবে, বিজয়ীদের নাম লিখলে।

নেতা বদল চাই

এবারকার লোকসভা নির্বাচন আর একবার প্রমাণ করে দিল দলীয় সংগঠন পরিচালনে চাই স্টেট লিডার। এক্ষেত্রে তৃণমূল ছাড়া আর কোনও দলের সেই ব্যক্তিত্বের অনুপস্থিতি প্রবলভাবে প্রকট। পরাজিত দলগুলির নেতৃবৃন্দ জানাক তো, দলীয় আনুগত্যে ভরপুর মমতা বন্দ্যোপাধ্যায়ের কোথায় বিকল্প? রাজ্যে সিপিএম এবং কংগ্রেস তো প্রায় এনডেনজারড পলিটিক্যাল পার্টি হয়ে দাঁড়িয়েছে। এ জন্যই বিজেপির উথান। ২৮ শতাংশ মুসলিম ভোট তৃণমূল বাক্সে এমনি এমনি পড়ে? ফলাফলের দায়িত্ব নিতে হবে সিপিএমের নেতা চতুষ্টয়কে। বিবেক থাকলে তাঁদের উচিত সত্বর পদত্যাগ করা। যেমনটা করে দেখিয়েছেন অসমের মুখ্যমন্ত্রী, কংগ্রেসের তরুণ গগৈ। পরাজিত অধিনায়কেরা শুনছেন? ২০১৬-য় দেখে নেব বলে আস্ফালন করে লাভ নেই। মার্কস এর দেশ কোমায় গেছেন। অন্য ভারতীয় দর্শনের দল বানানো হোক। গান্ধী ডাইনেস্টিও ফিনিশ। সর্বভারতীয় ক্ষেত্রে টিএমসি রাজ্য দল হয়েও চতুর্থ স্থানে উঠে এসেছে। এর পরও বিরোধী ক্যাপ্টেনরা কী করে মুখ দেখাবেন?

সদা সত্য কথা লিখিবে

বৃহস্পতিবার ১১ আগস্ট ২০১১ প্রবাসের চিঠি

কৈশোরোত্তর পর্বে সাংবাদিকতায় প্রথম পাঠ নিয়েছিলাম ''সদা সত্য কথা লিখিবে। 'সংবাদ পরিবেশনে নিজস্ব মতামত প্রকাশের কোনও অবকাশ নেই। প্রভাবিত তথ্য পরিবেশন 'সংবাদ' বলিয়া বিবেচিত হইবে না। কোনও রাজনৈতিক দল, গোষ্ঠী বা ব্যক্তিবিশেষের হইয়া তথ্যাগ্রাধিকার কিংবা রঙ লেপনের গর্হিত কাজ। সংবাদ কখনও বিপণন সামগ্রী হইতে পারে না। সংবাদের বাস্তবচিত্রটি তুলিয়া ধরা–ই সাংবাদিকের আদর্শ–তথা–নির্ভীক পেশা। নিজস্ব মন্তব্য, মতামত বা সমালোচনা করার জন্য প্রতিটি সংবাদপত্রেই রহিয়াছে নিজস্ব সীমানা তদর্থে সম্পাদকীয় পৃষ্ঠা।''

এই ছিল সাংবাদিকতার গোড়ায় সহজপাঠ। এখন তো সংবাদ পরিবেশন জগৎটা বহুধা বিস্তৃত হয়েছে। এসেছে নানান নিউজ চ্যানেল, বহু সংবাদপত্র যা সাকুল্যে ক্রমবর্ধমান। এমন ধারা নিশ্চয়ই শুভসূচনা, বিশেষ করে গণতান্ত্রিক সার্বভৌমত্বে বাক্ স্বাধীনতা কায়েমে এই উদারীকরণের চাহিদা সমাজ বিকাশে এক বিশেষ ভূমিকা নিয়েছে। কমিউনিস্ট এবং বাম মনোভাবাপন্ন রাষ্ট্র তথা সামরিক ও ধর্মীয় শাসকবর্গ পরিচালিত রাষ্ট্রগুলি বাদে কোথাও এই সমাজদর্পণকে প্রভাবিত এবং ঘেরাটোপের মধ্যে রাখা হয়নি। আমাদের দেশে শ্রীমতী ইন্দিরা গান্ধীর শাসনাধীনে একবার জরুরি অবস্থা ঘোষণা করে সকলের সঙ্গে সংবাদপত্রে কণ্ঠরোধ করে যে স্বাধীনতার কণ্ঠরোধ করেছিলেন, তার শাস্তিমূলক জবাব পেতেও দেরি হয়নি। সংবাদপত্রের স্বাধীনতা এক চিরকালীন সত্য। কিন্তু ইদানীংকালে সেই সত্য বা আদর্শ কি সঠিকভাবে পরিচালিত হচ্ছে? বিবেককে প্রশ্ন করে কি আমরা একযোগে ''হ্যাঁ'' সূচক উত্তর পাই?...এই প্রশ্নটাই আজ স্বদেশ নয়, নিজ রাজ্যের ক্ষেত্রে ক্রমশ বড় হয়ে দেখা দিচ্ছে। নির্ভীক/নিরপেক্ষ সংবাদপত্র আপেক্ষিকই বটে। সমাজদর্পণের পেছনে পারদ লাগানোয় যেন কেমন একটা ভেজাল রসায়নের উপস্থিতি ক্রমাম্বয়ে প্রকট হয়ে উঠেছে। কী টিভি চ্যানেল, কী সংবাদপত্র (সরকারি দুরদর্শন বাদে) প্রথম থেকে শেষ তথ্য প্রচার পর্যন্ত এক একটি ক্ষেত্রে একেক রকমভাবে সাংবাদ পরিবেশনের ধারা নিয়ে মতান্তর হওয়া উচিত নয়। এই প্রবণতা প্রায় বিগত ৩ বছর ধরে প্রকট হয়ে উঠেছে। একেবারে প্রাঞ্জল উদাহরণ হল, যে কোনও একটি দিনের ন্যূনতম ৩টি সাংবাদপত্র এবং টিভি চ্যানেলের খবর দেখলে বা পড়লে দেখা যাবে একই খবর প্রায় ক্ষেত্রেই বিভিন্ন মাধ্যমে বিভিন্নভাবে প্রকাশিত হচ্ছে, বিশেষ করে কোনও রাজনৈতিক কর্মীর মৃত্যু, বাড়িঘর জ্বালিয়ে দেওয়া, কোনও রাজনৈতিক গোষ্ঠী বা ব্যক্তি দ্বারা অত্যাচার–অনাচার কিংবা নারী নির্যাতন জাতীয় খবরাখবর কোনও কোনও প্রচারমাধ্যমে ফলাও করে প্রকাশ করা হয়, কেউ বা নামমাত্র 'ধরি মাছ, না ছুঁই পানি' করে এড়িয়ে যায়, আবার কেউ বা নীরব থাকে কিংবা ''নির্মিত সংবাদ'' পরিবেশন করে। সাধারণ পাঠককুল বা দর্শকগণকে হামেশা–ই এভাবে বিভ্রান্ত হতে হয়। কেউ অমানবিক অযৌক্তিক অত্যাচারের বীভৎস ছবি তুলে ধরে, কেউ একে সেন্সার করে। প্রেস কাউন্সিল–এর গোচরে এ সকল অযৌক্তিক তথ্য পরিবেশনকে জানায়। সংবাদপত্রের জন্য সাংবিধানিক বিধি নিয়মকে ক'জন বা মেনে চলে?

সেই কবে সাংবাদিকতার ক্ষেত্রে অসামান্য অনুসন্ধানমূলক সংবাদ পরিবেশনের জন্য আন্তর্জাতিক স্বীকৃতি সম্মান 'ম্যাগসেসাই' পুরস্কারে ভূষিত হয়েছিলেন যুগান্তর পত্রিকার শ্রী অমিতাভ চৌধুরী

(শ্রী নিরপেক্ষ), তাঁর সেই উৎকর্ষ ছাপিয়ে আর কোনও বাঙালি বিগত প্রায় পাঁচ দশকে যেতে পারেননি। এক্ষেত্রে যদি কেউ বলেন সাংবাদিকতার মান নেমে গেছে, ভালো সাংবাদিক কমে আসছেন, পেশায় আদর্শচ্যুতি ঘটেছে— এ কথা কোনওমতেই সমর্থনযোগ্য নয় এবং মানতেও রাজি নই। পশ্চিমী হাওয়ার সংক্রামণ, উদারীকরণ, মুক্তবাজারে এবং সবশেষে বিপণনের মাপকাঠির কঠোর রক্তচক্ষু প্রদর্শনের জন্য আমার প্রায়ই মনে হয়, সংবাদমাধ্যম-সংস্থাগুলি যতটা বেশি সামাজিক দর্পণ কিংবা পরিষেবামূলক সংস্থা বা প্রতিষ্ঠান, তার চেয়ে তাদের বেশি ঝোঁক মুনাফার লভ্যাংশ স্ফীতিতে।

একজন প্রবীণ সংবাদপত্র পরিচালন বিশেষজ্ঞের মতে, বর্তমান যেহেতু এটি একটি শিল্প হিসেবে সম্পূর্ণত পরিগণিত সুতরাং এই শিল্পসংস্থাটিকে কোনও না কোনও প্রভাবশালী রাজনৈতিক গোষ্ঠী বা দল, কর্পোরেট হাউস এবং যেদিকে জনমতের ঝোঁক বেশি, তাদের ক্ষেত্রে বিশেষ পক্ষপাতিত্ব, আপস কিংবা ওদের পক্ষে প্রতিকূল এমন ক্ষেত্রে নির্ভীকতা বা নিরপেক্ষতা রাখা সম্ভব না–ও হতে পারে। এর পেছনে আছে মোটামুটি দু’টি কারণ এক, অর্থনৈতিক এবং দুই, অস্তিত্ব ও জনপ্রিয়তা হারানোর গুরুত্ব। তুল্যমূল্য হিসেবে রাজনৈতিক প্রভাবের কাছে সংবাদপত্র বা মাধ্যমের আপস করে চলাটা ইদানিংকালে বিচিত্র বা নতুন কিছু নয়।

উপরন্তু, আমরা সকলেই জানি, প্রতিটি সংবাদমাধ্যমেরই একটি কঠোরভাবে পালনীয় নিয়ম নীতির অলিখিত পরিকাঠামো থাকে। যা প্রকটভাবে প্রকাশ্যে বেরিয়ে পড়েছিল সম্প্রতি অনুষ্ঠিত রাজ্যের ৮ম বিধানসভা নির্বাচনের প্রাক্কালে। যদিওবা মহড়া শুরু হয়েছিল ২০০৮ সালেই।

এমনতর আর্থিক-অসঙ্গতিত্বনির্ভর (বেড়োদের বাদ দিয়ে) মাঝারি, ছোট ও সদ্য বাজারে আসা নতুন সংবাদমাধ্যম শিল্পগুলি খোলাবাজারের অর্থনীতির আবর্তে পড়ে বিপণন জমিতে ফসল তুলতে এবং প্রতিযোগিতায় টিকে থাকতে ভিন্ন অর্থে লগ্নীকারকদের মুখাপেক্ষী হয়ে থাকতেই হয়। ফলে প্রায় ক্ষেত্রেই নিরপেক্ষতার অনুপস্থিতিও লক্ষ্যণীয়।

সংবাদপত্র শিল্পে সাংবাদিকবৃন্দকে সংশ্লিষ্ট প্রতিষ্ঠানের অনুশাসনিক গণ্ডী পেরিয়ে কোনও কিছু প্রতিবেদন প্রকাশ অসম্ভব প্রায়। অনেকক্ষেত্রেই ঘটিত সংবাদ পরিবেশনে সংশ্লিষ্ট সাংবাদিকের সততা, নিষ্ঠা, আপস-হীনতা এবং সর্বোপরি নিরপেক্ষতা বজায় রেখে প্রকৃত সংবাদ পরিবেশনে কিছু না কিছু পিছুটান তো থাকেই, যার বাইরে যাওয়া তাঁর পক্ষে অসম্ভব।

প্রমাণস্বরূপ কেস স্টাডি হিসেবে সিঙ্গুর, নন্দীগ্রাম এবং নেতাই-কাণ্ড নিয়ে বস্তুত যা ঘটেছিল, তা কি প্রতিটি সংবাদমাধ্যম হুবহু ছাপিয়ে ছিল? যে সকল মাধ্যম এই সত্যকে সেদিন স্বীকার করেনি, আজও তারা (সংখ্যায় অতি অল্প হলেও) ওই সততাকে মেনে নিয়েছে কি? বিজন সেতুর ওপর সন্ন্যাসীদের পুড়িয়ে মারা, সাঁইবাড়ি, মরিচঝাঁপি বা তাপসী মালিকের নৃশংস খুন ওই কতিপয় শতকরা হিসেবে না আসা মাধ্যম আজও নীরব। এখানে সংশ্লিষ্ট মাধ্যমগুলির সাংবাদিকদের কোনওমতেই কাঠগড়ায় দাঁড় করানো যায় না। তাঁরা তো বস্তুতপক্ষে সংস্থার কর্মী। মালিকের কথা–ই শেষ কথা, সাংবাদিকের এক্ষেত্রে কিছু করণীয় নেই। অথচ ক্ষেত্র বিশেষে উক্ত সংবাদমাধ্যমের সাংবাদিককুলকেই সমালোচনার মুখে পড়তে হয়— বন্ধুবান্ধব। পাড়া-প্রতিবেশী এবং প্রেস কর্ণারে অন্যান্য মাধ্যমের সম-পেশাদারদের কাছে।

আমরা কিন্তু আসল ব্যাপারটা কখনই তলিয়ে দেখি না। যত দোষ আছড়ে পড়ে সাংবাদিকদের ওপরে, নিশানাও তাঁরা, মারাও যান তাঁরা-ই। এটাই বাস্তব। এখন মনে হয় সাংবাদিকতার প্রথম পাঠের সঙ্গে এর পাটিগণিতে অনেকটাই ফারাক রয়ে গেছে, চিরস্থায়ী বন্দোবস্ত।

শেষমেশ সংবাদমাধ্যমের কুক্ষিগত '
'বিচারব্যবস্থা'–ও?

প্রবাসের চিঠি, শনিবার ১৩ আগস্ট ২০১১

বৃহস্পতিবার ১১ আগস্ট সন্ধ্যায় মেদিনীপুরের সি জে এম আদালতে সি পি এমের প্রাক্তন মন্ত্রী এবং বর্তমান বিধায়ক সুশান্ত ঘোষের আগাম জামিনের আবেদন খারিজ করে সি আই ডি–র হাতে তুলে দিয়ে প্রাথমিকভাবে ৭ দিনের জন্য হাজতবাসের নির্দেশ দেয় এবং সেই রাতেই তাঁকে জিজ্ঞাসাবাদের জন্য কলকাতায় ভবানীভবনে নিয়ে আসা হয়েছে। তাঁর বিরুদ্ধে অভিযোগ 'গণহত্যা' বা রাজনৈতিক খুন। স্বাধীনোত্তর কালে একজন প্রাক্তন দোর্দণ্ডপ্রতাপ মন্ত্রী, জেলার সর্বধিনায়ক এবং বর্তমান বিধায়কের গ্রেপ্তার বরণের ঘটনা এই প্রথম এবং এক কালা ইতিহাসের অধ্যায়। এই নৃশংস হত্যাকাণ্ডটি সংগঠিত হয়েছিল ২০ সালের ২২ সেপ্টেম্বর। কঙ্কালের স্তূপ উদ্ধার হয় ৪–৫ জুন, ২০১১ এবং পরবর্তী পর্যায়ে নানান তথ্য প্রমাণ ডি এন এ ইত্যাদি পরীক্ষার পর আদালতে সুশান্ত ঘোষের বিরুদ্ধে অভিযোগের প্রাথমিক সত্যতা সাপেক্ষে তাঁকে গ্রেপ্তারের আদেশ দেওয়া হয়। এই হল তথ্যগত সারাংশ। এক্ষেত্রে সমস্ত বিষয়টি যেহেতু আদালতের বিচারাধীন, ফলে এ নিয়ে কোনও মন্তব্য করা অন্যায় এবং ক্ষেত্র বিশেষ আদালত অবমাননার দায়ে অভিযুক্ত হওয়ার আইনি ব্যবস্থা আছে।

কিন্তু বিচারাধীন কোনও মমলা চলাকালীন পরিস্থিতিতে সংবিধান মোতাবেক কারও কোনও বক্তব্য, মন্তব্য, যুক্তি, পরামর্শ ইত্যাদি করার অর্থ বিচার ব্যবস্থার ওপর খোদগারি করা এবং বিচারালয়ের ওপর নিরপেক্ষতা নিয়ে একরকম প্রত্যক্ষ বা পরোক্ষভাবে সন্দেহ প্রকাশ, যা ভারতীয় বিচারব্যবস্থায় কল্পনাতীত। সুশান্ত ঘোষকে গ্রেপ্তার করা নিয়ে চূড়ান্ত সিদ্ধান্ত না হওয়া পর্যন্ত বিচারব্যবস্থার ওপর কোনওরকম বহিঃপ্রকাশ নৈব চ। ওইদিন সন্ধ্যায় রাজ্য সি পি এম সম্পাদকমণ্ডলির পক্ষে প্রাক্তন সাংসদ এবং দলের বর্ষীয়ান কেন্দ্রীয় সদস্য মহম্মদ সেলিম দলের পক্ষে উল্লেখিত মন্তব্যটি পার্টি কার্যালয়ে এক সাংবাদিক সম্মেলনে দলীয় মুখপাত্র হিসেবে অন্যান্য শ্লাঘাবর্ষণের সঙ্গে এই বিচার ব্যবস্থার নিরপেক্ষতা বিরোধী বক্তব্য রেখে যা কিছুই ক্ষোভ উগড়িয়ে দিয়ে থাকুক না কেন, তাঁর বিবৃতি থেকে অন্তত দুটি বিরূপ মন্তব্য জনমানসে সুদূরপ্রসারী বিরূপ প্রতিক্রিয়ার ঝড় উঠতে বাধ্য।

এক, আদালত অবমাননার দায়— তা অপরাধ যোগ্যতার মাপকাঠিতে কতদূর সুদূরপ্রসারী তা আদালতের বিচার্য বিষয়। সংবাদমাধ্যমে প্রাক্তন সাংসদের মন্তব্য সাদা চোখে মনে হচ্ছে, হয়তো এমন বক্তব্য রাখা সমীচিন হয়নি। এর ফলে বিচার ব্যবস্থার ওপর প্রভাব পড়লে আইনি শাসনের নিরপেক্ষতায় ছাপ পড়তে বাধ্য। এই জাতীয় মন্তব্য একজন প্রাক্তন সাংসদ এবং সংসদীয় গণতন্ত্র ও বিচারব্যবস্থায় আস্থাশীল রাজনৈতিক ব্যক্তিত্বের কাছ থেকে প্রত্যাশা প্রশ্নাতীত। যাই হোক এক্ষেত্রে দেশের বিচার ব্যবস্থা–ই যা সিদ্ধান্ত নেওয়ার প্রয়োজনবোধ করবে তাই হবে। এক্ষেত্রে

আমাদের যে কোনও মন্তব্যই আইনি শাসনের কবলে পড়বে। সুতরাং তাঁদের সিদ্ধান্তের ওপর এটি বহাল থাক।

আমাদের প্রতিবেদনের মূল প্রতিপাদ্য বিষয় দ্বিতীয় প্রসঙ্গ বা যুক্তিটি। সুশান্ত ঘোষ গ্রেপ্তার প্রসঙ্গে মহম্মদ সেলিম বর্তমান শাসকবর্গের চক্রান্তের সঙ্গে আর একটি মারাত্মক অভিযোগ এনেছেন। তা হল, 'সংবাদমাধ্যমের আনুকূল্যে এবং প্রচারের দৌলতে মহামান্য আদালতকে প্রভাবিত কার।'— এমন সংবিধান বিরোধী প্রকাশ্যে অভিযোগ ভারতীয় সংসদীয় ব্যবস্থায় বিরলতম দৃষ্টান্ত। সাংবাদিক এবং সংবাদমাধ্যমের পরিচালনবর্গের এই বুনিয়াদি শিক্ষাটি অবশ্যই রয়েছে যে, বিচারাধীন কোনও মামলা নিয়ে শুধু মধ্যবর্তী কেন, কোনও সময়েই চূড়ান্ত সিদ্ধান্ত না নেওয়া পর্যন্ত একটি অক্ষরও মন্তব্য করতে পারে না। মধ্যবর্তী শুনানির বিবরণমাত্র কড়া নজরদারি রেখে ছাপা হতে পারে মাত্র। এমতবস্থায় ৪–৫ জুন কঙ্কালের স্তূপ বার হওয়ার পর থেকে প্রশাসন এবং স্থানীয় মানুষের সূত্রে সংবাদমাধ্যমগুলি যেভাবে যেরকম সংবাদ সংগ্রহ করতে পেরেছে, তা–ই ছেপেছে। খবর সংগ্রহই তো সাংবাদিকের কাজ। খবরে রং চড়ালে তা আর সংবাদ থাকে না, তা হয় গুজব। এক্ষেত্রেও সংবাদমাধ্যমগুলি দায়বদ্ধ কর্তব্য পালন করেছে। কিন্তু যেদিন থেকে অর্থাৎ ৪–৫ জুন ২০১১ আদালতে সুশান্ত ঘোষ এবং অন্যান্যদের বিরুদ্ধে নতুন করে (আগে ২২ সেপ্টেম্বর ২০০২ কেশপুরের পিয়াশালায় যে মামলা রুজু করা হয়েছিল, তা প্রমাণাভাবে বন্ধ হয়ে যায়) মেদিনীপুর আদালতে মামলা শুরু হয়, সে থেকে কোনও সংবাদপত্র এই প্রসঙ্গে আদালতের শুনানির বিবরণ ছাড়া অন্য একটিও কথা মামলা সংক্রান্ত বিষয়ে প্রকাশ করেনি। কারণ, তা আইনি অপরাধ হিসেবে পরিগণিত হত। আদালত অবমাননার দায়ে পড়তে হত।আদালত আইনি ধারক বাহকেরা জানলেন না, অথচ সেলিম সাহেব জেনে গেলেন সুশান্ত ঘোষকে ফাঁসাবার জন্য সংবাদমাধ্যমগুলি ধারাবাহিকভাবে এমন সব প্রতিবেদন ছাপছিল বা দেখাচ্ছিল, যার ফলে বিচারব্যবস্থা এবং সংশ্লিষ্ট বিচারালয়ের বিচারক প্রভাবিত হয়েছিলেন, যার ফলশ্রুতি, সুশান্ত ঘোষের ৭ দিন সি আই ডি হেপাজতে বন্দি হওয়া। এই ধরনের আষাঢ়ে মন্তব্য কতটা আইনসিদ্ধ তথা দায়িত্বশীলতার পরিচয়ক তা ভারতীয় সংবিধান এবং আপামর দেশবাসী বিচার করবে।

বিগত ৩৪ বছরের দীর্ঘ রাজ্যশাসনে বামফ্রন্টের এই দলটি সংখ্যাধিক্যের জোরে দেশকে যে কোথায় নিয়ে গিয়েছিল, সেলিম সাহেবের উল্লিখিত দায়িত্বজ্ঞানহীন বক্তব্যই যথেষ্ট। ইনি গণতন্ত্রের কথা বলছেন, অথচ ওঁর–ই ডাক্তার স্ত্রী একটি হাসপাতালের চিকিৎসক হিসেবে কী করে ৪০০০ বর্গফুট জায়গা আটকে ওই হাসপাতালেই বাগান বাড়ি করেছিলেন এতকাল। অথচ ওখানে রোগীর বেড দূরের কথা, স্থান সঙ্কুলানও কঠিন বিষয় ছিল, বসার জায়গা পর্যন্ত পাওয়া যেত না।

স্ট্যালিনিও কমিউইনিস্ট ভাবধারায় সর্বহারাদের নামে সবকিছু কুক্ষিগত করা–ই তাদের নীতি। এমনকী বিচার ব্যবস্থাও। নাহলে ওদের বর্ষীয়ান নেতাদের মুখ থেকে শুনি, সুটকেসে ভর্তি টাকা নিয়ে যে যায়, সেই মামলায় জেতে; আবার বিচারক 'অমুক বালা' বাংলা ছেড়ে পালা— এ জাতীয় অশালীন মন্তব্য। পরবর্তীকালে আদালতে তাঁরা কী বলে আপস করেছিলেন তা–ও আমাদের জানা আছে। এদের দলের উগ্রবাদীরা তো সংসদকে 'বরাহের খোঁয়ার' বলে অমৃতবাণী বলতে শোনায়। মাননীয় বিচারালয় সংবাদমাধ্যমের দ্বারা পরিচালিত কিংবা প্রভাবিত হয়, একথা শুনলে 'ঘোড়ায়ও হাসবে'।

নীহারবাবুর লেখা

আমি উদ্বোধনী দিন থেকে একনিষ্ঠ পাঠক। টাইমস-এর সঙ্গে জড়িত। সকালেই কাগজ পাচ্ছি। যেহেতু সংবাদপত্রের সঙ্গে যুক্ত, স্বভাবতই নজর থাকে সম্পাদকীয় পাতার প্রতি। বিগত দেড় মাসের বিভিন্ন লেখার মধ্যে আমার কাছে শ্রীযুক্ত নীহার মজুমদার লিখিত বিভিন্ন সম্পাদকীয় প্রবন্ধ বিশেষভাবে নজরে পড়েছে।

এমন চিন্তাপ্রসূত উচ্চ ঘরানার স্বাদ আর কোনও লেখায় আস্বাদন হয় না। ওনার লেখার সঙ্গে পরিচিত ৩ দশকের। প্রবাসে অবসর সময়ে ইন্টারনেটের মাধ্যমে কলকাতার বিভিন্ন বাংলা/ইংরেজি কাগজে ওঁর প্রবন্ধ পড়তে একটা আত্মিক সংযোগ স্থাপিত হয়েছে। দিল্লির বাঙালি সাংবাদিক মহলের কাছেও উনি স্বনামে পরিচিত। প্রথম সংখ্যায় ড. বি. সি রায়ের ওপর ওঁনার ব্যতিক্রমী উপস্থাপনা থেকে অনেক কিছু জানলাম। ও-র লেখাগুলি তথ্যবহুল, যার পিছনে গবেষণার ছোঁয়া থাকে, যা সাধারণত জটিল এবং বিরল।

ওঁর লেখায় ফেলে আসা বাংলার মাটির সোঁদা গন্ধ যেমন আছে, তেমনি তীক্ষ্ণ রাজনৈতিক প্রতিবেদনেও কাগজটির নিরপেক্ষতা ইতিমধ্যেই সূচিত হয়েছে।

এখনও পর্যন্ত কাগজটির সততা ও নিরপেক্ষতা প্রশংসনীয়। সংবাদপত্রটির উত্তরোত্তর শ্রীবৃদ্ধি কামনা করি। আপনাদের দিল্লি অফিস থেকে কলকাতা দপ্তরের ঠিকানা সংগৃহীত।

বিশ্বম্ভর ধর
ফ্ল্যাট–৭২ডি, জনকপুরী
নয়াদিল্লি–৫৮

শিক্ষার্থীদের বছর নষ্ট হোক, ধর্মঘট জিন্দাবাদ

আনন্দবাজার পত্রিকা ৯০ বর্ষ ২৮৫ সংখ্যা মঙ্গলবার ১৮ পৌষ ১৪১৮ কলকাতা

অবশেষে বাংলার ১১ লাখেরও বেশি মাধ্যমিক পরীক্ষার্থী হাঁফ ছেড়ে বাঁচল। অভিভাবকদের উৎকণ্ঠার অবসান হল। ২৮ ফেব্রুয়ারি কেন্দ্রীয় শ্রমিক সংগঠনগুলির ডাকা ধর্মঘটের দিনটিতেই মাধ্যমিকের ইতিহাস পরীক্ষা নিয়ে রাজ্য সরকার এবং বাম জোটের মধ্যে মানা–না মানার যে টানাপোড়েন চলছিল, তাতে মুখ্যমন্ত্রী মমতা বন্দ্যোপাধ্যায়ের অভিভাবকসুলভ অরাজনৈতিক সিদ্ধান্ত সকল বিদ্যার্থী এবং অভিভাবক তথা রাজ্যবাসীর শুধু স্বস্তির কারণই হয়নি, অকুণ্ঠ জনসমর্থনও আদায় করেছে। সাধারণ ভাবে এ মুহূর্তে দিন বদলের ব্যবস্থাকে রাজনৈতিক জয় ভেবে আত্মপ্রসাদ লাভ করলেও যে–অনৈতিক গোঁয়ার্তুমি পরিস্থিতিগত অবস্থানে থাকার সুযোগ নিল— ওঁরা বুঝতে পারছেন না, এর ফলাফল আগামী দিনে কী রকম প্রভাব ফেলতে পারে, যা কোনও মতেই বিচ্ছিন্ন ভাবে দেখা উচিত হবে না। মমতা বন্দ্যোপাধ্যায় যে–মানসিকতার রাজনৈতিক পাঠ নিয়েছেন, এ ক্ষেত্রে আমরা ভেবেছিলাম, তিনি হয়তো আদর্শগত ভাবে ধর্মঘটের বিরোধিতায় অনড় থেকে ২৮-এর ইতিহাস পরীক্ষার নির্ঘণ্ট বজায় রেখে বামপন্থী দলগুলিকে চ্যালেঞ্জ ছুঁড়ে দিতে পারেন। কিন্তু অসহায় পরীক্ষার্থীদের কথা ভেবে তিনি অভিভাবকসুলভ নমনীয় ভাব নিয়ে দিন পরিবর্তন করলেন। রাজ্যবাসী এক সম্ভাব্য সমূহ সংঘাত থেকে বাঁচলেন। পরীক্ষার্থীরাও ইতিহাস রচনার জন্য এক দিন বেশি সময় পেয়ে গেল।

ওই দিন পশ্চিমবঙ্গ বাদ দিয়ে দেশের অন্য কোনও রাজ্যে মাধ্যমিক বা সমমানের পরীক্ষা নেই— এই দাবি তুলে বামপন্থী ধর্মঘটী রাজনৈতিক দলগুলি মাধ্যমিক পরীক্ষা পিছিয়ে দেওয়ার জোরালো দাবি তুলে আসছিল। স্মরণে রাখতে হবে, শিল্প ধর্মঘটের দিনক্ষণ ঠিক হয় মাত্র কয়েক মাস আগে। অথচ মধ্যশিক্ষা পর্ষদ এই নির্দিষ্ট দিনের পরীক্ষার ঘোষণা করে রেখেছিল এক বছর আগে। কেন্দ্রীয় পর্যায়ে সিদ্ধান্ত নেওয়ার আগে রাজ্যের শ্রমিক নেতারা নিজ রাজ্যের এই পরীক্ষার দিনটির কথা মাথায় রেখেও কেন যে পরীক্ষার্থীদের অস্বস্তিতে ফেলার মতো সিদ্ধান্তে অটল রইলেন, ইতিমধ্যেই তা নিয়ে প্রশ্ন উঠতে শুরু করেছে। তাঁদেরও তো কারও না কারও সন্তান এ বার পরীক্ষার্থী। যদি সরকার দিন পরিবর্তনে গররাজি থাকত, তা হলে এই বিপ্লবীরা কি তাঁদের সন্তানদের কষ্ট করে আর পরীক্ষা না-দেওয়ার ফতোয়া দিয়ে ধর্মঘটে শামিল হতে বলতেন?

সারা দুনিয়ার বামপন্থীদের কাছে প্রতিবাদ বা আন্দোলনের শেষ অস্ত্র হল ধর্মঘট। স্বাধীন ভারতে এই শেষ অস্ত্রটিকে কথায় কথায় এমন ভাবে সর্বত্র প্রয়োগ করা হয়েছে, যার ফলে মানুষের মনে হয়, বিরোধীরা একটা 'ছুটি' পাইয়ে দিল। সমীক্ষায় প্রমাণিত হয়েছে, এটি একটি বিশ্রাম, মজলিস, আড্ডা বা জমিয়ে ভুরিভোজের দিন। অধিকাংশ লোকই বলতে পারবে না, কী মহৎ কাজের জন্য ওই ছুটির দিন। বন্ধ, ধর্মঘট, হরতাল, চাক্কা বন্ধ ইত্যাদিতে চিরকালই পশ্চিমবঙ্গ শীর্ষে। ধর্মঘট হলে কে কাকে শায়েস্তা বা নিয়ন্ত্রণ করে? তাই যদি হত, তা হলে পাহাড়ে ৪০, ৫০, এমনকী ৭৫ দিন লাগাতার ধর্মঘট ডেকেও ঘিসিং পাহাড়বাসীদের কিছু এনে দিতে পেরেছিলেন কি? খোঁজ নিয়ে দেখা হোক, বিগত ১০ বছরে এ রাজ্যে কতগুলি বন্ধ ডাকা হয়েছে আর কতগুলি ছাত্র ধর্মঘট ডাকা হয়েছে। আর আলাদা করে জানানো হোক, এই হরতালের ফলে কী কী সুফল এসেছে।

রাজ্যকে হেয় করার অপচেষ্টা

যুগান্তর, ৩০ কার্তিক, ১৪১৯। শুক্রবার। ১৬ নভেম্বর ২০১২

'অ্যাসোচেম' একটি গুরুত্বপূর্ণ অভিজাত বণিক সংস্থাগুলির অন্যতম মঞ্চ, এনিয়ে নতুন করে পরিচিতি অনাবশ্যক। এমনই এই বণিকসভাকে পশ্চিমবঙ্গে নতুন মন্ত্রীসভা গঠনের পরপর দু'বার রাজ্যকে ছোট করে দেখাবার ভ্রান্ত অপ্রাসঙ্গিকতায় জড়িয়ে পড়তে দেখে এখন মনে হচ্ছে সংগঠনটি কোনওরকম হোমওয়ার্ক করেনি। অবশ্যই নতুন সরকারকে জাতীয় রাজনীতিতে ছোট করে ইচ্ছাকৃতভাবে রাজনীতিতে জড়িয়ে পড়ার অপচেষ্টায় উদ্দেশ্যমূলকভাবে সক্রিয় হয়ে ওঠার প্ররোচনামূলক অপচেষ্টায় সক্রিয়। রাজ্য রাজনীতিতে এভাবে নিজেদের জড়ানো কোনও সর্বভারতীয় বণিকসভার অহেতুকতা অবাঞ্ছিত।

প্রথম ঘটনাস্থল কলকাতায় তাদের আয়োজিত আলোচনাচক্র। তাও বেশ দীর্ঘ কয়েকমাস আগে সদ্য নতুন মন্ত্রিসভা গঠনের পর। অ্যাসোচেম-এর কর্ণধার উক্ত সভায় বহু বাণিজ্যিক প্রতিষ্ঠানের প্রতিনিধিদের সামনে ঘোষণা করলেন, 'নতুন সরকারের আমলে শিল্পসম্ভাবনা হতাশাব্যঞ্জক, উৎসাহদানের অভাব প্রকট। পাঠককুল অবগত হোন রাজ্যে সবে তখন নবীন মন্ত্রিসভা প্রতিষ্ঠিত হয়েছে।

সভাস্থলে এমন আলপটকা মন্তব্য, যা সরকারবিরোধী বাস্তবতাহীন ভাষণ বলে গুঞ্জন উঠেছিল। পরদিন সমস্ত গণমাধ্যমে তা প্রকাশিত হয়ে 'অ্যাসোচেম'-কে গণবিক্ষোভের কাঠগড়ায় দাঁড় করালে বণিকসভার কর্ণধার কোণঠাসা হয়ে পড়েন। তড়িঘড়ি করে তিনি কেন্দ্রীয় কার্যালয় দিল্লিতে এক সাংবাদিক সম্মেলন করে প্রকাশ্যে অযৌক্তিক বক্তব্যকে খণ্ডন করার পথপ্রহণ করে দুঃখজনক ঘটনা বলে নিজের বক্তব্যকে ফিরিয়ে নেন। অ্যাসোচেম-এর সেই অসহায় চিত্রটি নিশ্চয়ই সকলের মনে আছে।

এমন বক্তব্য রাষ্ট্রবিজ্ঞানের দর্শন অনুযায়ী সরকারবিরোধী রাজনৈতিক দলের প্রবক্তারা বলে থাকেন, যা রাজনৈতিক টানাপোড়েনের অন্যতম অঙ্গ। কিন্তু একটি সর্বভারতীয় বণিকসভা অভিযুক্ত রাজ্যের হাল হকিকৎ, তাদের শিল্পনীতি, শিল্লোন্নয়নে উদ্যোগ, শিল্প-বন্ধু হওয়ার তাগিদ ইত্যাদি গুরুত্বপূর্ণ বিষয়গুলি সম্বন্ধে রাজ্যভিত্তিক গবেষণা না করে এমন বেমক্কা মন্তব্য এবং তা তুলে নেওয়ার সংগঠনটির সুনাম অভধারিতভাবে ক্ষুণ্ন হয়েছিল। সন্দেহ জাগে তাঁর বক্তব্য প্রকাশের আগে বিশেষ করে কলকাতাস্থ পূর্বাঞ্চলের প্রতিনিধি বক্তাকে হয়তো এমনই ইন-পুটস্ দেওয়া সাংবাদিক সম্মেলন ডেকে ব্যাপারটা মিটিয়ে নিতে পেরেছিলেন। ভুল স্বীকারে রাজ্যবাসীরও বিষটি নিয়ে আর অগ্রণী হননি।

কিন্তু এখানেই শেষ নয়। অতিসম্প্রতি কলকাতাতেই ওই ধরনের বণিকসংস্থা এবং সরকারি আমলাদের উপস্থিতিতে আয়োজক সেই অ্যাসোচেম-এর কর্তাব্যক্তি প্রসঙ্গান্তরে গিয়ে আবারও একটি বেফাঁস গুরুতর বালখিল্যের মতো মন্তব্য করে রাজ্য সরকারের শিল্পচিত্রের ভিত্তিহীন দুর্দশার পটচিত্র তুলে ধরার অপপ্রয়াসে আলোচনা সভায় বললেন, 'শিল্পের হতাশাব্যঞ্জক অবস্থার জন্য নতুন শিল্পসম্ভাবনার চিত্রটি করুণ এবং তদুপরি হালআমলে বিদ্যুতের চাহিদা একই কারণে হাসপ্রাপ্ত হওয়ায় রাজ্যে এখন বিদ্যুৎ উদ্বৃত্ত হয়ে পড়েছে, তারও পরিসংখ্যান দিয়ে তিনি সংযোজন করে জানিয়েছেন, এই কারণে রাজ্যে এখন প্রতিদিন ৫৫০ মেগাওয়াট বিদ্যুৎ উদ্বৃত্ত থেকে যাচ্ছে!!

এমন বৈদ্যুতিক চিত্র তো এখানকার বিরোধী দলগুলিও দেবার অসমীচীন রাজনৈতিক মন্তব্য অদ্যাবধি করার অপসাহস দেখায়নি। অথচ কর্তাব্যক্তিরা দিল্লিতে বসে জেনে গেলেন পশ্চিমবঙ্গের শিল্পহীনতার জন্য চাহিদাহীন হাটে সংশ্লিষ্ট বিদ্যুৎ উৎপাদন সংস্থাগুলি হাত গুটিয়ে বসে ভিন্নপথে রাজ্যকে প্রতিদিন বিপুল পরিমাণ 'উদ্বৃত্ত রাজ্যে' পরিণত করেছে! বক্তব্যটির সপক্ষে বিদ্যুতের চাহিদা–জোগান, ভবিষ্যৎ চাহিদা কত নতুন শিল্পের সম্ভাবনা রয়েছে আর কতসংখ্যক উল্লেখযোগ্য শিল্পসংস্থা হয়ে উঠে গেছে কিংবা অন্যত্র চলে গিয়েছে তার পুঙ্খানুপুঙ্খ পরিসংখ্যানের হতবাক করা সমর্থনযোগ্য অনুপস্থিতিতে বিদগ্ধমহলকে বিচলিত করেছে, তাৎক্ষণিকভাবে রাজ্য সরকারকেও অস্বস্তিতে ফেলারই কথা।

উক্ত অ্যাসোচেম প্রবক্তার কথা যদি তর্কের খাতিরে মেনেওনি তাহলে এর আগের সরকারের আমলে দীর্ঘতর সময়ে রাজ্যের ছোট–বড় মাঝারি সংস্থাগুলির সংক্রমণ নিয়ে কানোরিয়া জুট মিলের মতো শ্রমিকবহুল বৃহৎ সংস্থাগুলি নিশ্চিহ্ন হয়ে গেছে, তাহলে তো সেই সময়ও নিয়মিত বিদ্যুৎ উদ্বৃত্ত হওয়া উচিত ছিল । কারণ বিগত অনেক বছর রাজ্যে নতুন বিদ্যুৎ উৎপাদন কেন্দ্র তো সংযোজিত হয়নি।

তাহলে ওঁর শৈল্পিক বিদ্যুৎচিন্তায় কি কোনও যৌক্তিকতার অভাব আছে, না তথাকথিত উদ্বৃত্ত বিদ্যুৎ বেমালুম চুরি হয়ে যাচ্ছিল? সেক্টর ফাইভের তথ্য-প্রযুক্তির কর্ম–বিনিয়োগ বাদে অ্যাসোচেম–এর তথ্যভাণ্ডারে রাজ্য সম্পর্কিত পূর্ববর্তী সরকারের আমলে কত অর্বুদ টাকার নতুন শিল্প সম্পর্কিত উন্নয়নের বার্তা দেওয়া হয়েছিল, আর কত সংখ্যক শিল্পসংস্থা স্থাপিত হয়ে বিদ্যুতের চাহিদা বৃদ্ধি করেছে তার কোনও পরিসংখ্যান তাদেরই পূর্বাঞ্চলের আঞ্চলিক কার্যালয়ে পৌঁছে দিয়েছে কিংবা কেন্দ্রীয় বিদ্যুৎ কেমন সাড়া জাগানো তদানীন্তন সরকারের আমলে দিয়েছিল, যাতে উৎসাহ হয়ে বিশেষ করে অপর্যাপ্ত বিদ্যুৎপ্রাপ্তির ঢালাও নিশ্চয়তার অনুপ্রেরণা ছিল?

অতীতের অভিজ্ঞতা এবং বর্তমান বিদ্যুতের অপ্রত্যাশিত চিত্রটি বঙ্গবাসীরা জানালেন না, আর হাস্যকর যুক্তি দেখিয়ে উক্ত কর্তাব্যক্তি এমন হাস্যকর করুণ শিল্প চিত্রটি তুলে ধরে রাজ্যে বিনিয়োগে অপেক্ষমান শিল্প সংস্থাগুলির কাছে অন্যতম পরিকাঠামো 'বিদ্যুৎ'-এর অসত্য চিত্রটি এভাবে না তুললেই পারতেন। এবিষয়ে বণিকসভার পূর্বাঞ্চলীয় সদর দপ্তর (যার অবস্থিতি খাস কলকতাতেই) তাদেরকে কি দিল্লিতে এমনই পরিসংখ্যান পাঠিয়েছিল। যদি তাই হয়, তাহলে আঞ্চলিক কার্যালয়ও দায়িত্ব এড়াতে পারে না।

বহু দশক পরে পশ্চিমবঙ্গের বিদ্যুৎ ক্ষেত্রের পরিচালন ব্যবস্থায় বৈপ্লবিক পরিবর্তন আনার সুফল ভোগ করছে রাজ্যবাসী এবং শিল্পসংস্থাগুলি। প্রযুক্তিগত পরিচালন ব্যবস্থায় আধুনিকতা এবং অন্যান্য রাজ্যগুলির সঙ্গে বিদ্যুৎ আদান–প্রদান সুষম ব্যবস্থার ফলশ্রুতি রাজ্যে উন্নততর ব্যাঙ্কের সূচনা। এই যে বিদ্যুৎ ক্ষেত্রে ঐতিহাসিক বিবর্তন, তা কোনও কোনও নিন্দুক মহলের পক্ষে গ্রহণযোগ্য হচ্ছে না।

এজাতীয় বণিকসভাগুলি কেন দীর্ঘ সাড়ে তিন দশকের অতীত এবং বর্তমান দেড় বছরের বিদ্যুৎচিত্র নিয়ে কেন ভাবছে না, কেন এই প্রসঙ্গ নিয়ে আলাদা করে বিদগ্ধজনদের নিয়ে পরিসংখ্যানভিত্তিক আলোচনায় আসছে না? অ্যাসোচেম তথ্যের ধার না ধেরে বাজার গরম করা বক্তব্য দেবে, তা নিয়ে আপস চাইবে, আবার বলবে এমনটি কোনও শিল্প সংস্থা কেন, একটিও বঙ্গবাসী তা মেনে নেবে না। কিছু ভষণ দেবার আগে 'হোমওয়ার্ক' করে নেওয়ায় কি ঘাটতি উক্ত সংস্থার থেকেই যাচ্ছে? না উদ্দেশ্যপ্রণোদিত রাজনৈতিক প্ররোচনাই লক্ষ্য এটা পরিস্কার হওয়া উচিত।

অশালীনতার দায়ে

আবার যুগান্তর, ১৯ আশ্বিন, ১৪১৯। শনিবার। ৬ অক্টোবর, ২০১২

সম্প্রতি এক ইংরাজি টিভি চ্যানেলে রাজ্যের মুখ্যমন্ত্রী মমতা বন্দ্যোপাধ্যায়ের প্রধানমন্ত্রীর উক্তিকে নকল করায় রাজ্যে ঝড় বয়ে গেল। অথচ যাঁর উক্তি নিয়ে অভিযোগের পাহাড় তৈরি হয়েছিল তাতে তিনি কোনও গুরুত্ব না দিয়ে বিশেষ করে প্রদেশ কংগ্রেসের মমতা-বিরোধী নেতৃত্বের প্রচারে জল ঢেলে দিয়ে সঠিক এবং সুচতুর সিদ্ধান্ত নিয়ে মনমোহন সিং তাঁদের বাড়া ভাতে ছাই ঢেলে দিয়ে সৃষ্ট কৃত্রিম উত্তাপে নিরুত্তাপ উত্তর তাদের রাজনৈতিক ফয়দা লোটার স্থায়ীভাবে ইতি টেনে দিয়ে বিচক্ষণতার পরিচয়ই দিলেন।

এমন ঘটনা যেমন প্রথম নয়, তেমনি তার চেয়েও গুরুতর কুৎসিত উক্তি বারংবার সিপিএম করে এসেছে, সেক্ষেত্রে কোনওদিনই তদানীন্তন শক্তিশালী জাতীয় কংগ্রেস কিংবা প্রদেশ কংগ্রেসকে এতটুকু গর্জাতে বা বর্ষাতে দেখিনি। তদানীন্তন সিপিআই থেকে ইদানিং সিপিএম এর রাজনৈতিক অশিষ্টাচার গুচ্ছকে এই সুযোগে আবার আমাদের স্মরণ করিয়ে দিয়ে বর্তমান প্রজন্মকে পুরানো অশালীন উক্তি সামগ্রীকে তুলে ধরায় প্রত্যক্ষভাবে সাহায্য করলো।

স্বাধীনতা আন্দোলনের দিনগুলিতে কমিউনিস্ট পার্টি নেতাজী সুভাষচন্দ্র বসুকে জাপান সম্রাট ‘তোজো’র কুকুর’ বলতে দ্বিধা করেনি। অন্য দেশবরেণ্য নেতাকে ‘কুইসলিং’ আখ্যা দিয়েছিল। রবীন্দ্রনাথ ঠাকুর এই সেদিনও ওদের চোখে ‘বুর্জোয়া কবি’ হিসেবে প্রত্যাখ্যাত হয়েছিলেন। বাদ যাননি স্বামী বিবেকানন্দও। অতি উগ্র মার্কসীস্টরা পার্লামেন্টকে ‘শুয়োরের খোঁয়াড়’ বলে ছিল। এতসব ঘটনার তদানিন্তন শক্তিশালী জাতীয় বা প্রদেশ কংগ্রেসকে কোথাও চরম বিরোধিতা করে সংবাদ বিবৃতি দিতে দেখিনি (ভাগ্যিস তখন টিভি ছিল না)

পরবর্তী অধ্যায়ে নেহরু পরিবারকে যেভাবে কুৎসিত প্রচারের আলোয় আনা হয়েছিল তা সকলেই জানেন। ইন্দিরা গান্ধী থেকে রাজীব গান্ধী পর্যন্ত সবাই ‘চোর’ বলে তাঁদের অপমানিত করা হয়েছিল। এ নিয়ে ওরা ২ কলি কবিতাও বানিয়েছিল। ‘গলি গলি মে শোর হ্যায়,...গান্ধী চোর হ্যায়’। সিপিএম-এর ব্যবহারে বিরক্ত হয়ে প্রয়াত তৎকালীন যুক্ত ফ্রন্ট নেতা বাংলা কংগ্রেসের নেতা মন্ত্রী সভাকে ‘‘বর্বর’’ বলে বেরিয়ে এসেছিলেন।

প্রয়াত মুখ্যমন্ত্রী জ্যোতি বসু মমতা সম্বন্ধে যেভাবে কুৎসিৎ ভাষায় বিষোদগার করতেন এবং উন্মাবশতঃ লালবাড়ি থেকে তাঁকে চ্যাংদোলা করে বার করে দিয়েছিলেন তা স্মরণ করা যেতে পারে। বুদ্ধদেববাবু তো বলতেন ‘ওই মহিলার নাম নিতেও ঘৃণা হয়’। তাঁর আরও উক্তি ‘মাথা ফাটিয়ে দেব’ বা ‘পেইডব্যাক উইথ হিজ (হার) কয়েন’ তো হালফিলের কুরুচিকর অসমর্থনযোগ্য মন্তব্যাদি মমতাকে গুণ্ডা দিয়ে ভবানীপুরে হত্যা করার লীলার কথা কারও অজানা নয়।

পরবর্তী অধ্যায়ে আছেন বিনয় কোঙার, শ্যামল চক্রবর্তী, বিমান বসু, অনিল বিশ্বাসের কুরুচি ভাষার সম্ভারে অনিল বসুর আরও লজ্জাজনক মমতার প্রতি উক্তি প্রয়োগ এবং তাঁর চরিত্র হনন যেভাবে অভিনয় করে দেখিয়েছেন তা সকলেরই মুখ হেঁট করেছে তো বটেই, উপরন্তু বঙ্গ

সংস্কৃতিকে কালিমালিপ্ত করেছে। সে জন্য সিপিএম–এর কোনও হেলদোল তেমন করে দেখা যায়নি।

সাম্প্রতিককালে মমতাকে নিয়ে কতিপয় কংগ্রেস নেতা-নেত্রীর ব্যক্তিগত আক্রমণ রাজনৈতিক কুৎসার ইতিহাসে নবতর সংযোজন। কিছু দিন আগেও যখন কংগ্রেস–তৃণমূল এক ছিল সে সময় বিদায়ী সিপিএম নেতৃত্বের কুরুচি সংস্কৃতিতে প্রদেশ কংগ্রেসকে না দেখেছি প্রতিবাদে বা রাস্তায় নামতে। অথচ প্রধানমন্ত্রীরই বক্তব্যকে মিমিক্রি করা নিয়ে কংগ্রেস ঘোলাজলে মাছ ধরার অপপ্রয়াস করলো। এই রাজনৈতিক দ্বিচারিতা স্মরণে থাকবে। মজার কথা সিপিএমও কুঁকিয়ে উঠবার চেষ্টা করলো। কমরেড, এ খেলা মানায় না। প্রদেশ কংগ্রেসও ভেবে দেখুন কোথায় ছিল তাঁদের প্রতিবাদ এই সেদিনও। মমতার মন্তব্য নাট্যাভিনয়ের অন্যদিকে হতে পারে অশালীন নয়?

চোপ! অশালীন মন্তব্যের তরজা চলেছে

আবার যুগান্তর, ৩ পৌষ, ১৪১৯। বুধবার। ১৯ ডিসেম্বর, ২০১২

ফেসবুকে বাংলার মুখ্যমন্ত্রী নববর্ষ ২০১৩-র শুভেচ্ছা বার্তায় বললেনঃ "আমরা বদলালে তবেই বদলাবে বিশ্ব (পড়ুন পশ্চিমবঙ্গ)। সেজন্য আসুন, আমরা বদলের স্বার্থে এই প্রথম পদক্ষেপটি গ্রহণ করি আর সূচিত হোক নতুন বছর।'' এই দার্শনিক মন্তব্যে সকলেরই সহমত পোষণ করি তা বলাই বাহুল্য। অথচ বেদনার বিষয় গত প্রায় বিশ মাসের নিরিখে বদলানো সরকারের আমলে প্রতিনিয়ত যে অশালীন কুরুচিকর এবং প্ররোচনামূলক বদলী শব্দবন্ধের তরজায় বঙ্গবাসীদের মধ্যে যে অস্বস্তি এবং বিড়ম্বনার সৃষ্টি হয়েছে তেমন বাতাবরণে মমতা বন্দ্যোপাধ্যায়ের ফেসবুক ভাষণ যে কতদূর মর্মস্পর্শী আবেদন তা অবশ্যই বিতর্কের অপেক্ষা রাখে।

সি পি এম সরকারের আমলের দীর্ঘ দশকগুলিতে এমন অভিনব এবং নমনীয় শুভেচ্ছা বার্তার অভিপ্রকাশ নিশ্চয়ই বর্তমান রাজ্যনেত্রী প্রশমংসার দাবী রাখেন। বিরোধীদের ব্যক্তিগত চরিত্রহননের আবহমান কৌশলটা হয়তো এই বাম অভিভাবক দলের পলিটিক্যাল স্ট্র্যাটেজি। যেক্ষেত্রে নেতাজী, রবীন্দ্রনাথ থেকে গান্ধী পরিবার, ড. বিধানচন্দ্র রায়, ড. প্রফুল্ল ঘোষ, প্রফুল্ল সেন, অতুল্য ঘোষ, অজয় মুখার্জীরা কেউই টীকা-টিপ্পনীসহ কু-মন্তব্যের জালমুক্ত হতে পারেননি। কেউ বড় হলে, খ্যাতি পেলে তাকে ছোট করার মধ্যেই আছে তাদের প্রচ্ছন্ন আত্মপরিতৃপ্তি। এই রাজধর্ম পালনের উপহাস-প্রচারাভিযান যে বুমেরাং হয় সেই দেওয়াল লিখন দলটি বোঝেনি বলে সহোদরভাইদের নিয়ে মসনদ ছাড়ায় বাধ্য হওয়াটাই তো বিধির বিধান। হালে চিনে মাও জে দং-এর পোস্টার ছেঁড়াটাও কিন্তু দলীয় গরিমা, অহংবোধ, উদ্ধত রাজনীতির নিদারুণ বহিঃপ্রকাশ। তাই রাষ্ট্রনীতির শিক্ষকেরা বলে, কমিউনিস্ট দলের শ্রেণী সংগ্রামের নেতৃত্বে থাকে দলীয় নেতৃগুচ্ছের সংঘবদ্ধ একনায়কতন্ত্রের স্পষ্টতর ছাপ। ইদানিং সময়ে গর্বাচভ-এর দেশ ছাড়া হওয়া, মাও পত্নীর দুর্দশা আর চেসেস্কু'র অপমৃত্যুর ঘটনা দৃষ্টান্তবিশেষ।

সি পি এম শাসনের দুর্গ পতনের অন্যতম কারণ ঔদ্ধত্য এবং নাগরিক শ্রেণীকে দলদাসে পরিণত করার রেজিমেন্টেড অ্যাটাক এবং শেষপর্বের বিদায়লগ্নে আত্মজ্ঞান এবং বিবেকবোধ-রহিত হয়ে একতরফাভাবে বিরোধী তৃণমূল কংগ্রেসকে ছাপিয়ে মমতা-কুৎসায় বিভোর হওয়া। অপভাষা প্রয়োগকারী নেতাদের নামের ফিরিস্তির উল্লেখ নিষ্প্রয়োজন। কুরুচির মন্তব্যগুলির সমষ্টিগত প্রতিবাদস্বরূপ ২৩৫-এর চলে যাওয়া। আর আড়ালে কাজ করেছে মমতার সহজ সরল মমত্ববোধের বিণয়ী ছোঁওয়া।

নতুন সরকার বিদায়ী শাসকের অভিজ্ঞতা নিয়ে রাজপাট শাসনে এলে স্বাভাবিকভাবেই জনমানসে একটা বিশ্বাস জন্মেছিল যে, আর যাই হোক চরিত্রহণনতা এবং ধারাবাহিক অশালীন মন্তব্যের রাজনৈতিক দূষণ থেকে বঙ্গবাসীরা হয়তো মুক্ত হলো। বাক্যদূষণ রোধ হবে। কারণ যাঁরা এতদিন মসনদের সুযোগের অসদ্ব্যবহার করেছেন, তাঁরা তো এখন করুণতর ব্যাকসিটে। আর যে দল সরকারে আসীন তাঁদের রাজনৈতিক দর্শনে সেরকম কোনও অতীত অভিযোগ বা পরিচিতি নেই।

কিন্তু নিয়তির পরিহাস, কি সরকারি নবীন দল কিংবা তারও আগে শিক্ষাপ্রাপ্ত ৩৪ বছরের অভিজ্ঞ ফ্রন্ট কেউ কথা রাখেনি। সাম্প্রতিককালে শাসকদলের নেতৃস্থানীয় সহযোদ্ধারা যেভাবে কুরুচিকর বাক্য দূষণে নেমেছে তা দেখে কেমন যেন মনে হচ্ছে 'এ তো মোটেই প্রত্যাশিত ছিল না, হলটা কি? এতে রাজধর্ম পালনের সেই অতীত দলের প্রতিচ্ছবি দেখছি না তো?

পার্ক স্ট্রিট ধর্ষণ কাণ্ড নিয়ে দলীয় নেত্রী অসহিষ্ণু হয়ে ভুল সূত্রের খবর অনুযায়ী আলটপকা বলে ফেললেন এমন কথা, যা তিনি আগ বাড়িয়ে তড়িঘড়ি করে না বললেও পারতেন। বিষয়টি বিচারাধীন তাই মন্তব্য থেকে বিরত থাকতে হচ্ছে। অথচ দিন কয়েক আগেই একই দলীয় সাংস্কৃতিক মহিলা কর্মী বললেন অন্য কথা। তা-ও ছাপিয়ে এক মহিলা সাংসদ আরও অনাবশ্যক গল্প ফাঁদলেন এক সর্বভারতীয় ইংরাজী চ্যানেলে। এক মন্ত্রী বারাধিক প্রকাশ্য সভায় সি. পি. এম. দলকে শুধু বয়কট নয়, ওদের কোনও অনুষ্ঠানে উপস্থিত থাকতে দেখলে স্থানত্যাগ পর্যন্ত করতে হুঁশিয়ারী দিলেন। উত্তর ২৪ পরগণার এক নায়ক-বিধায়ক জেলা সদরে বারবার নারী লাঞ্ছনা, দিদিকে বাঁচাতে গিয়ে কিশোর ভাইয়ের মৃত্যু, পুলিশ কর্মীর স্ত্রীকে টানাটানি ইত্যাদি ঘটনার মূল্যায়ন এবং সমাধান করতে গিয়ে দায়ী করলেন মেয়েদের পোষাক-আশাকের আকর্ষণীয়তাকে। ধর্ষণ ইত্যাদির মূলে নাকি বসন-ভূষনই দায়ী।

অপর মহিলা বিধায়ক বললেন, ধর্ষণ নিয়ে সংবাদমাধ্যমের বাড়াবাড়ি ঠিক নয়, এটা চলমান ভ্রষ্টাচার। দিল্লিতে সাম্প্রতিক ধর্ষণ কাণ্ড নিয়ে কংগ্রেস সাংসদ প্রতিবাদী নারীদের প্রতি কুমন্তব্য করে পরে পারিবারিক এবং রাজনৈতিক চাপে তা নিয়ে ক্ষমা প্রার্থনা করে। দলীয় কর্মীদের এমনভাবে শৃংখলাহীন পথে বারবার চরিত্রহনন এবং অন্যান্য বিতর্কে জড়িয়ে পড়ায় তিনি নিজেকেও আলাদা করতে পারেননি বলে দলীয় নেতার মাধ্যমে এস এম এস করে প্রত্যেককে বিনা অনুমোদনে টু'শব্দটি প্রকাশে সেন্সর করেছিলেন। কেউ কথা রাখেননি বরং মাঝখান থেকে এক প্রথম সারির প্রবীণ নেতা দলীয় কোন্দলের শিকার হয়ে শারীরিকভাবে হেনস্থা হলেন। দলীয় সংগঠক এক মহিলা নেত্রীর হাতে নিগৃহীত হল নিবেদিতা ব্রীজের নিরাপত্তা কর্মী।

সি পি এম-এর যদি মজিদ মাস্টার তো বদলী নেতা আরাবুল ইসলাম, যিনি অধ্যাপিকাকে নিগ্রহ করে পার পয়ে প্রশ্রয়িত হন। উত্তরপাড়া মহিলা উদ্ধার আশ্রম থেকে ১১ জন নারী পালিয়ে গেলে ভারপ্রাপ্ত মহিলা মন্ত্রী বললেন, 'মেয়েগুলিই পাজি ছিল'। বেচারাম মান্না নামক মন্ত্রী তো এখন কু-উক্তির অভিযোগে আদালতের কাঠগড়ায়। তারপরও তিনি অন্য অশালীন মন্তব্য রেখেছেন।

এতদ্সত্ত্বেও অপরদিকে সি পি এম কিন্তু সংশোধিত হয়নি। দিন কয়েক আগেই মমতা সম্বন্ধে অনিল বসু ফর্মুলায় যে কুরুচিকর মন্তব্য করেছেন তা ২০১২-র শেষ মাসের বিশেষ 'বাইট'। শত হলেও যাঁর সম্বন্ধে উক্তি তিনি নারী এবং রাজ্যের মুখ্যমন্ত্রীও বটে। ক্ষমা চাইলেন। আবারও কটুক্তি করেছেন। সি পি এম রেজিমেন্টেড় দল। সেখানে দলীয় অনুমোদন ছাড়া কারও কিছু বলার অনুমোদন নেই, তাহলে কি ধরে নেব প্রাক্তনমন্ত্রী এবং বর্তমান বিধায়ক দলের মঞ্জুরী নিয়েই এভাবে নারীজাতিকে অপমান করলেন? কোথায় দলীয় লৌহ-শলাকা শাসন? শুধু দোষী হয় অনিল বসু, তাও অনেক পরে। সময়ান্তরে প্রমোদ দাসগুপ্ত, অনিল বিশ্বাস, হরেকৃষ্ণ কোঙার, বিনয় কোঙার, শ্যামল চক্রবর্তী, সুশান্ত ঘোষ, বিমান বসুরা যে সকল অশালীন বাক্য প্রয়োগের মাইল ফলক স্থাপন করেছেন, কই সংশোধন শুদ্ধিকরণের নামে এঁদের তো কিছু হতে দেখলাম না? দল ভবিষ্যৎ প্রজন্মের কাছে এঁরা কি দৃষ্টান্ত রাখছেন?

ব্যক্তিগতভাবে বিরোধী ব্যক্তিবিশেষের চরিত্রহনন এবং শত্রু দলের কেচ্ছা কাহিনী গাওয়া যেমন সমাজতন্ত্র বিরোধী, তেমনি শাসকদলকে সহিষ্ণু হয়ে বাক্‌সংযমের যথেষ্ট দায়বদ্ধতা আছে। এখানেই দৃষ্টান্তমূলক ব্যতিক্রমী রাজনৈতিক ব্যক্তিবিশেষের সোচ্চার হওয়ার প্রয়োজনীয়তা আছে। বিশ্বস্ত দলদাস হয়ে যা ইচ্ছা তাই বলব আর তা নাহলে সে শ্রেণীশত্রু বিশ্বাসঘাতক দল বা বিরোধী ব্যক্তি।

এক্ষেত্রে সোমনাথ চ্যাটার্জী, রেজ্জাক মোল্লা, সমীর পুতিতণ্ডী, মহঃ সইফুদ্দিন, সুভাষ মুখোপাধ্যায়, কবীর সুমন, রবীন্দ্রনাথ ভট্টাচার্য, সোমেন মিত্র, শিখা মিত্রদের নাম উঠে আসে। প্রতিবাদী ভূমিকা নেবার জন্য মমতাকেও প্রদেশ কংগ্রেস থেকে বহিষ্কার করা হয়েছিল। অপ্রিয় ভাষণে সত্যতা থাকলে আখেরে জনস্বীকৃতি পেতে বাধ্য। কিন্তু চরিত্রহনন, কেচ্ছাকাহিনীর বিস্তার, কুরুচিকর অশালীন মন্তব্য কোনও রাজনৈতিক অনুশাসনের আবশ্যকীয় অঙ্গ হতে পারে না। এই শিক্ষায় আমাদের রাজনৈতিক অভিভাবক/অভিভাবিকাবৃন্দ এখনও যথেষ্ট অভিজ্ঞতা লাভ করেননি, কিংবা এই শিক্ষা মেনে নিতে না-পসন্দ বলেই সময়ান্তরে দলমত নির্বিশেষে এমনতর অশালীন মন্তব্যের সুনামী, আয়লা বা ক্যাট্রিনা বারবার আছড়ে পড়ছে বঙ্গদেশে। নতুন বছরের শুধ সূচনা হয়েছে। আশা করবো অতীতের আর পুনরাবৃত্তি ঘটবে না। সকল রাজনৈতিক দল, নেতা, সদস্যদের গণতন্ত্রের প্রতি আস্থা রেখে সুসভ্য সম্ভাবনামূলক রাজনীতিবিদ হতে হবে। সারা দেশ কিন্তু খবর রাখে। এখনই বন্ধ হোক অশালীন মন্তব্যের কুৎসিত তরজা।

প্রমাণিত: অস্তিত্ব রক্ষার জন্যই মমতা বিরোধিতা

আবার যুগান্তর, ১৬ অগ্রহায়ণ, ১৪১৯। রবিবার। ২ ডিসেম্বর, ২০১২

বিধানসভা নির্বাচন আগে প্রায় একদশক ধরে যেভাবে মমতা বন্দ্যোপাধ্যায়ের বিরুদ্ধে বিশেষ করে সি পি এম অশালীন কটুক্তি করে এসেছিল, পরাজয়ের গ্লানির প্রভাবে তা আজ খানিকটা হলেও ভদ্রস্থ হয়েছে। এদের একমুখী আক্রমণে ইদানিংকালে দোসর হয়েছে প্রদেশ কংগ্রেসের জনাকয়েক প্রতিশ্রুত সৈনিক।

আলিমুদ্দিন থেকে মমতার বিরুদ্ধে স্কাড ছোঁড়া হচ্ছে, যেগুলির বিভিন্ন নাম। যেমন লক্ষ্মীছাড়া সরকার (লক্ষ্মীর নাম অবশেষে মার্কসিস্টও বলছে!), উচ্ছন্নগামী, সর্বনাশী এবং অধুনা আভূষণ 'সমাজবিরোধীদের সরকার'। মমতাকে আক্রমণে এক্ষেত্রে প্রায়-ধর্মান্তরিত অপর কমিউনিস্ট বিরোধী(?) জাতীয় দলও পিছিয়ে নেই।

রাষ্ট্রবিজ্ঞানের তত্ত্ব হল গণতন্ত্রে বিরোধিতা থাকাটাই তো বৈচিত্র, আবশ্যিকভাবে রাজনৈতিক দলগুলির মধ্যে, সরকার অর্থাৎ শাসক ও বিরোধীদলের মধ্যে। এই দর্শনই হল সমাজতন্ত্রের রসায়ন। অথচ যেখানে শাসকশ্রেণীকে বাদ দিয়ে উদ্দেশ্যমূলকভাবে ওই দলের পরিচালককে ব্যক্তিগত আক্রমণে সচেষ্ট হওয়ার পরিণতি, কিন্তু বিপরীত কথাই প্রমাণ করবে। অন্ধজন রাত নেমেছে শুনলে যারা চোখে দেখতে পায়, তাদের অস্বস্তিতে আনন্দ পায়, ইংরেজিতে যাকে বলে স্যাডিজম। ৩৪ বছরের মরচেধরা সরকারের বাতিলের মধ্য দিয়ে সবে দেড় বছরে প্রশাসনে আসা তৃণমূল সরকারের আসীন হওয়াটাকে না–পসন্দ হওয়ায় সাঁড়াশীর দুটো জোড়া দেওয়া দণ্ড যেভাবে অবাস্তবোচিত সমালোচনায় মুখরিত, তা মোটেই বাঞ্ছনীয় নয়।

নিন্দুকেরা যতই গেল গেল রব তুলুক না কেন, পরিসংখ্যান যে অন্য কথা বলছে! ৩৪ বছরে যা হয়নি, মাত্র দেড় বছরে তৃণমূল সরকার তা ছাড়িয়েও যেভাবে উন্নয়নে গতি এনেছে তার পরিচয়-সারনি তুলে ধরেছে এশিয়ার সর্বাধিক প্রচারিত ইংরেজি সাময়িকপত্র 'ইন্ডিয়া টুডে'। প্রকাশিত হয় দিল্লি থেকে, কালীঘাট বা বাইপাসের ধারে তৃণমূল ভবন থেকে নয়। সম্প্রতি এই আন্তর্জাতিক উৎকর্ষমানের প্রকাশনাটি সর্বভারতীয় ভিত্তিতে রাজ্যগুলির স্বতন্ত্র উন্নয়নের নিরিখ নিয়ে বৈজ্ঞানিক দৃষ্টিকোণ থেকে সূক্ষ্মাতিসূক্ষ্ম সমীক্ষা চালায়। সেই রিপোর্টটি সম্প্রতি প্রকাশিত হয়েছে। সমীক্ষা থেকেই পশ্চিমবঙ্গ সম্বন্ধে নতুন সরকারের অগ্রগতি নিয়ে যে তথ্য পরিবেশন করা হয়েছে, তা যেমন অভাবনীয়, তেমনই উৎসাহব্যঞ্জক। ৩৪ বছর আর দেড় বছরের তুলনা অমূলক মনে হলেও নবীনতম সরকার যা করে দেখিয়েছে, তা সর্বভারতীয়, ক্ষেত্রে হাল সময়ের আলোচিত বিষয়বস্তু। গোলাপের গন্ধের আগে গোবরের গন্ধ আগে ছড়ায় বলে বঙ্গবাসীরা জানতে পরেননি।

সারণী (স্থান)

বামফ্রন্ট সরকার (৩৪ বছর)		তৃণমূল কংগ্রেস সরকার (দেড় বছর)

দপ্তর

শিল্পে বিনিয়োগ—	১৫তম	৯ম
কৃষিক্ষেত্র—	২০তম	৭ম
স্বাস্থ্য—	১৩তম	৭ম
শিক্ষা—	১৭তম	৩য়
পঞ্চায়েত—	১০ বছরের কাজ	১ বছরে সমাপন
প্রশাসন	১০ম	২য়
সামগ্রিক প্রেক্ষিত—	১৭তম	৬ষ্ঠ

(সূত্র: ইন্ডিয়া টুডে)

দুর্মুখেরা, মমতা-বিরোধীরা উল্লিখিত সমীক্ষা সারণিকে ধামাচাপা দেওয়ার কোনও চেষ্টা করলে, পক্ষপাতের প্রশ্ন তুললে তা আত্মহননের সামিল হবে। তৃণমূল সরকারের এত অল্প সময়ে যদি বিপরীত চিত্র দেখানো হত, তাহলে ইতিমধ্যে সারা বাংলা জুড়ে নিপাত যাও, দূর হঠো, গদি ছোড়ো বলে মিটিং-মিছিলে একাকার হত। প্রশংসা করতে হবে আসীন সরকারকে, যারা এই সন্তোষজনক সাফল্যে আহ্লাদিত না হয়ে নীরব কর্মব্রতকেই অনুসরণ করেছে। আশ্চর্যের কথা, সব জেনেও বিরোধী দলগুলি এপ্রসঙ্গে নীরবতা পালন করে বঙ্গবাসীদের মুখ ফেরাতে সেই মমতা-বিরোধী পাঁচালী পাঠেই নিজেদের ব্যস্ত রেখেছে। এই বিপরীত্য আখেরে মমতা-স্তুতিতে পরিণত হতে শুরু করেছে।

বিজেপি নেতা এল কে আদবানি মমতার রাজনৈতিক ব্যক্তিত্বের প্রশংসা করে গত ১১ নভেম্বর বলেছেন, একজন মানুষের দৃঢ় প্রতিজ্ঞা ও সংগ্রামী প্রত্যয়ের ফসলে পশ্চিমবঙ্গের সাড়ে তিনদশকের কমিউনিস্ট শাসনের পতনে সাফল্য এক নজিরবিশেষ। যতই রাজনৈতিক পার্থক্য থাকুক না কেন, মনমোহন সিং, সোনিয়া গান্ধি থেকে শুরু করে সর্বভারতীয় দলগুলির নেতৃত্ব মমতার দৃঢ় প্রত্যয় এবং রাজনৈতিক নিষ্ঠার প্রশংসায় পঞ্চমুখি। হিলারী ক্লিন্টন, ব্রিটিশ রাষ্ট্রদূতেরা এমনি এমনি মহাকরণে মমতার সাক্ষাৎপ্রার্থী হন না। আমন্ত্রণপত্র এসেছে মার্কিন যুক্তরাষ্ট্র এবং ব্রিটেনের বিভিন্ন বিশ্ববিদ্যালয় থেকে। বিষয়— তাঁর রাজনৈতিক উত্থানের মূলমন্ত্র। বাংলাদেশে তাঁর স্থায়ী আমন্ত্রণ রয়েছে। এসব তো প্রমাণিত তথ্য, ঈর্ষাকাতরতায় কিছু যায় আসে না। আর 'টাইম' ম্যাগাজিনের কথা?

শিল্পে নতুন নতুন বিনিয়োগ নিয়ে এই সরকার বিরোধীরা যে অনবরত হতাশব্যঞ্জক চিত্র তুলে ধরবার চেষ্টা করছে, 'ইন্ডিয়া টুডে' সেই আষাঢ়ে গল্প ফাঁস করে দিয়েছে। এই কিছুদিন আগেও কেন্দ্রীয় মন্ত্রী জয়রাম রমেশ মমতাকে ঠেস দিয়ে চিঠি দিয়েছিলেন। সেই ব্যক্তিই সম্প্রতি রাজ্যে পঞ্চায়েতের কাজে উচ্ছ্বসিত প্রশংসা করে মমতা সরকারকে প্রয়োজনীয় অর্থ অনুদানের আগাম

সন্দেশ জানিয়েছেন। প্রধানমন্ত্রী বলেছেন, আপাতবিরোধী রাজ্য সরকারের প্রতি কোনও রকম বিমাতৃসুলভ আচরণ করা হবে না।

এতদ্‌সত্ত্বেও এ রাজ্যেরই একদল রাজনীতিজ্ঞ বিশেষ করে মমতা বিরোধিতায় তৎপর হয়ে 'গেঁয়োযোগী ভিখ পায় না' প্রবাদটিকে শ্রদ্ধা জানাতে তৎপর। নিয়তির কি পরিহাস! সারা দেশ, বিশ্ব যেখানে মমতাস্তুতিতে মুখর, সেই সময় বাংলা থেকেই তাঁর বিরুদ্ধে লাগাতার বিরোধিতা করা হচ্ছে। গঠনমূলক সমালোচনা হোক। ভুলভ্রান্তি সংশোধনে সহায়তা আসুক---পশ্চিমবঙ্গ আবার শীর্ষে পৌঁছুবে। শেখ মুজিবর রহমানের সেই প্রত্যয়ী উক্তি 'আমারে দাবায়ে রাখতে পারবা না' প্রায়ই মনে আসে। ব্যক্তিগত ঈর্ষাকাতরতায় রাজনৈতিক প্রলেপ দেওয়াকে রাষ্ট্রবিজ্ঞানের বাস্তব দর্শন সমর্থন করে না।

জনগণের প্রতি কী অসীম দায়বদ্ধতা!

দৈনিক স্টেটসম্যান, বর্ষ ৮ সংখ্যা ২৫৮৮, বৃহস্পতিবার ২২ ডিসেম্বর ২০১১

বিষ-মদ আর বিদ্যুৎ— এই দুই নিয়ে মগরাহাট আজ সংবাদ শিরোনামে। একসঙ্গে যোগ হল সর্বদলীয় সভায় বামফ্রন্টের বয়কটের মাধ্যমে সামাজিক দায়বদ্ধতা থেকে পলায়ন মনোবৃত্তি। প্রথমেই স্মরণ করিয়ে দিতে চাই যে একটি বেসরকারি টিভি চ্যানেলে ঘটনার পরের দিনই দক্ষিণ ২৪ পরগণার একজন প্রাক্তন সাংসদ এই মর্মস্পদ বিষয়টিকে রাজনৈতিক রূপ দিয়ে দীর্ঘ দশকগুলির এমন প্রশ্রয়িত অসামাজিক মৃত্যুনাশা ঘটনাকে অন্যদলের উপর চাপানোর চেষ্টা করেছেন যার মাধ্যমে এক অবক্ষয়িত সমাজ–অভিভাবকের নগ্নরূপ প্রকাশ পেয়েছে। প্রশ্ন উঠতে শুরু করেছে চোলাই মদের মহাজনেরা যদি বর্তমান শাসকদলের আশ্রয়পুষ্ট হত তাহলে তারা পালিয়ে যাবে কেন, আর বিরোধী দলগুলিই বা কেন তাদের হদিশ দিতে পারলো না। এটা মেনে নেওয়া যায়? এই দলটারই না আমরিকাও নিয়ে ল্যাজেগোবরে অবস্থা!

বিষমদকাও প্রায় পৌনে দু'শো লোকের মৃত্যুর দায়িত্ব থেকে প্রশাসন বা কোনও রাজনৈতিক দলই মুখ ফিরিয়ে নিতে পারে না। সেজন্যই সোমবার রাজ্য সরকার এই সামাজিক অপরাধ নির্মূল করার উপায় সন্ধানে এক সর্বদলীয় সভার আয়োজন করেছিল। যার মূল লক্ষ্য ছিল— এই মারাত্মক মৃত্যুমুখী নেশা নিবারণ এবং ব্যবসা বন্ধ করা। এক সর্বসম্মত সিদ্ধান্ত নিয়ে দ্রুত অভিযান সংগঠিত করা এবং ব্যাপক জনমত গড়ে তোলা। ওই উচ্চপর্যায়ের অত্যন্ত গুরুত্বপূর্ণ সভায় বিরোধীপক্ষ অন্তত ৪০ মিনিট আলোচনায় অংশগ্রহণ করে শাসকদলের এক নেতার বিরূপ মন্তব্য, যা আগে করা হয়েছিল, তার জের টেনে বা ছুতো তুলে সদলে আলোচনা সভাকক্ষ ত্যাগ করে ওরা আর একবার গণতন্ত্রের প্রতি যে অনাস্থা দেখালো তা দৃষ্টান্ত হয়ে রইলো। মনে রাখতে হবে এই প্রশাসনিক সভার আয়োজন করেছিলেন বিধানসভার অধ্যক্ষ, রাজনৈতিকভাবে শাসকদল নয়। অনুষ্ঠিত সভার অনেক আগেই উল্লিখিত মন্তব্যটি রাজনৈতিক পর্যায়ে করা হয়েছিল, তবে সরকারি মন্তব্য বলে ধারণা করা সমীচীন নয়।

অস্বীকার করার কারণ নেই যে, রাজ্যজুড়ে চোলাই মদের কারবার এবং ঠেকের দ্রুত বাড়বাড়ন্ত হয়েছে দীর্ঘ দশকগুলি ধরে। অবাধে সেসময়ের রমরমার দিনগুলিতে কোনও দুর্ঘটনা ঘটেনি বলে চোলাই কারবারও বেড়েছে। দুঃখের বিষয় এমন একটি ঘটনা এই সময় ঘটে যাওয়ায় ৩৪ বছরের সরকারি দল আজ বিরোধী আসনে বসে নতুন সরকারকে কাঠগড়ায় দাঁড় করবার অপপ্রয়াসে উদ্যোগ নিয়ে শুধুমাত্র গণতন্ত্রের প্রতিই অনাস্থা প্রকাশ নয়, ব্যাপক অর্থে জনগণের প্রতি দায়বদ্ধতাও এড়ানোর হাস্যকর অপপ্রয়াসের ঐতিহাসিক দৃষ্টান্ত স্থাপন করল। ভুলে গেলে হবে না, বিষয়টিতে কিন্তু আবাশ্যিকভাবে জনস্বার্থমূলক এবং জীবনের প্রতি সুরক্ষার প্রশ্ন জড়িত। কোনও একদলীয় নেতার মন্তব্য কখনই সরকারি সিদ্ধান্ত হতে পারে না। আর তাই যদি হত তাহলে সাম্প্রতিককালে মুখ্যমন্ত্রীর সম্বন্ধে আলিমুদ্দিনের অধিপতি যে কুৎসিত অঙ্গভঙ্গী করে কুরুচিকর মন্তব্য করেছেন এবং কিছুদিন আগেও অনিল বসু, বিণয় কোঙার, শ্যামল চক্রবর্তী

প্রভৃতি সি পি এম নেতৃবৃন্দ বিরোধী নেত্রীর (এখন মুখ্যমন্ত্রী) প্রসঙ্গে যেসব কথা বলেছেন, তা নিয়ে তো রাজ্যবাসী বিক্ষোভ আন্দোলন করতে পারতো। কই সেক্ষেত্রে তাঁরা তো এমন বিসদৃশ আচরণ করেননি? নির্বাচনের আগে আবাসনমন্ত্রীর ভাষণাদি নিয়েও তো পাল্টা বিপ্লব করা যেতে পারতো। বৃহত্তর স্বার্থকে গুরুত্ব না দেওয়ার অছিলায় কিংবা নিজেদের দোষ ঢাকার সর্বাত্মক প্রচেষ্টায় প্রায় পৌনে একঘন্টা সর্বদলীয় ও উচ্চপর্যায়ের প্রশাসনিক সভায় থেকে মাঝপথে কোনও একটি সম্ভাবনাকে ভীষণ রকম গুরুত্ব দিয়ে যেভাবে ডা. সূর্যকান্ত মিশ্রের নেতৃত্বে বিরোধীপক্ষ সভাস্থল ছেড়ে চলে গেলেন, তা কোনও প্রজন্মই নিজ এবং রাজ্যের স্বার্থে সমর্থন করবে না। যে জেদ নিয়ে আপাত বিরোধীপক্ষ যে আচরণ করলেন, বিগত ৩৪ বছরে যদি তদনুরূপ জেদ নিয়ে জনস্বার্থে নিয়োজিত করতেন তাহলে স্টিফেন কোর্ট, আমরি কাণ্ড এবং চোলাই মদের এমন দুঃখবহ ব্রতকথা তৈরি হত না। এর অন্যতম কারণ এতগুলি দশক ধরে একটি শক্তিশালী রেজিমেন্টেশনের বিরুদ্ধে সাধারণ লোকের প্রতিবাদ করার সাহস ছিল না। এভাবে তো দীর্ঘদিন চলে না। খাদ্য আন্দোলন যতটা দুঃখবহ তারচেয়ে অনেক বেশি দুঃখবহ ও মর্মস্তুদ ঘটনা মরিচঝাঁপিতে; সাঁইবাড়িতে যা ঘটেছে। তখন তো ওরা দুঃখপ্রকাশ তো দূরের কথা বিরোধী পক্ষের কণ্ঠরোধে এতটুকু দ্বিধাবোধ করেননি। এমন নানান কীর্তিকাহিনী ইতিউতি ছড়িয়ে আছে। কিন্তু, সরকারি পেশিশক্তির কাছে দুর্বল বিরোধীরা তেমন করে প্রতিবাদী হয়নি বলে ওঁরা এতকাল রাজপাট চালিয়ে গিয়ে আজ বিরোধী পক্ষে থেকে এমন জন–বিমুখ পলায়ন মনোবৃত্তি নিয়েছে, যা মোটেই সমর্থনযোগ্য নয়। জনস্বাস্থ্য বিধি লঙ্ঘন করে রমরমা চোলাই মদের কারবারে আধুনিক প্রকৌশল এসে যাওয়ায় বিশেষ করে দক্ষিণ ২৪ পরগণার রেলপথ, বাসস্ট্যান্ড, বাজার এবং জনবহুল জায়গায় পাউচে করে জলীয় ব্যবস্থায় এবং মিহিচিনির মতো ছোট্ট প্ল্যাস্টিক প্যাকেটে বিক্রি হচ্ছে। পাউডারগুলে নাও আর পান করো বিষাক্ত মদ। এত বছর ধরে চোলাই মদের ঠেক, ভ্যাট ইত্যাদি প্রকাশ্যে চলছে এটি সবাই জানে অথচ বিগত সরকার জানতো না এটা কি করে মানা যায়? যারা নরবলির মূল পাণ্ডা তারা যদি বর্তমান শাসকদলের হতো তাহলে ফেরার হওয়ার কোনও প্রশ্নই উঠতো না। ল্যাংড়া নায়কের বউও পালাবার চেষ্টা করতো না। বিচার ঠিকই হবে, শাস্তিও নেমে আসবে। এসব জেনেও জনস্বার্থে রাজ্যের কল্যাণে ওই সর্বদলীয় সভা ত্যাগ করে বিরোধীপক্ষ সঠিক দায়িত্বজ্ঞানের পরিচয় দিল না। কে জানে যদি কেঁচো খুঁজতে সাপ বেরিয়ে পড়ে, তখন কি হবে? কোথায় ৩৪ বছরের প্রশ্রয় আর কোথায় ৬ মাসের সরকারকে অপদস্ত করার অপচেষ্টা মাত্র! এই কি বিরোধী পক্ষের দায়িত্ববোধ?

গণহত্যা-সুখের উল্লাস: যেন বিশ্বজয়

অন্যদিন, ৪র্থ বর্ষ ৫ সংখ্যা * ১৬-২৯ ফেব্রুয়ারি ২০১২ * ৩-১৬ ফাল্গুন ১৪১৮

মিহিরকুল বা মিহিরগুল, আইখম্যান এবং তদীয় গুরু হিটলার, সম্রাট নিরো, তিয়েনমিয়েন স্কোয়ার, সাইবেরিয়ায় গণহত্যা, সালাজারী শাসন থেকে, পল পট বা ইদি আমেনীয় ঐতিহাসিক পর্ব থেকে ইতিহাস আমাদের মনে স্থায়ীভাবে নিশ্চিত করে গেঁথে দিয়েছে একটি সার কথা— গণহত্যাকারীরা সমকালীন পরিস্থিতিগত কারণে যেভাবে নিজেদের পৈশাচিক ক্রিয়া কর্মকে ধামাচাপা দেবার চেষ্টা করে থাকুক না কেন, ইতিহাস তাদের রাজনৈতিক রক্তের হোলি খেলাকে কখনই ক্ষমা করেনি বলে এই সকল রাজনৈতিক জিন-তাড়িতরা জনমানসে বিশ্ববাসীর কাছে চির নিন্দিত রয়ে গেছে এবং সভ্যতার শেষ প্রহর পর্যন্ত এরা ঘৃণার পাত্র হয়ে থাকবে। ইতিহাস এই উগ্র রাজনৈতিক ক্রিয়াকাণ্ডকে কখনও ক্ষমা করে না বলেই ওই সকল বিশ্বধিকৃতরা সকলের কাছেই অমঙ্গলকর অমানুষিক বার্তা বহন করে আসছে।

এমনই এক অকল্পনীয় পৈশাচিক ঐতিহাসিক ঘটনা সংগঠিত হয়েছিল পশ্চিম মেদিনীপুর জেলায় ২২ সেপ্টেম্বর ২০০০ সালে বেনাচাপড়ায়। কেশপুরের এই অঞ্চলে স্থানীয় বিধায়ক তথা তদানীন্তন সরকারের মন্ত্রী এবং প্রবল প্রতাপশালী নেতা সুশান্ত ঘোষের নামে স্থানীয় বিরোধী রাজনৈতিক দল তৃণমূল কংগ্রেসের সাতজন নিরীহ নিরপরাধ কর্মীকে ঠাণ্ডা মাথায় খুন করে মাটিতে পুঁতে দেবার গণহত্যার অভিযোগ দায়ের কার হয়। তখন সরকারে ছিল একছত্র রাজপাটের শাসক সিপিএম নেতৃত্বাধীন বামফ্রন্ট সরকার, যার সেসময় শাসনকাল ছিল ২৩ বছরের। সবকিছু ধামাচাপা পড়ে যাওয়াটা কোনও সমস্যাই ছিল না। সাতটি পরিবার পিতৃহীন-স্বামীহীন হয়ে গেল। প্রতিবাদ করবে এমন ক'জনের ঘাড়ে ক'টা মাথা ছিল সেই ভীতিতে সব কিছু যেন নিঃস্তব্ধ হয়ে তীব্রতর সুশাসনের শান্তি প্রতিষ্ঠিত হয়েছিল। এরপর দীর্ঘ এগারো বছর পর কেমন যেন সব ওলটপালট হয়ে গেল। রাজনৈতিক পটপরিবর্তন ঘটল। সারা বাংলাতেই মানুষ পায়ের নীচে মাটির সন্ধান পেল। গণহত্যায় নিখোঁজ অজয় আচার্যের ছেলে শ্যামল আচার্য আদালতে ওই গণহত্যার নায়ক সুশান্ত ঘোষের বিরুদ্ধে অভিযোগ আনলেন। কারণ ইতিমধ্যে মাটি খুঁড়ে ওই সাতটি কঙ্কালের সন্ধান মিলেছে আর তথ্যানুযায়ী আরও বহু মৃতদেহকে বঙ্গোপসাগরের জলে চিরমুক্তির স্নানে পাঠিয়ে দেওয়া হয়েছিল। শ্যামল আচার্যর অভিযোগক্রমে ঈশ্বরচন্দ্র বিদ্যাসাগর, নিকুঞ্জবিহারী মাইতি, বিশ্বনাথ মুখার্জি, গীতা মুখার্জি, অজয় মুখার্জি-র মাটির সর্বহারাদের চাপের জন্য কৃতসংকল্প সুশান্ত ঘোষ গত ১১ আগস্ট গ্রেফতার হন। তারপরের ঘটনা চাপান-উত্তর সকলেরই জানা। আলিমুদ্দিন এমতাবস্থায় যে কী ধরনের প্রতিবাদে মুখর হয়েছিল কিংবা বক্তব্য/মন্তব্য দিয়ে বাম মনোভাবাপন্নদের কীভাবে সঞ্জীবিত করেছিল, তা সকলেরই জানা। বিষয়টি যেহেতু আদালতের বিচারাধীন সুতরাং তা দিয়ে কোনও কিছু বিবৃত করা অনৈতিক। ইতিমধ্যে রূপকথার নন্দীগ্রামে পঞ্জিকাকে ভুল প্রমাণিত করা নতুন সূর্যোদয় ঘটেছে, হতদরিদ্র (থাকা উচিত) অনুজ পাণ্ডের প্রাসাদোপম চেসেস্কু-সুলভ অট্টালিকা ভাঙা হয়ে গেছে। তারপরই তাদের 'দলের সম্পদ' উপাধিতে ভূষিত করা এবং ডাকাবুকো নেতারা সর্বমঙ্গলার্থে সাধনা করার উদ্দেশ্যে দূরদেশে যাত্রায় গেলেন। তাঁদের ধনসম্পত্তি (?) নজরদারিতে চলে গেল। স্বাভাবিক ফর্মূলা অনুযায়ী বর্তমান

শাসকগোষ্ঠী আখ্যায়িত হল সন্ত্রাসবাদী, দলের বিরুদ্ধে স্বেচ্ছাচারী বুর্জোয়া সরকার এবং কমিউনিস্ট বিপ্লবের পেছনে ছুরি ইত্যাদি। আইন আইনের পথে চলেছে এবং দীর্ঘ ছয়মাস পর সুশান্ত ঘোষ আপাতত শর্তসাপেক্ষে বেল বা জামিন পেয়েছেন। অন্তত হারিয়ে যাওয়াদের মধ্যে একজন তো ফিরলেন! ৩ ফেব্রুয়ারী জামিন মঞ্জুরের খবরটি প্রকাশ পাওয়ার পর হঠাৎ করে পথ সভা, বাজি ফাটানো এবং আলিমুদ্দিনের মুখপাত্রদের তথা মেদিনীপুরের নেতাদের যেভাবে বৈপ্লবিক ভাষণ সংবাদ মাধ্যমে এসেছে তা দেখে মনে হচ্ছে যেন সেই পরাধীন ভারতের কোনও স্বদেশি বিপ্লবীর কালাপানীর সেলুলার জেল থেকে স্বদেশমুক্তির ছাড়পত্র–সহ মাতৃভূমিতে ফিরে আসা! এখানেই বিস্ময় এবং হতবাক হওয়া। এরা জনগণকে কী ভাবে? মানুষ অতই স্মৃতিভঙ্গুর না মুহূর্তের গড্ডালিকার স্রোতে অতীতকে ভুলে যায়?

'মার্কসীয় শ্রেণীশত্রু' শব্দবন্ধকে অপপ্রয়োগ করে ইদানিং সময়ে যা কিছু ঘটানো হচ্ছে তার কোনও যৌক্তিক ব্যাখ্যা নেই। বেনাচাপড়া, নন্দীগ্রাম, সিঙ্গুর, মঙ্গলকোট, চমকাইতলা, কেশপুর কিংবা নেতাই–এ যা ঘটানো হয়েছে এবং যারা গণহত্যার শিকার হয়েছেন সেই সকল হত দরিদ্র গ্রামবাসীরা কোন ধরনের 'শ্রেণীশত্রু' বা সমাজদ্রোহী? তাপসী মালিক বা অজয় আচার্যরা কী ধরনের রাষ্ট্রদ্রোহিতার দায়ে অপরাধী, যার জন্য একটি রক্তিম বিপ্লবী দল আইনকানুনের ধার না ধেরে এদের চরমতম শাস্তি দিল? ভেবে দেখুন ওই সময়ে এরাজ্যে গণতন্ত্রকে কীভাবে পরিহাস করা হয়েছে! সুশান্ত ঘোষের বিষয়টি নিয়ে কোনও মন্তব্য নয়। কিন্তু শর্তাধীন বেল পাওয়ার ঘটনায় এমন বিজয় ঘটল যে যার জন্য দল উল্লসিত। তাঁর পদোন্নতি হচ্ছে, হয়তো জন সমাবেশেও সামিল করিয়ে বীরোচিত সম্মান জানিয়ে পরোক্ষে অবসাদগ্রস্ত দলটিকে চাঙ্গা করার এক অশুভ অপপ্রয়াসও হতে পারে। সাম্প্রতিককালে মানুষের এই দলটির প্রতি পুঞ্জিভূত অনীহা অভিমান বিরক্তি ভোটবাক্সের মাধ্যমে যা ব্যক্ত হয়েছে তার মধ্য দিয়ে এদের পক্ষে সহসা স-মহিমায় ফেরা অসম্ভব। অস্তাচলে গেলে অত সহজে তো ফিরে পাওয়া সহজ নয়। ওদের উচিত গণহত্যার প্রায়শ্চিত্ত করা, তিক্ত শিক্ষা নিয়ে নমনীয় হয়ে যুক্তিযুক্ত বিরোধীসুলভ এবং গঠনমূলক আচরণে অগ্রণী হওয়া। বেল বা জামিন পাওয়ার মধ্যে যেমন কোনও কাণ্ডের কিনারা নিশ্চিত করা হয় না, তেমনি আস্ফালন করে হাস্যাস্পদ হওয়ার মধ্যেও কোনও পরিণত রাজনৈতিক দায়িত্বের চিহ্ন নেই। উল্লাস নয়, প্রয়োজন আত্মসমালোচনার। বিকারগ্রস্ত তথাকথিত অতি বিপ্লবের কোনও প্রয়োজনই নেই, এই পিছিয়ে পড়া বঙ্গভূমিতে। সূর্যোদয় দিনে একবারই হয় এবং তাই-ই হয়ে আসছে।

বুদ্ধদেবের বোধোদয় নিছকই প্রচারধর্মী

দৈনিক স্টেটসম্যান, কলকাতা শিলিগুড়ি। ৩ আশ্বিন ১৪১৯ বুধবার ১৯ সেপ্টেম্বর ২০১২

গত বিধানসভা নির্বাচনে অপ্রত্যাশিত পরাজয়ের পর থেকে বামফ্রন্টের মুখ্যদল সিপিএমের কর্মীদের চাঙ্গা করতে এবং বেনোজল দূর করতে শোনা যাচ্ছে আত্মশুদ্ধি, আগা-পাস্তলা সংশোধনের মাধ্যমে দলের নিষ্ক্রিয় এবং স্বার্থন্বেষীদের ছেঁটে ফেলে দলকে সর্বহারা বিপ্লবীদের প্রতিনিধি সংগঠনে পরিণত করার অঙ্গীকার।

গত ৯ সেপ্টেম্বর আরামবাগে আপাতবিতর্কিত দলীয় কর্মিসভায় বুদ্ধদেব ভট্টাচার্য আত্মসমালোচনাগুচ্ছে নতুন সংযোজন করে প্রকারান্তরে স্বীকার করলেন যে, দল বুথ দখল করে রিগিং ছাপ্পাভোটের মাধ্যমে বিরোধী মনোভাবাপন্ন ভোটারদের ভোটদানে বাধা দিয়ে এসেছে। এই কবুল ঘোষণায় রয়েছে তার দলেরই হুগলি জেলার আরামবাগীয় মুকুটহীন রাজার লোকসভা আসনে ৬ লক্ষাধিক ভোটে জয়, তাও বারবার! যুদ্ধে শোচনীয়, পরাজয় শেষে এমন আত্মসমালোচনা এবং দলীয় নেতা হিসেবে বিলাপ বুদ্ধবাবু'র স্বচ্ছ ভাবমূর্তিতে আরও একবার কালিমা লেপন করলো। এর আগে নন্দরানী ডল-এর রেকর্ড মার্জিনে জেতা থেকে শুরু করে বিগত ছ'টি বিধানসভা নির্বাচনে পার্টির নির্বাচনী কৌশল তাঁর কি জানা ছিল না, না কি তাঁর নীরব প্রশ্রয়টা-ই শেষ জবাব দিত? 'গৃহস্থের একদিন' এই প্রবাদটি দিয়ে তাঁর মতো নেতা যখন নিজ কেন্দ্রে তাঁরই একসময়ের বিভাগীয় প্রাক্তন আমলার কাছে নতি স্বীকার করলেন, তখন কি উচিত ছিল না একাধারে দলীয় শ্বেতপত্র প্রকাশ করে জনবিমুখ ভোট কৌশল এবং তাঁদের মুখ ফিরিয়ে নেওয়ার কারণগুলি প্রকাশ করা এবং অন্যদিকে দলের তৃণমূল স্তর থেকে লাল দুর্গাধিনায়কদের একাসনে বসিয়ে 'রেজিমেন্টেশন' কথাটির প্রতি ধিক্কার জানানো?

সেদিনের দলীয় সভার দিনকয়েক আগে খ্যাতিসম্পন্ন বামপন্থী বুদ্ধিজীবী এবং প্রাক্তন অর্থমন্ত্রী যেভাবে চাঁছাছোলা ভাষায় দলের অবক্ষয়িত অবস্থানের কথা বলে দলের বর্তমান করুণ অবস্থার কথা দলেরই শাখা সংগঠনের আলোচনাচক্রে ব্যক্ত করেছেন, তা কয়েকবছর আগেও কারও পক্ষে বলা অভাবনীয় ছিল। বছরখানেকরও আগে তিনি একটি সর্বভারতীয় ইংরেজি দৈনিকের সম্পাদকীয় পাতায় সিপিএম-এর জমিদারীসুলভ আচরণ,দলীয় নেতৃত্বের সর্বহারাদের ভুলে থাকার কথা এবং দলের নীচুতলার কর্মীদের দাবিয়ে রাখার কথা বলেছিলেন যা আজও চর্চিত হয়। দলীয় নেতৃত্বের অধিকাংশের জীবনধারার সঙ্গে তৃণমূলস্তরের খেটে খাওয়া কর্মীদের জীবনধারার বিস্তর ফারাক দলের বাঁধ ভেঙে দিয়েছে। মুজাফ্‌র আহমেদ, আবদুল্লা রসুল, প্রমোদ দাশগুপ্ত, হরেকৃষ্ণ কোঙারদের জীবনধারার সঙ্গে আজ কার কাউকে একাসনে বসাতে কতজন সমর্থন দেবে জানাই নেই। শেষমেষ কার্যসিদ্ধিশেষে ত্রিপুরার প্রাক্তন মুখ্যমন্ত্রী তথা প্রয়াত খাঁটি কমিউনিস্ট নেতা নৃপেন চক্রবর্তী একবার আক্ষেপ করে বলেছিলেন, ভেজাল বাম রাজনীতির মূল কারণ এখন আর কমিউনিস্ট ইন্টারন্যাশনাল নিয়ে উপরতলায় বা এলসি পর্যায়েও নিয়মিত পাঠ বা ক্লাস নেওয়া হয় না। সাচ্চা কমিউনিস্ট তৈরির পরিকাঠামোটা আজ দায়ভার বিশেষ। ত্রিপুরায় কমিউনিস্ট সরকারের পত্তনের এই অধিনায়কের স্পষ্টবাদীতার পরিণতি সবারই জানা। বিরোধীপক্ষের অনৈক্যের ফাঁক দিয়ে এতকালের শাসনশেষে কৌতূহলভরে শুনছি আত্মসমালোচনার অসংগঠিত এবং বিচ্ছিন্ন মন্তব্য, তথা বিণয়ী আত্মশুদ্ধির কথা।

"

প্রকারান্তরে ৯ সেপ্টেম্বর অনিল বসুর সমালোচনা করতে গিয়ে বুদ্ধদেববাবু যেভাবে তাঁকে (ফ্যাসিস্ট না বললেও) দুরমুশ করেছেন তা যুদ্ধে পরাজয়শেষে সঠিক হলেও সমকালীন নেতা তদুপরি রাজ্যের মুখ্যমন্ত্রী হিসেবে কীভাবে তিনি তাঁর দায় এড়িয়ে যান? নির্বাচনী ফলাফল নিয়ে তাঁকে ইদানিংকালে প্রায়ই বিভিন্ন সভায় আত্মসমালোচনার ছুতো হিসাবে দলীয় কর্মীদের ভুলভ্রান্তি, সাংগঠনিক দুর্বলতার উল্লেখ, দলীয় কর্মীদের হতোদ্যম হয়ে বসে পড়া নিয়ে দুঃখ প্রকাশ ও নানা ভুল হয়ে যাওয়ার কথা বলতে শোনা যাচ্ছে। তিনি শীর্ষাসনে থাকাকালীন অনিল বসুর অশ্লীল ভাষা প্রয়োগকে সমর্থন না করলেও তাঁকেই দেখেছি আরামবাগের প্রাক–নির্বাচনী সভায় পিঠ চাপড়ে অনিল বসুর পাশাপাশি একই মঞ্চে বসতে/বক্তৃতা দিতে। সে সময় কি তাহলে নির্বাসিত নেতাটি ভালো ছিলেন? তিনি কি দলীয় বরিষ্ঠ নেতাদের তদানীন্তন রাজ্যপাল, বিচারক থেকে শুরু করে মমতা বন্দ্যোপাধ্যায়ের বিরুদ্ধে কুরুচিকর ভাষায় কেচ্ছা গাইতে এগিয়ে দেননি? উত্তর ২৪ পরগণার এক বিদায়ী মন্ত্রীর টিভি ভাষণগুলি এখনও তোলা থাকতে পারে।

আরামবাগের কর্মিসভায় সেই একই ভাঙা রেকর্ড চালিয়ে প্রাক্তন মুখ্যমন্ত্রী জমি অধিগ্রহণ নীতি, শ্রমনীতি, গরিবদের আস্থা হারানো, বিরোধীদের সাংগঠনিক পেশিবলে কণ্ঠরুদ্ধ করা ইত্যাদি অনুশোচনার কথা বললেন। কিন্তু নিজের ঐতিহাসিক ভুল উক্তির কথা যেমন মমতা'র নাম উল্লেখে ঘৃণা, বিরোধীদের মাথা ভেঙে দেওয়া বিরোধী দলনেতাকে মহাকরণে হেনস্থা করা কিংবা নিজেদের দল সম্পর্কে এককালে নিন্দিত ভাষায় শব্দক্ষেপ করা কিংবা মমতাকে মেদিনীপুরে ঢুকতে না দেওয়ার দায়দায়িত্ব তিনি ছাড়া আর কারও নেওয়ার কথা নয়।

আত্মশুদ্ধির নাম করে ঠগ বাছতে এতো বছরের পুঁতিগন্ধময় জঞ্জাল সাফ করে গা উজাড় করা কঠিন। দলের ট্রটস্কিপন্থী ও লেনিন পন্থীদের যৌথ প্রয়াস (দলটির জনসমর্থন না থাকলেও) সিপিএম সংগঠনটি আজ প্রায় ৭৭ কোটি টাকার মালিক। অথচ আর্থিক সংকট কাটাবার জন্য প্রায়ই দলীয় নেতাদের লাল শালুর চারকোণা ধরে কৌটো বাজিয়ে নাটক করতে দেখা যায়।

বিরোধী আসনে গিয়েও দলের নগ্নরূপ ক্রমশঃ প্রকাশমান। ছাত্রফ্রন্টে ৩০ লক্ষ বিদ্যার্থী এসএফআই ছেড়ে চলে গেছে। শাসনে থাকাকালীন কলেজে কলেজে একক ছাত্রশাসনের আসল কারণ বেরিয়ে পড়েছে। তেমনি হাল যুব সংগঠনের। তদুপরি এতকালের বুদ্ধিজীবী সাংস্কৃতিক কর্মীরা কোথায় গেলেন? সব ক্ষেত্রেই পালাবদলের পালা চলছে। দলটি তো রেজিমেন্টেড পার্টি, একক ব্যক্তিকে সরিয়ে কোনও লাভ হবে না। সবচেয়ে গুরুত্বপূর্ণ প্রসঙ্গ হল যে জেএনইউতে খোলা হয়েছিল এবং এই সেদিনও সেখানে প্রভাবশালী বামছাত্র ইউনিয়ন ছিল, সম্প্রতি তাও ভেঙে খান খান হয়ে গেল। আঙুল তোলা হল সংশোধনবাদীদের(?) দিকে।

দীর্ঘদিন মসনদে থেকে যখন কায়েমি স্বার্থ গড়ে ওঠে তখন সর্বহারার নেতৃত্ব একটা অলীক দলিলে পরিণত হয়, রাষ্ট্রবিজ্ঞান তা–ই বলে। চে–গুয়েভারা একজনই হয়েছিলেন। ইদানিংকালে জনাকয়েক পোড়খাওয়া নেতা জনসমক্ষে এসে যেভাবে দলের সমালোচনা করছেন তাতে মনে হয় আখেরে তা আপাদমস্তক প্রচারধর্মী। তা নাহলে দক্ষিণ ২৪ পরগণার এক বর্তমান বিধায়ক তথা কৃষকনেতা যেভাবে পর পর দলের সমালোচনা, বুদ্ধদেববাবুর নিন্দা করছেন, তাতে তাঁকে কেন দল শাস্তি দিতে পারছে না? কমিউনিস্ট থার্ড ইন্টারন্যাশানালের অন্যতম বঙ্গীয় রচয়িতা বলেছিলেন, কমিউনিস্টদের ভারতে কোনওদিন সাচ্চা আবস্থান হবে না। এই সুরের সঙ্গে সাযুজ্য রেখে বলতে পারি আরামবাগের কর্মী সম্মেলন নিছক প্রচারমূলক, বোধোদয়ের উন্মেষ নয়।

অসাধু চিটফান্ড সংস্থাগুলির প্রতি নজর দেওয়ার সময় এসেছে

অন্যদিন, ৪র্থ বর্ষ ১ সংখ্যা১৬-৩১ ডিসেম্বর

অসাধু উপায়ে ধনভান্ডারের লোভ দেখিয়ে চিটফান্ড সংস্থাগুলি গ্রামবাংলার সাধারণ মানুষকে যেভাবে দারিদ্রের মুখে ফেলে দিচ্ছে তাতেই শেষ নয়, সৃষ্টি হচ্ছে কালাধন। যার মাধ্যমে রাজ্যের অর্থনৈতিক ভান্ডার আজ শোচনীয় পরিস্থিতির সম্মুখীন। এ বিষয়ে একটি করাল চিত্র তুলে ধরা যাক— গত ৩১ মার্চ ২০১১ পর্যন্ত পশ্চিমবঙ্গ-সহ ওড়িশা এবং উত্তর পূর্বাঞ্চল থেকে আয়কর দপ্তর ১.১৬৬.৫৭ কোটি টাকা হিসাব বহির্ভূত কালো টাকা উদ্ধার করে। ২০১০-এ উদ্ধার হয়েছিল ৮৭৮.০৭ কোটি টাকা, যা তার আগের বছরের চেয়েও ২৮৪.৮৮ কোটি টাকা বেশি।

তথ্যাভিজ্ঞ মহলের মতে, এই বিশাল পরিমাণের অর্থ সংশ্লিষ্ট অর্থলগ্নি সংস্থাগুলি রিজার্ভ ব্যাঙ্ক নির্দেশিত সুদের থেকে বেশি অর্থ প্রদানের লোভ দেখিয়ে অবুঝ-সহজ-সরল পল্লীবাসীদের কাছ থেকে আদায় করে। তারপর মেয়াদ শেষের আগেই বহু ব্যাঙের ছাতার মতো গজিয়ে ওঠা সংস্থা হারিয়ে যায়। এজেন্ট উধাও হয়, গ্রামের অফিসগুলোতে তালা পড়ে। এইভাবে বহু ইনভেস্টমেন্ট সংস্থা বুদ্বুদের মতো আসে আর যায়, মাঝখানে মারা পড়ে দরিদ্র মানুষ। ইতিমধ্যে আয়কর দপ্তর ৩টি প্রচারে থাকা সংস্থাকে আটক করেছে, আরও ৩টিতে তদন্ত চলছে। এইসব চোরা সংস্থাগুলি কীভাবে গ্রাহকদের অধিক লাভ দিতে পারে? বিশ্বস্তসূত্রে খবর, প্রতি ১০০ টাকা সংগ্রহে এজেন্টের প্রাপ্য ৩০ শতাংশ, প্রচারের খরচ ২০ শতাংশ, অফিসের খরচ ১৫ শতাংশ ও অতিথি আপ্যায়নে ১৫ শতাংশ চলে গেলে থাকে ২০ শতাংশ বা ২০ টাকা। ওই টাকা থেকে কী এমন ম্যাজিক করা যেতে পারে যে, সব পুষিয়েও গ্রাহক অধিক সুদ পেতে পারে? এ ধরনের শোষণ চলে পল্লী এলাকায়, গ্রামাঞ্চলে এমনকী দূর দূরান্তে যেখানে নেই ব্যাঙ্ক-গ্রামীণব্যাঙ্ক কিংবা বোঝদার পরামর্শদাতা।

প্রসঙ্গত, উল্লিখিত ৩টি সংস্থা থেকে উদ্ধার হয়েছে (৬ জুন ২০১১ পর্যন্ত) ৩৩০ কোটি টাকা। সারা দেশে বেআইনি অর্থের লেনদেন চলেছে আনুমানিক ৬০ হাজার কোটি টাকা, যার ৯০ শতাংশই এতদ্ অঞ্চলে সংগঠিত হচ্ছে। প্রাক্তন মন্ত্রী অশোক মিত্র এবং অসীম দাশগুপ্ত চেষ্টা করেও এই সব বিনিয়োগ সংস্থাকে নিশ্চিহ্ন করতে পারেননি। এই সংস্থাগুলি শেয়ার, ডিবেঞ্চার, ইনভেস্ট ক্ষেত্রে আর বি আই, সেবি কিংবা স্যাট-এর নিয়ম নীতির তোয়াক্কা না করেই নানান সুদৃশ্য মলাটে বহুমুখী ব্যবসার লোভ দেখিয়ে বাজার থেকে কোটি কোটি টাকা তুলছে। রাজ্যে নতুন সরকার এসেছে। আমরা চাই সন্দেহজনক সংস্থাগুলিকে অর্থ-উদ্ধারে নিযুক্ত রাজ্য সরকারের সংশ্লিষ্ট দপ্তর হানা দিয়ে কালো টাকার সন্ধান করুক। হিসাব বহির্ভূত এরকম কোটি কোটি টাকা উদ্ধার করে জনকল্যাণমূলক কাজে ব্যবহার হোক। বর্তমান রাজ্য সরকারের আর্থিক হাল এমনিতেই সঙ্গীন। এহেন পরিস্থিতিতে কঠোর অভিযান চালিয়ে বহু কোটি আদায় মোটেই কঠিন নয়, যা পরবর্তীকালে রাজ্যের বেহাল আর্থিক অবস্থাকে কিঞ্চিৎ রেহাইও দিতে পারে এবং কালো টাকা উদ্ধার করে প্রশংসনীয় নজির স্থাপন করতে পারে। এতে বাংলার খেটে খাওয়া মানুষও দু'হাত তুলে সরকারকে সাধুবাদ জানাবেই। বিষয়টি নিয়ে এখনই ভাবনা চিন্তা করা শুরু হোক এবং প্রতিশ্রুবদ্ধ লগ্নিকারী সংস্থাগুলি সঠিক পথে কাজ করছে কিনা তাও চিহ্নিত করা সম্ভব হবে।

নিন্দুকদের মুখে ছাই দিয়ে নারী নিরাপত্তায় সেরা শহর কলকাতা

খবর ৩৬৫ দিন, কলকাতা। মঙ্গলবার ২৬ মে ২০১৫ । ১১ জ্যৈষ্ঠ ১৪২২

সদর্পে রাজ্যের রাজধানী কলকাতা আছে কলকাতাতেই, সসম্মানে। অতি সম্প্রতি দেশের এক নম্বর ইংরেজি সাময়িকপত্র (ইন্ডিয়া টু ডে) সর্বভারতীয় সমীক্ষা চালিয়ে কলকাতা শহরকে 'বেস্ট সিটি অ্যাওয়ার্ড এগেইন্সড় ক্রাইম অ্যান্ড সেফটি' সম্মানে ভূষিত করেছে। সমীক্ষক দল ভারতের ৩০টি রাজ্যের রাজধানী এবং ২০টি উন্নতিশীল শহরে সমীক্ষা চালিয়ে এই সিদ্ধান্তে উপনীত হয়। তাঁদের মতে, কলকাতার পরই রয়েছে মুম্বাই, হায়দরাবাদ, চেন্নাই, গাজিয়াবাদ, চণ্ডীগড়, লখনউ, পুনে, রাঁচি এবং ঔরঙ্গাবাদ। উক্ত সমীক্ষার সমর্থনে বিভিন্ন তথ্য প্রমাণ ইত্যাদি উপস্থাপিত হয়েছে। অপরাধের ক্ষেত্রে যার মধ্যে নারী নির্যাতন, ধর্ষণ ইত্যাদি আছে তেমন প্রসঙ্গে মুম্বাইয়ের উপরের দিকে শতকরা হার, অথচ কলকাতার প্রশংসনীয় দৃষ্টান্ত ০.৮৪ শতাংশ। নারী সুরক্ষায় সর্বভারতীয় ক্ষেত্রে প্রতি হাজারে সব চেয়ে বেশি পুলিশি তদারকিতে কলকাতা এক নম্বরে।

তুলনামূলকভাবে কলকাতার হার সর্বনিম্ন। চিহ্নিত অপরাধের প্রশ্নে মুম্বাইয়ের সূচক যেখানে এক শতাংশ, কলকাতায় সেক্ষেত্রে ০.৯৪ শতাংশ। কলকাতার জনসাধারণ অত্যন্ত সমাজসচেতন বলে যে কোনও ঘটনা ঘটলে তাৎক্ষণিক জনমত জনবিক্ষোভ হয়, যা সারা দেশের কোথাও দেখা যায় না বলে স্থানীয় সংবাদমাধ্যমের দৌলতে ক্ষুদ্রাতিক্ষুদ্র ঘটনাও লিড নিউজ হয়। ফলে এই শহরকে অপদস্ত করার একটি সূক্ষ্ম প্রক্রিয়া কাজ করে আসছে। এমনটি নিয়ে জোর খবর অন্যত্র না হওয়ায় রাজ্যবাসীর মনে স্বাভাবিকভাবে একটা ধারণা তৈরি হয়ে গেছে, কলকাতা হল নারী ধর্ষণ, অত্যাচার, ঘৃণ্য অপরাধের স্বর্গরাজ্য। কিন্তু তা নিয়ে সর্বভারতীয় সমীক্ষা স্বস্তিদায়ক বইকি। ন্যাশানাল ক্রাইম রেকর্ড ব্যুরোর সমীক্ষা অনুযায়ী ধর্ষণ, নারী নির্যাতন, মহিলাদের হেনস্তার ক্ষেত্রে কলকাতা সবচেয়ে কম। লাখ প্রতি মাত্র ১.১০ শতাংশ, সেক্ষেত্রে দিল্লিতে ১৯.০২ শতাংশ, রায়পুর ১৫.৬২ ও মুম্বাইতে ৪.৫৯ শতাংশ। তথ্য পরিবেশন করেছে উল্লিখিত ভারত সরকারের এনসিআরবি। এর মধ্যে রাজনীতি খোঁজার কোনও কারণ নেই, কারণ সংস্থাটি স্বশাসিত নিয়ামক দপ্তর। এমন কলকাতার পক্ষে সম্মানজনক শংসা নিয়ে কারও উচ্চবাচ্য নেই। রাজনীতি থেকে গণমাধ্যম সমালোচনা নিশ্চয়ই করবে কিন্তু কখনওই পূর্বপরিকল্পিত নেতিবাচক মনোভাব নিয়ে নয়। এর ফলে জনমানস থেকে নিরপেক্ষতার রক্ষাকবচটি নেতিবাচক হয়ে যায় যা আছড়ে পড়ে সরকারি দল, প্রশাসন এবং সুশীল সমাজের নিরপেক্ষ ভূমিকা পালনে। শেষমেশ উপস্থিত হয় বিরোধীদের রাজনৈতিক বিরোধিতায় ধর্মতলার মেট্রো চ্যানেলে।

সর্বভারতীয় পুলিশ প্রশাসন প্রসঙ্গান্তরে রাজ্যের প্রশংসা করে বলেছে, মহিলাদের সুরক্ষা সুনিশ্চিত করতে পশ্চিমবঙ্গে চালু হয়েছে ৮৮টি ফাস্ট ট্র্যাক কোর্ট, শুধুমাত্র মহিলাদের জন্য ৪৫টি কোর্ট এবং এ পর্যন্ত চালু হয়েছে ২০টি মহিলা পুলিশ বাহিনীর কর্তৃত্বাধীনে পুলিশ স্টেশনের স্থাপনা, যা ক্রম প্রসারমান। কলকাতা সারা বিশ্বে ৫১তম বৃহত্তম শহর। ভারতের রাজধানী ছিল। তখন থেকেই পূর্বকল্পিত নগরায়নের ছিটেফোঁটাও কোনওদিন হয়নি, যেমনটি দিল্লি, মুম্বাইতে হয়েছে। তারই মধ্যে মাথা উঁচু করে দাঁড়িয়ে আছে কলকাতা। নিন্দুকেরা যে যাই বলুক, কলকাতা আছে কলকাতাতেই।

স্বেচ্ছাসেবী সংস্থার উদ্যোগে নকশালবাড়িতে সফল 'জল ধরো জল ভরো' আন্দোলন চলছে

যুগান্তর । শুক্রবার ২৮ সেপ্টেম্বর, ২০১২ * আশ্বিন ১৪১৯, আবার যুগান্তর

পানীয় জলের অভাব দূরীকরণ এবং 'প্রাকৃতিক ধারা'র অপচয়রোধে বর্তমান সরকার শাসনে এসেই স্লোগান তুলেছে 'জল ধরো জল ভরো'-এর মতো বহুমুখী কর্মসূচী। সম্প্রতি উত্তরবঙ্গ সফরকালে প্রচারের আড়ালে থেকে জলপাইগুড়ি জেলার একটি স্বেচ্ছাসেবী সংস্থাকে স্থানীয় মহকুমা পরিষদের আনুকূল্য এবং অনুমোদনে জল বিপ্লবের এক দৃষ্টান্তমূলক সাফল্য দেখে এলাম।

সরলেই জানেন সত্তরের দশকে বিভীষিকাময় নকশালবাড়ি দরিদ্র তৎসংলগ্ন বিশেষ করে চা-বাগান এলাকাগুলির দরিদ্র শ্রমিক (ম-দেশীয়) পরিবার এবং তপশিলী জাতি উপজাতি তথা আদিবাসী সম্প্রদায়ের ব্যাপক আন্দোলনের কথা। অথচ জেলার এই সকল পিছিয়ে পড়া প্রায় দুর্গম এলাকায় উক্ত স্বেচ্ছাসেবী সংস্থা ইতিমধ্যেই ২৭টি প্রকল্পের কাজ শেষ করে অপর্যাপ্ত পানীয় জলের ব্যবস্থা করে ফেলেছে এবং আপাতত একটি প্রকল্পের কাজ চলছে। উল্লিখিত জল প্রকল্পগুলি ৪টি ব্লক যথা নকশালবাড়ি, ফাঁসিদেওয়া, খড়িবাড়ি এবং মাটিগাড়া'র অধীন।

অন্যান্যক্ষেত্রে সংস্কার হলেও তুলনামূলকভাবে চা শ্রমিকদের অত্যাবশকীয় সামাজিক সুযোগ-সুবিধার তেমন কোনও উন্নতি না হওয়ায় উত্তরবঙ্গের অধিকাংশ অসংগঠিত চা-শ্রমিক বা বস্তি এলাকায় ন্যূনতম পানীয় জলের অভাব, অপরিশ্রুত পাহাড়ি জল, সর্বকার্যে নিযুক্ত খানা ডোবা পুকুরের জলের উপর নির্ভর করে জীবনযাপনে অভ্যস্ত পিছিয়ে-পড়া জনজাতিরা কলেরা, ম্যালেরিয়া এবং সংক্রামক রোগকে নিয়ে জীবনযাপন করে আসছে।

বিভিন্নসূত্রে জলের সূত্রকে কাজে লাগিয়ে তাকে পরিশুদ্ধ জলধারায় পরিণত করে কেন্দ্রীয় সরকারি সংশ্লিষ্ট দপ্তর 'সজলধারা প্রামীণ জল প্রকল্প'-এর তত্ত্বাবধানে এবং শিলিগুড়ি মহকুমা পরিষদের অনুমোদনে স্থানীয় বেনিফিসিয়ারী কমিটির সরাসরি তদারকিতে গ্রামীন উক্ত গণপরিষেবায় নিযুক্ত স্বেচ্ছাসেবী সংস্থাটি যে সকল চা বাগানের (টি এস্টেট) শ্রমিক, কুলি লাইনে পানীয় জল সরবরাহ করছে তার মধ্যে রয়েছে টুকরিয়া, বিজয়নগর, অটল, কিরণচন্দ্র, মাঞ্জা, বকমপুর, আশাপুর, ওর্দ, ত্রিহনা, কমলপুর, ফাঁসিদেওয়া, গঙ্গারামপুর, বাসাগ্রাম, কিসমৎ, হাক্ক খাওয়া, সোনাচান্দি, থানঝোরা, চকরমারি, অর্জুনমহল, হাতিডোবা, জাক্র, রাঙ্গালি, মোহরগাঁও, গুলনা, দাগাপুর, শুকনা, শিশুডাঙ্গী, ডাকনীকাটা, নিজবাসা ইত্যাদি।

প্রাথমিক পরিসংখ্যানে জানা গেছে, এই ২৭টি সজলধারা জলপ্রকল্প রূপায়ণের ফলে পিছিয়ে পড়া চা বাগান এলাকার ২ লক্ষাধিক জনজাতি উপকৃত হয়েছে। শুধু তাই নয়, মরশুমী জল ধরে রেখে কীভাবে তা কৃষিক্ষেত্র, পশুপালনে এবং অন্যান্যকাজে লাগানো যায় তা নিয়েও ওই সকল

পরিবারগুলিকে শিক্ষিত করে তোলা হচ্ছে। তাছাড়া স্বাস্থ্য সচেতনতা, বয়স্ক শিক্ষা এবং অবৈতনিক বুনিয়াদী শিক্ষা–অভিযানও চলছে। সজলধারা গ্রামীণ জল প্রকল্পের সফল রূপায়ণের পেছনে সক্রিয় সহযোগিতায় রয়েছেন উত্তরবঙ্গ উন্নয়ন মন্ত্রী গৌতম দেব, জেলা প্রশাসন এবং মহকুমা পরিষদের সার্বিক সহযোগিতা। সর্বোপরি জনস্বাস্থ্য কারিগরী (জল সরবরাহ) বিভাগ।

রাজ্যে যেখানে সর্বত্র পানীয় জল সরবরাহ ব্যবস্থা এখনও চালু করা সম্ভব হয়নি, সেক্ষেত্রে একটি প্রচারবিমুখ স্বেচ্ছাসেবী সংস্থা উত্তরবঙ্গের প্রত্যন্ত এলাকার চা বাগান অধ্যুষিত পিছিয়ে পড়া জনজাতিদের মধ্যে পানীয় জল সরবরাহ করে 'জল ধরো জল ভরো' আন্দোলনে সক্রিয়ভাবে ব্রতী হয়ে ২ লক্ষেরও বেশি লোকের মুখে পানীয় জল তুলে দিতে পেরে জল–বিপ্লবকে এক অন্যমাত্রায় পৌঁছে দিয়েছে।

উত্তরবঙ্গের প্রান্তিক তথা আপাতদৃষ্টিতে জনযোগাযোগ বিচ্ছিন্ন এলাকায় যদি সজলধারার মাধ্যমে পরিশ্রুত জল সরবরাহ সম্ভব হয়, তাহলে রাজ্যের অন্যত্রও পদাঙ্ক অনুসরণ করে সত্যিকারের পানীয় জল আন্দোলনকে অন্যমাত্রা দেবে।

জাতীয় সড়ক এখন নরকযাত্রার নামান্তর

দৈনিক স্টেটসম্যান, কলকাতা শিলিগুড়ি ১ কার্তিক ১৪১৯ বৃহস্পতিবার ১৮ অক্টোবর ২০১২

কলকাতা থেকে শিলিগুড়ি ছাড়িয়ে উত্তরবঙ্গ এবং উত্তর-পূর্বাঞ্চলের একমাত্র সড়কপথের লাইফলাইন বা যোগসূত্র সরণী 'এন এইচ-থার্টি ফোর' যা কিনা কেন্দ্রীয় সড়ক মন্ত্রণালয়ের অধীন একটি সর্বভারতীয় সড়ক পরিষেবা ব্যবস্থা। এই ঐতিহাসিক সড়ক পথকে যদি কেউ দুর্গাপুর এক্সপ্রেস হাইওয়ের সঙ্গে তুলনা করে কল্পনায় সাধুবাদ জানান তাহলে তিনি ডাহা ভুল করবেন। ৫৫০ কিলোমিটারের দীর্ঘপথের তিক্ত অভিজ্ঞতা নিয়ে দীর্ঘদিন ধরে কেন্দ্রীয় সরকারের দৃষ্টি আকর্ষণ করেও কিছু হয়নি।

সম্প্রতিকালে মমতা বন্দ্যোপাধ্যায়ের বার কয়েক উত্তরবঙ্গ সফরের সড়ক যাত্রায় তিনি সপারিষদ বিরক্তকর অভিজ্ঞতা সঞ্চয় করে নিজ দায়িত্বে দিল্লিতে দরবার করেন (তখন কংগ্রেস তৃণমূল বিভাজন হয়নি)। সংবাদ মাধ্যমে জানলাম রাস্তা মেরামতির আর্থিক মঞ্জুরি হয়েছে এবং যত শীঘ্র সম্ভব পুরো রাস্তার খোল নলচে পাল্টে পুজোর অনেক আগেই বর্তমান জাতীয় সড়কটি ঝকঝকে তকতকে বানিয়ে তোলা হবে। এরপর রাজনৈতিক বিচ্ছেদ এবং কাকতালীয়ভাবে কেন্দ্রীয় পূর্ত দপ্তর (সড়ক) হাত গুটিয়ে নিল। মহালয়ার দু'দিন গে এই পথে যাত্রার যে সকরুণ অভিজ্ঞতা সঞ্চয়ে করে এলাম তা–ই বঙ্গবাসীর সঙ্গে ভাগ করে নিতে চাই।

আসামসহ উত্তর পূর্ব ভারতের পার্বত্য আঞ্চলিক রাজ্যসমূহ এবং শিলিগুড়ি দার্জিলিং জলপাইগুড়ির কলকাতার সঙ্গে বাণিজ্যিক শিক্ষাগত এবং অন্যান্য আর্থ-সামাজিক কারণে কলকাতা-শিলিগুড়ির মধ্যে প্রতিনিয়ত যাতায়াতের ব্যস্ততা এতটাই বেড়েছে যে অনেক আগে থেকই এই রেলপথের সংরক্ষিত আসন ভর্তি হয়ে যায়। ফলে প্রতিদিন সন্ধ্যেবেলা কলকাতা ময়দান এবং শিলিগুড়ির তেনজিং নোরগে বাস টার্মিনাস থেকে অজস্র যাত্রী নিরুপায় হয়ে সড়কপথে গন্তব্যস্থলে পৌঁছনো ছাড়া গত্যন্তর থাকে না। বাসের গায়ে, টিকিটে লেখা 'আপনার যাত্রা শুভ হোক'-এর হালফিলের মর্মার্থ হল— কেন্দ্রীয় সরকারের সংশ্লিষ্ট বিভাগের বদান্যতায় দীর্ঘ ৪০ কিলোমিটার পথে যানচালক এবং যাত্রীদের ভারতের বিভিন্ন নৃত্যশৈলী বাস্তবসম্মত উপায়ে প্রতি মুহূর্তে এনএইচ–৩৪-এর দৌলতে সমবেত প্রশিক্ষণের ব্যবস্থা করা।

আগে সড়কপথে কলকাতা থেকে শিলিগুড়ি সময় লাগত খুব বেশি হলে ১২ ঘন্টার মধ্যে। এখন তা দাঁড়িয়েছে ১৫ থেকে ১৬/১৭ ঘন্টার মত। কলকাতা থেকে কৃষ্ণনগর পৌঁছুতে লাগত ৩ ঘন্টারও কম, এখন প্রায় ৪ ঘন্টা। কৃষ্ণনগর পেরিয়ে বহরমপুর হয়ে শিলিগুড়িমুখী হওয়া থেকে শুরু হল খানা–খন্দ, রাস্তার পিচ উঠে প্রায় মেঠো পথ, কোথাও কোথাও নিরাপত্তার স্বার্থে রাস্তা থেকে মাঠে নেমে পড়া, সর্বত্রই যেন প্রবল ঢেউয়ে নৌকা চড়া। অধিক রাত, জনশূন্য রাস্তায় দুলকি চালে বাস চলেছে। বারবার গর্তে পড়ে হেই সামালো বলে যান চালকের পুনরায় আসন সামলে পথ পরিক্রমা। রাস্তার বড় বড় গর্তগুলিতে জল জমে থাকায় চালকের পক্ষে ঠাউর করা সম্ভব নয় যে গর্তের গভীরতা কতটা। যাওয়া এবং ফেরার পথে বেশ কয়েকটি গাড়িকে পথিপার্শ্বে, মাঝরাস্তায় হেলে পড়া অবস্থায় দেখা গেল। পাশে পুলিশ কর্মীরা মোতায়ন অবশ্যই যাত্রী

নিরাপত্তার জন্য। অভিজাত সিঙ্গল/ডাবল ডেকার ভলভো বাসে যারা অর্ধশায়িত যাত্রী দেখলাম (নিজে সহ) মাঝে মাঝেই তারা আচমকা দুলুনি বা খানায় পড়ে কিছুটা শূন্যে উঠে আবার ভীত শঙ্কিত চিত্তে নিজে নেমে এলেন! প্রাণ হাতে করে বিচিত্র রাতের যাত্রী কলকাতা–শিলিগুড়ি–কলকাতা। দিনের বেলায় ছাল–চামড়া তোলা রাস্তার ভিতের ধুলোয় যাত্রীদের মাখামাখি চালকের উইন্ডস্ক্রীন প্রায় পাউডারময় অবস্থা। মাঝেমধ্যেই গাড়ি থামিয়ে চলে বালতি বালতি জল ঢালা, আবার অনিশ্চিত বাধার সঙ্কটযাত্রা।

এভাবে চললে সমগ্র উত্তরবঙ্গের সঙ্গে কলকাতার যোগাযোগ ছিন্ন হবার আশঙ্কা অভিনব নয়। রাজ্য সরকার এবং দুর্ভাগ্য কবলিত যাত্রীসাধারণ, বাস মালিক, বিশেষ করে চালককুলের কাতর আবেদন নিবেদন কেন্দ্রের কর্ণগোচর হল না। রাজ্য সরকারের এক্ষেত্রে কোনও দায়দায়িত্ব না থাকলেও বঙ্গবাসীর নিরাপদ যাত্রা এবং পরিসেবা থেকে প্রশাসন হাত গুটিয়ে রাখতে পারে না। কিন্তু সড়ক সামলানোয় দায়দায়িত্ব তো কেন্দ্রের। কলকাতা থেকে শিলিগুড়ির মধ্যে অন্ততঃ পাঁচটি জেলায় ডাকাবুকো সাংসদেরা আছেন। এই করুণ অবস্থা যে তাঁদের জ্ঞাত নয় এই ভাবনা অলীক। এতদিন ধরে এনএইচ–৩৪ নামক জাতীয় সরণী যেন এক যুদ্ধস্নাত পথে পরিণত হয়েছে, তা নিয়ে জনপ্রতিনিধিদের কি কোনও দায়িত্বই নেই? কিছুদিন আগেও বর্তমান রাষ্ট্রপতি এই অঞ্চলেরই সাংসদ তথা কেন্দ্রের দ্বিতীয় গুরুত্বপূর্ণ মন্ত্রী ছিলেন। কিন্তু কে ভাববে এমন দুর্দশাগ্রস্ত রাস্তার কথা, যাত্রীদের নিরাপত্তা এবং পথিমধ্যে দুর্ঘটনা ঘটে যাওয়ার ক্ষেত্রে সাবধানতার ব্যবস্থা করা।

এখনও যদি এই জাতীয় সড়ককে অগ্রাধিকার দিয়ে যুদ্ধকালীন ভিত্তিতে দীর্ঘপথের পরিচর্যা সম্পন্ন না করা যায় তাহলে অচিরেই কলকাতার সঙ্গে সমগ্র পূর্বোত্তর ভারতের স্থায়ী সড়কে বিচ্ছেদ ঘটে রাজ্যগুলি বিপদে পড়তে বাধ্য। উত্তর পূর্বাঞ্চলের প্রশাসনিক সমস্যার সঙ্গে সঙ্গে রাজনৈতিক এবং আর্থ–সামাজিক বৈষম্যের সৃষ্টি হতে বাধ্য। জন প্রতিনিধি, রাজনৈতিক দল এবং অন্যান্যরা একযোগে কেন্দ্রের উপর চাপ সৃষ্টি না করলে পরিস্থিতি আয়ত্তের বাইরে চলে যাবে। এখনও ন্যাশনাল হাইওয়ে অথরিটির যে কেন ঘুম ভাঙ্গেনি বোধগম্য হচ্ছে না। সমস্যাগুলি কেন সমস্যাতেই দাঁড়িয়ে আছে তা প্রকাশমান হোক। তারপরের ব্যাপারটা ভুক্তভোগীরা বুঝে নেবেন।

পাঁচ মাসেই মোদির দর্পচূর্ণ

খবর ৩৬৫ দিন। মঙ্গলবার ২৮ অক্টোবর ২০১৪

ইউ পি এ-টু'র পাঁচ বছরের শাসনকালে পরিবারতান্ত্রিক কংগ্রেস দলের চরমতম ব্যর্থতার সুযোগ নিয়ে বিজেপি কেন্দ্রে নিরঙ্কুশ আসন লাভ করে নিশ্চিত হয়েছিল, এরপর সারা ভারতে সাম্প্রদায়িক রামরাষ্ট্র মজবুত হল। কিন্তু অতি অল্প সময়ের মধ্যে দেশের বিভিন্ন রাজ্যের নানান নির্বাচনে বিজেপি'র শোচনীয় পরাজয়ে পরিস্কার হয়ে গেছে 'ব্র্যান্ড মোদি' বলে কিছু নেই। তবুও ভাবাবেগে আচ্ছন্ন নরেন্দ্র মোদি'র বিজেপি সম্প্রতি অনুষ্ঠিত মহারাষ্ট্র নির্বাচনে নিরঙ্কুশ আসন লাভের স্বপ্ন দেখেছিল। এল কে আদবানি কিন্তু এক্ষেত্রে সংযম দেখাতে বলেন। এই প্রবীণ নেতাকে কোণঠাসা করতে এবং জোট পরামর্শকে উপেক্ষা করে নরেন্দ্র মোদি তার পার্ষদচর অমিত শাহকে নিয়ে মহারাষ্ট্র জয়ে আদা-জল খেয়ে নেমে পড়ে। এই প্রথম ভারতের প্রধানমন্ত্রী ব্র্যান্ড মোদি'র অস্তিত্ব রক্ষায় দিল্লি ছেড়ে টানা ৩ সপ্তাহেরও বেশি সময় শিবাজী দখলে মহারাষ্ট্রে পড়ে রইলেন। এ এক দায়িত্বজ্ঞানহীনতার নিকৃষ্ট দৃষ্টান্ত।

মহারাষ্ট্রে মোদিজি গলা ফুলিয়ে বলেছিলেন, 'আমরা ২৮৮ টির মধ্যে ২০০টি আসনই পাব, যা হবে সংসদ দখলের ক্ষুদ্র সংস্করণ।' তার আস্ফালন ধোপে টেঁকেনি। ম্যাজিক ফিগার ২৪৫-এর জায়গায় বিজেপি পেয়েছে ১২২টি আসন। জোট ভাঙার দর্প চূর্ণ হল। এ নিয়ে আমরা নিশ্চিত পূর্বাভাস দিয়েছিলাম। এখন সরকার গড়তে তাঁকে শিবসেনা অথবা এন সি পি'র শরণাপন্ন হতে হয়েছে। অনিশ্চিত তাঁদের মুখ্যমন্ত্রীর নাম ঘোষণার। লোকসভার ফলাফলের ধারাবাহিকতা হারিয়ে ফেলায় এবং মহারাষ্ট্রের একক দখল চলে যাওয়ায় নরেন্দ্র মোদি বাধ্য হয়েছেন বলতে, 'আমরা বরাবরই বিশ্বাস করি জোট সরকার গঠনে। কমন মিনিমাম প্রোগ্রামের মাধ্যমে জোট সরকারি শাসন থেকে সরিনি।' তা প্রমাণ করতে নিরুপায় হয়ে ড্যামেজ কন্ট্রোলে তাঁর সুকৌশলী উদ্যোগ ছিল, প্রায় মুছে ফেলা এন ডি এ শরিক দলগুলিকে গত রবিবার এক চা চক্রের নাটক পরিচালনা করতে। তিনিই ছিলেন মধ্যমণি। তিনি এই অছিলায় বাধ্য হয়েছেন বলতে, এন ডি এ আছে, থাকবে, জোটের মৃত্যু হয়নি। এ এক হাস্যকর প্রহসন নাটিকা। তাঁর রবিবাসরীয় একাঙ্ক নাটিকা যদি সত্যি হয়, তা হলে বিভিন্ন মহল থেকে প্রশ্ন উঠছে বিশ্বস্ততা এবং শরিকি আনুগত্যের প্রতি বিশ্বাসঘাতকতা করে কেন শ্রীরামচন্দ্র বাহিনী মহারাষ্ট্রে শরিকি বিভাজন করেছিল। কেন সাহসের ওপর নির্ভর করে শিবসেনা'র 'ব্র্যান্ড শিবাজী'তে দখলদারীর দুঃসাহস দেখায়? চা চক্রে এন ডি এ'র শরিক দলগুলির প্রতিনিধিদের সামনে প্রতিশ্রুতি দেন, জোটবদ্ধ রাজনীতির সাফল্যের অতীত নিরিখে আমরা ভারতের অন্যান্য রাজ্যগুলির আঞ্চলিক দলের সঙ্গে ন্যূনতম কার্যক্রমের ভিত্তিতে যৌথ শাসনে বিশ্বাসী। চা চক্রের নেপথ্যে তিনি এ বার্তাই সর্বত্র পৌঁছে দিয়ে আসলে মহারাষ্ট্রের নিরিখে এবং সম্প্রতি অনুষ্ঠিত উপনির্বাচনের ফলে ব্যাকসিটে চলে যাওয়ার ক্ষত মেরামতি বা ড্যামেজ কন্ট্রোলের উদ্দেশ্যটাই প্রধান। মুস্কিল হচ্ছে ইতিমধ্যেই বিজেপি'র অভ্যন্তরে এ নিয়ে দ্বিধা-দ্বন্দ্ব শুরু হয়ে গেছে। আর এস এস নামক অভিভাবকীয় কর্তা-ব্যক্তির প্রত্যয়ী চিন্তা, বিজেপি একা চলুক। আর অপর পক্ষের ধারণা, এমন আস্ফালন করলে আগামী দিনে দলের এই সাময়িক আধিপত্য কমতে বাধ্য। যার জীবন্ত দৃষ্টান্ত মহাবারাষ্ট্র। মোদি ম্যাজিকের দম্ভ এখানে ব্যর্থ হওয়ায় অ-মোদি গোষ্ঠী সরব হয়েছে। যার নেতৃত্বে রয়েছেন সাম্প্রতিককালের দলীয় নেতৃত্ব থেকে কৌশলে সরিয়ে রাখা আকৃত্রিম বিজেপি অনুগত লালকৃষ্ণ আদবানি, যিনি ব্যক্তিগত জীবনে অটলবিহারী বাজপেয়ীর ঘনিষ্ঠ শিষ্য। অভিজ্ঞ মহলের মত, বিজেপি'র হঠাৎ উত্থানের পর ধস্

নামার মূলে রক্ষণশীল সংঘ পরিবার, মোহন ভাগবত এবং অশোক সিংঘলের দাপট। লোকসভা নির্বাচনে বিজেপি'র জয়ের মূলে ছিল পূর্বতন সরকারের সবরকমের দুর্নীতি এবং দুর্বল প্রশাসন। বিকল্প পথ না পেয়ে ভোটাররা এন ডি এ'কে আনে। তার মানে এই নয় বিরোধী আসনে সাফল্যের নিরিখে বিজেপি'র অপ্রত্যাশিত উত্থান। এখন চাপে পড়েছে বিজেপি'র বিভাজিত গোষ্ঠিবাদ। তা সামাল দিতে হরিয়ানার মুখ্যমন্ত্রীর শপথ গ্রহণে কেন নরেন্দ্র মোদির নেতৃত্বে অনুষ্ঠানে উপস্থিত হওয়া এবং বহু সময় পরে লালকৃষ্ণ আদবানিকে তাঁর পাশের আসনে বসানো? নির্বাচনোত্তর পর্বে এই বর্ষীয়ান নেতাকে পরোক্ষে লাঞ্ছিত করা হয়েছিল, তা আর নতুন করে উল্লেখের প্রয়োজন নেই। মহারাষ্ট্রে আদবানিজি'র ব্যক্তিগত ক্যারিশ্মা আছে, যা নরেন্দ্র মোদির নেই। দ্বিতীয়তঃ ওই রাজ্যে অহমিকাবশত নরেন্দ্র মোদি'র বিধানসভা নির্বাচনে শিবির গড়েও তিনি আদবানিজিকে ছাপিয়ে উঠতে পারেননি। এখন বিপুল জনাদেশের মোহভঙ্গ শেষে নিজ অহমিকার ভ্রান্ত প্রচারকে মেরামতির জন্য নরেন্দ্র মোদি শেষমেশ আদবানি গোষ্ঠীর দ্বারস্থ হয়ে আদবানি কথিত জোট শাসনের পক্ষে রায় দিতে সিদ্ধান্ত নিয়ে উনি চা চক্রের মাধ্যমে এন ডি এ'র শরিক দল, বিশেষ করে শিবসেনা এবং এন সি পি'র সঙ্গে আপসে নামলেন চা–এর কাপে চুমুক দিয়ে। প্রাক্ নির্বাচনী পর্বে শিবসেনা এবং এন সি পি'র সঙ্গে অসৌজন্যতা প্রদর্শন এবং স্বপ্ন দেখে জোট ভাঙার খেসারত দিতে হল বিধানসভা নির্বাচনে। এই মুহূর্তে মহারাষ্ট্রে এই দুটির কাছে নতমস্তক হয়ে রাজমুকুট ভিক্ষা না করলে ওখানে হ্যাং অ্যাসেম্বলি হতে বাধ্য। ক্ষমতার লোভ কেউ ছাড়ে? তাই রাজনৈতিক বৈবাহিক সম্পর্ক স্থাপনে মাথা নত করে পাত্রপক্ষ সমর্থন আদায়ে চায়ের আসর বসিয়েছিল। শিবসেনার প্রতিনিধিরা এলেও দলীয় নেতা উদ্ধব ঠাকরে নিমন্ত্রণ বর্জন করে বুঝিয়ে দিয়েছেন দলের আত্মমর্যাদাবোধ। এন সি পি'র প্রতি বিজেপি'র ভরসা নেই কারণ ওই দলটির অতীত ইতিহাস। সে জন্য অভিজ্ঞ মহলের ধারণা বিজেপি শিবসেনার দিকেই ঝুঁকবে তবে কৃতকর্মের জন্য আশঙ্কা রয়েছে, সরকার গড়ার পর ওদের তোয়াজ করে না চললে গদিচ্যুত হতে হবে। এখন মোদিজি আফশোষ করছেন, আদবানিজি'র জোটবদ্ধতা স্বীকার করে নিলেই ভালো হত, এই ব্যর্থতার দায়িত্ব আজ গোষ্ঠী বিভাজনে পৌঁছেছে। বিজেপি'র অভ্যন্তরে অন্তর্দ্বন্দ্ব ছিল বলে মহারাষ্ট্রে তাদের কোনও নেতা মুখ্যমন্ত্রী হবে তা অদ্যাবধি সহমতের ভিত্তিতে প্রকাশ্যে কোনও নাম আসেনি। শোনা যাচ্ছে এক্ষেত্রে মোদি'র পছন্দ নীতিন গদকড়ি আর অপরপক্ষের পছন্দ দেবেন্দ্র ফড়নবিশ। এহেন মোহাচ্ছন্ন পরিস্থিতি মোকাবিলায় আর এস এস এবং বিজেপি'র সমূহ প্রশ্নের সমাধানের একমাত্র চাবিকাঠি বরিষ্ঠ নেতা লালকৃষ্ণ আদবানি, মোহন ভাগবত বা মোদিজি নন। এহেন মুহূর্তে আদবানিজি ক্ষোভ সামলাতে পারেননি। নির্বাচনোত্তর সময়ে তাঁকে কোনও গুরুত্ব দেওয়া হয়নি, না মন্ত্রিত্ব। ঠুঁটো অস্তিত্বহীন এন ডি এ'র ভূমিকাহীন চেয়ারম্যানের পদ নিয়ে ভাগবত বাহিনী এত মাস বসিয়ে রেখেছেন। কেন্দ্রিয় কোনও দপ্তরের মন্ত্রিত্বে তিনি যোগ্যতা প্রমাণ করতে পারেননি হয়তো (?)। এহেন পরিস্থিতিতে কোন দলকে জোটবার্তা দেওয়ার দাওয়াত দিতে রাজি হলে সেই দলের ক্ষোভ উগরানো শর্ত কি হবে, কেন দলের নেতা উপমুখ্যমন্ত্রী বা সেকেন্ড-ইন-লাইন হবেন তা বিজেপিকে ভাবিয়ে তুলেছে। বিদর্ভবাসীরা ভোলেননি আলাদা রাজ্যের উসকানির কথা। এমন সন্ধিক্ষণে নীতিন গদকড়ি কেন্দ্রিয় মন্ত্রিত্বের পদ ছেড়ে জোট মন্ত্রীসভায় মুখ্যমন্ত্রী হওয়ার নিমরাজি। প্রত্যাখ্যান করতে পারছেন না নরেন্দ্র মোদি'র জন্য আর আঞ্চলিক প্রভাবে দ্বিতীয় নাম দেবেন্দ্র ফড়নবিশ উঠে এসেছে যেখানে মোদিজি'র অপছন্দ সর্বজনবিদিত। অনন্যোপায় হয়ে অবশেষে আদবানিজিকে (ভুল শুধরে) গুরুত্ব দিয়ে দলের অস্তিত্ব রক্ষায় তৎ-চিন্তিত জোট সরকারের অভিমতকে অবশেষে স্বীকার করে নিয়ে এন ডি এ (ভুলতে বসা)-এর সব শরিক দলের কৌলিন্যের মর্যাদা দিয়ে ব্র্যান্ড মোদে সংশোধিত হয়ে বাধ্য হয়েছে জোট বার্তায়। এত তাড়াতাড়ি আলপটকা দম্ভের ফানুস নিজেরাই নাকি খত দিয়ে ফুটো করেছেন! সমান সন্ত্রাসে এন ডি এ'র সেই পুরোনো জোট নীতির বৃন্দগানে আজ বিজেপি।

একে একে নিভিছে দেউটি

দৈনিক স্টেটসম্যান, বুধবার ১৯ ডিসেম্বর ২০১২, কলকাতা

আপাতত সর্বশেষ খাঁড়া নেমে এলো তৃণমূল বিধায়ক শিখা মিত্রের উপর, যাঁর জনপ্রিয়তা মধ্য কলকাতাময়। তিনিও আমহার্স্ট স্ট্রিট ঘরানায় সোমেন মিত্রের অনুসারী। ওই বিস্তীর্ণ এলাকায় তাঁর রাজনৈতিক জীবন শুধু শুরুই নয়, তিনি ওই এলাকার বাসিন্দাও বটে। গত ১২ ডিসেম্বর তাঁকে সাসপেন্ড করার নির্দেশ জারি করা হয়েছে কোনওরকম আত্মপক্ষ সমর্থনের সুযোগ না দিয়েই। ফলে অনিশ্চিতকালের জন্য তিনি দলীয় কর্মকাণ্ড থেকে ব্রাত্য। সম্ভবত তাঁর অপরাধ স্পষ্টোক্তি, সোজাসাপটা বক্তব্য রাখা এবং ইদানীংকালে দলীয় কর্মকাণ্ডে তাঁর হতাশা প্রকাশ করা। কয়েকদিন আগে বিধানসভায় সরকার পক্ষ থেকে বিরোধী সিপিএম বিধায়কদের মধ্যে ধ্বস্তাধ্বস্তি এবং মহিলা সদস্যদের চুলোচুলি নিয়ে তিনি যেভাবে রাগঢাক না রেখে প্রকাশ্যে তাঁর বিরক্তি প্রকাশ করেছেন, তা দলীয় নেতৃত্বের কাছে হয়তো শৃঙ্খলাভঙ্গ এবং সরকারি দলের ভাবমূর্তি ক্ষুণ্ণ হয়েছে বলেই এই শাস্তি নেমে এসেছে।

শিখা মিত্রের সাসপেন্ড হওয়াটা বিচ্ছিন্ন ঘটনা হিসেবে দেখলে যৌক্তিক বলে মানা সম্ভব নয়। তৃণমূল কংগ্রেসে এমন ঘটনাদির ঐতিহ্য ভুলে যাওয়া সমীচীন নয়। দল গড়ার একেবারে গোড়ায় টালিগঞ্জের অবিসংবাদী রাজনৈতিক নেতা এবং বিধায়ক পঙ্কজ ব্যানার্জি বীতশ্রদ্ধ হয়ে বিতর্ক এড়িয়ে রাজনৈতিক সন্ন্যাস নিলেন। তারপর অজিত পাঁজাকে নিয়ে মন কষাকষি।

সিঙ্গুর আন্দোলনে জনসমর্থন আদায়ের অন্যতম স্থপতি 'মাস্টারমশাই' শ্রদ্ধেয় রবীন্দ্রনাথ ভট্টাচার্য কঠিন ব্যক্তিত্বের পরিচয় দিয়ে আজ মন্ত্রিত্ব এবং দল থেকে নিজেকে সরিয়ে নিয়েছেন। পুরনো দিনের লোক, তাঁর সম্মানবোধও সেইরকমই। বসে গেছেন, কারণ দলীয় মনোভাবে তিনি প্রচ্ছন্নতই ক্ষুব্ধ। নিপাট ভদ্রলোক, তাই রাজনীতি নিয়ে নীরবতাকেই শ্রেয় মনে করেছেন। স্থানীয় এবং রাজ্যভিত্তিক দলীয় সম্মানে বোধহয় মাটি সরে যাচ্ছে।

তৃণমূল দলের গোড়াপত্তন থেকেই বিধায়ক শোভনদেব চট্টোপাধ্যায় মমতার বিশ্বস্ত সঙ্গী। এক সৎ ট্রেড ইউনিয়ন নেতা হিসাবে তিনি সর্বত্র অভিনন্দিত। অথচ তাঁকেই দলীয় কোন্দলে কলকাতা বিশ্ববিদ্যালয় চত্বরে মার খেতে হল। তিনি তো বরিষ্ঠ রাজনীতিক, তাই অভিমান ব্যক্ত করলেও কোনও চরম সিদ্ধান্ত নেননি। আর যদি নিতেন তাহলে দক্ষিণ কলকাতা কেন রাজ্যের ট্রেড ইউনিয়ন আন্দোলনে টিএমসি'র শ্রমিক সংগঠন দ্বিধা বিভক্ত হয়ে যেত। রাজনৈতিক মহলের খবর সাংসদ সোমেন মিত্রের সঙ্গেও দিদি এবং দলের সম্পর্ক অম্লমধুর। তারপর সহধর্মিণীর উপর শাস্তির খাঁড়া। এর ফলে আগামী দিনের চিত্রটা যে ভালো হবে না, তা এরকম নিশ্চিত করেই বলা যায়।

শিখা মিত্র'র ওপর বিরক্তি সেই ১ জুলাই ডা. বিধানচন্দ্র রায়ের জন্মদিনে কংগ্রেস ভবনে যাওয়া এবং দল সম্পর্কে নিজস্ব অভিব্যক্তি উগরে দেওয়া থেকেই শুরু। তারপর গত ১২ ডিসেম্বর তালিবানি শাসন, ভয় পাওয়া ইত্যাদি কথা বলে ঘৃতে আগুন ছড়িয়ে দিলেন। এর আগে সোমেন মিত্র বীতশ্রদ্ধ হয়ে দলীয় অনুশাসনকে তোয়াক্কা না করে সরাসরি প্রধানমন্ত্রী মনমোহন সিংকে চিঠি লিখে বাংলায় চিটফান্ডের রমরমায় বেশ কিছু চিটকর্তা এবং মদতকারী দলীয় পৃষ্ঠপোষকতার অভিযোগ এনে দলীয় নেত্রীর বিবাগভাজন হয়ে আছেন। তার উপর তৎকালীন দলীয় জাহাজমন্ত্রীর বিরুদ্ধে কেন্দ্রের কাছে নালিশ করেছিলেন, যা মুখ্যমন্ত্রীর দৃষ্টি এড়ায়নি। একই এলাকায় আবাল্য থেকে দেখেছি তিনি বাংলার মানুষের জনপ্রিয়তায় রাজনীতির উর্ধ্বে।

আন্নার অপরাধ দুর্নীতির বিরুদ্ধে প্রতিবাদ

প্রবাসের চিঠি, বুধবার ১৭ আগস্ট ২০১১

মহাত্মা গান্ধী, আবুল কালাম আজাদ, নেতাজি, ড. রাধাকৃষ্ণাণের মতো ভারতের কৃতি সন্তানদের বর্তমান প্রজন্মের সন্তান হিসেবে তাঁদের প্রতিভূ ভেবে নিজেদের পরিচিত করাতে লজ্জাবোধ হচ্ছে। বিগত ৬৫ বছরে এদেশের শাসনভার মোটামুটিভাবে কংগ্রেসই সামলেছে। কিন্তু দুঃখের বিষয়, যতই সময় গড়িয়েছে, ততই বেড়েছে আর্থিক দুর্নীতির পরিমাণ। দেশের উন্নয়নের সঙ্গে সঙ্গে সমান্তরালভাবে হয়েছে পাপবিদ্ধ ব্যক্তিবৃন্দ, যাদের সাদা চোখে সমাজে বিশিষ্ট স্থান অধিকার করতে দেখা গেলেও অন্তর্লীনভাবে এরা বা ওই সকল সংস্থা এমনই আর্থিক কেলেঙ্কারিতে জড়িয়ে পড়েছে, যা কল্পনায়ও আসেনি। এই দৌরাত্ম্য ও দুষ্কর্ম দূরীকরণে শাসনযন্ত্রের অনীহা, দৌর্বল্য অথবা তাঁদের প্রভাবকে ডিঙ্গানো অসম্ভব বলে কংগ্রেস সরকারকে বাববার সমালোচনার মুখোমুখি হতে হয়েছে; তা সত্ত্বেও দুর্নীতি দমন তো দূরের কথা বরং সেই সম্প্রদায় প্রশ্রয় পেয়ে আর্থিক কেলেঙ্কারির ধারা অব্যাহত রেখেছে, যা দুর্মুখদের মতে শাসককুলের ঐতিহ্য। এই মুহূর্তে শ্রদ্ধেয় মনমোহন সিং–এর সততা, সরলতা ও ভালো লোক হিসেবে পরিচিতিটাই কাল হয়েছে।

পরিসংখ্যান সূত্রের খবর, স্বাধীনোত্তর সময়ের মধ্যে মোট ৩৮টি বড় বড় আর্থিক কেলেঙ্কারির পরিমাণ ৯১০,৬০৩,২৩৪,৩০০,০০০ টাকা। মার্কিন ডলারে যা দাঁড়ায় ২০,২৩ ট্রিলিয়ন ডলার। এর সঙ্গে প্রত্যক্ষ বা পরোক্ষভাবে জড়িত আমাদের রাজনৈতিক অগ্রজরা। এই সকল কালো টাকা কেলেঙ্কারিতে কখনই সমাজের সাধারণ নাগরিকেরা রাজনৈতিক মদতপুষ্ট না হয়ে কাজ করেননি। ১৯৪৮ সালে নেহরু মন্ত্রিসভার নির্দেশে ব্রিটেন থেকে জিপ গাড়ি কেনার ক্ষেত্রে মোট ৮০ লক্ষ টাকা চুরি হয়। সেই যাত্রা হল শুরু। এই চুরির বর্তমান পরিমাণ ৮০০ কোটি টাকা। এরপর হরিদাস মুন্দ্রা জড়িয়ে পড়ে ১ কোটি ২৫ লক্ষ টাকার কেলেঙ্কারিতে। তেজা ঋণ কেলেঙ্কারির (১৯৬০) পরিমাণ ২২ কোটি টাকা। ১৯৭৬ সালে কুয়েত থেকে পেট্রোপণ্য আমদানিতে ২ কোটি ২ লক্ষ টাকা নয়ছয় হয়। ১৯৮৭ সালে এইচ ডি ডব্লিউ ডিল দালালি বাবদ খেসারত দিতে হয় ২০ কোটি টাকা। একই বছরে বোর্ফস কেলেঙ্কারিতে ৬৫ কোটি টাকা। ১৯৮৯ সালে সেন্ট কিটস্ কেলেঙ্কারির খেসারত ৯ কোটি ৪৫ লক্ষ টাকা। ১৯৯০–এ এয়ার বাস কিনতে গিয়ে উড়ে যায় ২ কোটি ৫ লক্ষ টাকা।

এরপর প্রথম বড় লুঠ হয় ১৯৯২ সালে। সিকিউরিটি কেলেঙ্কারিতে মোটা টাকা খেসারত দিতে হয়। যার পরিমাণ ৫০০০ কোটি টাকা। একই বছরে ব্যাঙ্কের তহবিল থেকে গোপনে আত্মসাৎ হয় ১৩০০ কোটি টাকা। ১৯৯৪–এ চিনি কেলেঙ্কারির খেসারত ৬৫০ কোটি কাটা। নরসিং রাও সরকারকে বাঁচাতে জে এম এম–এর সাংসদ-প্রতি ঘুষ দিতে হয় ২ কোটি টাকা করে। ১৯৯৬–এ লালু বাহিনীর দলবল ১০০০ কোটি টাকা আত্মসাৎ করে। ১৯৯৬–এ ইউরিয়া কেলেঙ্কারির খেসারত ১৩০ কোটি টাকা। ১৯৯৭–এ সি আর বি স্ক্যান–এ ১০০০ কোটি টাকা। এভাবেই ফি-বছর তালিকা দীর্ঘতর হয়।

সাম্প্রতিককালে পুণের হাসান আলি খান (২০০৮)— ৫০,০০ কোটি, সত্যম (২০০৮)— ১০,০০০ কোটি। সেনা রেশন (২০০৮)— ৫০০০ কোটি, টুজি স্পেকট্রাম (২০০৮)— ১,৭৬,০০০ কোটি, ২০০৯-এ চাল রপ্তানি ক্ষেত্রে প্রতারণা— ২,৫০০ কোটি, ওড়িশা মাইন্স কেলেঙ্কারি (২০০৯)— ৭,০০ কোটি, মধু কোড়া খনি (২০০১) কেলেঙ্কারিতে— ৪,০০০ কোটি, কমনওয়েলথ গেমস— ৪০,০০০ কোটি, (২০১০) টাকা। আন্না হাজারের প্রতিবাদ এখানেই। ৭২ বছরের প্রবীণ স্বাধীনতা সংগ্রামী কিন্তু কোনও রাজনৈতিক দলের প্রতিনিধি বা নেতা নন। একজন সাধারণ ভারতীয় নাগরিক হিসেবে তিনি চাইছেন দুর্নীতিমুক্ত ভারতীয় গণতান্ত্রিক রাষ্ট্র। এখানেই তাঁর প্রতিবাদ, যার প্রভাব আজ সারা দেশ জুড়ে।

দুর্নীতিরোধে ১৯৬৯ সালে লোকসভায় 'লোকপাল বিল' পাশ হয়। তারপর ৪২ বছর কেটে গেলেও কোনও এক দুরভিসন্ধিতার জন্য এবং প্রভাবশালী গোষ্ঠীর চাপে আজও তা চালু হয়নি। কিছুকাল আগে তিনি দিল্লিতে এই আন্দোলনের সপক্ষে স্বচ্ছ ভারতের প্রতিচ্ছবির প্রত্যয়ে অনশনে বসেছিলেন। পরে প্রতিশ্রুতি মতো তিনি অনশন তুলে নিলেও মতপার্থক্য থেকেই যায়। তিনি বাধ্য হয়ে আবার আমৃত্যু অনশনমুখী, তা নিয়েও টালমাটাল চলেছে। কিন্তু তিনি দৃঢ়প্রতিজ্ঞ নিজের প্রস্তাবধারাগুলি থেকে সরে আসতে তিনি কোনওমতেই আপসে বা বিলম্বে রাজি নন।

আন্না হাজারে চাইছেন

* লোকপাল বিল প্রণয়নে অর্ধেক সদস্য হবেন অরাজনৈতিক বিশিষ্টজন।
— সরকারের এতে আপত্তি আছে।

* জন লোকপাল বিল তৈরি করবেন বিশিষ্টজনেরা।
— সরকার করবে।

* কমিটিতে প্রধানমন্ত্রী, রাজনৈতিক নেতা, সরকারি আমলা এবং বিচারপতিরা থাকবেন।
— প্রধানমন্ত্রী, মুখ্যমন্ত্রী ও সরকারি আমলারা থাকবেন না।

* দুর্নীতির সাজা নূন্যতম ৫ বছর, সর্বোচ্চ যাবজ্জীবন।
— নূন্যতম ৬ মাস, সর্বোচ্চ ৭ বছর।

ইত্যাদি, ইত্যাদি মূল প্রস্তাব এবং সরকারি প্রত্যাখ্যান।

তথ্য সূত্র—
ভারত ভাবনা।
স্বস্তিকা, ১ শ্রাবণ ১৪১৮।
অমিতাভ মজুমদার।

আক্কেলহীন ডাঙ্কেল প্রস্তাব

বর্তমান, ৯ম বর্ষ ২৭৫ সংখ্যা সোমবার ২৮ ভাদ্র ১৪০০

বিশ্ব অর্থনীতি নিয়ে একটু গভীরে গেলে দেখা যাবে কয়েক বছর পরপর দুনিয়াব্যাপী ধনতান্ত্রিক ব্যবস্থায় সঙ্কট আসে। যেমন এসেছিল ৩০-এর দশকে, ৪০-এর গোড়ায়, মধ্য ষাটে এবং বেশ কয়েক বছর বাদ দিয়ে ৮০-র দশক থেকে শুরু করে এখনও জের চলছে। গত কয়েক বছর ধরে এই মন্দায় আরও অবনতি ঘটেছে। ফলে অকল্পনীয়ভাবে উন্নত বা প্রভু সম্প্রদায়ী রাষ্ট্রগুলিতে অর্ধাহার অনাহার বেকারত্ব প্রায় চরমে চলে গেছে। ধনতান্ত্রিক দেশগুলি তো দাঁড়িয়ে দাঁড়িয়ে মার যেতে আসেনি, সুতরাং বলির পাঁঠা করা হয়েছে অনুন্নত ও উন্নতিশীল রাষ্ট্রগুলিকে। পুঁজিপাতের গরিমা ও স্বেচ্ছাচারিতায় এরা সাঁড়াশি আক্রমণ আনার সব রকম আয়োজন প্রায় সম্পন্ন করে ফেলেছে। ধীরে ধারে কাজ শুরুও হয়ে গেছে— যা অনুন্নত রাষ্ট্রগুলির প্রতি মাৎস্যন্যায় ব্যবস্থা স্বরূপ অর্থনৈতিক অত্যাচার বিশেষ। নিজের অভাব পুষিয়ে নিতে অপরের হাত কেটে নেবার রীতিনীতি তো ধনতান্ত্রিক অর্থ ব্যবস্থার অন্ত্ববিশেষ। নিজে সবল থেকে দুর্বলকে আক্রমণ করবে— এটাই তো স্বাভাবিক। সুতরাং অর্থনৈতিক সঙ্কট চলবে! শেষ করো ছোট দুর্বলদের, যারা অন্ধকারে হাতড়ে স্বস্তিতে বাঁচায় আত্মপ্রত্যয়ী। আপাতত এই নিষ্ঠুর যাঁতাকলের মুখ্য প্রকৌশলী, বিতর্কিত আংকেল(?) ডাঙ্কেল : এই মুখোশধারী অর্থনৈতিক বিশেষজ্ঞকে নিয়েই বর্তমান প্রতিবেদন।

বরাবর অর্থ সঙ্কটে না পড়ার তাগিদে এবং সমমনোভাবাপন্নদের মধ্যে বাণিজ্য ও শুল্ক নিয়ে পারস্পরিক বোঝাপড়া, লেনদেন, মতামত বিনিময়ের জন্য নিজ স্বার্থে ১৯৪৮ সালে দুনিয়ার ২৩টি উন্নত রাষ্ট্র GATT নামে একটি সংস্থার সৃষ্টি করে যার পুরো নাম General Agreement on Trade and Tariff বা 'গ্যাট'। যারা এই সংগঠনের বাইরে রয়ে গেল তারাও অচিরেই বুঝতে শিখল যে অর্থনৈতিক স্থায়িত্বের প্রশ্নে ওই সঙ্ঘে নাম লেখানো উচিত। তাই ধীরে ধীরে সদস্য সংখ্যা বাড়তে লাগল, এমন কি তৃতীয় বিশ্বের দেশগুলোও শামিল হল। এভাবে এগোতে এগোতে গ্যাট-এর সদস্য সংখ্যা এখন ১০৮-এ এসে দাঁড়িয়েছে। এই সদস্য রাষ্ট্রগুলি সময়ান্তরে বাণিজ্য ও শুল্কের হার নিয়ে গুরুত্বপূর্ণ সিদ্ধান্ত নেয় এবং প্রতিটি গৃহীত সিদ্ধান্তকে বলা হয় 'রাউন্ড'। যেমন এখন চলছে ৮ম রাউন্ডের আলোচনা, শুরু হয়ছে সেই ১৯৮৬-তে। এই আলোচনার সূত্রপাত উরুগুয়েতে হয়েছিল বলে এটি উরুগুয়ে রাউন্ড নামেও সমধিক পরিচিত। গ্যাট-এর প্রধান সচিব আর্থার ডাঙ্কেল আলোচনা শুরুর পাঁচ বছর পর অর্থাৎ ১৯৯১-এর ডিসেম্বরে এক বিতর্কিত খসড়া অর্থনৈতিক প্রস্তাব পেশ করেন যাকে ডাঙ্কেল ড্রাফ্‌ট বা ডাঙ্কেল প্রস্তাব বলে সর্বজন পরিচিত করানো হয়েছে। কেউ কেউ একে ব্যঙ্গ করে 'রাসকেল ড্রাফ্‌ট'-ও বলেছে। এই প্রস্তাবের খসড়া এক ভয়ঙ্কর অর্থনৈতিক মৃত্যুফাঁদ। ডাঙ্কেল সাহেব তাঁর অর্থনৈতিক দলিলের মাধ্যমে ধনতান্ত্রিক পুঁজিপতি রাষ্ট্রসমূহের জয়ধ্বনি করতে গিয়ে উন্নতিশীল ও উন্নতিকামী রাষ্ট্রসমূহকে প্রায় ফকির ও অসহায়তার অন্ধ কূপে ঠেলে দিয়ে দুর্বল রাষ্ট্রগুলিকে নিশ্চিহ্ন করে নতুন বৃহৎ রাষ্ট্রের উপনিবেশে পরিণত করার অপচেষ্টা করেছেন। এখন দেখা যাক ধনী রাষ্ট্রদের আরও ধনী করতে এবং দুর্বল

রাষ্ট্রগুলিকে কিভাবে নিষ্পেষণ করা যায় তা নিয়ে কী কী অস্ত্র প্রয়োগ বা উপায় বাংলাতে চেয়েছেন। প্রসঙ্গত ব্যবসা বাণিজ্য ও শুল্ক ব্যবস্থায় বেশি কিছু নিয়ন্ত্রণ বা বিধিনিষেধের প্রস্তাব করেছেন যা বিশ্বের অর্থ ব্যবস্থায় সমতা রক্ষার ক্ষেত্রে এক বিরাট আঘাত বিশেষ। এই নিষেধের অপর নাম ধনতন্ত্রের অর্থনৈতিক মাতব্বরী। ডাঙ্কেল প্রস্তাবের নিষেধাজ্ঞাগুলি যথাক্রমে;

১। পুঁজি বিনিয়োগ সংক্রান্ত বাণিজ্য প্রসঙ্গ

২। মেধাস্বত্ব সংক্রান্ত বাণিজ্য প্রসঙ্গ

৩। বাণিজ্য এবং শুল্ক ক্ষেত্রে পরিষেবা সংক্রান্ত সাধারণ সহমত

৪। আন্তর্জাতিক অভিন্ন পেটেন্ট আইন

আর্থার ডাঙ্কেল–এর এই চর্তুমুখী মূল প্রস্তাবের মধ্য দিয়ে অর্থনৈতিক ক্ষেত্রে যে সকল বহুধাবিস্তৃত কঠোরমত অবাস্তব ও অগণতান্ত্রিক নিয়ন্ত্রণ এবং নিষেধ বিধির খসড়া প্রস্তাব পেশ করা হয়েছে তার বাস্তব প্রয়োগে দেশের শিল্প ও অর্থনৈতিক ক্ষেত্রে মন্দা এবং হতাশা নেমে আসবে, টলিস্কোপিক হারে বেকারিত্ব বাড়বে, বিদেশি ব্যবসায়ীদের অনায়াস ও আইনসম্মতভাবে আনাগোলা বাড়বে, দেশীয় বাণিজ্য–লগ্নিতে ওদের হাত বাড়বে, বৈদেশিক বাজারের বিপণন ওদের অঙ্গুলি নির্দেশে হবে, স্বদেশি অর্থনৈতিক বিকাশধারা আব্যাহত রাখায় সরকারি ক্ষেত্রে যে সকল সুযোগ সুবিধাদি দেওয়া হত, তাতে বিধিনিষেধের খাঁড়ার ঘা পড়বে। সর্বোপরি পেছন দরজা দিয়ে এবং পৃথিবীর বৃহত্তম স্বার্থের ধুঁয়ো তুলে দেশের স্বাতন্ত্র্য সার্বভৌমত্ব ও স্বাবলম্বনে এক বিরাট আঘাত আসবে। উন্নত, ধনী ও নিজের অহমিকায় বলীয়ান অর্থনৈতিক নিশ্চয়তাসম্পন্ন প্রভু-প্রতিম রাষ্ট্রগুলি ধনে সম্পদে আরও ফুলে ফেঁপে উঠবে এবং অপরদিকে উন্নতিশীল অর্থনৈতিক সংগ্রামরত অসংখ্য দুর্বল রাষ্ট্র বিশেষ করে তৃতীয় বিশ্বের দেশগুলির পায়ের মাটি সরে যাবে। ফলে পিছিয়ে পড়া রাষ্ট্রগুলি ধনী রাষ্ট্রের উপনিবেশরূপে চিহ্নিত হতে বাধ্য। সরাসরি এত বড় কথা আপাতদৃষ্টিতে ভালো হয়তো লাগবে না, কিন্তু এটাই নির্মম সত্য কথা। ভারতে ইতিমধ্যে এই অর্থনৈতিক অবরোধের প্রভাব এসে পড়েছে। আন্তর্জাতিক অর্থ ভাণ্ডার এবং বিশ্ব ব্যাঙ্কের পরামর্শ বা সুপারিশগুলি নিয়ে নাড়াচাড়া করলে উল্লিখিত ভবিষ্যদ্বাণীর প্রতিক্রিয়া অবশ্যই লক্ষ্য করা যাবে।

এখন দেখা যাক গ্যাট–এর প্রধান সচিব আর্থার ডাঙ্কেল সাহেব বিশ্ব অর্থনৈতিক ভবিষ্যৎ চিত্র নিয়ে তাঁর খসড়া দলিলে যে মূল প্রস্তাবগুলো রেখেছেন তার অন্তর্নিহিত ভাষাগুলি কী, মোদ্দা কথা আসলে কী বলতে চেয়েছেন তা খোলসা করা।

বাণিজ্যের ক্ষেত্রে বিদেশি পুঁজির অবাধ গতি : অর্থাৎ এতকাল বিশেষ করে উন্নতিশীল রাষ্ট্রগুলি বৈদেশিক পুঁজি বিনিয়োগের অনুপ্রবেশকে রোধ করে যখন নিজেরা নিজের পায়ে দাঁড়াবার চেষ্টা করছিল, এখন তা তুলে দিলে এরা অর্থনৈতিক বাজার থেকে সরে যেতে বাধ্য। তাছাড়া দ্বিতীয় বিশ্ব যুদ্ধের পর থেকে অনগ্রসর দেশগুলি যখন আত্মপ্রত্যয়ী হয়ে দেশের উন্নতি, বিশেষ করে শিল্পোন্নয়নে ব্যস্ত, এমন পরিস্থিতিতে 'বাড়া ভাতে ছাই' দেবার আয়োজন চলছে। এ এক সর্বনাশা প্রস্তাব। এমনভাব চললে বিশেষ করে তৃতীয় বিশ্বের জনগণ স্বদেশেই তৃতীয় শ্রেণীর নাগরিক হয়ে যাবে। স্বদেশে আমার তৈরি জিনিসই বিক্রি হবে না। উৎকর্ষ বা দেশীয় অর্থনীতির প্রশ্ন তোলার কোনও অবকাশ থাকবে না। উন্নত বিদেশি রাষ্ট্রগুলির অঢেল 'সারপ্লাস মানি'র দুর্বার জোয়ার স্বদেশের শিল্পবিকাশরূপী খড়কুটো ভেসে নিশ্চিহ্ন হয়ে যাবে। এর ফলে দুর্বল রাষ্ট্রগুলি আর

কোনওদিন মাথা তুলে দাঁড়াতে পারবে না, যা অর্থনৈতিক আগ্রাসী নীতি বলে অনায়াসে আখ্যায়িত করা যায়।

রপ্তানি বাণিজ্যের ক্ষেত্রে উৎসাহ দানের জন্য সরকারি পর্যায়ে বেশ কিছু সুবিধাদি দেওয়া হয় অর্থাৎ ভরতুকির ব্যবস্থা আছে। এতে দেশীয় উদ্যোগীরা অন্তত আর্থিক সহায়তার আনুকূল্যে বিদেশি বাজারে বিপণনে অতিরিক্ত সুযোগ পেয়ে থাকে। ডাঙ্কেল সাহেব দেখলেন, এ তো ভালো নয়। আন্তর্জাতিক বাজারে উন্নতশীল রাষ্ট্রসমূহ যদি একবার ঢুকে পড়ে তাহলে উন্নত রাষ্টের 'বেওসা' বন্ধ হয়ে যাবে। এমনিতেই গত দু'দশকের উপর হল বিশ্বব্যাপী অর্থ-মন্দা চলেছে। ইউরোপের ওপরতলার দেশগুলিতে বেকারি, অর্ধাহার ও অনাহার এমনিতেই শুরু হয়ে গেছে : তার উপর বাইরেও যদি 'বেওসা' করে দু'পয়সা না আনা যায় তাহলে তো কৌলীন্য চলে যাবে। মজদুর শ্রেণীর নেতৃত্ব মেনে নিতে হবে। সুতরাং যারা সুলভে অনায়াসে রপ্তানি বাণিজ্যে হাত বাড়িয়েছে ওদের হাত কেটে ফেল। ডাঙ্কেল সাহেব তাই ফতোয়া দিলেন— বৈদেশিক বা রপ্তানি বাণিজ্যে সরকারি ভরতুকি চলবে না। এই খসড়া মেনে নিলে অনগ্রসর ছোট ও মধ্যবিত্ত রাষ্ট্রসমূহের উপর বিশেষ করে কৃষিপণ্য রপ্তানি ক্ষেত্রে আর্থিক দায় দায়িত্বের পাহাড় নেমে আসবে। স্তব্ধ হয়ে যাবে আন্তর্জাতিক বাজারে সরব থাকার অধিকার। ভিন্ন পথে পঙ্গু হয়ে যাবে রপ্তানি বাণিজ্য। কৃষিক্ষেত্রে সরকারি ভরতুকির ক্ষেত্রে ডাঙ্কেল প্রস্তাবকে পেছন থেকে নেতৃত্ব দিয়েছিল মার্কিন লবি। কিন্তু উদ্দেশ্যটা অত সহজে সফল হয়নি। এতে সমগ্র ইউরোপ বিক্ষোভে ফেটে পড়ে। বিশেষ করে ফরাসি কৃষকরা এমন চাপ সৃষ্টি করে যে ইউরোপিয়ান কমন মার্কেট প্রায় ভেঙে পড়ার উপক্রম। ধনতান্ত্রিক দেশের দালালি করতে গিয়ে ডাঙ্কেল সাহেব সকলকে বোকা বানাতে পারলেন না।

মেধাস্বত্ব সংক্রান্ত বাণিজ্য প্রসঙ্গে গ্যাট–এর প্রধান সচিবের চাপিয়ে দেওয়া খসড়াও সেই বৈষম্য নির্ধারণে পশ্চিমী উপরতলার দেশগুলিকে খুশি করার ব্যবস্থা সম্পূর্ণ করে। মেধাজাত সম্পদ বলতে কমপিউটারজাত প্রযুক্তি, ভেষজ ও রসায়ন শিল্প, ক্রীড়া–প্রকৌশল, শিল্প ও চারুকলা ইত্যাদিকে বুঝায়। প্রস্তাব অনুযায়ী বিদেশিদের অবাধ গতির নিশ্চয়তা দিতে হবে। এতে স্বদেশি প্রযুক্তি তো মার খাবেই উপরস্ত বিদেশি মেধাজাত সম্পদের অব্যাহত গতি, পরিষেবা এবং একচেটিয়া বাণিজ্যের পরিবেশ সৃষ্টি হবে, যার নীট ফল প্রযুক্তি ও বাণিজ্য ক্ষেত্রে স্বদেশি সম্পদ প্রচণ্ড মার খাবে এবং দেশের বেকারত্ব বাড়বে বহু গুণ হারে। বিজ্ঞানকে বিদেশের কাছে বাধ্য হয়ে সমর্পণ করার জন্য উন্নতিকামী অপেক্ষাকৃত দুর্বল রাষ্ট্রগুলি পিছিয়ে পড়তে বাধ্য। দ্বিতীয়তঃ, পরিষেবা অর্থাৎ জনস্বাস্থ্য, শিক্ষা, বিদ্যুৎ, ব্যাঙ্কিং, পরিবহন প্রভৃতি ক্ষেত্রে বিদেশি রাষ্ট্রের অংশীদারির ফলে স্বদেশি সংস্থা বা সরকারি সংস্থাগুলি যেমন দুর্বিপাকে পড়বে; তেমনি পরিষেবার ক্ষেত্রে মানবিক দৃষ্টিভঙ্গ সর্বতোভাবে অর্থকরী লাভের নিরিখে বিচার হবে। পরিষেবার ক্ষেত্রে মানব কল্যাণের মুখ চেয়ে সাধারণত সরকারি পর্যায়ে আর্থিক লোকসান দিয়েও সামাজিক কার্যক্রম হাতে নেওয়া হয়। গ্যাট–এর প্রস্তাব অনুমোদিত হলে আমাদের মতো দেশে পরিষেবামূলক কাজ কত দূর করা যাবে তা ভাবনার বিষয়। তার উপর অবাধ বাণিজ্যের সুযোগ নিয়ে বৈদেশিক রাষ্ট্রগুলি কী ধরনের মোটা অঙ্কের দায়দায়িত্ব চাপাবে কে বলতে পারে (যা আমরা এখন ভাবি-ই না)?

ডাঙ্কেল প্রস্তাব অনুযায়ী নিষেধাজ্ঞার কুঠারাঘাত পড়ল বিনিয়োগ ক্ষেত্রে, কৃষিতে, রপ্তানি বাণিজ্যে, সরকারি ভর্তুকি, মেধাজাত সম্পদে, অভ্যন্তরীণ পরিষেবায়। এবারের কোপটা আরও কঠিন, সকরুণ এবং সুদূরপ্রসারী। যা হল পেটেন্ট আইন বদল। এ প্রসঙ্গে প্রখ্যাত অর্থনীতিবিদরা বলেন, 'এ পর্যন্ত ভারতীয় পেটেন্ট আইন অনুযায়ী কোনও ওষুধ, রাসায়নিক পদার্থ একই পদ্ধতি অনুসরণ করে একই ধরনের নামে পেটেন্টের মালিক ছাড়া অন্য কারও ব্যবহার নিষিদ্ধ। এরফলে বহু ওষুধের পরিবর্তে ভিন্ন পদ্ধতিতে প্রস্তুত দেশীয় ওষুধ বাজার অনেক কম দামে পাওয়া যায়। ডাঙ্কেলের প্রস্তাবে শুধু ওষুধের নামই নয়, অন্য কোনও পদ্ধতিতে সেই জাতীয় ওষুধ প্রস্তুত করাও নিষিদ্ধ হয়ে যাবে। ভারতবর্ষ এবং অন্যান্য অনুন্নত দেশে গবেষণার মধ্য দিয়ে যেসব পদ্ধতি অনুসরণ করে কম দামে এষুধ এঁ যাবৎ প্রস্তুতকরা হয়েছে, সব বাতিল হয়ে যাবে। ভেষজ ও রাসায়নিক শিল্পের অনেক কারখানা এর ফলে বন্ধ হয়ে যাবে।' বিশেষ করে ওষুধ নিয়ে এই যে ফাটকাবাজি আর সুদূরপ্রসারী প্রতিক্রিয়ায় ধনী রাষ্ট্রগুলি অর্থাৎ উন্নত দেশগুলি নিজেদের পণ্য ডাঙ্কেল সাহেবের ফতোয়ার সাহায্য নিয়ে একরকম জোর করে অনুন্নত দেশগুলিকে (যেমন এ দেশ, তৃতীয় বিশ্বের রাষ্ট্রসমূহ) নিতে বাধ্য করবে। আন্তর্জাতিক বাজারের মান অনুযায়ী ওষুধ সুলভে পাওয়ার জন্য ভারতে ১৯৭০ সালে নতুন পেটেন্ট আইন বলবৎ হয় এবং পেটেন্টের সংজ্ঞাকে পরিস্কারভাবে ব্যাখ্যা করে বলা হয় যে পেটেন্টের অর্থ হল 'পদ্ধতি পেটেন্ট', 'পণ্য পেটেন্ট' নয়। এর অর্থ হল কোনও জিনিস (যেমন নির্দিষ্ট নমের ওষুধ)-এর ওপর পেটেন্ট বলবৎ হবে না, পেটেন্ট মানা হবে পদ্ধতির ওপর। আবার পদ্ধতির ওপর অধিকার থাকলেও তার উপর গবেষণা ও পরীক্ষা নিরীক্ষা চলবে, যাতে ভিন্ন পদ্ধতিতে একই গুণমান বজায় রেখে বিকল্প সামগ্রী সৃষ্টি করা যায়। দ্বিতীয়ত এই সংস্কার আইনে পেটেন্ট মালিকের মালিকানা ৭ বছর পর্যন্ত থাকবে। সময়সীমার মধ্যে পেটেন্ট-অধিকারী মালিকানা রক্ষায় অক্ষম হলে কিংবা সময়সীমা অতিক্রম করে গেলে সরকার তা অধিগ্রহণ করতে পারে এবং অন্যান্য উদ্যোগীদের সামনে সুযোগ সৃষ্টি করা যেতে পারে। পেটেন্ট আইন-এর এই ঐতিহাসিক সংস্কারের ফলে আমরা লাভবান হলাম (১) বহু দুষ্প্রাপ্য ওষুধ অন্য নামে দেশে পাওয়া যেতে লাগল (২) ওষুধের দাম পড়ে গেল অস্বাভাবিকভাবে (৩) বিভিন্ন ওষুধ প্রস্তুতকারক সংস্থার মধ্যে সুস্থ প্রতিযোগিতার পরিবেশের দৌলতে পণ্যসামগ্রীর গুণমান বজায় রইল (৪) কষ্টসাধ্য বৈদেশিক মুদ্রার সাশ্রয় হল এবং (৫) আন্তর্জাতিক ক্ষেত্রে রপ্তানির সুযোগ এল সঙ্গে সঙ্গেই।

এই এখানেই নয় পৃথিবীর অন্যান্য পিছিয়ে পড়া রাষ্ট্রগুলিও নতুন করে বাঁচার এবং উত্তরণের ক্ষীণ আলোকশিখা দেখতে পেল। পাশাপাশি পৃথিবীর ওই গুটিকয়েক উন্নতির শিখরে পৌঁছে যাওয়া রাষ্ট্র কতিপয়ের অর্থ সঙ্কটও ঘনীভূত হল। ওদের একচেটিয়া আধিপত্যে বাধা আসতে লাগল। ওষুধ বিক্রির অনায়াসলব্ধ বাজার প্রায় বন্ধ হয়ে যাবার উপক্রম। সুতরাং আনো নতুন অবাস্তব সমাজকল্যাণবিমুখ স্বেচ্ছাচারের আইন, যার ফলে ইচ্ছে মতো অনপ্রসর রাষ্ট্রগুলির টুটি চেপে ধরা যাবে দ্বিগুণ বলে। ধনী আগ্রাসী রাষ্ট্রসমূহের প্রতিভূ ও সরব মুখপত্র প্রভু দেশগুলির পরিত্রাণ ও ধনাগমের পথ প্রশস্ততর করায় আবার নেতৃত্বে এগিয়ে এলেন আর্থার ডাঙ্কেল। তিনি গ্যাট-এর কাছে এমন ফর্মুলা পেশ করলেন যাতে অনপ্রসর রাষ্ট্রগুলি অন্তত পেটেন্ট-এর ক্ষেত্রে দীর্ঘকাল আর টু শব্দ না করতে পারে এবং প্রায় হারিয়ে যাওয়া বিদেশি বাজার বহুগুণে প্রাপ্ত হয়। পিছিয়ে পড়া দেশগুলি যেন কোনওকালেই বিজ্ঞানের জয়যাত্রার পথে সহযাত্রী না হতে পারে। ওদের ভাঁড়ার যেন বৈদেশিক মুদ্রা-শূন্য হয়ে পড়ে। প্রকৌশলে প্রতি ক্ষেত্রে সমস্যা দেখা দেয়।

সহমতসাপেক্ষে ডাঙ্কেল সাহেবের ফতোয়া— (১) পেটেন্টের ক্ষেত্রে অধিকার শুধুমাত্র পদ্ধতিতেই নয়, মালিকানা থাকবে প্রস্তুত পণ্যের উপরও (২) সময়সীমা ধার্য হবে ২০ বছরের জন্য (৩) বিপণনে একচেটিয়া অধিকার (৪) পেটেন্ট প্রসঙ্গে অভিযোগ উঠলে তার দায়দায়িত্ব নিতে হবে অভিযুক্তকে।

ডাঙ্কেল প্রস্তাবের পথ বেয়ে যদি আন্তর্জাতিক অভিন্ন পেটেন্ট আইন চালু করা হয় তাহলে (১) বিদেশি রাষ্ট্রগুলি একচেটিয়া বাণিজ্যের সুযোগ পাবে, ফলে স্বদেশি উদ্যোগীরা মার খাবে। (২) ওষুধপত্তরের দাম নিয়ন্ত্রণের বাইরে চলে যাবে (৩) বৈদেশিক মুদ্রার ঘাটতি দেখা দেবে (৪) বিদেশি রাষ্ট্রের উপর নির্ভরশীল থাকতে হবে (৫) গুণমান নিয়ে কোনও প্রশ্ন তোলা যাবে না (৬) পরনির্ভরশীলতার প্রশ্নটি প্রকট হয়ে দেখা দেবে (৭) বায়ো-ইঞ্জিনিয়ারিং এর পক্ষে এক বিরাট ধাক্কা বিশেষ (৮) নব নব পদ্ধতি বা মৌল ওষুধ প্রস্তুতিকরণে কোনও অবকাশ থাকবে না (৯) সম্পূর্ণত পরমুখাপেক্ষি হবে জনস্বাস্থ্য প্রকৌশল এবং আনুষঙ্গিক পরিষেবা।

১৯৮৬ সালে ১০৮ সদস্য রাষ্ট্রের উরুগুয়েতে অষ্টম রাউন্ডের আলোচনা শুরু হলেও গ্যাট-এর প্রধান সচিব আর্থার ডাঙ্কেল উল্লিখিত খসড়া প্রস্তাবটি পেশ করেন ১৯৯১-এ, এর উপরই এখন বিতর্ক চলেছে। সরকারিভাবে প্রস্তাবটি গৃহীত না হলেও যথাসময়ে সিদ্ধান্ত নেওয়া হবে (সর্বসম্মতভাবে), তার পাল্লাটা কিন্তু এইখসড়ার দিকেই। অস্ত্র প্রয়োগের আগে ইতিমধ্যেই তা বাজতে শুরু করেছে।

ডাঙ্কেল প্রস্তাব যদি অনুমোদিত হয় তাহলে সমস্ত বিশ্বের অনগ্রসর দেশ এবং তৃতীয় বিশ্বের নাগরিকদের পক্ষে কাল-রাত্রি বিশেষ। অবাধ বাণিজ্যের ব্যবস্থা মানেই শোষণযন্ত্রকে বলীয়ান করা। বিদেশি পুঁজির ব্যাপক বিনিয়োগে স্বদেশের অর্থনৈতিক মেরুদণ্ডটি ভেঙে পড়বে। মুদ্রাস্ফীতি চরমে উঠবে। রপ্তানি বাণিজ্য বন্ধ হওয়ার উপক্রমে বিদেশি মুদ্রায় চরম ঘাটতি দেখা দেবে। প্রকৌশলে নব নব উপায় উদ্ভাবনের পথ রুদ্ধ হয়ে যাবে। কমপিউটার ইত্যাদির মেধাস্বত্ব বিদেশি-নির্ভর হওয়া এবং পরিষেবা অন্যের হাতে চলে যাওয়ায় দেশ পশ্চাদমুখী হবে। শিল্পোন্নয়নের পথ বন্ধ। কারণ যা দরকার তা তো বিদেশ থেকই আসবে। নতুন নতুন কল-কারখানা শিল্প স্থাপনে ভাটা পড়বে। উন্নতিকামী রাষ্ট্রের জনগণের মধ্যে হতাশা আসবে এবং জীবনের প্রতিটি ক্ষেত্রে অন্যের ওপর নির্ভরশীল হয়ে পড়লে দেশে স্বাতন্ত্র্য, স্বাধীনতা ও সার্বভৌমত্বে চরম আঘাত আসবে। পরিণতিতে বিদেশি রাষ্ট্রের কাছে ক্রীড়নক হয়ে থাকার চাইতে অন্য কিছু আশা করা বাতুলতায় পরিণত হবে।

ভারতের কূলে আর্থার ডাঙ্কেলের 'ডেস্ট্রয়ার' ইতিমধ্যে নোঙর করেছে। এ প্রসঙ্গে ড. দেবকুমার বসু মন্তব্য করেছেন— 'আন্তর্জাতিক অর্থ ভাণ্ডার এবং বিশ্ব ব্যাঙ্কের ভারত সরকারকে অবাধ বাণিজ্যের নীতি অনুসরণ করার জন্য প্রদেয় চাপ— ডাঙ্কেল নীতিরই ফলশ্রুতি। উরুগুয়ে রাউন্ডে ১৯৯০-৯১ পর্যন্ত ভারতের প্রতিনিধিত্ব করবেন পররাষ্ট্রসচিব মুচকুন্দ দুবে। শ্রী দুবে ভারত সরকারেরই পরামর্শে উরুগুয়ে রাউন্ডে ডাঙ্কেল নীতির তার বিরোধিতা করে আসছিলেন। বিদেশি চাপে ভারত সরকার যখন ক্রমশ এই বিরোধিতা প্রশমিত করে আনলেন, তখন শ্রী দুবে পদত্যাগ করেন।

শ্রী দুবে সঙ্গতভাবেই প্রশ্ন তুলেছিলেন যদি ডাঙ্কেল প্রস্তাব সত্যই অবাধ বাণিজ্যের প্রসার চায় তাহলে বহুজাতিক প্রতিষ্ঠানের বিশ্বজোড়া একচেটিয়া বাণিজ্যের অধিকার খর্ব করছে না কেন? তা তো করা হয়ইনি, পক্ষান্তরে ভারতবর্ষে পুঁজিপতিদের উপর নিয়ন্ত্রণের জন্য যে 'এম আর টি অ্যাক্ট' সেসব বাতিল করার পরামর্শ দিয়েছেন আন্তর্জাতিক মুদ্রা ভাণ্ডার। ভারতের শ্রমিক শ্রেণীর সামনে ডাঙ্কেল প্রস্তাবের বিপদ ঘনীভূত হয়ে আসছে। বিশ্বের ধনতান্ত্রিক ব্যবস্থা ৮০-র দশক থেকে এক সঙ্কটের মধ্যে দিয়ে চলেছে। ৯০-এর দশকে এই সঙ্কট আরও গভীর হয়ে উন্নত দেশগুলিকে ব্যাপক শ্রমিক ছাঁটাইয়ের ব্যবস্থা গ্রহণ করতে বাধ্য করেছে। আন্তর্জাতিক বাজার সংকোচনের ফলে উন্নত দেশগুলি অনুন্নত দেশের বাজার দখলের জন্য আগ্রাসী ভূমিকা নিচ্ছে। ডাঙ্কেল প্রস্তাব তারই প্রকাশ। ধনতান্ত্রিক ব্যবস্থায় পুঁজিপতিরা সঙ্কটের বোঝা শ্রমিক শ্রেণীর উপর চাপিয়ে দিয়ে আত্মরক্ষা করে। তাই শ্রমিক শ্রেণীকেই তার প্রতিরোধে অগ্রণী ভূমিকা নিতে হয়। দেশের সমস্ত কর্মজীবী মানুষ শ্রমিক শ্রেণীর কাছে এ বিষয়ে নেতৃত্বে আশা নিয়ে আছে।'

বর্তমান বিশ্ব রাজনীতিতে মার্কিন প্রভুত্ব নিয়ে কোনও দ্বিমত নেই। ভিয়েতনাম, কিউবা, ইরান– ইরাক যুদ্ধ থেকে শুরু করে তদানীন্তন সোভিয়েত রাশিয়ায় পটপরিবর্তনে আমেরিকার ভূমিকা নিয়ে নতুন করে বোঝাবার কিছু নেই। আর্থার ডাঙ্কেল–এর গ্যাটভুক্ত সদস্য রাষ্ট্রগুলির প্রতি বহুল আলোচিত এবং বিতর্কিত খসড়া প্রস্তাবটির পেছনে কোন রাষ্ট্রের প্রচ্ছন্ন প্রভাব থাকতে পারে তা অনায়াসে আন্দাজ করা যায়। বিশ্বের অর্থনৈতিক সঙ্কটের ঢেউ মার্কিন যুক্তরাষ্ট্রের উপকূলে আছড়ে পড়েছে সজোরে, দুর্বার গতিতে। অর্থ সঙ্কট সে দেশেও দেখা দিয়েছে। বেকারি, অনিশ্চিত আহার্য সংগ্রহ অর্থনৈতিক অনিশ্চয়তার সে দেশ প্রায় জড়সড়। কিন্তু ও যে বিশ্বপ্রভু! মাথা উঁচু করে থাকতে গিয়ে যত ইচ্ছে অপরের মস্তক ছেদন করা হোক— এই নিষ্ঠুর চাপ সৃষ্টি করা হয়েছে বিভিন্ন আন্তর্জাতিক তাবেদারি সংস্থার মাধ্যমে, যার মধ্যে অন্যতম আই এম এফ, ওয়ার্ল্ড ব্যাঙ্ক এবং গ্যাট–এ ডাঙ্কেল সাহেবের সুপারিশগুলি। আমেরিকা কারও কোনও দায়িত্ব নেবে না। রাষ্ট্রের দায়দায়িত্ব সব কিছু বর্তাবে অন্য রাষ্ট্রের উপর। মোড়ল গিরি করব কিন্তু দায়িত্ব নেব না। আর নির্দেশিকা অমান্য করা মানেই 'ইকনমিক ব্লকেড'— না খেয়ে মর। এ জন্য চরম মারণাস্ত্র তৈরি হয়েছে ১৯৮৮ সালে সুপার ৩০১ এবং স্পেশাল ৩০১। এই আইন মোতাবেক অবাধ্য রাষ্ট্রগুলির প্রতি শাস্তি নির্দেশ এবং সব রকমের সাহায্য ও সহযোগিতাদি বন্ধ। ভারতের উপর এই খাঁড়া পড়ার সব সময়ই উজ্জ্বল সম্ভাবনা রয়েছে। ভারতবর্ষ যখন সুদিনের মুখ দেখার অগ্রণী হতে শুরু করেছে এমনই সময় গতিরোধ করে এ দেশে চরম এবং কঠোরতম সঙ্কটের সৃষ্টি করার সব রকমের চেষ্টা চলেছে।

স্বাধীনতার পরের বছর থেকেই আর্থিক দুর্নীতি শুরু, কেন্দ্রীয় সরকার দায়িত্ব এড়াতে পারে না

খবর ৩৬৫ দিন, ৭ জুন, ২০১৩

প্রাক্তন কয়লামন্ত্রী পবন কুমার বনশল এবং আইনমন্ত্রী অশ্বিনী কুমারের একরকম বাধ্য হয়ে ইস্তফা দানের মধ্য দিয়ে জাতীয় কংগ্রেস যতই স্বচ্ছতা পবিত্রতার রাজনীতির কথা বলার চেষ্টা করুক না কেন, তাঁদের দলীয় মহাফেজখানায় নিশ্চয়ই সযত্নে রক্ষিত আছে সেই তথ্য কেলেঙ্কারির ভাঙার যেখানে প্রমাণ আছে, স্বাধীনতা প্রাপ্তির এক বছরের মধ্যেই দলীয় প্রবীণ সদস্যের/ক্যাবিনেট মন্ত্রীর মাধ্যমে অর্থনৈতিক ভ্রষ্টাচারের যাত্রা শুরু। যেই স্ক্যাম জার্নি আপাতত বনশল বেং অশ্বিনী কুমারের পাঞ্জাব লবিতে অপেক্ষারত। হয়তো এখান থেকেই বহু লুপ লাইন, ন্যারো গেজ লাইন পেরিয়ে রাজধানী এক্সপ্রেসের লাইনে যুক্ত হয়ে বগি সংখ্যা বাড়তে পারে।

স্মরণে আসছে জনৈক শ্রদ্ধেয় স্বাধীনতা সংগ্রামী এবং জাতীয় কংগ্রেসের কর্ণধার স্বাধীনতার পরপরই সাবধানবাণী দিয়েছিলেন: কালোবাজারি, অর্থনৈতিক কেলেঙ্কারি এবং ভ্রষ্টাচারীরা চিহ্নিত হলে তাদের নিকটবর্তী বাতিস্তম্ভে ঝুলিয়ে ফাঁসি দেওয়া উচিত। অথচ ১৯৪৭-এর ১৫ আগস্টের পর এক বছরের মধ্যেই ব্রিটেন থেকে জিপ গাড়ি কেনার ক্ষেত্রে ৮০ লক্ষ টাকা তছরুপের কেলেঙ্কারিতে জড়িয়ে পড়েন নেহরু মন্ত্রিসভার এক ক্যাবিনেট মন্ত্রী। লোভ সংবরণে তর সইল না সেই প্রখ্যাত কূটনীতিজ্ঞ ব্যক্তিত্বের। সেই ধারাবাহিকতা আজ স্রোতস্বিনীতে রূপ নিয়েছে। বর্তমান দুটি কেলেঙ্কারির মধ্যে কোল গেট বা কয়লা কেলেঙ্কারি হয়তো এই শতাব্দির অন্যতম শ্রেষ্ঠ স্ক্যাম।

কয়লা যে সত্যিই ব্ল্যাক ডায়মন্ড তা বাস্তবে স্বীকৃতি পেতে চলেছে। এ বিষয়ে পবন কুমার বনশল তো আত্মীয়স্বজন পরিবৃত হয়ে কোটি কোটি টাকার দুর্নীতিতে দ্বিতীয় অধ্যায়ের শেষ অঙ্কে আবির্ভূত হয়েছেন। তাঁর আগে সদৃশ চরিত্রে অভিনয় করে খ্যাতি অর্জন করেছেন ওই দপ্তরের রাষ্ট্রমন্ত্রী (২০০৪-০৮) দসরি নারায়ণ রাও। তারপর আভির্ভূত হন সন্তোষ বাগরোদিয়া। এক বছর ছিলেন মন্ত্রিত্বে (২০০৯)। তারপর একই চরিত্রে আবির্ভূত হন ওই দপ্তরের পূর্ণমন্ত্রী শিবু সোরেন। সবটাই কোল ব্লক অ্যালোকেশন নিয়ে কেলেঙ্কারি সম্বন্ধিত। প্রধানমন্ত্রীর খুবই আস্থাভাজন এই ক্ষেত্রে বর্তমান আলোচিত দুই পৃথক দপ্তরের মন্ত্রী ড. মনমোহন সিংকে এভাবে লজ্জায় ফেলবেন, তা কেউই আগে আন্দাজ করতে পারেননি। সবই সিবিআই-এর গোচরে আছে।

ওই কোল ব্লক নিয়ে জড়িয়ে আইনমন্ত্রী আরেক 'পঞ্জাব কা পুত্তর' অশ্বিনী কুমার। অভিযোগ, কোল ব্লক কেলেঙ্কারি নিয়ে সিবিআই-এর গোপন রিপোর্টের খসড়া পরিবর্তন করে ইচ্ছামতো তার পরিবর্তন ঘটান স্বয়ং মন্ত্রী এবং দপ্তরের আধিকারিকেরা। রাত জেগে এই কাজ হয়— যা পরে জানাজানি হয়ে যায়। এমনটাই স্বাভাবিক। এক দুর্নীতি ঢাকতে অন্য দুর্নীতি জড়িয়ে যায়।

দু'জনেই চিরাচরিত প্রথায় নিজেদের একনিষ্ঠ দেশসেবক, দল-অনুগত এবং সৎ বলে গণমাধ্যমকে জানিয়েছেন। কিন্তু লক্ষ করলে দেখা যাবে বেশ অনেক বছর ধরেই কয়লাখনি যে অর্থের খনি তা বারে বারে সামনে এসেছে, সিবিআই অনুসন্ধান করে তার ইঙ্গিত লিপিবদ্ধ হলেও সৎ, সরল এবং অকূটনৈতিক পণ্ডিত মানুষ ড. মনমোহন সিং সেই ধূর্তামি ধরতে পারেননি, পারেনি কেন্দ্রীয় কংগ্রেস কমিটিও। এখন দেখা যাক এ বিষয়ে আরও কত কী ঝুলি থেকে বের হয়। এই সঙ্গে অপর একটি জমি কেলেঙ্কারি। দুই রকমের মন্তব্য দিয়ে বিতর্ক জড়িয়ে পড়েছেন ভারতের অ্যাটর্নি জেনারেল জি ই বাহনতীত্র।

এবার স্বাধীনোত্তর সময়ে উল্লিখনীয় আর্থিক দুর্নীতি নিয়ে কিছু কলঙ্কিত অধ্যায়ের স্মরণ করার চেষ্টা করা যাক। ১৯৪৮ থেকে অদ্যাবধি ভ্রষ্টাচারের মধ্যে ২০১০-১২ সাল পর্যন্ত ঘটনা ঘটেছে ৫০টিরও বেশি। এর মধ্যে ২০০৮ সাল পর্যন্ত বড় বড় আর্থিক রেলেঙ্কারির ঘটনা ঘটেছে ৩৮টি, যার সাকুল্যে পরিমাণ ৯১০,৬০৩,২৩৪,৩০০,০০০ টাকা। যা মার্কিন ডলারে দাঁড়ায় ২০,২৩ ট্রিলিয়ন ডলার-এ। স্বাধীনতার প্রথম বছরেই তো জিপ আমদানিতে ৮০ লক্ষ টাকা হেরাফেরি হয়। যার বর্তমান পরিমাণ ৮২৫ কোটি টাকা। এরপর নেহরু মন্ত্রিসভার আস্থাভাজন কলকাতা নিবাসী হরিদাস মুন্ডা জড়িয়ে পড়েন সমকালীন ১ কোটি ২৫ লক্ষ টাকার অর্থিক কেলেঙ্কারিতে।

১৯৬০ সালে তেজা স্ক্যামের পরিমাণ ২২ কোটি টাকা। ১৯৭৬ সালে কুয়েত থেকে পেট্রোপণ্য আমদানিতে অর্থিক খেসারতের পরিমাণ দাঁড়ায় ২ কোটি ২ লক্ষ টাকা। ১৯৮৭ সালে এইচডিডব্লু ডিল-এ দালালির অঙ্ক দিতে হয় ২০ কোটি টাকা। ওই একই বছরে বোফর্স কেলেঙ্কারির অঙ্ক ৬৫ কোটি টাকা।

দু বছর পর সেন্ট কিটস কেলেঙ্কারির পরিমাণ ৯ কোটি ৪৫ লক্ষ টাকা (১৯৮৯)। ১৯৯০-তে এয়ারবাস কিনতে উড়ে যায় ২ কোটি ৫ লক্ষ টাকা। এরপর বড় লুঠ ১৯৯২ সালে। সিকিওরিটি কেলেঙ্কারিতে খেসারত দিতে হয় ৫০০০ কোটি টাকা। সেই বছরেই ব্যাঙ্ক থেকে ১৩০০ কোটি টাকা উধাও হয়ে যায়। ১৯৯৪ সালে চিনি কেলেঙ্কারির পরিমাণ ৬৫০ কোটি টাকা। এভাবেই ফি বছর কোটি কোটি টাকা নয়-ছয় হয়েছে, তছরুপ হয়েছে যা থেকে সমকালীন কংগ্রেস সরকার হাত ধুয়ে ফেলতে পারে না। ভ্রষ্টাচারের স্রোত দমনে প্রথম থেকেই যদি শক্ত হাতে নিয়ন্ত্রণ করত, তাহলে স্ক্যামের এই ধারাবাহিককতার চিহ্নও থাকত না। সবাই তো আর লাল বাহাদুর শাস্ত্রী কিংবা মমতা বন্দ্যোপাধ্যায় কিংবা তারও আগে মুজাফ্ফর আহমেদ বা অজয় মুখোপাধ্যায় নন।

স্মরণে থাকতে পারে, কেন্দ্রে নরসিংহ রাও মন্ত্রিসভার সংখ্যাগরিষ্ঠতায় খামতির উদ্ভব হলে বেহারের জেএমএম দলের সাংসদদের জনপ্রতি ২ কোটি টাকার হর্স ট্রেডিং করা হয়। যা সমকালীন জনগণের স্মরণে থাকা উচিত। ১৯৯৬ সালে ১৩০ কোটি টাকার ইউরিয়া কেলেঙ্কারি, পরের বছর সিআরবি স্ক্যাম জনিত ১০০০ চুরি-জোচ্চুরি হয়, কাট মানির নিশ্চয়তা থাকে। আইপিএল নিয়ে টাটকা কেলেঙ্কারি প্রচারে এসেছে। এ ক্ষেত্রে একবার জনৈক রাষ্ট্রমন্ত্রীও জড়িয়েছিলেন। স্মরণ করা উচিত 'অয়েল ফর ফুড স্ক্যাম'-এ প্রাক্তন কেন্দ্রীয় মন্ত্রী (২০০৫) সাঙ্গপাঙ্গ সহ জাঁদরেল কূটনীতিক নটবর সিং-এর প্রত্যক্ষভাবে জড়িয়ে পড়ার কাহিনি এবং বরখাস্তও হন। এখন তিনি এসপি, বিএসপি-র দরজায় দরজায় ঘুরছেন। এ যে দারুণ মিঠে স্বাদের বস্তু।

মধ্যপ্রদেশের শাহেনশাহ অর্জুন সিং-এর কথা মনে আছে? এই দোর্দণ্ডপ্রতাপ নেতা চুরহাট লটারির মাধ্যমে কোটি কোটি টাকা আত্মসাৎ করেন এবং ১৯৮৮ সালের ফেব্রুয়ারী মাসে তিনি দল থেকে বিতাড়িত হলেও অস্বীকার করেছিলেন। এতসব আর্থিক কেলেঙ্কারি নেহরু পর্ব থেকে বর্তমানে ড. মনমোহন সিং পর্যন্ত অব্যাহত আছে। এরকম কলঙ্কিত অধ্যায়ের দায়িত্ব কোনও প্রধানমন্ত্রীই এড়াতে পারেন না। পারেন না তাঁর দলের দায়ভারও। কিন্তু ঘন্টা কে বাঁধবে?

সম্প্রতি এ রাজ্যে এক অস্থির অবস্থার সৃষ্টি হয়েছে, যে জন্য কংগ্রেস দল এবং বিরোধীরা সিবিআই সিবিআই বলে ধুয়ো তুলেছে। কিন্তু কয়েকদিন আগেই সূচনায় উল্লেখিত স্ক্যাম নিয়ে শত শত কোটি টাকা খেসারত উল্লেখনীয়।

২০০৮ সালে একই বছরে পুণের ঘোড়া ব্যবসায়ী হাসান আলি ৫০,০০০ কোটি টাকা, সত্যম কেলেঙ্কারি ১০০০ কোটি টাকা, আর্মি রেশন স্ক্যাম ৫,০০০ কোটি টাকা, টুজি স্পেকট্রাম কাণ্ড ১,৭৬,০০০ কোটি টাকা, ২০০৯-এ চাল রফতানি ঘোটালা-জনিত ২,৫০০ কোটি টাকা এবং ওড়িশা মাইনস্ কেলেঙ্কারিতে ৭,০০০ কোটি টাকা ছাড়াও মধু কোড়ার (২০০১) দুর্নীতি জনিত ৪,০০০ কোটি টাকা এবং হাল আমলে (২০১০) কমনওয়েলথ গেমস কেলেঙ্কারিতে ৪০,০০০ কোটি টাকার বিশাল কেলেঙ্কারির কথা সকলেরই জানা।

এছাড়াও বিক্ষিপ্তভাবে ছড়িয়ে থাকা আর্থিক দুর্নীতির মধ্যে রয়েছে রামলিঙ্গম রাজ ৫,০০০ কোটি টাকা, তেলগি ২০,০০০ কোটি টাকা, হর্ষদ মেহতা ৫,০০০ কোটি টাকা, বনশলী ঘোটালা ১,২০০ কোটি টাকা, বিহার পশুখাদ্য কেলেঙ্কারি ৯৫০ কোটি টাকা এবং সুইস ব্যাঙ্কে বেআইনিভাবে গচ্ছিত টাকা— যার কোনও পরিমাণ আজও প্রকাশিত হয়নি। যখনই কেন্দ্রীয় স্তরে আর্থিক কেলেঙ্কারি গণমাধ্যমে প্রকাশ পায়, সে ক্ষেত্রে কেন্দ্র লোকপাল বিলের কথা তোলে, যে কৌশল চলে আসছে সেই ১৯৬৯ সাল থেকে।

আমরা এমন দেশে বাস করি যেখানে যুদ্ধ নিহত ফৌজিদের দেহ আনার কাঠের বাক্স নিয়ে মন্তব্য করতে গিয়ে সুপ্রিম কোর্টের প্রধান বিচারপতি এই দপ্তরটিকে কেন্দ্রীয় সরকারের খাঁচায় পোষা তোতা পাখি বলে উল্লেখ করেছেন। সে ক্ষেত্রে বঙ্গীয় বিরোধী ওই রাজনৈতিক দলগুলির কোনও উচ্চবাচ্য শোনা যায়নি। এতগুলি প্রামাণ্য দুর্নীতির তথ্য দেওয়া হল, যা অবশ্যই বাস্তব ঘটনা। ১৯৪৭ থেকে ২০১৩-র মধ্যে এতগুলি দুর্নীতি হয়েছে সে নিয়ে সেভাবে আদাজল খেয়ে কাউকে বা কোনও দলকে সরব হতে দেখা যায়নি। সমস্যা হল মমতা বন্দ্যোপাধ্যায়ের সততা। যে কারণে তিনি স্বেচ্ছায় কেন্দ্রীয় মন্ত্রিসভা থেকে বেরিয়ে এসেছিলেন, যা এক ব্যতিক্রমী প্রশংসনীয় দৃষ্টান্ত। এই সততা বিষয়টাই বিরোধীদের কাছে চক্ষুশূল। এঁরা বহু চেষ্টা করেও ওঁর সততাকে কালিমালিপ্ত করতে পারছে না বলে যত রাগ ওঁর ওপর। এতসব দুর্নীতি ও আর্থিক কেলেঙ্কারি নিয়ে কেন্দ্রে আপাতত কংগ্রেস জোট সরকার আছে। সেজন্য কই তেমন প্রতিবাদী আন্দোলন? অথচ সৎ এবং নিষ্ঠাবান মমতা বন্দ্যোপাধ্যায়কে দুর্নীতি গ্রস্ত দলনেত্রী প্রমাণ করায় সবাই উঠে পড়েছে। আর প্রমাণিত কেন্দ্রীয় সরকার বহাল আছে। এ কেমন বিচার হে মহারাজ?

প্রাবন্ধিক

যোজনা বরাদ্দের ক্ষেত্রেও ইউপিএ সরকার তাদের রাজনৈতিক স্বার্থ চরিতার্থ করছে

খবর ৩৬৫ দিন, ২১/০৫/২০১৩

যুক্তরাষ্ট্রীয় ব্যবস্থায় রাজ্যগুলির যে ক্ষেত্রে নিজেদের স্বার্থ জড়িত তেমন প্রশ্নে প্রতিটি প্রদেশেরই শাসক দল এবং বিরোধী রাজনৈতিক দলগুলি একমত হয়ে কেন্দ্রের কাছে দরবার করবে, প্রয়োজনে একসুরে সোচ্চার হবে, এমনটাই তো হয়ে থাকে। এই প্রশ্নে রাজ্যবাসীর স্বার্থই বড় কথা। রাজ্যের অভ্যন্তরে যে কোনও বিষয় নিয়ে সহমত না হলে শাসক এবং বিরোধী রাজনৈতিক দলগুলির মধ্যে বিতর্ক সমালোচনা হতে পারে যা রাজনীতিতে ঘরোয়া ব্যাপার বলে আখ্যায়িত হয়। কিন্তু রাজ্যের উন্নয়ন ক্ষেত্রে কেন্দ্রের সহযোগিতায় বৈষম্য থাকলে সেই রাজ্যবাসীর বঞ্চনাকে দূরীকরণে তখন সকলেই এক হয়ে কেন্দ্রের দৃষ্টি আকর্ষণ করবে, এটাই তো রাজ্যবাসীর প্রত্যাশিত আকাঙ্ক্ষা।

প্রসঙ্গটি উঠছে এইজন্য সাম্প্রতিককালে রাজ্যগুলির প্রতি কেন্দ্রীয় অর্থ বরাদ্দ নিয়ে। পরিসংখ্যান বলছে বার্ষিক অর্থ বরাদ্দের ক্ষেত্রে কেন্দ্রীয় পরিকল্পনা কমিশন রাজ্যের উন্নয়নের গতির প্রেক্ষিতে প্রতিটি বিভাগ ধরে ধরে পর্যালোচনা করে প্রামাণ্য তথ্যের ভিত্তিতে অর্থ বরাদ্দে মঞ্জুরি দেয়। কিন্তু বাস্তবের চিত্রটি কিন্তু অন্য কথা বলছে। গত ৯ এপ্রিল যোজনা কমিশনে রাজ্যের অত্যন্ত উৎসাহ-ব্যঞ্জক সর্ব ক্ষেত্রে খতিয়ানের প্রামাণ্য তথ্য পেশ করে মমতা বন্দ্যোপাধ্যায় সামগ্রিকভাবে বিগত সময়ের চেয়ে অতিরিক্ত ১৭ শতাংশ অর্থের অতিরিক্ত মঞ্জুরি নিতে সক্ষম হয়েছে যা সাম্প্রতিককালে এক ব্যতিক্রমী দৃষ্টান্ত। যাঁরা রাজ্যের ভাঁড়ার নিয়ে খোঁজ খবর রাখেন তাঁদের পূর্বাভাস ছিল প্রায় সোয়া দু লক্ষ কোটি টাকার ঋণের বোঝা নিয়ে মমতা সরকার এত অল্প সময়ে কী করে উন্নয়ন করতে পারবে যার প্রেক্ষিতে রাজ্য যোজনা কমিশনের অর্থ বরাদ্দ পেতে পারে। ৩০ শতাংশ রাজস্ব আদায় হলে ২৬ শতাংশ অর্থ কেন্দ্র এ ঋণের সুদ বাবদ কেটে নেয়, তাহলে উন্নয়ন হবে কোন পথে?

রাজ্যে এত অল্প সময়ে যে অভাবনীয় উন্নয়নের চিত্রটি পেশ করেছে তা কেন্দ্রীয় যোজনা মন্ত্রকও ভাবতে পারেনি। রাজ্য নিজ দাবিতেই মঞ্জুরি আদায় করতে পেরেছে, যার আর্থিক (অতিরিক্ত) পরিমাণ ৩৪ হাজার কোটিরও বেশি। এখানেই ব্যাপারটা ধামাচাপা থাকত। কিন্তু যোজনা খাতে অর্থ বরাদ্দের ক্ষেত্রে কেন্দ্রীয় সরকার এবার যা লজ্জাকর দৃষ্টান্ত রাখল তা অভাবনীয়, অকল্পনীয়। অর্থ বরাদ্দের ক্ষেত্রে যে বৈষম্যমূলক রাজনীতিকরণের দৃষ্টান্ত দেখা গেল তারপরও কেন্দ্রকে সু-পিতা বলতে দ্বিধা হচ্ছে। বৈজ্ঞানিক যুক্তিবাদী পদ্ধতিকে ফুৎকারে উড়িয়ে নিয়ে পশ্চিমবঙ্গের প্রতি বৈষম্য, অবিচার এবং অবশ্যই তুলনামূলকভাবে অপদস্থ করলে তার প্রভাব সুদূরপ্রসারী হতে বাধ্য। যোজনা পর্ষদ বা কমিশনের সহায়তা নিয়ে কেন্দ্রীয় পরিকল্পনা মন্ত্রক এর আগে উত্তরপ্রদেশ এবং পাঞ্জাবকে কোনও যৌক্তিকতার ন্যায়নীতির পরোয়া না করে যেভাবে ঢালাও অর্থমঞ্জুরি দিয়েছে যা নিয়ে আগেই সর্বভারতীয় রাজনীতিতে অসন্তোষের সৃষ্টি হয়েছিল। তারপর অতি

সম্প্রতি বিহার রাজ্যকে কোনও প্রেক্ষাপট না দেখে দুহাত ভরে বার্ষিক অর্থ বরাদ্দ করেছে, যা অর্থনীতিবিদদের কাছেও অযৌক্তিক, অভাবনীয়। বিহার আমাদের প্রতিবেশী রাজ্য, সে উন্নয়নের ক্ষেত্রে আরও আর্থিক বরাদ্দ পেয়ে উন্নততর রাজ্য হোক তা আমরাও চাই। অন্য রাজ্যের অর্থপ্রাপ্তি নিয়ে আমাদের কোনও শত্রুতা কিংবা হিংসা দ্বেষ নেই। কিন্তু প্রশ্নটা তো কেন্দ্রের বিমাতৃসুলভ আচরণ, পক্ষপাতদুষ্টতা নিয়ে?

কিন্তু কোনও পদ্ধতির ধার না ধেরে যেভাবে কেন্দ্রীয় পরিকল্পনা মন্ত্রক এই যোজনা খাতের বরাদ্দ ক্ষেত্রে সেই দাবিদার রাজ্যের রাজনৈতিক অভিমুখকে প্রাধান্য দিচ্ছে তা যুক্তরাষ্ট্রীয় রীতিনীতিকে অশ্রদ্ধারই শামিল। উত্তরপ্রদেশ, পাঞ্জাব এবং বিহারকে যেভাবে রাজনৈতিক তোষণের হাতিয়ার বানিয়ে স্পষ্টতই নগ্নতাকে ইউপিএ–২ সরকার আগাম ইঙ্গিত দিয়ে রাখল আগামী বছরে নির্বাচনী বৈতরণী পারে প্রত্যক্ষভাবে এই রাজ্যেগুলির সমর্থন চাই। নানান আর্থিক কেলেঙ্কারি জর্জরিত ভারতের বৃহত্তম রাজ্য উত্তরপ্রদেশের রাজাবাবু মুলায়ম সিং যাদব পরিবারকে তদন্তের মুখে ঠেলে না দিয়ে যদি সে বিষয়ে কেন্দ্র ঘাঁটাঘাঁটি না করে তাহলে ওরা বেঁচে যাবে এবং বদান্যতা স্বরূপ যাদব সরকার আগামী নির্বাচনে অবশ্যই কংগ্রেসকে সমর্থন করবে। একেবারে সরল পাটিগণিত। সামনেই তরতাজা দৃষ্টান্ত রয়েছে, তা হল সাম্প্রতিক রাষ্ট্রপতি নির্বাচনপর্ব। মুলায়ম ঘটা করে মমতাকে দিল্লিতে উষ্ণ আমন্ত্রণ জানিয়ে বর্তমান রাষ্ট্রপতি বিরোধিতায় সহমতের কথা সাংবাদিক সম্মেলন করে জানিয়ে দিলেন। ভ্রষ্টাচারের পুরোনো কেলেঙ্কারি তদন্তের সম্ভবত জুজুর ভয় দেখানো হল মুলায়মকে।

পরদিনই পাল্টি খেয়ে মুখোশ খসে পড়ল। সোনিয়াকে জানিয়ে এলেন ওই সাংবাদিক সম্মেলন ঠিক নয়। আমার দল আপনার মনোনীত প্রার্থীকেই সমর্থন করবে— এই রাজনৈতিক জাগলারি সকলেরই স্মরণে। তোহফাও এল যুক্তি-বিরুদ্ধ কেন্দ্রীয় অতিরিক্ত অর্থ বরাদ্দ। একই রাজনৈতিক বশীকরণের খেলা কেন্দ্র করেছে পাঞ্জাবের ক্ষেত্রেও।

বাংলার বিগত বছরে অভাবনীয় খতিয়ান নিয়ে তার আগে এই বঞ্চনা এবং বিমাতৃকসুলভ আচরণ নিয়ে বলার ক্ষেত্রে রাজ্যের বিরোধী দলগুলির প্রাসঙ্গিক ক্ষেত্রে নিখাদ নীরবতা বঙ্গবাসীদের সততাই ওই দলগুলির প্রতি বিস্ময় প্রকাশ করেছে। ঋণগ্রস্ত পশ্চিমবঙ্গ কেন্দ্রের কাছে ওই বিপুল পরিমাণ ঋণভার থেকে মুক্তির জন্য ধর্না দেয়নি। আত্মসম্মান নিয়েই কেন্দ্রের কাছে অনুরোধ রাখা হয়েছিল ৩ বছরের জন্য 'মরিটরিয়াম'। মমতা অন্তত ১২ বার প্রধানমন্ত্রী, অর্থমন্ত্রীর দ্বারস্থ হয়েছেন। কেন্দ্র কর্ণপাত করেনি। যৌথ পরিবার ভেঙে গেলে হাঁড়ি ভাগ হলে প্রতিবেশীর চাইতে বড় শত্রু হয়ে যায় একে-অপরে। দেউলিয়া হয়ে রাজ্য শাসনে অক্ষমতা জনিত বাধ্যতামূলক কারণে মমতার দল মাঝপথে বিদায় নিক এমনটাই প্রত্যাশা ছিল বামফ্রন্ট তদুপরি প্রদেশ কংগ্রেসের। গত প্রায় দু বছরে এই দলগুলির সহমতের ভিত্তিতে অনবরত সরকার নয়, মমতা বিরোধিতা লক্ষণীয়। যে সিপিএম পুঁথি অনুযায়ী কংগ্রেসের শত্রু ছিল, সেই বৈরিতা ভুলে ওরা আজ গলায় গলায়।

কেন্দ্রে কংগ্রাস নেতৃত্বাধীন সরকার। বিরোধী আসনে বামফ্রন্টের গুরুত্ব অসীম। যোজনা কমিশন তথা পরিকল্পনা মন্ত্রকের এমনতর পশ্চিমবঙ্গ বিরোধী আচরণে উচিত, ছিল না কি অন্তত বাংলার মানুষের মুখ চেয়ে এই তারতম্যমূলক আর্থিক বঞ্চনায় ওই দলগুলিও মুখর হয়ে প্রতিবাদ করতো? কৌন্দ্রীয় মন্ত্রিসভায় রাজ্যের দুই কংগ্রেসিও রয়েছে। রাজনৈতিক এক বঙ্গীয় স্বার্থ সৌভ্রাতৃত্বের সাম্যবাদী চেতনার প্রভাবে উচিত ছিল, না কি মমতার সঙ্গে সকলে মিলে এই আর্থিক বৈষম্য নিয়ে

প্রধানমন্ত্রীর কাছে দরবার করা? তদুপরি ৩ বছরের জন্য যে 'মরিটরিয়াম' চাওয়া হয়েছে তার জন্য কেন্দ্রের প্রতি যৌথ উদ্যোগে সওয়ালে শামিল হওয়া? ঋণের বিপুল পরিমাণ বোঝা রেখে সিপিএম সরকার চলে গেল। কই রাজ্যের প্রতি আর্থিক অন্তর্ঘাত নিয়ে দক্ষিণপন্থী রাজনৈতিক দলের কোথায় সমালোচনা পথসভা কিংবা জনজাগরণে বিক্ষোভ সমাবেশের এতটুকু লক্ষণও তো অদ্যাবধি দেখা গেল না? লড়াই বা যোজনা খাতে বরাদ্দ বন্টনের সাম্প্রতিক মাপকাঠি দাঁড়িয়েছে রাজনৈতিক আনুগত্য বা আনুকূল্য নিয়ে। ২০১৪ সালে লোকসভা নির্বাচন। সেই দিকে লক্ষ্য রেখে মসনদে ইউপিএ–৩ আসার উদগ্র বাসনায় এনডিএ এবং অন্যান্য অ-কংগ্রেসি সরকার আপাতত ভীষণ ব্যস্ত। যে সকল রাজ্য আর্থিক লাভের ফাঁদে পড়েছে তাদের অলিখিত প্রতিশ্রুতির নিরিখে ঢালাও পদ্ধতি-বিরুদ্ধ অর্থ বরাদ্দ হয়েছে। আশ্চর্যের কথা, এক বছরেরও কম সময়ে বিহার এবং উত্তরপ্রদেশ দু-দুবার আর্থিক ভেট পেয়েছে। ওড়িশাকেও একইভাবে ঢালাও মঞ্জুরি দিয়েছে। আর এত অল্প সময়ে পশ্চিমবঙ্গ সর্বভারতীয় নিরিখে যে অসামান্য কৃতিত্ব দেখিয়েছে সে ক্ষেত্রে 'ঢালাও' বিষয়টি বাদ দিয়ে কঠোর নিয়মের মূল্যায়নে অর্থ বরাদ্দ হয়েছে— পশ্চিমবঙ্গ তো এ সকল রাজ্যের মতো সুসন্তান নয়— তাই বলেই হয়তো এমনটি হতে পারে। এবার সর্বভারতীয় পরিসংখ্যানের প্রেক্ষিতে পশ্চিমবঙ্গের উৎকর্ষতামূলক গত দেড় বছরের খতিয়ানটি কী, ছোট্ট করে তা তুলে ধরা হচ্ছে :

	পশ্চিমবঙ্গের পরিসংখ্যান	কেন্দ্রীয় গড় অবস্থান
শিল্পে বিনিয়োগ—	৯ম	১৫তম
কৃষিক্ষেত্র—	৭ম	২০তম
স্বাস্থ্য—	৭ম	১৩তম
শিক্ষা—	৩য়	১৭তম

পঞ্চায়েত—১৯ বছরের কাজ এক বছরে সমাপন:

প্রশাসনিক প্রক্রিয়া— ২য়:১০ম

সামগ্রিক প্রেক্ষিত— ৬ষ্ঠ:১৭তম

১০০ দিনের কাজ— পশ্চিমবঙ্গ প্রথম

একদিনের শ্রমদিবস নষ্ট হয়নি

মাথাপিছু আয়— উত্তরপ্রদেশ,ওড়িশা, রাজস্থান, মধ্যপ্রদেশ, ঝাড়খণ্ড এবং বিহারের চেয়ে বেশি

রাজস্ব ঘাটতি— পশ্চিমবঙ্গ ১৭ হাজার কোটি টাকা, সে ক্ষেত্রে বিহার উদ্বৃত্ত থাকা সত্ত্বেও ওই বিহারকেই এবার ১২ হাজার কোটি টাকার বিশেষ প্যাকেজ বরাদ্দ হয়েছে।

অর্থ হস্তান্তর— পশ্চিমবঙ্গের ৩ গুণ বেশি পেয়েছে বিহার (৫.৭ : ১৮ শতাংশ)

রাজস্ব আয়— বিহারের রাজস্ব আয় দ্বিগুণ অথচ পশ্চিমবঙ্গ কিছু পেল না। বিহারকে ১২ হাজার কোটি টাকার প্যাকেজ ঘোষণা এবং ভারতে এই প্রথম অবৈতনিক প্রি-স্কুলের সূচনা পশ্চিমবঙ্গেই।

এই সারণি জাতীয় সমীক্ষা থেকে সংগৃহীত। এখন রাজ্যের এমন নগ্ন বঞ্চনা নিয়ে প্রদেশ কংগ্রেস তথা সমাজতন্ত্রী সিপিএম দল কী বলবে? ভারতের রাজ্যভিত্তিক এবং জাতীয় অর্থচিত্র, উন্নয়নধারা মূল্যায়নের বিস্তৃত পরিসংখ্যান নিশ্চয়ই প্রতিটি রাজনৈতিক দলের লাইব্রেরিতে আছে, প্রতিনিয়ত অবশ্যই সমীক্ষণ, সমালোচনা হয়। প্রাসঙ্গিক ক্ষেত্রে অন্যান্য অনেক রাজ্যের তুলনায় পশ্চিমবঙ্গকে বঞ্চিত করে রাখার প্রয়াসে কোনও দুর্ভাগা বঙ্গবাসী কি নিজের স্বার্থকে জলাঞ্জলি দিয়ে এভাবে চুপ করে থাকতে পারে? মমতা বন্দ্যোপাধ্যায় সঠিক বলেছেন— 'অন্য রাজ্য আর্থিক বরাদ্দ যা-ই পাক, তার সঙ্গে আমার মতভেদ নেই। কিন্তু যে নিরিখের আনুকূল্যে ওই সকল রাজ্যে প্যাকেজ বরাদ্দ হয়েছে, সে ক্ষেত্রে জাতীয় ভিত্তিতে এমন খতিয়ান প্রমাণ করেও পশ্চিমবঙ্গ কেন বঞ্চনার শিকার হবে?'

নির্বাচন-সর্বস্ব রাজনীতি আর মানুষের আস্থা, দুটির মধ্যে বিশাল ফারাক আছে। এই তত্ত্ব কথাটি রাজ্যের সবক'টি রাজনৈতিক দলকে স্মরণ করতে হবে। দলীয় স্বার্থের উপরেও যে মানুষ সে কথা নিয়ে নতুন করে বলার কিছু নেই। তা না হলে ৩৪ বছরের একটি শাসক গোষ্ঠিকে ওইভাবে মানুষ পরিত্যাগ করে না। আমরা এনডিএ, ইউপিএ, তৃতীয় শক্তি— এসব বুঝি না। কেন্দ্র যদি বাংলাকে বঞ্চনা করে আমরা শাসক এবং বিরোধীদের কর্তব্যপরায়ণতা এবং দায়বদ্ধতা নিয়ে প্রশ্ন তুলবই।

কেন্দ্রের বৈষম্য যদি বাস্তবে প্রমাণিত হয়, তাহলে রাজ্যের নির্বাচিত সাংসদ, বিধায়ক এবং রাজনৈতিক দলের নেতারা বসুন এবং কেন্দ্রের প্রতি চাপ সৃষ্টি করুন। আমরা পশ্চিমবঙ্গের উন্নয়নে রাজনৈতিক জাগলারিতে বিশ্বাসী নই। অন্যায়ের বিরুদ্ধে সর্তক প্রহরী হয়ে আছেন বাংলার সুশীল সমাজ, তাঁদের রাজনৈতিক যূপকাষ্ঠে চড়ানো অসম্ভব। সামনেই পঞ্চায়েত নির্বাচন, পুর নির্বাচন, লোকসভা নির্বাচন এবং আবার বিধানসভা নির্বাচন। বঙ্গবাসী স্মরণে নিশ্চয়ই রাখবে।

ইদানীং রাজ্যের অর্থনীতি, তার হালফিল অবস্থান ইত্যাদি নিয়ে রাজ্যের প্রাক্তন অর্থমন্ত্রীকে সাংবাদিক সম্মেলন করতে দেখা যাচ্ছে। সৎ উপদেশই তো দরকার। কিন্তু এমন সঙ্কটময় বাংলার অর্থনৈতিক হাল নিয়ে গত দু বছরে তাঁর কোনও বক্তব্য শোনা যায়নি। বামফ্রন্ট শাসনে তিনিই রাজ্যের অর্থনৈতিক উখান-পতন নিয়ে শেষকথা বলতেন। এমনকী তিনি কেন্দ্রীয় সরকারের কোনও এক কমিটির নেতৃত্বেও ছিলেন। সুজন শিক্ষক। অথচ যতদূর মনে পড়ে তিনিই প্রথম রাজ্য অর্থ বাজেটে শূন্য ঘাটতি দেখিয়ে চমক দিয়েছিলেন, যা পরে বাস্তব ক্ষেত্রে চরম বিভ্রান্তির সৃষ্টি করেছিল।

তার চেয়েও বেশি অন্যায় হয়েছে, ৩৪ বছর সরকার চালানোর আর্থিক বোঝার বিপুল পরিমাণ ঋণগ্রস্ততাকে বিদায়ী সরকারের জনসমক্ষে না আনা। এই গণদায়িত্ব বামফ্রন্ট তদর্থে সিপিএম এবং অর্থমন্ত্রী এড়াতে পারেন না। শাসক হওয়ার দায়বদ্ধতা এভাবে এড়িয়ে পরবর্তী সরকারের ঘাড়ে চাপিয়ে বিদায় নেওয়াটা সমীচীন হয়নি। আজ যে ঋণগ্রস্ততা নিয়ে বর্তমান মুখ্যমন্ত্রী কেন্দ্রের কোনও মানবিক সহযোগিতা পাচ্ছে না, তা নিয়ে অন্তত সিপিএম দলের কেন্দ্রে দরবার করাটা উচিত ছিল। যা বাস্তবে করা হয়নি। কেন্দ্রীয় বঞ্চনার রেকর্ড বাজিয়ে সাড়ে তিন দশক কাটিয়ে এভাবে বাংলার মানুষকে ফকির করার দায় তো এঁদের নিতেই হবে। রাজ্য কংগ্রেসও যদি এই অর্থ সঙ্কট নিয়ে কেন্দ্রে দরবার করত তাহলে হয়তো সোনিয়ার হস্তক্ষেপ আশা করা যেত। কিন্তু বাস্তবে দেখছি সবটাই রাজনৈতিক স্বার্থ-মুখী। যেজন্য বিহার, পাঞ্জাব, উত্তরপ্রদেশ, ওড়িশায় অর্থ-বর্ষণ হয় আর বাংলায় তখন খরা!!

মহারাজ এ কেমন সন্তানের প্রতি কঠিন বিচার!

স্বামী বিবেকানন্দের সমাজবাদের ধারণা মানুষের বেঁচে থাকার বলিষ্ঠ অধিকার

প্রতিদিন, শুক্রবার ১১ জানুয়ারি ২০১৩, ২৬ পৌষ ১৪১৯

মার্কসীয় প্রলেতারিয়েত তত্ত্ব নয়, দীনহীন অত্যাচারিত, নিরন্ন, অশিক্ষিত মানুষের জন্য সংগ্রামই ছিল সন্ন্যাসীর লক্ষ্য। তারই বিশ্লেষণে নীহার মজুমদার

'আমি একজন সমাজতন্ত্রী। এর সমর্থনে আমার ধারণা নিরন্ন থাকার চাইতে অর্ধেক রুটিই শ্রেয়। আমি সেই ধর্ম বা ঈশ্বরে বিশ্বাস করি না, যে নাকি বিধবার চোখের জল মুছতে পারে না বা অনাথ শিশুর মুখে এক টুকরো রুটি দিতে অক্ষম। গাঁয়ে গাঁয়ে যা, ঘরে ঘরে যা, লোকহিত জগতের কল্যাণের জন্য কিছু করে দেখা,— নিজে নরকে যাও-পরের মুক্তি হোক। আহা-দেশের লোক খেতে পড়তে পাচ্ছে না আর আমরা কোন প্রাণে মুখে অন্ন তুলছি! দেশের লোক দু'বেলা দু'মুঠো খেতে পায় না দেখে এক এক সময় মনে হয় ফেলে দিই তোর শাঁখ বাজানো ঘন্টা গড়া; ফেলে দিই তোর লেখা পড়া আর নিজে মুক্ত হওয়ার চেষ্টা। এরা দিনরাত খেটেও অশন-বসনের সংস্থান কিছু করতে পারছে না। দে— সকলে মিলে এদের চোখ খুলে দে। আমরা এদের অন্নবস্ত্রের বন্দোবস্ত যদি না করতে পারলুম তবে আর কি হল?'

আজ থেকে ১২৫ বছর আগে বৈদান্তিক সন্ন্যাসীপ্রবর স্বামী বিবেকানন্দ যা উপলব্ধি করেছিলেন তার সঙ্গে আরও ২৫ বছর যোগ করে কাল তাঁর সার্ধশত বৎসরের জন্মদিন। একদিন এই গেরুয়া গৃহত্যাগী যা বলেছিলেন তারপর দেশ স্বাধীন হয়ে তাও ৬৬ বছরে পা রাখতে চলেছি। কিন্তু রাজ্যশাসনে প্রজা প্রতিপালনে আত্মার পরিপূর্ণতায় অভিভাবকত্ব কিংবা রাজনৈতিক মেরুকরণে ভারত কেন তাঁর এই মাতৃভূমি পশ্চিমবঙ্গে লক্ষ লক্ষ মানুষের দু'বেলা অন্নসংস্থান, শিক্ষার অধিকার এবং ব্যক্তি ও পরিবারকেন্দ্রিক আর্থ-সামাজিক সমতাদানে তথা পিছিয়ে-পড়াবর্গকে সামনের সারিতে তুলে আনায় চরম ব্যর্থতা লক্ষণীয়।

স্বামীজি সমাজতন্ত্রের বিশ্লেষণে কখনওই লৌহ-শলাকা শাসনের কথা বলেননি। তিনি প্রহসনমূলক সর্বহারাদের একাধিপত্য শাসনকর্তৃত্বকে কখনওই সমাজতন্ত্র বলে মেনে নিতে পারেননি, বিশ্বাসও করতেন না। কোথায় দলীয় প্রেসিডিয়ামের রক্তচক্ষু আর কোথায় স্বামীজি কল্পিত জনগণের সরকার। দল যখন আধিপত্য নেয়, নাগরিকের স্বাধীনতা সেখানে ক্ষুণ্ণ হতে বাধ্য। এমন ফলিত অভিজ্ঞতার পথ পেরিয়ে পশ্চিমবঙ্গ এখন স্বামীজি বর্ণিত সমাজতন্ত্রের গবেষণা গৃহে, আগামীদিন যার সুফল ফলবে বলে অভিজ্ঞ রাজনৈতিক মহল আশাবাদী।

স্বল্পায়ু এই বিপ্লবী সন্ন্যাসী সমাজতন্ত্র বলতে দেশের প্রতিটি মানুষের বেঁচে থাকার বলিষ্ঠ অধিকারের কথা বলেছেন। একদল লোক অমানবিক পন্থায় দেশবাসীকে দলদাস করে দেশ শাসন করবে এমন কথা সমাজবাদ বা সাম্যবাদ কখনওই সমর্থন করে না। স্বামীজিরও তাতে ঘোর আপত্তি ছিল। তিনি মার্কসীয় প্রলেতারিয়েত ক্লাসের তত্ত্বকে গুরুত্ব না দিয়ে পূর্ণ স্বাধীনতার কথা বারবার স্মরণ করিয়েছেন। সতর্ক করেছিলেন তদানীন্তন ব্রিটিশ শাসকদের এবং স্বদেশমুক্তি পর

যাঁরা শাসনে আসবেন তাঁদেরও। তিনি বলেছেন, 'যাহারা সর্বপেক্ষা দীনহীন পদদলিত, তাদের দ্বারে সুখ স্বাচ্ছন্দ্য, নীতি ও ধর্মশিক্ষা বহন করিয়া লইয়া যাইবে, ইহাই আমার আকাঙ্ক্ষা এবং ব্রত। ইহা আমি সাধন করিব কিংবা মৃত্যুকে বরণ করিব। এই সকল পিছিয়ে–পড়া বঞ্চিতবর্গের আত্মার পূর্ণতত্ত্বের তাগিদে বারবার ধরাধামে আসিবে। দু'শো বার জন্মগ্রহণ করিব। আমি এই দীনহীন অত্যাচারিত নিরন্ন অশিক্ষিতদের জন্য সংগ্রামে প্রস্তুত। কেউ আমাকে স্তব্ধ করিয়া রাখিতে পারিবে না। একেই বলে বাস্তবোচিত সর্বহারার প্রতিনিধিত্ব।'

স্বামী বিবেকানন্দের ফলিত সমাজতান্ত্রিক যুক্তিবাদকে আন্তর্জাতিক কমিউনিস্ট তান্ত্রিকেরাও পূর্ণ সমর্থন জানিয়েছেন। গত শতাব্দীর শেষ দশকের গোড়ায় গণপ্রজাতান্ত্রিক সোভিয়েত রাশিয়ার মার্কসবাদ–লেনিনবাদের তান্ত্রিক মনীষী এবং ওরিয়েন্টাল স্টাডিজের বিভাগীয় প্রধান তথা বিজ্ঞান অ্যাকাডেমির প্রবীণ সদস্য এ এন কোমারভ সপ্রশংসচিত্তে বলেছেন : 'স্বামী বিবেকানন্দের সামাজিক ও রাজনৈতিক দর্শন ভারতের সমাজচিন্তা এবং স্বদেশমুক্তি আন্দোলনের সংগঠনে এক বিরাট ভূমিকা পালন করেছিল। বিশেষ করে বাংলা নবজাগরণে এই বেদান্তিক বিপ্লবীর ভূমিকা ছিল অপরিসীম। আমি বিলক্ষণ বিবেকানন্দ চরিত্র পরিক্রমায় দেখেছি। তিনি মনে করতেন ভারতের স্বাধীনতা এবং সর্বশ্রেণীর জনসাধারণের অর্থনৈতিক মুক্তি পরস্পর অঙ্গাঙ্গিভাবে যুক্ত— একই লক্ষ্যের দু'টি প্রকাশ। তাঁর অসাধারণত্ব হল, দেশের এবং আন্তর্জাতিক ক্ষেত্রে পিছিয়ে পড়া বিশাল জনজাতির প্রতি অগ্রাধিকারের ভিত্তিতে একক সংগ্রাম। সোভিয়েত রাশিয়ার জারতন্ত্র থেকে বেরিয়ে আসার ক্ষেত্রে স্বামী বিবেকানন্দের বই ও ভাষণগুচ্ছ রশিয়ার সাহিত্যকে সমৃদ্ধ করে প্রেরণা জুগিয়ে গিয়েছে।'

শিমুলিয়া থেকে শিকাগো— এই সুদীর্ঘ পথে তিনি বিস্ময়করভাবে মানুষের অধিকার নিয়ে যেভাবে ঔপনিবেশিক এবং ধনতান্ত্রিক রাষ্ট্রের বুকে দাঁড়িয়ে প্রত্যয়ের সঙ্গে আপসহীন সাবধানবাণী স্পষ্টতর করেছেন, যা অভিজ্ঞমহলের মতে বিশ্ব ইতিহাসে বিরলতম ব্যক্তিত্বের নিদর্শন। তিনি সোয়া শো বছর আগে থেকেই আমৃত্যু বলে গিয়েছেন, 'আমরাই ধন বলে, পেশী বলে অভিজাত্যের আনুকূল্যে, রাজনৈতিক নেতৃত্বের অপ-সুযোগ নিয়ে যারা অন্যকে চিরাব্রাত্য করে রাখার নেশায় আচ্ছন্ন হয়ে আছি, সেই 'হ্যাভস' কুল একদিন না একদিন নিপীড়িত বঞ্চিতের মিছিলে পদদলিত হতে বাধ্য।'

স্বামী বিবেকানন্দের জীবনদর্শনের সারকথা : 'আমি দরিদ্রদের জন্য, সাধারণ জনজাতির প্রবক্তা হইয়া আসিয়াছি। আমি জনসাধারণের ভাষাতেই কথা বলিব।' মহাবিপ্লবী হেমচন্দ্র ঘোষ-এর বক্তব্য : 'স্বামী বিবেকানন্দ যত বড় মহাপুরুষ হোন না কেন— বাংলার বিপ্লবীরা তাঁহাকে দেখিয়াছেন বন্ধুরূপে, পথদ্রষ্টা অগ্রজরূপে। তাঁহাকে বিপ্লবীরা পটে বসাইয়া, দেবতার আসনে স্থাপিত করিয়া, সকল কর্মের সঙ্গী করিয়া পথ চলিয়াছেন। তাই বিবেকানন্দ বিপ্লবীর রক্তের আত্মীয়, পথের বন্ধু, আদর্শ সাধনার শুরু, সর্বসময়ে তাঁহাদের নিকটতমজন— দূরের মানুষ নহেন।'

কেন্দ্রের মনে রাখা উচিত, পশ্চিমবঙ্গের স্বার্থ বাদ দিয়ে তিস্তা চুক্তি হতে পারে না

স্টেটসম্যান, ০৭/০৪/২০১৭

আগামী ৭ থেকে ১০ এপ্রিল বাংলাদেশের প্রধানমন্ত্রী শেখ হাসিনা সপারিষদ দিল্লিতে আসছেন। ভারত এবং বাংলাদেশের রাজনৈতিক মহল অধীর কৌতূহল নিয়ে অপেক্ষা করে আছে। বিষয় : তিস্তা জলবন্টন নিয়ে সমস্যা সমাধানের পথে প্রাক্কথন কতটা সফল হবে। বিশ্বস্ত মহলের খবর, সম্ভবত ২৫মে সেই বিতর্কিত চুক্তি সম্পাদনের আগে এই চারদিনের সফর   যেন 'কার্টেন রেইজার'। পশ্চিমবঙ্গের মুখ্যমন্ত্রীর গোচরে এখবর থাকলেও তিনি এ নিয়ে কোনও সরকারি বার্তা পাননি। তিস্তা নদীর জল পশ্চিমবঙ্গ ও বাংলাদেশের মধ্যে ভাগাভাগি নিয়ে 'অ্যাডহক অ্যারেঞ্জমেন্ট' চলছে সেই ১৯৮৩ সাল থেকে। ৩৪ বছর কেটে গেলেও স্থায়ী সমাধানে তেমন করে কেউ ব্রতী হয়নি, না রাজ্যের বামফ্রন্ট সরকার, না কেন্দ্রীয় সরকার।

যুক্তরাষ্ট্রীয় পরিকাঠামো কিংবা ভারতীয় সংবিধান অনুযায়ী, এ জাতীয় চুক্তির ক্ষেত্রে (বহিরাষ্ট্রীয় জনিত) সংশ্লিষ্ট রাজ্যের সম্মতি ভিন্ন কেন্দ্র কোনওরূপ চুক্তি বা সমঝোতা করতে পারে না। এ সম্পর্কে ভারতীয় সংবিধানের ২৫৩ ধারায় যা বলা আছে তা হুবহু তুলে ধরা হল : "India Government can enter into any transboundary river water-related treaty with a riparian state, the centre cannot do it 'arbitrarily' without taking into consideration the Social, Political and Economic impact of such a treaty in the catchment area." তাছাড়া জল আবশ্যিকভাবে রাজ্যতালিকাভুক্ত। এমতাবস্থায় যদি কেন্দ্র, পশ্চিমবঙ্গের যুক্তিকে নাকচ করে এককভাবে বাংলাদেশের সঙ্গে চুক্তিবদ্ধ হয়, তা হলে তা হবে যুক্তরাষ্ট্রীয় গণতান্ত্রিক ব্যবস্থাকে অস্বীকার করে একতান্ত্রিক শাসনব্যবস্থা লাঘুকরণের অন্যতম ইঙ্গিত। এখানেই মমতা বন্দ্যোপাধ্যায়ের ক্ষোভ, প্রতিবাদ এবং রাজ্যের সাংবিধানিক অধিকার প্রতিষ্ঠিত করার যুক্তিযুক্ত জেদ। তিস্তা নদীর উৎস হিমালয়ের পাহুড়ী বা তিস্তা খাংসে হিমবাহের ৭,০৬৮ মিটার উচ্চতা থেকে। তারপর জলধারা নেমে এসেছে সিকিম-উত্তরবঙ্গ-বাংলাদেশ হয়ে ব্রহ্মপুত্র ছুঁয়ে মিশেছে বঙ্গোপসাগরে। দৈর্ঘ্য ৪১৪ কিলোমিটার, যার মধ্যে রয়েছে সিকিম-এ ১৫০ কিমি, পশ্চিমবঙ্গে ১২৩ কিমি এবং বাংলাদেশে ১৪০+ কিমি। তিস্তা নদীর ক্যাচমেন্ট এরিয়ার মধ্যে ৮৩ শতাংশ পড়ছে ভারতে এবং বাকি ১৭ শতাংশ বাংলাদেশে। করতোয়া, আত্রেয়ী এবং পুনর্ভবা নদীগুলির ত্রয়ীস্রোত থেকে তিস্তা নামের উৎপত্তি।

বাংলাদেশ স্বাধীন হবার এক যুগ পরে ১৯৮৩ সালে তড়িঘড়ি করে চুক্তি হওয়া ভারত ও বাংলাদেশের মধ্যে দু'দেশে জলবন্টনের অনুপাত স্থির হয়, যার বলে ভারত অর্থাৎ পশ্চিমবঙ্গ পাবে ৩৯ শতাংশ এবং বাংলাদেশ পাবে ৩৬ শতাংশ তিস্তার জল। মমতা বন্দ্যোপাধ্যায় এই সাময়িক জোড়াতালি দেওয়া ব্যবস্থাকে কোনওদিনই মেনে নিতে পারেননি। ক্ষোভের কথা, তদানীন্তন রাজ্য সরকারের রাজ্যের স্বার্থের কথা মনে আসেনি বা তারা নির্লিপ্ত ছিল। ২০১১ সালের গোড়ায় যখন মমতা বন্দ্যোপাধ্যায়ের দল কেন্দ্রীয় জোট সরকারে ছিল, সে সময় কেন্দ্র চেষ্টা চালিয়েছিল পূর্ববর্তী অনুপাত পরিবর্তন করে দুই দেশের মধ্যে তিস্তা জলবন্টন ৪২.৫ :

৩৭.৫-এ স্থির করতে। এই অনুপাতও অবৈজ্ঞানিক ঠাউরে মমতা বন্দ্যোপাধ্যায় তাতে সম্মতি দেননি।

মুখ্যমন্ত্রী গোড়া থেকেই বলে আসছেন, রাজ্যের স্বার্থই তাঁর কাছে প্রধান এবং তা জলাঞ্জলি দিয়ে বাংলাদেশের সঙ্গে কোনওরকম জলচুক্তি হলে তিনি তাঁর দল এবং রাজ্য সরকার সরাসরি বিরোধিতা করবে। এ ব্যাপারে জোট সরকার তাঁকে আঁধারে রেখে চুক্তি সম্পাদনে অগ্রণী হয়েছিল। ঘটনা হল তৎকালীন প্রধানমন্ত্রী মনমোহন সিং-এর মমতা বন্দ্যোপাধ্যায়কে নিয়ে ২০১১ সালের প্রথম সপ্তাহে ঢাকায় গিয়ে তিস্তা চুক্তি সম্পন্ন করার কথা ছিল। মুখ্যমন্ত্রী রাজি ছিলেন। পরে ধরা পড়ে যাওয়া আসল খবর মুখ্যমন্ত্রীর গোচরে এলে হতবাক হয়ে তিনি ঢাকা যাত্রা শেষ মুহূর্তে বয়কট করেন। কারণ? সে সময় প্রধানমন্ত্রীর জাতীয় নিরাপত্তা উপদেষ্টা ছিলেন ঝানু ডিপ্লোম্যাট শিবশঙ্কর মেনন। তিনি ঢাকা যাত্রার কয়েকদিন আগে রাজ্যের মুখ্যমন্ত্রীর সঙ্গে মহাকরণে তিস্তা জলবন্টন নিয়ে খসড়া দেখাতে আসেন। সেক্ষেত্রে মমতা বন্দ্যোপাধ্যায় বাংলাদেশকে ২৩ হাজার কিউসেকের বদলে ২৫ হাজার কিউসেক জল ছাড়তে সম্মতি জানিয়েছিলেন। মেনন সাহেব পরে তা পাল্টে গোপনে উল্লিখিত কিউসেক জল ছাড়ার কথা মনে চেপে প্রধানমন্ত্রীকে সেই সংখ্যা বাড়িয়ে ৩৩ হাজার কিউসেক জল বাংলাদেশকে দেবার সম্মতিজ্ঞাপক চূড়ান্ত চুক্তি খসড়াটি তৈরি করে দেন। শেষ মুহূর্তে এই ইচ্ছেমতো বাড়ানো খসড়াটি মমতা বন্দ্যোপাধ্যায়ের গোচরে এলে তিনি যারপরনাই বিস্মিত হয়ে যান। কোথায় ২৫ হাজার আর কোথায় তা বেড়ে ৩৩ হাজার কিউসেক? তিনি ক্ষোভ চেপে রাখতে পারলেন না এবং প্রধানমন্ত্রীর সঙ্গে ঢাকা যাত্রা বাতিল করলেন। খসড়া অসত্য চুক্তি ঠান্ডা ঘরে চলে গেল। কী কাণ্ড!

ফেব্রুয়ারি ২০১৫-তে মুখ্যমন্ত্রী ঢাকায় গিয়ে বলে এসেছেন, 'আমার ওপর আস্থা রাখুন। কিছু একটা পজিটিভ হবেই।' ব্যক্তিগত জীবনে বাংলাদেশের প্রধানমন্ত্রী শেখ হাসিনা মমতা বন্দ্যোপাধ্যায়ের খুবই কাছের মানুষ। এটাই আশা। মুখ্যমন্ত্রীর ক্ষোভ, কেন্দ্র কখনই এ প্রসঙ্গে রাজ্যের কী হাল হতে পারে তা নিয়ে মোটেই ভাবিত নয়। জুন ২০১৫-তে তিনি প্রধানমন্ত্রী নরেন্দ্র মোদির সঙ্গে ঢাকা যান। কিন্তু আশ্চর্যজনকভাবে প্রধানমন্ত্রী এ ব্যাপারে খোঁজখবরও তাঁর কাছ থেকে নেননি। কিছু বলেনওনি। ফলতঃ মুখ্যমন্ত্রীও কোনও আগ্রহ দেখাতে রাজি নন। তিস্তাকেন্দ্রিক জলাভাব, প্লাবন সংশ্লিষ্ট বিশেষ করে কৃষি ও মাছ চাষ নির্ভর জনজাতির কোনও খোঁজ নেওয়ায় কেন্দ্রের অনাগ্রহ রয়েছে। উল্লিখিত অপ্রকাশিত চুক্তিটি অনুমোদিত হলে উত্তরবঙ্গের অন্তত পাঁচটি জেলা, যথা কোচবিহার, জলপাইগুড়ি, দক্ষিণ দিনাজপুর, উত্তর দিনাজপুর এবং দার্জিলিং কঠিন বিপর্যয়ের মুখে পড়ত। এমনিতেই এই জেলাগুলি এবং সংশ্লিষ্ট আশপাশের অঞ্চল পিছিয়ে পড়া এলাকা হিসেবে চিহ্নিত। তার ওপর চুক্তি বাস্তব রূপ পেলে পুরো উত্তরবঙ্গ রাজ্যের পক্ষে বোঝা হয়ে দাঁড়াত। শুখা মরশুমে একদিকে যেমন জলকষ্ট হতো, তেমনি ভরা বর্ষায় প্লাবনে ভেসে যেত দুই তীরের অগণিত এলাকার মানুষজন। এর সঙ্গে পরোক্ষ ভাবে জড়িত রয়েছে আরও ৫৪টি ছোটখাটো মাঝারি নদীসমূহ।

অক্টোবর ২০১৬-তে তিনি স্বরাষ্ট্রমন্ত্রী রাজনাথ সিং এবং বিদেশমন্ত্রী সুষমা স্বরাজকে প্রসঙ্গিক প্রশ্ন স্পষ্টভাষায় বলেন, বাংলাদেশকে তিস্তার জল দিয়ে আরও সাহায্যে আমিও সমানভাবে আগ্রহী। কিন্তু কেন্দ্রকে আগে বুঝতে হবে পশ্চিমবঙ্গের উত্তরাঞ্চলে জলের কী পরিস্থিতি। কীভাবে প্রাকৃতিক পরিবর্তনে জলধারা স্ফীত বা শুকিয়ে যায়। রাজ্যের কথা না ভেবে প্রতিবেশী রাষ্ট্রটির সঙ্গে কথা বলার বা আলোচনার আগে কোনওরকম বার্তালাপ নীতিবিরুদ্ধ। যুক্তরাষ্ট্রীয় ভারতবর্ষে তাই তো আইনত অনুসরণীয়।

তিনি আরও বলেছেন, এই সমস্যা সমাধানে সিকিমকে বেশ কিছু বাঁধ তৈরির প্রস্তাব দেওয়া হয়েছিল, যা কেন্দ্রের তত্ত্বাবধানে করার কথা। ওঁরা কানেই নেয়নি। তদুপরি ওই সিকিমেই অনেকগুলি জলবিদ্যুৎ কেন্দ্র আছে। বর্ষায় ড্যাম থেকে অতিরিক্ত জল ছাড়ায় যেমন উত্তরবঙ্গে কোথাও কোথাও বন্যা দেখা দেয়, জলপ্লাবন হয়, তেমনি শুখা মরশুমে হয় প্রচণ্ড জলাভাব। এসব নিয়ে কারও ভাবনা নেই, না আছে কেন্দ্রের পরিকল্পনা। এজন্য বহু আগে থেকেই করা উচিত ছিল: বন্যার মরশুমে অর্থাৎ বর্ষায় আপস্ত্রিমের জল ধরে রাখার ব্যবস্থা এবং জলকষ্টের গ্রীষ্মের মরশুমে সেই জলাধার থেকে জল ছেড়ে দেওয়া। কেন্দ্র অদ্যাবধি তা নিয়ে কিছুই করেনি। গত ৩৪ বছর ধরে শুধু তিস্তা তিস্তা করে এদেশে রাজনীতি চলছে, যা আজ একটি আন্তর্জাতিক সমস্যা হতে চলেছে। সৌভাগ্যের কথা, বাংলাদেশ এখনও পর্যন্ত সৌভ্রাতৃত্বের সম্পর্ক রেখে চলেছে। কিন্তু সমস্যার সমাধান না হলে, ওরা বিষয়টিকে আন্তর্জাতিক পর্যায়ে নিয়ে গেলে ভারত সরকারের বিড়ম্বনা সুনিশ্চিত।

ভুলে গেলে হবে না, ওই তিস্তা'র জলের ওপর নির্ভর করে আছে বাংলাদেশের ৫৪২৭টি গ্রাম, ৪টি নদীর গতিময়তা, ৫টি জেলার জীবিকা। ১৪ শতাংশ কৃষিনির্ভর এই তিস্তা'র জল। দেশের ৭.৩ শতাংশ অর্থাৎ প্রায় এক কোটি মানুষ এর ওপর নির্ভরশীল। ৬ এবং ৭ জুন ২০১৫-তে নরেন্দ্র মোদি বাংলাদেশ সফরকালে কথা দিয়ে এসেছিলেন যে তিস্তার জলবন্টনে সুরাহা করা হবে। ফেণী নদীর ক্ষেত্রেও তাই প্রতিশ্রুতি ছিল। কিন্তু ইতিমধ্যে তিস্তা ও ফেণী নদীর ওপর দিয়ে ১৮ সাল কেটে গেছে। কিন্তু কিছুই হয়নি। ইতিমধ্যে কেন্দ্র কি একবারও সময় পায়নি রাজ্যের মুখ্যমন্ত্রীর সঙ্গে আলোচনা বা পরামর্শ করার? বাংলাদেশ তো মিত্র রাষ্ট্র, তারজন্য কি কোনও ভাবনাচিন্তা নেই? প্রধানমন্ত্রী কি জানেন, বাংলাদেশে অ-মরশুমে অর্থাৎ ডিসেম্বর থেকে মার্চ পর্যন্ত সুকঠিন জলকষ্ট তৈরি হয়। শুখা মরশুমে তো জলের পরিমাণ ৫ হাজার কিউসেক থেকে ১ হাজার কিউসেকে দাঁড়ায়। পশ্চিমবঙ্গের ক্ষেত্রেও কিন্তু শুখা মরশুমে একই হাল। কেন্দ্রীয় সরকার বিষয়টিকে যত হালকা করে দেখছে বিষয়টা কিন্তু তত সহজ নয়। কারণ, তিস্তার জলবন্টনে বাংলার স্বার্থকে আগে পর্যালোচনা করা উচিত মুখ্যমন্ত্রীর সঙ্গে এবং তাঁরই সহমতের ভিত্তিতে সমাধানসূত্র বার করা উচিত যা বাংলাদেশ মেনে নেবে। দ্বিতীয়ত, কেন্দ্র যদি মনে করে পশ্চিমবঙ্গকে ধর্তব্যের মধ্যে না এনে, তাঁরা বাংলাদেশের সঙ্গে দ্বিপাক্ষিক চুক্তি করবে, তা শুধু অনুচিতই নয়, সংবিধানবিরোধীও। যুক্তরাষ্ট্রীয় ব্যবস্থায় যা হবে এক মারাত্মক ভুল সিদ্ধান্ত।

মমতা বন্দ্যোপাধ্যায় তাঁর ব্যক্তিগত বন্ধু তথা বাংলাদেশের প্রধানমন্ত্রীকে বারবার একই কথা বলেছেন, তাঁর ওপর আস্থা রাখতে। জলবন্টনে সমাধানসূত্র বার করায় তিনিও সমান আগ্রহী। কিন্তু সিদ্ধান্ত হবে পশ্চিমবাংলার স্বার্থকে বজায় রেখেই। তাঁরও এ ব্যাপারে নিশ্চয়ই পরিকল্পনা আছে। কিন্তু কেন্দ্র সেই ১৯৮৩ সাল থেকে বিষয়টিকে জিইয়ে রেখেছে অকারণে। তাঁরা একবারও এ নিয়ে মুখ্যমন্ত্রীর কাছ থেকে পরামর্শ নেয়নি, সবটাই অপকেন্দ্রিক ব্যাপার। যে রাজ্য হল এই সমস্যার মূল কেন্দ্রবিন্দু, তাকে বাদ দিয়ে কোনওমতেই সমর্থনযোগ্য নয়। এর জাজ্বল্যমান প্রমাণ ২০১১-তে তৎকালীন প্রধানমন্ত্রীর সঙ্গে মুখ্যমন্ত্রীর ঢাকা যাত্রা বাতিল। ভারতেরই মুখ পুড়েছিল। রহস্যের কথা তো আগেই উল্লেখিত হয়েছে। তারপরও ৬ বছর অতিক্রান্ত। কেন্দ্রে সরকার বদল হয়েছে। কিন্তু রাজ্যের প্রতি বিমাতৃসুলভ আচরণ একই আছে। মমতা বন্দ্যোপাধ্যায়ও দমবার পাত্রী নন। তিনি অপেক্ষা করছেন তাঁর রাজ্য বা তাঁকে বাদ দিয়ে কীভাবে কেন্দ্র একতরফা সিদ্ধান্ত নিয়ে চুক্তি করে তা দেখার জন্য। তিস্তার জলবন্টন নিয়ে সহমতের ভিত্তিতে সমাধানসূত্র বার করার জন্য তিনি প্রখ্যাত হাইড্রোলজিস্ট বা নদী জলাধার বিশেষজ্ঞ কল্যাণ রুদ্র-এর নেতৃত্বে

একটি কমিটি গঠন করেন ২০০৯ সালে। বিশেষজ্ঞ মহাশয় যা রিপোর্ট দেন (যা প্রকাশিত হয়নি) তাতে বলা আছে, ওই তিস্তা জলপথে মাঝে মাঝে জলাধার তৈরি করার কথা, যাতে সারাবছর জলের নাব্যতায় সাজুয্য রাখা যায় এবং জলবন্টনে সারাবছর একই ব্যবস্থা ধরে রাখা যায়। বন্যা, প্লাবন বা খরার সময় জলপ্রাপ্তিতে কোনও হেরফের হবে না। কেন্দ্রের কাছে এই রিপোর্ট আছে। কিন্তু অলৌকিক কারণে সে রিপোর্ট চেপে যাওয়া হয়। ছোট ছোট জলাধার নির্মাণে কেন্দ্রের বিস্ময়কর নির্লিপ্ততা লক্ষ্যণীয়। আট বছর হয়ে গেল। সেই প্রস্তাব কার্যকরী করা গেলে তিস্তার জলবন্টন সমাস্যাটি আজ আন্তঃরাষ্ট্রীয় সমস্যা হয়ে দঁড়াত না। সেই সঙ্গে শ্রীরুদ্র সম্ভবত গোপন রিপোর্টে জানিয়েছিলেন যে, ভারত (পশ্চিমবঙ্গ)-বাংলাদেশের মধ্যে তিস্তা জলবন্টন চুক্তিটির সমাধান সূত্র হওয়া উচিত : মনসুন বা বার্ষার মরশুমে ভারত ও বাংলাদেশ জলবন্টনের অনুপাত হওয়া উচিত ৬০ : ৪০ এবং শুখা মরশুমে ৭০ : ৩০, সংবাদসূত্রের খবর, অজানা কারণে সেই রিপোর্ট প্রকাশ্যে আসেনি এবং বাস্তবায়িত করায় কেন্দ্র অগ্রণী হয়নি। দেশের সংশ্লিষ্ট রাজ্যকে অন্ধকারে রেখে, বঞ্চনা ও দুর্দশার শিকার করে এ কেমন কেন্দ্রীয় বিমাতৃসুলভ ব্যবহার?

অজ্ঞাত কূটনৈতিক মহলের বক্তব্য বাংলাদেশও চুপ করে বসে নেই। শেখ হাসিনার ওপর নিজের দল আওয়ামি লিগ বাদেও কঠোর সমালোচনায় মুখর খালেদা জিয়ার বিএনপি দল, এরশাদ বাহিনী এবং সর্বোপরি মৌলবাদী জঙ্গি ভারতবিরোধী সংগঠন। চিনও পিছিয়ে নেই। ওরা বিষয়টা লক্ষ্য করছে এবং প্রয়োজনে ভারতকে বাদ দিয়ে তারাই জলের ব্যবস্থা করে এবং সে দেশ থেকে যে জলধারা ভারতে (উত্তর-পূর্ব) ঢুকেছে সেখানেও এক প্রশ্নবোধক চিহ্ন তুলে ধরার হুঁশিয়ারি দিয়ে রেখেছে। তিস্তা প্রসঙ্গ শিক্ষা দিচ্ছে, একটি সাধারণ সমস্যা কীভাবে ক্রমশ আন্তর্জাতিক রূপ নিতে পারে। শেখ হাসিনার অস্থিরতার কারণ, আগামী বছর বাংলাদেশে সাধারণ নির্বাচন এবং ভারতে লোকসভা নির্বাচন তার পরের বছর। মৌলবাদীরা চেষ্টা করছে এই ইস্যুটিকে সামনে রেখে একযোগে ভারত-বিরোধিতায় ঝাঁপিয়ে পড়তে এবং বিশ্বের মুসলিম দেশগুলিতে ভারতবিরোধী সমর্থন আদায় করে ভারত-বন্ধু আওয়ামি লিগকে পর্যুদস্ত করতে।

তিস্তা জলবন্টন চুক্তির ক্ষেত্রে সহজতর সমাধানসূত্র হল : পশ্চিমবাংলার মুখ্যমন্ত্রীর সঙ্গে প্রধানমন্ত্রী বা অন্য অনুমোদিত কেন্দ্রীয় মন্ত্রী বর্তমান সমস্যা নিয়ে মুখোমুখি বসে সমাধানসূত্র বার করুক, তারপরে বাংলাদেশকে নিয়ে সহমতের ভিত্তিতে ত্রিপাক্ষিক চুক্তি সাক্ষরিত হোক। সব পক্ষের সম্মিলনে কেন সমাধানসূত্র বের হবে না? কিন্তু তা না করে যদি সংবাদসূত্র অনুযায়ী কেন্দ্র আগামী ২৫মে পশ্চিমবাংলাকে তাচ্ছিল্য করে বা বাদ দিয়ে কোনওরূপ চুক্তি করে যা রাজ্যের পক্ষে ক্ষতিকারক হবে তাতে সংবিধানের ধারা তো লঙ্ঘন করাই হল, উপরন্তু পশ্চিমবঙ্গকে হেয় করা হবে, যার রাজনৈতিক প্রতিফলন ভয়ানক হয়ে উঠতে বাধ্য। এখানকার জনজাতি ওইরকম একতরফা স্বৈরাচারী সিদ্ধান্তকে চ্যালেঞ্জ জানাতে বাধ্য। এখানে রাষ্ট্রপতিরও হয়ত সদিচ্ছা প্রতিভাত হতে চলেছে। সাত থেকে দশ এপ্রিল শেখ হাসিনা দিল্লিতে থাকবেন। আট তারিখ রাষ্ট্রপতি প্রণব মুখোপাধ্যায় ওঁর সম্মানে রাষ্ট্রপতি ভবনে যে প্রীতিভোজের আয়োজন করেছেন, সেখানে মমতা বন্দ্যোপাধ্যায়ও বিশেষভাবে নিমন্ত্রিত। রাষ্ট্রপতি মহোদয় হয়তো এ নিয়ে নতুন কিছু ভাবনা ভাবছেন। যদি সকলের সম্মতিতে পরিবর্তিত খসড়া চুক্তি তৈরি হয় এবং আগামী ২৫মে সাক্ষরিত হয় তো মঙ্গল। মমতা বন্দ্যোপাধ্যায়ের উক্তিই শেষ কথা, রাজ্যের স্বার্থ বাদ দিয়ে তিস্তা চুক্তি হবে না।

মৃত্যুদণ্ডের ভীতি ও দ্রুত বিচারই কেবল ধর্ষণে যতি টানতে পারে

দৈনিক স্টেটসম্যান, কলকাতা শিলিগুড়ি ১৩ বৈশাখ ১৪২৫ শুক্রবার ২৭ এপ্রিল ২০১৮

জওহরলাল নেহরু বলেছিলেন, 'শিশুদের মুখে যদি হাসিই না ফোটাতে পারি, তাহলে কীসের অভিভাবকত্ব? ওদের সহজ সরল স্বতঃস্ফূর্ততা আর আনন্দময় মুখই হল আমাদের কাছে ঈশ্বরীয় আশীর্বাদ।' চৈতন্যচরিতামৃত মতে এরা ঈশ্বরের প্রতিনিধি। গৌতম বুদ্ধ বলেছেন, যারা শিশুদের ভালোবাসে না, তারা ঈশ্বরের শত্রু। বঙ্গীয় সমাজে আমরা শিশুকন্যা প্রায়-কিশোরীদের আবেগে 'মা' বলে সম্বোধন করে আসছি সেই অনন্তকাল ধরে। এদেশে এরা গৃহলক্ষ্মী, আলো করে রাখে বাড়িঘর এবং পরবর্তীকালে শ্বশুরালয়। এবার বেসুরো বেহাগের যবনিকা পরিবর্তন।

আসিফা বানু। বয়স ৮ বছর। গায়ের রং ল্যাকারমিশ্রিত কাঁচা হলুদ। যেন ইতালিয়ান মার্বেলের প্রায়-কিশোরী বালিকা। মেষপালন, ছাগল পালন ওর পরিবারের জীবিকা। নিবাস — ছোট্ট, ওদের কাঠুয়া উপজাতী গোষ্ঠীর বাবা মহম্মদ ইউসফ পুজওয়ালা, গ্রাম ও জেলা অখ্যাত কাঠুয়া বস্তি। সকলেরই জীবিকা পশুপালন। দরিদ্র সম্প্রদায় এই স্থানিয় উপদজাতি হিসাবে বলা হয় বখরিওয়ালা বা বখরোয়ালা। পরিচিত অর্থে ওই অঞ্চলটিকে বলা হয় রোশনাগাঁও, অবস্থান দক্ষিণ জম্মুর উপত্যকা।

অন্যান্য দিনের মতো ১২ এপ্রিল বৃহস্পতিবার পুতুল পুতুল আসিফা ওর আদরের পনিতে (ছোট্ট ঘোড়া) চড়ে ভেড়া চড়াতে সকালেই রোজকার মতো জঙ্গলে বেরিয়ে পড়ল। বড় বড় ঘাসের মধ্যে থেকে গোটা কয়েক ষণ্ডামার্কা লোক হা রে রে রে করে ওকে ঘিরে ধরে একরকম কোলে তুলে নিয়ে নিকটবর্তী পুরনো মন্দিরে ঢুকিয়ে নেয়। ওকে কড়া ঘুমের ওষুধ খাইয়ে এই পিশাচ গোষ্ঠী আসিফাকে বেহুঁশ করে পর পর পাঁচ দিন ওর ওপর নির্মম অত্যাচার চালায়। চলে অবিরাম ধর্ষণ। ছোট্ট মেয়েটি মারা যায়। তারপরও শেষবারের মতো বলাৎকার করে ১৭ এপ্রিল ওকে মন্দির লগোয়া এর ঝোপে রক্তাক্ত অবস্থায় ফেলে জরাসুরদল চলে যায়। ওর বাবা, মেয়ে না ফেরায় সংশ্লিষ্ট থানায় না গিয়ে বাড়িতে শোক পালন করছিল। পুলিশ পরে জেনে মৃতদেহটি উদ্ধার করে। জানা গেছে ওই পিশাচ দলে ছিল মোট ৮ জন। হিন্দু সম্প্রদায়ভুক্ত ৩ জন পুলিশ আধিকারিক, ১ জন ভারপ্রাপ্ত সরকারি অফিসার ও আরও ৪ জন পিশাচ। সন্দেহ, আরও শয়তান ছিল। কেউ কেউ গ্রেফতার হয়েছে। এমন নিষ্ঠুর পৈশাচিক ঘটনা মুহূর্তে সারা পৃথিবীতে ভাইরাল হয়ে গেছে। স্বদেশ নিন্দায় মুখর। জাতি-ধর্ম নির্বিশেষে কাশ্মীর উত্তাল। আইন-আদালত থেকে সর্বত্র ক্ষোভে ফেটে পড়েছে। চলেছে বেশি করে বিদেশে বিক্ষোভ। নির্ভয়া কাণ্ডের ঘা শুকাতে না শুকাতে আসিফাকে নৈবেদ্য দিয়ে আমরা 'আচ্ছে দিন' আনতে চলেছি।

ভারতের প্রধানমন্ত্রীর ব্যাখ্যার অপেক্ষা না করে রাষ্ট্রসংঘের মহাসচিবের নির্দেশে ইতিমধ্যেই একটি তদন্তকারী দল সরেজমিনে অনুসন্ধানে ভারতে এসে পৌঁছেছে। নির্ভয়া, নিঠারি কাণ্ড থেকে আমরা শিক্ষা নিইনি। তা না হলে কেন লাগাতার কিশোরী/বালিকারা ধর্ষিত হয়ে খুন হবে দ্রুত

এবং ধারাবাহিকভাবে। ২০১৬-তেই শিশুকন্যা ধর্ষিত হয়েছে প্রায় ২০ হাজার (১৯,৭৬৫)। পরিসংখ্যান অনুযায়ী ভারতে প্রতি ১৫৫ মিনিটে একজন করে ১৬ বছরের কিশোরী নিকটাত্মীয়া ধর্ষিতা হয়। অভিযুক্ত মালিক-সহকর্মী, অপরিচিতজন এবং পুলিশ। ৬ বছর পর্যন্ত মেয়েদের ১০ জনের মধ্যে ৪ জনই শিকার হয়। ৭ থেকে ১৭ বছর বয়সী ধর্ষিতার সংখ্যা ৪৩.৩ শতাংশ। 'পকসো' আইন ২০১৬ অনুযায়ী দিন-প্রতি দেশে ১০০টি ধর্ষণের মামলা রুজু হচ্ছে। এখন যার মোট সংখ্যা ৩৬.০২২। ২০১৫ সাল পর্যন্ত অভিযুক্তের সনাক্তিকরণ হয়েছে মাত্র ২৯ শতাংশ। বাকিরা আরামসে জন-অরণ্যে ঘুরে বেড়াচ্ছে।

সংশ্লিষ্ট কেন্দ্রীয় দপ্তর, গণসংগঠন, আন্তর্জাতিক সংস্থা এবং বেসরকারি সংগঠনগুলির সংযোজিত তথ্য ও সমীক্ষা অনুযায়ী অপ্রাপ্তবয়স্কা কন্যাদের ধর্ষণ ও খুনের ক্ষেত্রে বলা হয়েছে: এমন অপরাধ সংগঠিত হয় ৮.১ শতাংশ হারে, শুধু ধর্ষণ ৫৫ শতাংশ, যৌনাচার ৩৪ শতাংশ এবং অন্যান্য ৩ শতাংশ হারে। গত ৫ বছরে শিশুদের যৌন অত্যাচার দ্বিগুণ বৃদ্ধি পেয়েছে। যেখানে প্রথম তিনটি রাজ্য মধ্যপ্রদেশ, মহারাষ্ট্র ও উত্তরপ্রদেশ (২০১২-২০১৬)। ঐ সময়কালে অন্যান্য অভিযুক্ত রাজ্যগুলি যথাক্রমে সিকিম, মিজোরাম, মেঘালয়, অরুণাচল, কেরল, ছত্তিশগড়, ওড়িশা, ত্রিপুরা, গুজরাট, হিমাচলপ্রদেশ ও তেলেঙ্গানা তথা দিল্লি এনসিআর। যেখানে গড় জাতীয় অপরাধের হার ৮.১ শতাংশ, সেক্ষেত্রে সিকিম ৪৫.৩ শতাংশ, দিল্লি ইত্যাদি পরে। সরকারি দপ্তরে ২০১৬ সাল পর্যন্ত পড়ে থাকা অভিযোগের সংখ্যা ৯৩.৩৪৪টি। ২০১৬-তেই অভিযোগের মোট সংখ্যা ১৮,৮৬২টি, যা গড়ে দাঁড়ায় ৫০টিরও বেশি। ২০১৩-র সেই বিখ্যাত নির্ভয়া কাণ্ড থেকে আমরা এতটুকু শিক্ষা নিইনি। আরুষি মামলাও শেষ হয়নি। তেমনই নিঠারি কাণ্ড। ওই এক বছরেই মধ্যপ্রদেশ, মহারাষ্ট্র, উত্তরপ্রদেশ, তামিলনাড়ু মিলে শিশুদের ওপর যৌন অত্যাচারের অপরাধ মোট বৃদ্ধি পেয়ে দাঁড়িয়েছে ৮২ শতাংশ।

এবার সম্প্রতি ঘটে যাওয়া কিছু কিছু শিশু অত্যাচারের তথ্য পরিবেশন করছি। ১৮ জানুয়ারি হরিয়ানায় জিন্দ-এ একটি ১৫ বছরের কন্যাকে তিনদিন ধরে অত্যাচার করা হয়। ২১ জানুয়ারি পানিপথে একটি ১১ বছরের কিশোরীকে দুই দুষ্কৃতী মিলে শারীরিক অত্যাচার করে। এ মাসেই সুরাটে ১১ বছরের কিশোরীকে ৮ দিন ধরে ধর্ষণ। তাছাড়া অসমের ক্লাস ফাইভের কন্যাকে ধর্ষণ করে পুড়িয়ে মারা, আলিপুরদুয়ারে ১৬ বছরের মেয়েকে দুজন মিলে ধর্ষণ, উত্তরপ্রদেশের এটাওয়াতে বিয়েবাড়িতে এসে ৭ বছরের কন্যা ধর্ষিতা। গুজরাটের রাজকোটে একটি ১১ বছরের কিশোরীকে ধর্ষণ। অভিযুক্ত ৬ জন। ১১ ডিসেম্বর ২০১৭, হরিয়ানায় ৫ বছরের শিশু ধর্ষণ এবং খুন। গত বছর ৭ অক্টোবর দিল্লির বিকাশপুরীতে ১১ মাসের কচি শিশুকে এক শ্রমিক দ্বারা ধর্ষণ এবং মৃত্যু। এবছর ৩০ জানুয়ারি দিল্লিতে একটি ৮ মাসের শিশুকে ধর্ষণ ও মৃত্যু।

এরকম পৈশাচিক করুণ কাহিনি আরও আছে। তারই ধারাবাহিকতায় ধর্ষণ ও মৃত্যু হল আসিফার এবং পরপরই নাগপুরে মুমতাজ। এই পাপ কাজ চলতেই থাকবে এবং দ্রুত প্রসারমান গতিতে। ২০১২ সালে যেখানে যৌন অত্যাচার ছিল ৮,০০০ তা ২০১৬ সালে এসে দাঁড়িয়েছে ২০,০০০-এ এবং ওই ধারামতো এখন তা দাঁড়াবে আনুমানিক ২৫,০০০-এ। প্রসঙ্গত মুমতাজ নাম্নী ৪ বছরের কন্যাকে ৪৫ বছরের এক শ্রমিক এ বছর ১৪ ফেব্রুয়ারি ধর্ষণ করে খুন করে। স্মরণে রাখতে হবে, সর্বশেষ পরিসংখ্যান অনুযায়ী ভারতে ১ থেকে ১৬ বছরের কন্যাসন্তানের সংখ্যা ৭৫,৮৩৭,১৫২ এবং ওপরের বয়সীর সংখ্যা ৫১০,৬৩২,০২২। মেট শিশু-কিশোর-কিশোরীর সংখ্যা ৪০ শতাংশ।

এতে শীর্ষস্থানে উত্তরপ্রদেশ, বিহার এবং মহারাষ্ট্র। শতাংশ হিসাবে যথাক্রমে ১৯.২৭%, ১০.৫৫%, এবং ৮.১৫%। আর পশ্চিমবঙ্গের সংখ্যা ৬.৮০%। শিশু যৌন অত্যাচারে আশ্চর্যজনকভাবে মিজোরাম শীর্ষে। গত ৫ বছরে সেখানে ৫৬৮টি অভিযোগ লিপিবদ্ধ হয়েছে। গত ফেব্রুয়ারি ১৮- তে দিল্লিতে একটি ৮ মাসের শিশু জাতিকাকে তার বাবা ধর্ষণ করে মেরে ফেলে, তাও ভাইরাল হয়।

পরিসংখ্যান মতে গত ১০ বছরে (২০০৬-১৮,৯৬৭ থেকে ২০১৬-তে ১,০৬,৯৫৮) খুন-ধর্ষণ গড়ে বেড়েছে ৫০০ শতাংশ। ২০১৬-র শেষ পর্যন্ত শিশুকন্যা/কিশোরী হারিয়ে যাওয়ার সংখ্যা সরকারি মতে ৭০,৩৯৪। যৌন লালসায় দিল্লি সারা ভারতে ৪০ শতাংশে পৌঁছে শীর্ষে আছে। ১০ বছর পর্যন্ত প্রায়-কিশোরী একজন করে ধর্ষিতা হচ্ছে প্রতি ১৩ ঘন্টায়, আর ১১ বছরের উর্ধ্বে হলে প্রতি ৪৮ মিনিটে একটি মেয়ে লোলুপতার শিকার হচ্ছে। ২০১৫-এর সমীক্ষা অনুযায়ী ২৫ শতাংশ কিশোরী ধর্ষণের বলি হয়েছে কলকারখানার মালিক-মোড়লদের দ্বারা। ওই সময়কালে যৌনতার বলি ৮,৮০০। সার্বিকভাবে এর মধ্যে আছে নিকটজনও, যার শতাংশ-১০। ২০১৫-১৬ -র মধ্যে। এ ধর্ষিতার সংখ্যা বৃদ্ধি পেয়ে দাঁড়িয়েছে ১২,৭৮৬, গড়ে প্রতি ১৫ মিনিটে একটি বালিকা তথা ঘন্টায় ৪ জন। আর লাঞ্ছিত হচ্ছে প্রতি সেকেন্ডে একজন শিশু। ২০১১-র সুমারি অনুযায়ী এই শিকারে ধরা পড়ছে ১০.৩ শতাংশ শিশু শ্রমজীবী। প্রতিদিন সংবাদমাধ্যমে, সোশ্যাল মিডিয়ায় শিশু যৌন অত্যাচার খুন না থাকলে এদেশে সংবাদ পরিবেশন অসমাপ্ত থেকে যাচ্ছে। সর্বশেষ সংবাদ 'কাঠুয়া কাণ্ড' বিশ্ববাসীকে স্তম্ভিত করে দিয়েছে। জনরোষ লন্ডনে নরেন্দ্র মোদিকেও ছাড়েনি। রাষ্ট্রপতিকে প্রকাশ্যে নিন্দা করে বলতে হয়েছে বর্বরোচিত কাজ। সংশ্লিষ্ট কেন্দ্রীয় মন্ত্রী মানেকা গান্ধি বলতে বাধ্য হয়েছেন যে এমন কাণ্ডের পুনরাবৃত্তি আ না ঘটে সেজন্য সেই ২০১২ সালের জীর্ণ 'পকসো' আইন-এর দ্রুত বদল আনতে হবে। এজন্য ভারত সরকার সর্বোচ্চ সাজা প্রাণদণ্ডের ব্যবস্থা করেছে। সর্বশেষ সংবাদ অনুযায়ী অভিযুক্ত ৮ জন নররূপী হিংস্র পশুই ধরা পড়েছে। বিচার চলছে।

ইতিমধ্যে কেন্দ্রের দিকে না তাকিয়ে রাজস্থান এবং অরুণাচল প্রদেশ এজাতীয় ক্ষেত্রে সরাসরি প্রাণদণ্ডের আইন পাশ করেছে। শিশু-কিশোরী ধর্ষণ ও খুনের বিষয়ে ভারতীয় দণ্ডবিধিতে যে সকল আইনের ধারা আছে তাহল: ৩৫৪, ৩৭৬, ৩৭৭, ৫০৯। শাস্তি মোটামুটিভাবে ১২০ বছর জেল, সঙ্গে অর্থদণ্ড এবং সর্বোচ্চ ক্ষেত্রে প্রাণদণ্ডেরও ব্যবস্থা আছে। ভারতীয় আইনে এ প্রসঙ্গে এতই জটিলতা আছে যে, একটি প্রামাণ্য মামলাও দীর্ঘদিন ধরে চলে। পরিসংখ্যান অনুযায়ী স্বাধীনতা-উত্তর কালে এ পর্যন্ত ৩০ শতাংশ অভিযোগ সনাক্ত করা হয়েছে। এই ধীরগতি'র আইনি ব্যবস্থার জন্য শিশু-কিশোরীকে যৌন নির্যাতন বরং দ্রুত বৃদ্ধি পাচ্ছে, যা পূর্ববর্তী পরিসংখ্যানই প্রমাণ দিচ্ছে। আইনি ব্যবস্থা আরও সুদৃঢ় করে অপরাধীদের মধ্যে মৃত্যুদণ্ডের আশঙ্কা না ঢুকিয়ে দিতে পারলে এবং অল্প সময়ের মধ্যে রায়দান পর্ব শেষ করার পদ্ধতি চালু না হলে, পিশাচেরা এমনতর কাঠুয়া কাণ্ড আর তেমনভাবে ঘটাতে সাহস পাবে না। এ যাবৎ এদের হাত থেকে নিষ্কৃতি পায়নি দু'মাসের শিশু থেকে ৬৫ বছরের বৃদ্ধা পর্যন্ত।

এমনতর সামাজিক কলঙ্ক মোচনে প্রয়োজন সর্বক্ষেত্রে সামাজিক সচেতনতা শিক্ষা, বিশেষ করে সাবধানতামূলক যৌন ও গার্হস্থ্য শিক্ষা, সতর্কীকরণ শিক্ষা, অল্পবয়সী বিশেষ করে মেয়েদের মধ্যে যৌনচিত্র বা নীল ছবি দেখা নিষিদ্ধকরণ, কাউন্সেলিং, প্রয়োজনে যৌন অত্যাচার-নিবারক বিশেষ

আদালত কিংবা স্পেশাল ওমবাড়সম্যান, গণমাধ্যমের সাহায্যে সতর্কীকরণ শিক্ষা, বিদ্যালয় পাঠক্রমে আবশ্যিকভাবে সংযোজন, শিশু এবং অভিভাবকদের জন্য বিদ্যালয়ে/এলাকায় গণজাগরণ শিবির/ন্যূনতম প্রামাণ্য শাস্তি, প্রাণদণ্ড; যৌন হেনস্থায় আপসহীন 'জিরো টলারেন্স', ইত্যাদিতে সমস্ত রাজনৈতিক দল, বেসরকারি সমাজসেবী সংস্থা এবং সরকারকে অগ্রণী হতে হবে। এজন্য বিশেষ সেল–এর দ্রুত তৎপরতা এবং শাস্তি বিধান, দৃষ্টান্তমূলক তৎপরতা, ২০১২ সালের 'পকসো' আইনের পরিবর্তনসাধন, রাজ্যের স্বরাষ্ট্র দপ্তরের অধীন বিশষ নিরাপত্তাবাহিনীর সংযোজন, এন জি ও গুলির সরকারি আর্থিক সহায়তায় তৎপরতা বৃদ্ধি, পাড়ায় পাড়ায় ক্লাবসমূহের সক্রিয় ভূমিকা ও রক্ষীবাহিনী গঠন, বিশেষ করে বিদ্যালয়ে সিসিটিভি আবশ্যক করা, বিভিন্ন মেলা, যাত্রা, জমায়েতস্থলে রক্ষীবাহিনী ও সিসিটিভি প্রয়োগ।

ভারতের প্রায় ৭০ বছরের স্বাধীনতার পর অমানবিক 'কাঠুয়াকাণ্ড' সারা বিশ্বে এই প্রথম আলোড়ণ ফেলেছে। রাষ্ট্রসংঘও বিচলিত। জম্মু-কাশ্মীরে বিক্ষোভ চলেছে, ভারতের শিশুকল্যাণ স্বেচ্ছাসেবী সংস্থাগুলি বিক্ষোভ দেখাচ্ছে। সমাজসেবী সংস্থাগুলির মতে, কাঠুয়াকাণ্ড নজরে এসেছে বলে তা আজ সংবাদ শিরোনামে, যা অচিরে জনগণ ভুলে যাবে। যেমন নির্ভয়া কাণ্ড থেকে আমরা এতটুকু শিক্ষা নিইনি। সঙ্গে আছে নিঠারি ও আরুষি কাণ্ডও।

আত্মহত্যা: স্তব্ধ যৌবনের প্রশয়

সাপ্তাহিক বর্তমান,. ২৮ জুলাই. ২০১৮

শৈশবে বৃহস্পতিবার মা যখন লক্ষ্মীর পাঁচালি পড়তেন তখন শুনতাম 'আত্মহত্যা মহাপাপ নরকে গমন'। পরে বুঝতে শিখলাম কেন এই ছড়া কাটা। আত্মহত্যা কথাটা শুনলেই সকলেরই কেমন যেন প্রাণটা ছ্যাঁৎ করে ওঠে। অকালে যে কোনও কারণেই হোক, বিশেষ করে ১৬ থেকে ২৫ বছরের মধ্যে নবীন কিশোর-যৌবনের যদি আত্মঘাতীর দুঃসংবাদ মেলে। চিকিৎসা-বিজ্ঞানীদের মতে আত্মহত্যাকে মৃত্যুর দ্বিতীয় কারণ বলে আখ্যায়িত করা হয়। বয়ঃসন্ধিক্ষণের মৃত্যুর সারা পৃথিবীতে হার প্রায় ১০ হাজারে ১ জন। তার মধ্যে ১০ শতাংশ কিশোর আর ২০ শতাংশ কিশোরী। এদেশে বিশেষ করে পশ্চিমবঙ্গে বয়ঃসন্ধিক্ষণ থেকে যুব বয়স পর্যন্ত এটি এক ভয়ানক অজানা সমস্যা বিশেষ। বাবা-মায়ের উদ্বেগের শেষ নেই। গত বছরও পশ্চিমবঙ্গ বিদ্যার্থী আত্মহননে প্রথম স্থানে ছিল। কেন্দ্রীয় স্বরাষ্ট্রমন্ত্রকের রিপোর্ট অনুযায়ী এই মৃত্যুর হার ছিল প্রতি ২৪ ঘন্টায় ২৬ জন। ভাবা যায়? অর্থাৎ প্রতি এক ঘন্টায় গড়ে একজনের মৃত্যু। তবে ইদানীং চিত্রটা একটু স্বস্তিদায়ক হয়েছে। এখন আত্মহত্যার ক্ষেত্রে মহারাষ্ট্র প্রথম (১৪ শতাংশ), দ্বিতীয় পশ্চিমবঙ্গ (১১.৪৭ শতাংশ), তৃতীয় তামিলনাড়ু (৯.৮১ শতাংশ)। গত দু'বছরে সারা ভারতে বিদ্যার্থী আত্মহত্যা ছিল মোট ২৬,৪৭৬ জন। 'ব্লু হোয়েল সার্চ'-এ এখনও পশ্চিমবঙ্গ শীর্ষস্থানে। জেনে রাখা ভালো, যুব আত্মহত্যায় সারা পৃথিবীতে ভারত প্রথম স্থানে অবস্থান করছে। তবে সময় বদলাতে শুরু করেছে। পশ্চিমবঙ্গে এখন আত্মহত্যার হার দাঁড়িয়েছে ১০ শতাংশের মতো। যেখানে জাতীয় হার ১৫ শতাংশ।

সমাজ-বিজ্ঞানের ভাষায় বলা হয় উল্লিখিত সময়টা হল 'জীবন যুদ্ধের দুয়ার', যা এদেশের মতে ১৬ থেকে ২৫ বছরের সময়সীমা হলেও বিশ্ব স্বাস্থ্য সংস্থা এই সময়টা সীমাবদ্ধ রেখেছে ১০ বছর। পরমায়ুর এই সময়কালকে মনস্তত্ত্ববিদেরা আখ্যা দিয়েছেন, 'আইডেনটিটি ক্রাইসিস পিরিয়ড' বলে। এ হল সমস্যাসঙ্কুল জীবন সংগ্রামের সিংহদুয়ার পার হবার সময়— প্রশ্ন: শুভ-অশুভ-খ্যাতি-স্বীকৃতি-অপবাদ-অবক্ষয়িত হবার দেদার লোভ সামাজিক সম্মান প্রতিষ্ঠিত হবার মতো নানান প্রসঙ্গকে কঠিনতম সিদ্ধান্ত নেওয়ার চূড়ান্ত প্রস্তুতি গ্রহণের সময়। সতর্ক না হলে এই বয়ঃসন্ধিক্ষণে পা পিছলাবার সম্ভবনাই বেশি। হয় দৃঢ় সঙ্কল্পিত হয়ে এগোও, আর অধ্যবসায় না থাকলে নিম্নমুখী হও, আত্মহত্যা যার শেষ কথা। স্বাভাবিক ব্যাধির কারণ মৃত্যু নয় বলে, সুইসাইডকে সেকেন্ডে স্টেজ অব ডেথ বলা হয়। এজন্য প্রচলিত হিন্দু লক্ষ্মী-পাঁচালিতে সাবধান করে সতর্ক করা হয়েছে— 'আত্মহত্যা মহাপাপ নরকে গমন', কিন্তু তাতেও হতাশাগ্রস্ত আত্মহত্যাকামীদের অদ্যাবধি দমানো যায়নি।

আত্মহত্যাপ্রবণ বয়ঃসন্ধিক্ষণ থেকে যুবা বয়স পর্যন্ত মৃত্যুর হারে পৃথিবীতে ভারতের স্থান শীর্ষে এবং দেশের প্রথম তিনটি শহরের মধ্যে কলকাতাও আছে। 'হু'র রিপোর্ট অনুযায়ী কয়েক বছর আগে পর্যন্ত কলকাতায় আত্মহত্যার স্থান ছিল শীর্ষে। রিপোর্টে আরও উল্লেখ করা হয়েছে, এদেশে

প্রতি বছর আত্মঘাতীর সংখ্যা প্রায় এক লাখ এবং প্রতি ৪০ সেকেন্ডে এমন মৃত্যু হয় একজনের। এশিয়ার ১০টি দেশের মধ্যে ভারত প্রথমে। প্রতি ঘন্টায় ১ জন ছাত্র/ছাত্রী অকালে চলে যাচ্ছে। সাম্প্রতিক কিশোরের অকাল মৃত্যুদূত 'ব্লু হোয়েল সার্চ'-এ সারা পৃথিবীতে কলকাতা প্রথম, ভারত তৃতীয় দেশ। দেশে প্রতি ঘন্টায় আত্মহত্যাজনিত মৃত্যুর হার ১৫ শতাংশ প্রতি ঘন্টায়। বিশ্ব সংস্থা'র সর্বশেষ সমীক্ষা অনুযায়ী পশ্চিমবঙ্গে আত্মঘাতী হওয়ার হার ১৫.৫ শতাংশ। যেখানে জাতীয় গড় ১০.৬ শতাংশ। ওই সময় পশ্চিমবঙ্গে মৃত্যুর এক বছরে সংখ্যা ছিল ১৪.৩১০ আর কলকাতায় ছিল ৩৬০ জন, যার মধ্যে ১৫–২৫ বছরের আত্মঘাতী ছিল ৭৪ শতাংশ! ছাত্র/ছাত্রী আত্মঘাতী প্রতি ঘন্টায় ২৬ জন। ২০০৭–২০১৬–তে এদের সংখ্যা ছিল ৭৫ হাজার। আসানসোল ছিল শীর্ষে।

কলকাতা'র মেট্রো পাতালপথে মৃত্যুর হার ৮০ শতাংশ যার মধ্যে এগিয়ে রবীন্দ্র সরোবর স্টেশন। কলকাতা মহানগরীতে আত্মহত্যাকারীদের গড়ে বয়ঃসীমা ১৫ থেকে ৪০ বছর, যার মধ্যে পুরুষ ২৮ শতাংশ, মহিলা ৭২ শতাংশ, স্নাতক ৪২ শতাংশ। স্নাতকোত্তর ৫৬ শতাংশ আর শহুরে মানুষের মৃত্যুর হারও ৫৬ শতাংশই। প্রাথমিক স্তর পাশ করা ২ শতাংশ, মাধ্যমিক ২৪ শতাংশ, বেকার ১৪ শতাংশ, চাকুরিরত/ব্যবসায়ী ২০ শতাংশ, গৃহবধূ ২০ শতাংশ, ধর্ষণের বলি ৩৮ শতাংশ। শহুরে ৫৬ শতাংশ, মফঃসল ৪০ শতাংশ এবং গ্রাম্য এলাকায় ৪ শতাংশ, তাও মূলত চাষি সম্প্রদায়।

কলকাতায় আত্মঘাতী–চিত্রটি ভয়াবহ। মহিলাদের মৃত্যুসংখ্যা পুরুষদের চাইতে ৪ গুণ বেশি, দাম্পত্য কলহে বিশেষ করে মহিলাদের মৃত্যুর হার ৪৮ শতাংশ, পুরুষ ২৬ শতাংশ, আত্মহননে উদ্যোগী ছাত্র ৪২ শতাংশ, সম্পর্ক–সমস্যায় ৫৩ শতাংশ, হতাশা ৪৭ শতাংশ, ব্যাধিযন্ত্রণা ১৮ শতাংশ, বিষ খেয়ে আত্মহত্যা ৭১ শতাংশ, ফাঁসি ২০ শতাংশ, অপরাধ–প্রবণতাজনিত ২১ শতাংশ, প্রেমে ব্যর্থতা ৩০ শতাংশ, আর্থিক অনটন ৪৬ শতাংশ, আত্মহত্যা–প্রবণতায় বিদ্যার্থীর হার নিয়ে কলকাতাসহ সারা দেশে এক কঠিনতম সমস্যা বিশেষ। তাছাড়া অবসাদজনিতের হার এবং মানসিক ব্যাধিজনিত মৃত্যুও প্রায় ৫০ শতাংশ। ফাঁস দিয়ে মৃত্যু ২০ শতাংশ, সঙ্গে রয়েছে একই হারে হাতের শিরা কাটাজনিত আত্মহত্যা। এই শহরে একাকিত্বজনিত আত্মঘাতীর হার ১৭ শতাংশ, অনিদ্রা ১৭ শতাংশ। উচ্চশিক্ষায় এবং সাম্মানিক পেশাগত পরীক্ষায় ব্যর্থতাজনিত ছাত্র/ছাত্রীদের আত্মহত্যার হার ৯৩ শতাংশ, উচ্চাকাঙ্খায় ব্যর্থতা ৮৭ শতাংশ। সাধারণ পরীক্ষায় ফেল ৪৪ শতাংশ, ক্লাসে অনুপস্থিতিজনিত কারণে আত্মহনন ৩৫ শতাংশ, ৬ শতাংশ মানুষ জানে না কেন সে আত্মহত্যা করছে। আর কিশোর/কিশোরীদের মধ্যে বেশিরভাগ ক্ষেত্রেই আত্মহত্যাপ্রবণে উৎসাহিত হয় আড্ডা, কুসঙ্গ এবং টিভি দেখে, যার ৮২.৯ শতাংশ যৌন সমস্যা ১৭ শতাংশ এইচআইভি ৯ শতাংশ, কুমারী অবস্থায় সন্তানসম্ভবা ১৯ শতাংশ।

এছাড়া কলকাতাকে অন্য যে সকল কারণে আত্মহত্যার অনুপাত বৃদ্ধি করেছে, তার মধ্যে আছে ড্রাগের নেশা, কৈশোর থেকে অতিরিক্ত মদ্যপানপ্রবণতা, নিজেকে ব্রাত্য মনে করা, হীনমন্যতায় ভোগা, বিবাহ–বিচ্ছেদ, পারিবারিক নিত্যনৈমিত্তিক অশান্তি। যৌনবিকৃতি অপরাধমনস্কতার পরিণতি, ঘৃণাভাব, নিজেকে তুলনামূলকভাবে নীচস্থ এবং অসুখী ভাবা, আলস্য, দীর্ঘ ব্যাধিগ্রস্ততা, পৃথিবী ছেড়ে মুক্তি পাবার জন্য পলায়ন মনোবৃত্তি, অহেতুক অপরাধী চিহ্নিত হওয়া, সন্দেহবাতিক, পৌনঃপৌনিক ব্যাধির সংক্রমণ, উচ্চাশার ঝোঁক, চাকুরিস্থলে মানিয়ে নিতে না পারা,

স্কুল পড়ুয়ার নিয়মিক ব্যঙ্গ টীকা-টিপ্পনীর শিকার, প্রিয়জনের মৃত্যু, বংশগত ধারা, র‍্যাগিং, ঋণ পরিশোধ করতে না পারা, পণের শিকার, বিবাহ বহির্ভূত সম্পর্ক, বিকলাঙ্গ হয়ে পড়া, অশুভ সম্পর্ক ধরা পড়ে যাওয়া সহ নিত্যনতুন কারণ সংযোজিত হচ্ছে। সাম্প্রতিক সমীক্ষায় প্রমাণিত হয়েছে, কিশোর বেলায় অপরিণত আবেগ বশে আত্মঘাতী হওয়ার শীর্ষে আছে অবসাদগ্রস্ততা, বিশেষ করে বিদ্যার্থীদের ক্ষেত্রে। যত বেশি সর্বভারতীয় উচ্চপেশাগত পঠন-পাঠনে উত্তীর্ণ হওয়ার প্রতিযোগিতা হবে, ততই মেধাদ্বন্দ্ব যৌবন জড়িয়ে পড়ে মানসিকভাবে পিছিয়ে-পড়াদের ব্যর্থতার আশঙ্কা বৃদ্ধি পাবে এবং পরিণতি শুভবার্তা নিয়ে আসছে না। এর পেছনে মানসিক চাপে অভিভাবকদের দায়িত্ব অনেকটাই। তাঁদের বুঝবার সময় এসেছে সকলেই ফার্স্ট হয় না কিংবা কেউ না হোক তাঁদের সন্তান কেন উচ্চ বৃত্তিমূলক প্রতিযোগিতায় প্রথম সারিতে আসবে না! বাইরের থেকে বাড়ির চাপ আরও ভয়ঙ্কর। এক্ষেত্রে অভিভাবকেরা বাস্তবমুখী চেতনাসম্পন্ন হয়ে মেধা'র বিষয়টা সন্তানদের প্রেরণা জোগাক এটিই হওয়া বাঞ্ছনীয়। প্রথম হওয়ার জন্য ধারাবাহিকভাবে সন্তানের মানসিক চাপ বাড়ানো থেকে বিরত থাকা উচিত। সমীক্ষার দ্বিতীয় পর্যায়ে আছে বিশেষ করে টিভি'র দৌলতে প্রেম-প্রণয় প্রস্তাবে অবাস্তব অগ্রণীভাবের পরিণতি এবং সচ্ছল পরিবারের সন্তানদের সর্বাধুনিক 'মল' কালচার–এর আলেয়া-আহ্বান। বাকি কারণগুলি সংবাদ মাধ্যমই প্রতিদিন জানিয়ে আসছে। আর এখন তো রেল লাইন বা ফ্যানের দরকার পড়ে না, এসেছে আত্মহত্যার জন্য বহুবিধ সহজতর উপায় ও উপাদান।

স্মরণে রাখতে হবে আত্মঘাতী হওয়াটা পাঁজি ধরে হয় না, মনোচিকিৎসার পর্যালোচনায় প্রমাণিত হয়েছে, আত্মহত্যার সিদ্ধান্তে 'তাৎক্ষণিক' মৃত্যুবরণ চিন্তা আসে ৮৩ শতাংশ ক্ষেত্রে আর পরিকল্পনা করে ব্যবস্থা নেওয়া হয় ১৭ শতাংশ ক্ষেত্রে। মনোবিজ্ঞান বলছে আত্মহত্যাকারীদের ওই পথ বেছে নেওয়ার বিষয়টি সংশ্লিষ্ট পরিবারের অভিভাবকদের, বিশেষ করে মায়েদের কাছে কিঞ্চিৎ হলেও সন্দেহ থাকে যা আসন্ন মৃত্যুপথযাত্রী এড়িয়ে যায়। এই সকল আত্মঘাতীদের গড় বয়ঃসীমা ১৭ থেকে ৩০ বছর। আবার ৪৪ থেকে ৬০ বছরের আত্মহত্যাকারীদের মৃত্যুর কারণ বিপরীত এবং ভিন্নধর্মী— যাতে ব্যাধি, আর্থিক, বৈবাহিক এবং তৃতীয় সম্পর্ক তথা নেশাগ্রস্ততাই প্রধান।

সবচেয়ে গুরুত্বপূর্ণ বিষয় হল সারা পৃথিবীতে প্রতি মুহূর্তে এত আত্মহত্যার কাণ্ড ঘটছে অথচ আজ পর্যন্ত এই মারণব্যাধির কোনও ওষুধ বের হয়নি। হয়নি কোনও সর্বসম্মত আত্মহনন-বিরোধী সিদ্ধান্ত। এ নিয়ে মনোবৈজ্ঞানিকদের পরীক্ষা-নিরীক্ষা-চর্চা চলেছে। সাধারণত কারণ দেখিয়ে তো কেউ আত্মঘাতী হয় না এবং মৃত্যু-ক্রিয়াটি অত্যন্ত গোপন সিদ্ধান্ত বলে, রোখাও যায় না। বিভিন্ন সংশ্লিষ্ট ক্ষেত্রে আন্তর্জাতিক সংগঠন, বেসরকারি সমাজসেবামূলক সংস্থা, মানসিক রোগের হাসপাতাল তথা চিকিৎসকদের সঙ্গে যোগাযোগে আত্মহত্যা যে সকল বহুমুখী কারণগুলি জানা গিয়েছে তা তুলে ধরা হল। তবে এখানেই শেষ নয়, এখনও প্রতিরোধী ব্যবস্থা গ্রহণের চর্চা চলছে। তবে বিশ্ব বিশ্রুত চিকিৎসা-বিজ্ঞানীদের মতে, সারা পৃথিবীতেই যত বেশি আর্থ-সামাজিক জটিলতা বাড়বে, উন্নত ও অনুন্নত রাষ্ট্রগুলির ব্যবধান বৃদ্ধি হবে এবং সর্বক্ষেত্রে যতবেশি অর্থনীতিভিত্তিক প্রতিযোগিতা বাড়বে, আত্মহনন ততই উৎসাহিত হবে।

কতিপয় সমাধানসূত্র: বে-সরকারি সমাজকল্যাণকর সংগঠনের অগ্রণীভাব, সঙ্গে স্থানীয় সংগঠন এবং যৌথ উদ্যোগ, প্রান্তিক এলাকাতেও সরকারি উদ্যোগ ও পরামর্শদান, ক্রাইসিস ম্যানেজমেন্ট

গ্রুপ, পরামর্শদানে সরকারি ও বেসরকারি হাসপাতালে বিনা ব্যয়ে পরামর্শ ও চিকিৎসা, জীবনীশক্তি উদ্ধারণে রোগী ও সাধারণ মানুষের কাউন্সেলিং বা পরামর্শদান, সন্দেহের ক্ষেত্রে দ্রুত চিকিৎসারম্ভ কিংবা দাতব্য চিকিৎসালয়ের সাহায্যগ্রহণ, প্রাণায়াম ও যোগ-সাধনায় সমাজবিদদের সক্রিয়ভাবে অংশগ্রহণ, ড্রাগ অ্যান্ড টক থেরাপি— এমনকী দূরভাষেও চিকিৎসাক্রম, সামারিটানদের দায়িত্ব নেওয়া গণমাধ্যমে সরকারি ও সমাজসেবী সংস্থাগুলির অবিরাম গণজাগরণের প্রচার, অতিরিক্ত ওষুধ না খাওয়া, নেশা নিরাময়ে সত্বর ব্যবস্থা গ্রহণ, ছাদ উন্মুক্ত না রাখা, বারান্দার রেলিং উঁচু করা, রেল লাইনে কোনও ফাঁকফোকর না রাখা, যাতে কেউ আত্মঘাতী না হয়, এলাকাভিত্তিক ক্রাইসিস ম্যানেজমেন্ট সেন্টার, বন্ধুসঙ্গকে নজরে রাখা, সম্ভাব্য রোগীর মধ্যে আস্থা আনায় যথাযথ ব্যবস্থা নেওয়া, বাড়িতে অস্ত্রশস্ত্র বা মারণ যন্ত্র না রাখা, স্কুল-কলেজ, অট্টালিকা হাসপাতাল ইত্যাদিতে প্রশিক্ষিত দ্বাররক্ষী রাখা এবং সন্দেহভাজনদের প্রবেশ নিষিদ্ধ। বেশি রাতে বাড়ি না ফেরা, মুঠোফোন সচল রাখা। আত্মহত্যার 'শূন্যফল ও প্রাণদান' নিয়ে কিশোর ও যুবগোষ্ঠীদের জন্য ঘন ঘন প্রশিক্ষণ শিবির, বাড়িতে খোলামেলা পরিবেশ রাখা এবং সন্তানদের 'মুখচোরা ভাব' ভেঙে দেওয়া, বিশেষ করে বিদ্যালয়স্তরে এই বিষয়ে আবশ্যিক পাঠগ্রহণ, চোখে চোখে রাখা, বাড়িতে এ বিষয়ের ভয়াবহতা নিয়ে মাঝে মধ্যেই মুক্ত আলোচনা এবং পরিণতি নিয়ে সচেতন হবার আহ্বান, সাইকোথেরাপি এবং ইলেক্ট্রো কনভালসিভ থেরাপি, কোনও আত্মহত্যা'র ঘটনা ঘটলে তা নিয়ে বাড়িতে বা বন্ধুবান্ধব মহলে আলোচনা নিষিদ্ধ। আত্মহত্যা সম্পর্কিত কোনও সিনেমা বা টিভি চ্যানেল অবশ্যই বর্জনীয় ও সৎ-সঙ্গের প্রয়োজনীয়তা ইত্যাদি। প্রসঙ্গত লক্ষ্য রাখতে হবে, হঠাৎ করে কেউ যেন অস্বাভাবিক ব্যতিক্রমী আচরণ না করে, খিটখিটে ভাবের উন্মেষ না ঘটে। সন্দেহের তালিকাভুক্তদের ডায়েরি খাতা টেলিফোন ডাইরেক্টরি মোবাইল ইত্যাদির প্রতি নজর রাখা, অভিভাবকদের যতটা সম্ভব নজর রাখা, অবশ্যই সন্দেহভাজনের অজান্তে, প্রেম-প্রণয়ে অপরপক্ষের চরিত্র ও আচরণে লক্ষ্য রাখা।

সুইসাইড বা আত্মহত্যার ব্যাখ্যায় বিশ্ব সংস্থার প্রতিবেদন হুবহু ইংরাজিটাই তুলে ধরা হল : 'Suicide' is the result of actions taken to deal with intolerable mental anguish and pain, fear or despair that overwhelms an individual's value for living and hope in life."

আত্মহত্যার বিরুদ্ধে হাজার বছর আগেও বহু সতর্কবাণী প্রচারিত হত। যেমন লক্ষ্মীর পাঁচালিতে বলা আছে— 'আত্মহত্যা মহাপাপ, নরকে গমন।' আর ভারতীয় সংবিধানে আত্মহত্যাকে বে-আইনি মানবতা বিরোধী বলে আখ্যায়িত করা হয়েছে। সংবিধনের ৩০৯ ধারায় স্পষ্ট করে উল্লেখ করা হয়েছে : আত্মহননে কেউ উদ্যোগী হয়ে ধরা পড়লে ইন্ডিয়ান পেনাল কোডের উক্ত ধারায় অর্থদণ্ডসহ ন্যূনতম এক বছরের কারাবাস নিশ্চিত।

'জীবন অমূল্য, যারা ভীতু, অকর্মণ্য, অলস এবং নিরাশবাদী সেই সকল কিশোর-যুবা এবং পরিণত বয়স্করা আত্মহত্যায় উদ্যোগী হয়ে নিজেদের অপদার্থতাকে প্রমাণ করে'— বাংলা প্রবচন।

বাংলাদেশ ক্রমেই স্বর্গরাজ্য হয়ে উঠছে ইসলামিক সন্ত্রাসবাদীদের

দৈনিক স্টেটসম্যান, বর্ষ ১৩ সংখ্যা ৪৪৫০

গত ২৫ মার্চ সিলেটে জঙ্গিহানায় চারজন নিহত হয়েছে। এখনও অশান্ত সিলেট, তার আগে ১৬ থেকে ১৮ মার্চ সংঘর্ষে বেশ কিছু জঙ্গি মারা যায়। নিহত ও আহত স্বল্প সংখ্যক বাংলাদেশি। সম্প্রতি লন্ডনের বুকে জঙ্গিহানায় সারা বিশ্ব স্তব্ধ। তার আগে ঘটেছে ফ্রান্স, মেক্সিকো এবং সিরিয়ায় আফগানিস্তানে এবং কিছুকাল আগে নিউইয়র্ক, তারও আগে মুম্বাইতে। জঙ্গি, সন্ত্রাসবাদী বা ধর্মীয় মৌলবাদীরা সব দেশকে ছাপিয়ে স্থায়ী আস্তানা গেড়ে সক্রিয় রয়েছে বাংলাদেশে। ২০১৬ সালের পয়লা জুলাইয়ের মধ্যরাতে বিভিন্ন দূতাবাসে সমৃদ্ধ ঢাকার গুলসনে অভিজাত হোলি আর্টিজান বেকারি রেস্তোরাঁয় প্রায় ৩০ জন (যার মধ্যে ১৮ জন বিদেশি, ২ জন স্থানীয় এবং একজন ভারতীয় কিশোরীও আছে)-কে গুলি করে হত্যা করা হয়। আহত হয় আরও কিছু এবং বেকারির কর্মচারীরা। এতবড় নারকীয় হত্যাকাণ্ডের দাবিদার আইএস বা ইসলামিক স্টেটস, এখানে যাদের শাখা গোষ্ঠী সক্রিয়। ধর্মের নামে গণহত্যা কিন্তু বাংলাদেশে এই প্রথম নয়। স্বাধীনোত্তর সময় থেকেই বিভিন্ন মৌলবাদী গোষ্ঠী এদেশে সন্ত্রাসবাদকে টিকিয়ে রেখেছে। ২০০৫ সাল থেকে বাংলাদেশের মূলত প্রথম শ্রেণীর তিনটি সংবাদপত্র— প্রথম আলো, ডেইলি জনকণ্ঠ এবং ইংরেজি দৈনিক ডেইলি নিউজ সরকারকে সন্ত্রাসবাদ নির্মূলে বার বার সাবধান করে এলেও তাদের সতর্কবাণী কার্যকরী হয়নি। যার ফলে বাংলাদেশে ইসলাম ধর্মের দোহাই দিয়ে প্রচুর জঙ্গি গোষ্ঠীর সক্রিয় স্থাপনা হয়েই চলেছে এবং হত্যালীলা অব্যাহত। এই নরপিশাচদের নিশানায় রয়েছে বেশিরভাগই হিন্দু, অ্যাথেয়িস্ট বা নিরাকার বা নিরীশ্বরবাদী যুবগোষ্ঠী, ব্লগারস, প্রকাশক, পুরোহিত, অধ্যাপক, বাউল, মানবতাবাদী ব্যক্তি, বুদ্ধিজীবী, লেখক থেকে শুরু করে, মন্দিরের সেবক এবং দর্জি পর্যন্ত। এঁদের অপরাধ— এঁরা কেন ধর্মান্ধ মৌলবাদী ইসলামিক ভাবধারাকে সমর্থন করেননি বা করেন না। অতি সম্প্রতি অমানুষিক ঘটানা ঘটে গেছে চট্টগ্রামে এবং পাবনা জেলায়।

ওদের হাতে নিহতের তালিকায় রয়েছে ব্লগাররা, যাঁরা ধর্মান্ধতা-বিরোধী মন্তব্য করত, রয়েছে অ্যাথেয়িস্ট যাঁরা মুক্ত মানবিকধর্মে বিশ্বাসী ও লেখনীতে তা প্রচার করত এবং যাঁরা ধর্মনিরপেক্ষ গণতন্ত্র ও সমাজতন্ত্রের হয়ে সওয়াল করেন। আর রয়েছে বিদেশি ও সংখ্যালঘু ধর্মীয় নাগরিকবৃন্দ। বাংলাদেশে ধর্মীয় সন্ত্রাসবাদ যে ধারাবাহিক হত্যালীলার ঐতিহ্য কীভাবে বিস্তার করে চলেছে, তার একটা ছয়মাসের (২০১৬-র ফেব্রুয়ারি থেকে জুলাই পর্যন্ত) তালিকা দিলেই আন্দাজ করা যাবে: ২১ ফেব্রুয়ারিতে উত্তর বাংলাদেশে এক হিন্দু পুরোহিতের মাথা কেটে নেওয়া, ৬ এপ্রিল ঢাকা বিশ্ববিদ্যালয়ের আইনের ছাত্র নাজিমুদ্দিন সামদকে পথিমধ্যে হত্যা, ২৩ এপ্রিল রাজশাহী বিশ্ববিদ্যালয়ের অধ্যাপক এএফএম রেজাউল করিম সিদ্দিকি, ২৫ এপ্রিল ইউএসএইড কর্মী জুলহাজ মান্নান এবং তার বন্ধু তন্ময় মজুমদারকে হত্যা, ৩০ এপ্রিল টাঙ্গাইলে দর্জি শিথিল জোয়ারদারকে হত্যা, ৭ মে সুফি তন্ত্রে বিশ্বাসী মহম্মদ শাহিদুল্লাহকে ঢাকায় হত্যা, ১৪ মে বাঁদারবন এলাকায় বৌদ্ধ ধর্মযাজক মানক্ শ্যু ইউচাকে হত্যা, ২০ মে কুষ্টিয়ায় ডা. মীরসানার রহমানকে

হত্যা এবং বন্ধু অধ্যাপক সৌফুজ্জামান আহত কারণ এঁরা বাউল গানে বিশ্বাসী ছিলেন, একই দিনে গাইবান্ধা–তে জুতোর দোকানের মালিক দেবেশচন্দ্র প্রামাণিক নিহত হন, ৫ জুন মাহমুদ খানমকে হত্যা। কারণ তাঁর স্বামী চট্টগ্রামের এক সন্ত্রাসবাদী এলাকায় হানা দিয়ে একজন অপরাধীকে গ্রেফতার করেছিলেন, ৭ জুন ঝিনাইদহে হিন্দু পুরোহিত আনন্দগোপাল গাঙ্গুলিকে হত্যা, ১০ জুন একই পেশাজীবী নিত্যরঞ্জন পাণ্ডেকে পাবনায় হত্যা, ১৫ জুন মাদারীপুর জেলায় অধ্যাপক রিপন চক্রবর্তীকে হত্যার চেষ্টা হয়, তিনি গুরুতর আহত হয়ে প্রাণে বেঁচে যান, ১লা জুলাই আর্টিজান বেকারি কাণ্ড, ওই একই দিনে দক্ষিণ–পশ্চিম বাংলাদেশে মন্দিরের সেবক শ্যামানন্দ দাসকে হত্যা, ৭ই জুলাই ঈদের প্রার্থনাসভার মধ্যে তিনজনকে হত্যা। এছাড়া স্মরণে আছে ফেব্রুয়ারি ১৫, ২০১৩–তে নিরপেক্ষ ব্লগার আহমেদ–তে আমেরিকা প্রবাসী ব্লগার অভিজিৎ রায় হত্যা এবং তার স্ত্রীকে আহত করা, ৩০ মার্চ ২০১৫–তে ঢাকাস্থিত ব্লগার ওয়াশিকুর রহমানবাবু, সিলেটে নিরীশ্বরবাদী অনন্তবিজয় দাস, ৮ আগস্ট ২০১৫ ব্লগার নিলয় চট্টোপাধ্যায়, ২৮ সেপ্টেম্বর ২০১৫ ইতালীয় নাগরিক সিজার ট্যাভেলাকে খুন, ৪ অক্টোবর ২০১৫ জাপানি নাগরিক কুলিও হোসিকে হত্যা, ওই বছরই ২৪ অক্টোবরে ঢাকায় শিয়া মুসলিম জমায়েতে গোলাগুলিতে একটি কিশোরের মৃত্যু, আহত শতাধিক, ২৬ নভেম্বর ২০১৫ শিয়া মুসলিমদের মসজিদে প্রার্থনার সময় গুলিবর্ষণ, মৌলবি মারা যান এবং বহু ভক্ত আহত। উল্লিখিত হত্যাকাণ্ডের জন্য আইএস বা ইসলামিক স্টেটস নামক মিলিট্যান্ট গোষ্ঠী দাবি করলেও সরকার তা মানতে রাজি হয়নি। তাঁরা বলেছেন এসব স্টেট টেরোরিজম।

বিশেষ করে সংখ্যালঘু ধর্মীয় সম্প্রদায় যেমন হিন্দু, বৌদ্ধ, খ্রীষ্টান ইত্যাদিকে হত্যার অন্যতম কারণ বিশ্বের বিভিন্ন রাষ্ট্রে সন্ত্রাসকাণ্ড ছড়িয়ে দেওয়া। আর অন্যান্য ব্লগার, অ্যাথেয়িস্ট ইত্যাদিদের হত্যার কারণ ওঁদের ধর্মীয় গোঁড়ামির প্রতিফলন, যা কিন্তু ইসলাম ধর্মের প্রতিকূল। এইসকল ধর্মীয় মৌলবাদীরা ভিন্ন ভিন্ন গোষ্ঠীতে বিভক্ত এবং লক্ষ্য একই— ‘কাফের খতম’। বাংলাদেশে সক্রিয় যে সকল ধর্মীয় সন্ত্রাসবাদী গোষ্ঠী খুন–হত্যায় বিশ্বাসী সেগুলি হল: আইএস, আইএসআইএস (খ্রীষ্টানদের কেকেকে’র মতো), হরকত–উল–জিহাদ–আল ইসলামি (বাংলাদেশ), হিজবুল তেহরিক (বাংলাদেশ) জাহিদ আল কায়দা, জাগ্রত মুসলিম জনতা (বাংলাদেশ), জামাত–উল– মুজাহিদিন, সাহাদাত–এ–আল–হাকিমা, হরকত–উল–জিহাদ, পূর্ব বাংলা কমিউনিস্ট পার্টি, আল কায়দা, লস্কর–এ–তইবা, জামায়েত–উল–উলামা, দায়েস তাকাফিরি, হরকত–উল–জিহাদ–অল– ইসলামি সমাজ, উলেমা আঞ্জুমান–অল–বাইয়ানাত, হিজব–উত তেহরির, তৌহিদ ট্রাস্ট, তামির উদ্দীন, আল্লার দল। এই সঙ্গে রয়েছে অতি উগ্রবাদী বিএনপি (খালেদা জিয়া) এবং ইসলামি ছাত্র শিবির। এছাড়া আরও বেশ কিছু ধর্মীয় সন্ত্রাসবাদী দল ছে যারা বলে আমরা প্রচারবিমুখ বুদ্ধিজীবী ধর্মীয় প্রচারকবাহিনী।

২০১৪ সালে অন্যতম মৌলবাদী গণহত্যাকারী সংগঠন ‘ডিফেন্ডার্স অব ইসলাম’ ৮৪ জনের একটি ‘হিটলিস্ট’ প্রচার করে হুমকি দেয়। যারা অধিকাংশই সেকুলারিস্ট এবং তাদেরই সাতজনকেও হত্যা করে। এরা দাবি করে যে, তাদের সংগঠনটি জামায়েত–ই ইসলাম এবং আল কায়দার অধীনস্ত আনসারুল্লা বাংলা টিম, যারা বাংলাদেশে নিষিদ্ধ দল। প্রসঙ্গত, ২০১৫ সালে শেষোক্ত দলটিকে নিষিদ্ধ ঘোষণা করলেও ওরা ঘুরপথে বা অন্য পথে যথারীতি সক্রিয়। এনিয়ে বাংলাদেশ সাতটি সন্ত্রাসবাদী দলকে নিষিদ্ধ ঘোষণা করলেও ওদের অমানবিক মৌলবাদী প্রভাব এতটুকু

কমেনি। শোনা যাচ্ছে, অভিজিত রায়ের মৃত্যুর দু'বছর পর আনসার–আল–ইসলাম দলও নিষিদ্ধ হতে চলেছে।

উল্লিখিত সন্ত্রাসবাদী উগ্র ধর্মীয় দলগুলির সঙ্গে রয়েছে বিভিন্ন মসজিদ, মাদ্রাসাকুল এবং গণহত্যায় বিশ্বাসী মৌলবাদী গোষ্ঠী সমুদয়, যারা বিশ্বাস করে ইসলামের দোহাই দিয়ে অত্যাচার, খুন, গণতন্ত্রের কণ্ঠরোধ, উন্নয়নে প্রতিবন্ধকতা, ভারত বিরোধিতা, ধর্মনিরপেক্ষতায়, অবিশ্বাস, নারী অধিকারের কণ্ঠরোধ, বহু বিবাহে উৎসাহদান,অ–সমান সামাজিক অধিকারে। এ প্রসঙ্গে শোলা কিয়া ইতগাহ'র ইমাম তথা বাংলাদেশ জামায়াত–আল–উলেমা'র প্রধান মৌলানা ফরিদুদ্দিন মাসুদ প্রকাশ্যেই জিগির তুলেছেন যে, ইসলামিক এক্সট্রিজম–কে বাংলাদেশ মাদ্রাসা বোর্ড পৃষ্ঠপোষকতা করুক। তা না করায় তিনি দেশের শিক্ষামন্ত্রীকে প্রকাশ্যে নিন্দা করেছেন। আজ বাংলাদেশে যে অস্থির রাজনৈতিক বাতাবরণ তৈরি হয়েছে তার মূলে আছে প্রাক্তন দুই প্রধানমন্ত্রী বেগম খালেদা জিয়া এবং জেনারেল এরশাদ। রাজনৈতিক পর্যালোচকদের মতে, এরা বাংলাদেশে মৌলবাদী চিন্তাসম্পন্ন রাষ্ট্রীয় ধ্বংসাত্মক কাজে ইসলামকে ব্যবহারের পথ খুলে দিয়ে গেছেন এবং এখন তা সক্রিয়। বাংলাদেশে রাজনৈতিক অরাজগতা সৃষ্টি এবং উন্নয়নের পথরোধে এই দুই জনের নেতৃত্বে ওই সকল সন্ত্রাসবাদী দলের প্রশ্রয়প্রাপ্তি ঘটেছে ওদের সময়েই, এখন যা সামলানো অসম্ভব হয়ে দাঁড়িয়েছে বর্তমান প্রধানমন্ত্রী শেখ হাসিনার কাছে।

খালেদা জিয়া এবং এরশাদের ধ্বংসাত্মক ধর্মীয় উস্কানির জন্য বাংলাদেশে আজ অসাধুদের স্বর্গরাজ্য তৈরি হয়েছে। ধনী ও দরিদ্রের ব্যবধান ক্রমশ চওড়া হচ্ছে। গরিবদের ৪০ শতাংশই ১৮ থেকে ৩৯ বছরের মধ্যে। শিক্ষিত যুবগোষ্ঠীর ৪৫ শতাংশই বেকারত্বের কবলে। ইউনিসেফ–এর সমীক্ষা অনুযায়ী ৫ বছর থেকে ১৭ বছর পর্যন্ত শিশু এবং কিশোরদের মধ্যে ৭০ লক্ষ ৪০ হাজার সন্তানেরা হয় ভৃত্যের কাজ করে, নয়ত কৃষি কারখানায় দিনমজুর। ইসলামিক চিন্তাধারায় সংস্কার সাধন না করে সরকারের উচিত সুশাসন আয়ত্ত করা। প্রকাশ্যে আসা তথ্য অনুযায়ী হত ৪ বছরে অন্তত ১৫ জন ব্লগার খুন হয়েছেন, যেখানে সাকুল্যে হত্যা করা হয়েছে ৮৪ জন নাগরিককে। আমেরিকা প্রবাসী বুদ্ধিজীবী ফিরোজ হোসেন–এর মতে, বাংলাদেশ হল 'ইসলামিক ফান্ডামেন্টালিস্ট কান্ট্রি'। ক'জন জঙ্গি জেল খাটছে? মৃতদের পরিবার কি সরকারি সাহায্য পাচ্ছে? চরমপন্থীদের কোথায় চিহ্নিত করা হয়েছে? ওরা বিদেশে যায় কী করে? কোনও প্রশাসনিক বলে ওদের দমানো যাচ্ছে না কেন? এ তো চলে আসছে সেই ২০০৫ সাল থেকে। জঙ্গি মৌলবাদী, সন্ত্রাসবাদীদের বিরুদ্ধে কোথায় সর্বাত্মক জনমত গড়ে তোলার গণআন্দোলন? হারিয়ে যাচ্ছে শাসক দলের সেই ভাবমূর্তি, গণআস্থা হারাতে বসেছে তারা। কোথায় গেল হোক কলরব বা শাহবাগ আন্দোলনের বিপ্লবী চেতনা?

বাংলাদেশ সরকারের মতে জঙ্গিরা প্রশ্রয়িত হচ্ছে অন্তত ১১টি এনজিও'র মাধ্যমে প্রাপ্ত বিদেশি অর্থ সাহায্যের মাধ্যমে। ২০১২ সাল থেকে অর্থ, অস্ত্র আসছে কুয়েত, কাতার, সৌদি আরব, পাকিস্তান, ব্রিটেন এবং মধ্যপ্রাচ্যের অন্যান্য দেশগুলি থেকে। বিশ্বত্রাস আইএস গ্রুপ সন্ত্রাস ব্যাপকতর করার জন্য তৈরি করেছে মৌলবাদী বিদ্যালয়, মাদ্রাসা, হাসপাতাল এবং দেশবিরোধী প্রশিক্ষণ কেন্দ্রাদি। এদের ব্যাঙ্ক অ্যাকাউন্ট আছে। যার সংখ্যা ২৩১। কর্মী আছে ৫ লাখ। এরা মূলত উগ্র ইসলামিক মৌলবাদী সংগঠনগুলিকে আর্থিক এবং সন্ত্রাস আন্দোলনে সহায়তা দেয়। ওইসকল দেশদ্রোহী এনজিওগুলির মধ্যে উল্লেখযোগ্য হল: মুসলিম আদ বাংলাদেশ, রাবাত–আল–ইসলামি, কাতার চ্যারিটেবল সোসাইটি, ইসলামি রিলিফ এজেন্সি, কুয়েত জয়েন্ট রিলিফ

কমিটি। সন্ত্রাসবাদী বিশ্ববিদ্যালয় সমূহ, নয়া মাদ্রাসাগুলি, আল কায়দা, আইএস, হুজি এবং জেএমবি কিন্তু আক্রমণ শানায় বাইরে থেকে, প্রকাশ্য দিবালোকে কিন্তু মাদ্রাসা থেকে নয়। মাদ্রাসা'র শিক্ষাব্যবস্থায় আছে ধর্মীয় মৌলবাদ, সন্ত্রাস সৃষ্টি, গণতান্ত্রিক অধিকারকে বিপন্ন করা, নিরপেক্ষতায় বিরোধিতা, নারীমুক্তি বিরোধিতা এবং গণতন্ত্রের কণ্ঠরোধ। এতে অন্যান্য অংশগ্রহণকারীদের মধ্যে আছে মৌলবী, ধনী, ছাত্রদের আইএস–এ নাম লেখানোর প্রবণতা। সঙ্গে রয়েছে আইএসাই ও পাকিস্তানের প্রত্যক্ষ মদত। দেশদ্রোহিতার প্রকাশ্য উদাহরণ হল বিএনপি এবং জামায়েত–ই–ইসলামির যৌথভাবে ২০১৪ সালের সাধারণ নির্বাচন বয়কট।

বাংলাদেশে ধর্মীয় সন্ত্রাসবাদের প্রকাশ্য সমর্থন আসে বিএনপি'র খালেদা জিয়া ১৯৯১–১৯৯৬ এবং ২০০১–২০০৬ সালে প্রধানমন্ত্রী থাকাকালীন। তিনিই সরকারিভাবে আইএসআই–কে অত্যাচার করার পূর্ণ ক্ষমতা দেন। যার সুদূরপ্রসারী অশান্তি ছড়ায় ভারতের বিশেষ করে এই দেশের উত্তর–পূর্বাঞ্চলের রাজ্যগুলি এবং মায়ানমারে। এর ফলে দেখি ১৯৫১ সালে যেখানে ওদেশে হিন্দু নাগরিক ছিল ২২ শতাংশ, তা ২০১১ সালে নেমে দাঁড়ায় ৮.৫ শতাংশে। এতে রসদ জোগায় সেনা জেনারেল/ প্রধানমন্ত্রী হুসেন মহম্মদ এরশাদ (১৯৮২–১৯৯০) এবং তা প্রত্যক্ষভাবেই। ১৬০ মিলিয়ন বাংলাদেশবাসীর মধ্যে সংখ্যালঘিষ্ঠ ধর্মীয় সম্প্রদায়ের নাগরিকদের ঘুম কেড়ে নিয়েছে সন্ত্রাসী মৌলবাদী ইসলামিক মিলিট্যান্টরা। এর সঙ্গে ঘৃতাহুতি পড়েছে ২৫ মার্চ, ২০১০ থেকে যুদ্ধপরাধীদের বিচার এবং ফাঁসিতে চড়ানোর ঘটনায়।

প্রধানমন্ত্রী শেখ হাসিনার নেতৃত্বে তাঁর পিতা বঙ্গবন্ধু মুজিবর রহমনের ধর্মনিরপেক্ষতার ব্রত নিয়ে চলা শাসক আওয়ামি লিগের সদিচ্ছার অভাব নেই। তিনি সংবিধানের ১৫তম সংশোধনীতে 'ধর্মের অধিকার'কে স্বীকৃতি দিয়ে তা সংবিধানের নথিভুক্ত করেছেন, যা সত্যিই প্রশংসনীয়। কিন্তু সম্ভবত জেনারেল এরশাদ গোষ্ঠীর চাপে পড়ে 'ইসলামিক' শব্দটি তুলে দিতে পারেননি। বিশ্বস্ত সূত্রের খবর, ২০১৭–এর শিক্ষাবর্ষের জন্য স্কুল সিলেবাস থেকে চাপে পড়ে শিক্ষামন্ত্রী রক্ষণশীল ইসলামিক শিক্ষাবিদদের কথামতো ১৭টি পদ্য ও গদ্য রচনা বই থেকে তুলে দিতে বাধ্য হন। ওইগুলি নাকি ইসলামবিরোধী এবং অ্যাথেয়িস্ট প্রভাবিত। এ নিয়ে একটি সর্বভারতীয় সংবাদপত্রেও গত ২৪ জানুয়রি ২০১৭–তে একটি নিবন্ধ প্রকাশিত হয়। প্রথম শ্রেণী থেকে অষ্টম শ্রেণী পর্যন্ত বাংলা শিক্ষাক্রম থেকে ওইসকল ব্যক্তিবৃন্দ এবং হিফাজত–ই ইসলাম–এর দাবিমতো বাদ গেছে। ওই ১৭টি রচনার মধ্যে আছে ষষ্ঠ শ্রেণীর জন্য লেখা সত্যেন সেন–এর 'লাল গরুটা' সপ্তম শ্রেণীর জন্য পাঠ্য শরৎচন্দ্র চট্টোপাধ্যায়ের 'লালু' গল্পটি। পঞ্চম শ্রেণীর জন্য পাঠ্য হুমায়ুন আজাদ–এর লেখা কবিতা 'বই' বাদ গেছে। ষষ্ঠ শ্রেণীর পাঠ্য রবীন্দ্রনাথ ঠাকুরের বিখ্যাত কবিতা 'বাংলাদেশের হৃদয় হতে' (বাগান)। অষ্টম শ্রেণীর জন্য উপেন্দ্রকিশোর রায়চৌধুরির 'রামায়ণ' বাদ। এভাবেই ১৭টি গদ্য–পদ্য বাদ গেছে। ঘটনার সত্যতা সাপেক্ষে মুজিবের বাংলাদেশের শিক্ষাব্যবস্থার এমন অধঃপতন মেনে নেওয়া যায় না। ওই সকল রচনা নাকি ইসলাম–বিরোধী। রবীন্দ্রনাথ ঠাকুর যিনি কিনা ওইদেশের জাতীয় কবিই নন, বাংলাদেশের জাতীয় সঙ্গীতের রূপকার, তিনিও ছাঁটাই হয়ে গেলেন ধর্মীয় কারণে? বাংলাভাষী পার্শ্ববর্তী রাষ্ট্রের শিক্ষাক্ষেত্রে ধর্মীয় অনুপ্রবেশকে মেনে নেওয়া যায় না। আপসতন্ত্র এবং আহ্লাদী আস্কারা পেতে পেতে তথা প্রশাসনিক দুর্বলতার সমন্বয়ে বাংলাদেশ আজ সন্ত্রাসবাদের নাভিস্থল। এমন দৌরত্ম্য রোধ না করা গেলে বাংলাদেশ যদি ইসলামিক সন্ত্রাসবাদীদের স্বর্গরাজ্য এবং উপনিবেশে পরিণত হয়, তার ভাবনা অতিরঞ্জিত নয়।

চিট ফান্ডগুলির বাড়বাড়ন্ত গতি মমতার পক্ষে অস্বস্তিকর হয়ে পড়েছে

KOLKATA-DAINK STATESMAN SATURDAY 1 DECEMBER 2012

সেদিন তৃণমূল কংগ্রেসের অনাস্থা প্রস্তাব নিয়ে রাজ্যের একটা টিভি চ্যানেলের আলোচনায় বিজেপির বর্ষীয়ান নেতা ইঙ্গিত দিয়েছিলেন যে, কেন্দ্রের বিরুদ্ধে মমতার চাপ সৃষ্টির অন্যতম পরোক্ষ কারণ রাজ্যে ইদানিংকালে চিট ফান্ডগুলির ফুলেফেঁপে ব্যবসার রমরমায় অস্বস্তি এড়াতে এই পাল্টা চাপের আশ্রয় দেওয়া। এটি হালকাভাবে নিলে টিএমসি'রই বিড়ম্বনা বাড়বে। রাজ্যের আর্থিক মেরুদণ্ডকে ভঙ্গুর করে দেওয়ায় অসাধু চিট ফান্ড সংস্থাগুলি বিগত দেড় বছরে যে তৎপরতা শুরু হয়েছে, তা বামফ্রন্টের নজিরকেও ছাপিয়ে গেছে। পূর্বতন সরকারের আমলে জনৈক বিতর্কত অর্থমন্ত্রী এই অসাধু ব্যবসায়ের বিরুদ্ধে অগ্রণী হলেও পার্টির চাপে তা অচিরেই কবরস্থ হয়। তৃণমূল সরকার সততার আদর্শ নিয়ে সরকারে আসার পর যেভাবে বহুগুণে চিট ফান্ডগুলি বিভিন্ন গালভরা নাম দিয়ে নিজেদের কোম্পানির নাম নথিভুক্ত করে প্রকাশ্যেই দারিদ্র্যক্লিষ্ট গ্রাম–গ্রামান্তরে ছড়িয়ে পড়ছে, তা বিস্ময়কর। আড়কাঠি অর্থাৎ এজেন্টদের মাধ্যমে চিট–কর্তারা চওড়াসুদ এবং সময় শেষে কল্পনাতীত মূল-সহ টাকা ফেরতের প্রতিশ্রুতি দিচ্ছে। আর কমিশনের হার (গ্রাহকপ্রতি) এতই বেশি যে, আড়কাঠিরা দ্বিগুণ উৎসাহে পল্লী এলাকায় বিশেষ করে অভাবী এবং কৃষিজীবীদের ফাঁদে ফেলছে, যা মানবিকতার স্বার্থেও করুণতর।

স্বল্প সঞ্চয় অভিযানে এই রাজ্য সেদিনও প্রথম স্থানে ছিল, তা আজ দ্রুত নিম্নাভিমুখী। সমীক্ষা বলছে, এর অন্যতম মূল কারণ ওই চিটকর্তাদের লোভনীয় এবং অবৈধ অত্যধিক চওড়া হারে সুদ দেওয়ার ঢক্কা নিনাদ। অবুঝ স্বল্প আয়ের অভাবী গাঁয়ের লোক এই খপ্পরে পড়ে সরকারি স্বল্প সঞ্চয় প্রকল্প এবং গ্রামীণ ব্যাঙ্কে টাকা জমানায় তেমন উৎসাহ দেখাচ্ছে না। গত কয়েক বছরে চিটফান্ডগুলির সংখ্যা ৬৫ শতাংশ বৃদ্ধি পেয়েছে, যার ফলে গ্রামবাংলার জনজাতি আর্থিক হয়রানি এবং বঞ্চনার শিকার হচ্ছে সমতুল্য হারে। চড়া কমিশনের প্রলোভনে শিক্ষিত যুবকরাও চাকুরির সন্ধানে না গিয়ে চিটে গুড়ের স্বাদ নিতে ততোধিক আগ্রহী, কারণ কাটমানি তো সঙ্গে সঙ্গেই।

চিটফান্ডের কাণ্ডকীর্তি নিয়ে কেন্দ্রীয়সরকার ইদানিংকালে তৎপর হয়েছে এবং কয়েকটি প্রখ্যাত বিনিয়োগ সংস্থার এই অসাধু ব্যবসায়ে বিধিনিষেধ আরোপ করেছে। এক্ষেত্রে রাজ্য সরকার দায়িত্ব এড়াতে পারে না। কারণ সংস্থাগুলি তো রাজ্যনির্ভর। নতুন সরকারের এক্ষেত্রে প্রো–অ্যাকটিভ হওয়ার অভাব প্রকট। স্মরণে থাকতে পারে, তৃণমূল সরকার প্রতিষ্ঠিত হওয়ার পরপরই মাননীয় বর্ষীয়ান নেতা সোমেন মিত্র এবং মালদহের সমদলীয় সাংসদও দলের নেত্রীর প্রতিবাদী দৃষ্টিই শুধু আকর্ষণ করেননি, তাঁরা সংসদে পর্যন্ত অভিযোগ করেন এবং প্রধানমন্ত্রীর দৃষ্টি আকর্ষণ করেছিলেন। এভাবে অত্যুৎসাহী হয়ে সরাসরি প্রধানমন্ত্রীর দ্বারস্থ হওয়ার দৃষ্টান্তটি দলের কেন্দ্রীয় নেতৃত্ব ভালোভাবে নেয়নি বলে অভিজ্ঞমহলের ধারণা। সরকারি দল যদি সত্যিই গুরুত্ব দিত,

তাহলে বেনামের আড়ালে ফাটকাবাজীর সংস্থাগুলি এমনভাবে প্রতিদিন ব্যাঙের ছাতার মতো গজিয়ে উঠত না।

অধিকন্তু অভিযোগ উঠেছে, চিটকর্তাদের এই বাড়বাড়ন্তে স্টেরয়েড যোগান দিচ্ছে স্থানীয় রাজনৈতিক নেতৃত্ব থেকে সাংসদ পর্যন্ত। এতে আঞ্চলিক প্রশাসনও বাদ নেই। শোনা যায়, মাননীয় সাংসদ সোমেন মাত্র এপ্রসঙ্গে প্রচ্ছন্নভাবে নির্দিষ্ট করে অভিযোগ এনেছিলেন। কাজ কী হয়েছে, তাতো সবাই জানেন, ফলে দূরত্ব বেড়েছে সাহস দেখাবার জন্য। সাংসদ থেকে বিধায়ক পর্যন্ত এমন 'বন্দোবস্ত'-এ জড়িত আছে, যা কান পাতলেই শোনা যায়, কিন্তু প্রমাণ নেই।

এনিয়ে ব্যক্তিগত পর্যায়ে সমীক্ষা করতে গিয়ে হালে এক অভিনব লোক ঠকানোর অভিজ্ঞতা হয়েছে। দায়িত্ব নিয়ে বলছি। চুঁচুড়া সংলগ্ন খাদিনা মোরে একটি খটমটে ইংরেজি নাম দেওয়া সংস্থা নাম নথিভুক্ত করার অন্তরালে স্রেফ চিটফান্ড ব্যবসা করছে। ওর গ্রাহক সীমানা গ্রামভিত্তিক উত্তর ও দক্ষিণ ২৪ পরগণা, মেদিনীপুর, নদিয়া, উভয় দিনাজপুর, শিলিগুড়ি হয়ে ত্রিপুরা, বিহার ঝাড়খণ্ড অবধি। প্রতিষ্ঠানটির আয়ু মাত্র বছরখানেক। কিন্তু ইতিমধ্যেই যা ছদ্মবেশে আয় করেছে অভাবনীয়। কিন্তু সরকারি মতে ওদের পরিচিতি অন্যরকমের প্রচারধর্মী। অজস্র বানান ভুল সমৃদ্ধ ইংরেজিতে দামি পোর্ট ফোলিওতে ঝাঁ চকচকে বিদেশি-বিদেশিনী মডেল সমৃদ্ধ সংস্থাটি দেশ সেবায় (?) কী কাজে উৎসর্গিত তার রঙিন বর্ণনায় রয়েছে সৌরবিদ্যুৎ, সিমেন্ট কারখানা, মৎস্য চাষ, ফুল চাষ, দূষণহীন প্রমোদ উদ্যান, পশুপালন, দুগ্ধ এবং গরু-ছাগল চাষ, বিটি কলেজ, শিক্ষা, গহনা শিল্পের মতো বিশাল অর্থ লগ্নীকারক বহুমুখী শিল্প সংস্থা। খোঁজ নিয়ে দেখলাম স্রেফ 'দেখাওয়া'। আসলে এমন আকর্ষণীয় শিল্প সম্ভবনার প্রচারের মাধ্যমে নিরীহ মফঃস্বল বাংলার জনজাতিকে আকৃষ্ট করে অর্থ সংগ্রহের উপায়মাত্র।

এরা কিন্তু অন্যান্য চিটফান্ডের মতো সংবাদপত্র প্রকাশ করেনি, এই যা ব্যতিক্রম। দ্বিতীয় অভিজ্ঞতা আরও ভয়াবহ। গত ৬ অক্টোবর শনিবার বারবেলায় চুঁচুড়ার ওই খাদিনা সংলগ্ন সমস্ত এলাকায় পোস্টার, হোল্ডিং টাঙিয়ে ওরা — পণ্যসামগ্রীর প্রস্তুতিকরণের শুভ সূচনা করে। যার মধ্যে আছে আটা, সুজি সবরকমের মশলা, তেল মিনারেল ওয়াটার অবধি। সেদিনের প্রদর্শনীতে ঠাঁই পাওয়া ঐ সুদৃশ্য মোড়কে সাজানো দ্রব্যসামগ্রী সবই বাজার থেকে কেনা, শুধু মোড়কটা উত্তর কলকাতা থেকে ছাপানো। কোথায় কারখানা, কোথায় প্রস্তুতিকরণ? প্রায় দু'মাস হয়ে গেল সেইসব শীর্ষ প্রচারিত পণ্যসামগ্রী এবং প্রথম পর্যায়ের কারখানা ইত্যাদি কোথায় আছে? বাজারে কি সেসব পাওয়া যায়? ডিস্ট্রিবিউটর কে বা কারা? সমস্তটাই নীরব সাক্ষী। শুধুমাত্র প্রচার-পরিচিতি নিয়ে খাদিনার মোড়ের ওই সংস্থার মতো বহু চিটফান্ড সংস্থা মানুষের চোখে ধুলো দিয়ে রাজ্যবাসী তথা গ্রামীণ অর্থনীতিকে গ্রাস করছে। স্থানীয় প্রশাসন বা সংশ্লিষ্ট সরকারি দপ্তর এমন হঠকারী অন্তর্ঘাত জানে না, এমনকি ভাববার কোনও কারণ নেই।

ঘনিষ্ঠ মহলের খবর, এমন আর্থিক কেলেঙ্কারি হয়তো শাসকদলের প্রভাবশালী এবং তাদের ঘনিষ্ঠরা এমন অর্থনৈতিক ভ্রষ্টাচারে জড়িয়ে থাকতে পারে। যেমন তৃণমূল কংগ্রেসের সাংসদ কে ডি সিং ইতিমধ্যেই তদন্তের মুখে পড়েছেন। মমতার উচিত তাঁর সর্বজনজ্ঞাত সততার প্রতিমূর্তি রক্ষায় অর্থ এবং গোয়েন্দা দপ্তরের সক্রিয় সহযোগিতায় দ্রুত সার্বিক সংস্কারের মাধ্যমে অনুসন্ধান, কাগজপত্র পরীক্ষা, গ্রামের গ্রাহকদের সাহায্য নিয়ে প্রতিটি চিট কোম্পানিকে কুক্ষীগত করে শাস্তি বিধান এবং টাকা ফেরতের ব্যবস্থা করা। ওই কোম্পানিগুলিকে প্রমাণ করতে হবে,

তারা যে অঙ্গীকার করে ব্যবসা করছে, তা কতটা সত্য। নাহলে আইনানুগ ব্যবস্থা নেওয়া। কিন্তু কোথায় সেই সক্রিয়তা, হেলদোল? মার খাচ্ছে রাজ্য সরকারের স্বল্প সঞ্চয় অভিযান, টান পড়ছে রাজ্য সরকারের অর্থ ভাণ্ডারে। সরকারি অডিটরদের ক্ষমতা বৃদ্ধি করে এই আর্থিক কেলেঙ্কারি রোধ করা যায় না কেন?

প্রশ্ন উঠছে, কেন রাজ্য সরকার তাদের নিয়ন্ত্রণাধীন 'মানি সার্কুলেশন ব্যানিং অ্যাক্ট' কার্যকরী করছে না? বদলে কেন্দ্রীয় সংস্থা সেবি তৎপর হওয়ায় ইতিমধ্যেই বেশ কিছু রাঘব বোয়াল জালে উঠেছে, এই বাংলা থেকেই। তাহলে রাজ্যের ইকনমিক ভিজিল্যান্স দপ্তরের প্রো-অ্যাকটিভ হওয়ায় অসুবিধা কোথায়, যেখানে মমতা বন্দ্যোপাধ্যায়ের মতো সততার পূজারি আছেন? কেন্দ্রে যেমন 'সিরিয়াস ফ্রড ইনভেস্টিগেশন' দপ্তর আছে, এই রাজ্যে তেমন দপ্তরও আছে, কিন্তু সেই দপ্তরের বাস্তবক্ষেত্রে অস্তিত্ব কোথায়? নতুন সরকার আসার পর ক'টি চিট ফান্ড সংস্থায় হানা দেওয়া হয়েছে, কিংবা সেইসকল সংস্থায় তালা পড়েছে, চিট-কর্তার কারাবাস হয়েছে?

মাননীয়া মুখ্যমন্ত্রীর কানে এই অর্থনৈতিক ভ্রষ্টাচারের কথা নিশ্চয়ই প্রতিনিয়ত পৌঁছুচ্ছে। মাননীয় দুই সাংসদ প্রকাশ্যে অভিযোগ তুললেও কাজ না হওয়ায় সেইসকল প্রভাবশালীরা প্ররোচিত হতে এতটুকু সময় ছাড় দেননি বলে রাজ্যে আজ ওই সকল বেনামি চিটফান্ড সংস্থাগুলি সক্রিয় হয়ে মমতাকে বিব্রত করছে। তিনি হয়তো এই সম্ভাবনাকেও উড়িয়ে দিচ্ছেনা, ঠগ বাছতে গাঁ উজাড় হবে না তো! এই শঙ্কাকে অত হালকাভাবে নেওয়া উচিত না।

উল্লিখিত একটি ব্যক্তিগত তিক্ত এবং প্রমাণযোগ্য অভিজ্ঞতাকে সমীকরণ করলে মা-মাটি-মানুষের দরকার কিছু বলার থাকবে না। খাদিনার মোড়-এর মতো বহু সংস্থা আজ সারা বাংলায় অগুণতি, যাদের সৃষ্টি করেছে। রুখতে পারলে ভালো, নাহলে সামনে বহু প্রশ্ন জমা পড়ছে, ধাক্কা সামলে সংসদে আধিপত্য ও সম্মান বজায় রাখা যাবে তো?

কলকাতা পুরনিগমের প্রশংসনীয় উদ্যোগ

আবার যুগান্তর, ১৯/১২/২০১২

কলকাতা মহানগরীর প্রায় ৩৫ শতাংশ এলাকা বস্তি অঞ্চল। এখানকার ৩ থেকে ৫ বছরের শিশুদের স্কুলমুখী করা এক কঠিন সমস্যা বিশেষ। এমনিতেই পরবর্তী বয়ঃক্রম থেকে মাধ্যমিক স্তরে পৌঁছুবার আগেই এখনও ৪০ শতাংশ কিশোর-কিশোরীরা মাঝপথে স্কুল থেকে পিঠটান দেয়, যা পরিভাষায় ড্রপআউট।

এমন পটচিত্রের প্রেক্ষিতে উল্লিখিত বয়ঃসীমার ছেলে-মেয়েদের বিশেষ করে বস্তি অঞ্চল বা দারিদ্রসীমার নীচে থাকা সন্তানদের শিক্ষাখাতে অতিরিক্ত ব্যয় বহন করা গরীব বাপ-মায়েদের পক্ষে অসম্ভব। এমনতর সমস্যা সমাধানে কলকাতা পুরনিগম আগামী শিক্ষাবর্ষ জানুয়ারি থেকে ওইসব সুযোগ-সুবিধাহীন শিশুদের পূর্ণত অবৈতনিক 'মন্টেসরি হাউস' খুলতে চলেছে। কলকাতার বুকে সম্বলহীন অভিভাবকদের কাছে এই শিক্ষা ব্যবস্থা যেমন স্বস্তিদায়ক অপ্রত্যাশিত সুযোগ, তেমনই এই ব্যবস্থা নিয়ে কলকাতা পুরসভা অবশ্যই কৃতিত্বের দাবি করতে পারে। শিশু যারা পড়ার সুযোগ পায় না, তাদের মুখে হাসি ফুটবেই।

যাঁরা ৬০-এর দশকের সন্তান, তাঁদের স্মরণে থাকতে পারে ওই সময় প্রথম থেকে পঞ্চম শ্রেণী পর্যন্ত পুর বিদ্যালয় ছিল, এখন তাদের কী হাল জানা নেই। সেই সময়ে পূর্ব পাকিস্তান থেকে বাংলায় আশ্রয় নেওয়া ছেলেমেয়েরা এই বিনা পয়সায় শিক্ষালাভের সুযোগ নিত। মাটিতে সার সার পাটের লম্বা আসনে পড়াশুনা-- এ এক স্মরণীয় স্মৃতিচারণা।

মন্টেসরি শিক্ষাক্রমের প্রতি 'ক্রেজ' ইদানীং দশকের। অলিতে গলিতে মন্টেসরি স্কুলের ছড়াছড়ি। ইংলিশ মিডিয়াম, স্কুল ড্রেস, টাই চকচকে জুতো আর নিজের ওজনের চেয়ে বেশি ওজনের ব্যাগ। স্কুল দোরগড়ায় অভিভাবক/অভিভাবিকারা তা পৌঁছে দেন। সাম্প্রতিককালে ইংলিশ মিডিয়াম মন্টেসরীতে বাচ্চাদের পড়ানো অপ্রিয় হলেও মানতেই হবে ওটা অন্যতম সোশ্যাল স্ট্যাটাসে দাঁড়িয়ে গেছে। আগে আগে সঠিক পরিভাষা ক্ষেপণের অ্যাংলো ইন্ডিয়ান ম্যাম--- এদের অলিগলির স্কুলগুলিতে দেখা গেলেও আজ তাদের আর দেখা যায় না। বাণিজ্য রমরমা হওয়ায় বেশিরভাগ ক্ষেত্রেই নিজের বাড়ির একটা অংশে ছোট ছোট কয়েকটা ঘর হলেই হল। বই? তার জন্য রয়েছে দিল্লি, মুম্বাই, তামিলনাড়ুর রেডিমেড পুস্তকসম্ভার, ড্রইংবুক সবই। একেবারে সাজানো ব্যাপার, অর্ডার দাও সবকিছু দোরগোড়ায়।

ব্যাঙের ছাতার মতো প্রি-স্কুলের লাভজনক আবির্ভাবের ফলে টিচারের চাহিদা বৃদ্ধিতে তাদের আবশ্যিকভাবে মন্টেসরি ট্রেনিং খুব একটা দরকার পড়ছে না। সিলেবাস তো ধার করা। কটি শিশু বিদ্যালয়ের ম্যাডামকুল শিশু মানসিকতায় অভিজ্ঞতার দাবি করতে পারেন? চাইল্ড সাইকোলজি রপ্ত করা মন্টেসরি শিক্ষিকা 'ম্যাম' দুর্লভ। কোথায় অত্যন্ত আবশ্যিক খেলার মাঠ বা জায়গা, বাইক পাথ, লিলিপন্ড, নানান খেলনায় বিছানো উঠোন! সমীক্ষার কম্পিউটারাইজিকে লক করলে বহুবিধ স্কুলগুলির জেতার ভাগ্য শূন্য। তারপর বাণিজ্যের তড়তড়িয়ে ঊর্ধ্বগতি সাম্প্রতিককালে কর্পোরেট হাউসগুলি দেশব্যাপী চেইন স্কুলে ঝাঁপিয়ে পড়েছে। যে প্রি-স্কুল যত বেশি দক্ষিণা নেয়, ততটাই

তার ধার বেশি এবং বাহ্যিক চাকচিক্য। সবচেয়ে বড় কথা, যিনি প্রিন্সিপ্যাল হবেন, তাঁর শিশু মানসিকতা এবং শিক্ষাক্রম সম্বন্ধে শুধুমাত্র অভিজ্ঞতা সম্পন্ন হলেই হবে না, তাকে অধঃস্তন শিক্ষিকাদেরও সর্বশেষ শিক্ষাক্রমে প্রশিক্ষিত করা আবশ্যক। শিক্ষা পরিচালনে যদি কোনও ব্যবসায়ী মালিক দায়িত্ব নেন, তা আত্মঘাতী ব্যবস্থা। অবশ্য ইদানীং তো তা–ই দেখা যাচ্ছে।

একটি ব্যক্তিগত অভিজ্ঞতা জানাচ্ছি। সল্টলেক সেক্টর ওয়ান–এ এমনই একটি প্রি-স্কুল খোলা হল। সে অর্থে সংস্থাটির মালিকপক্ষই সব। কোথায় প্রিন্সিপ্যাল আর একমাত্র শিক্ষিকার শিশুশিক্ষা নিয়ে পর্যালোচনা। বছর ঘুরে গেল শিশুসংখ্যা হালে ২–এ দাঁড়িয়েছে। প্রি-স্কুলটির যথাযথ উন্নয়ন বাদ দিয় মার্কেটিং গ্রুপকে গুরুত্ব দিয়ে তারা অর্থাৎ রেক্টর বা মালিক ফ্রেঞ্চাইজি সংগ্রহেই বেশি আগ্রহী। কিন্তু স্কুলে যে স্টুডেন্টের আকাল।

এমনটি বর্ণনা করার মূল উদ্দেশ্য প্রি-স্কুল শিক্ষাক্রমে পেশাদারিত্বের অভাবই এজন্য দায়ী। স্থানীয় শিশুদেরও এরা এই কারণে টানতে ব্যর্থ হয়েছে। মন্টেসরী স্কুলের প্রথম শর্তই ভালো, নামী প্রিন্সিপ্যাল রাখা এবং শিক্ষণ ব্যবস্থা তাঁর ওপর ছেড়ে দিয়ে মালিকপক্ষের উচিত শিক্ষায়তনটিকে চালাবার মতো আর্থিক ঝুঁকি নিয়ে ম্যামেদের সহযোগিতা নেওয়া না হলে সেই স্কুল বা তার শাখা ঠিকমতো চলা সমস্যাবিশেষ। স্মরণে রাখতে হবে, এক্ষেত্রে জনসংযোগ ব্যবস্থা যেন প্রো–অ্যাকটিভ থাকে। সার্বিক শিক্ষার বাতাবরণ বিচ্যুত হলে বিপরীত ফল হবে। এব্যাপারে আপস মানেই ব্যর্থতাকে উৎসাহিত করা।

এমন অভিজ্ঞতার বর্ণনা করার একটিই কারণ প্রি-স্কুল যেন এলাকায় মডেল শিশু শিক্ষায়তন হয়। কলকাতা পুর সংস্থার শিক্ষা বিভাগ মন্টেসরী পাঠ্যক্রম চালু করার আগে যথাযোগ্য শিক্ষক–শিক্ষিকা হওয়ার সাফল্যের স্বার্থে এঁরা দক্ষিণ কলকাতার 'ইনস্টিটিউট অব আর্বান ম্যানেজমেন্ট (আইইউএম) ইনস্টিটিউট–এ 'লার্নিং অ্যান্ড লিভিং রিসোর্সেস সোসাইটি'র শিক্ষকদের নিয়ে মন্টেসরী শিক্ষায় পেশাদারিত্ব আনার জন্য এখানে প্রাথমিক পর্যায়ে ২০ জন ভাবী টিচার প্রশিক্ষণ নিচ্ছেন। শেখানো হচ্ছে চাইল্ড সাইকোলজি, শিশুদের মানসিক বিকাশ পাখির চোখ দিয়ে বুঝবার চেতনা বৃদ্ধি এবং তাকে ওই সকল শিশুদের মধ্যে ছড়িয়ে দেওয়ার কঠিনতর প্রশিক্ষণ।

জানুয়ারি মাসে প্রাথমিক পর্যায়ে কলকাতা পুরসভা ১০টি এরকম মন্টেসরী স্কুল চালু করতে চলেছে, যা পরবর্তীকালে ওয়ার্ডভিত্তিক সমীক্ষা সাপেক্ষে ছড়িয়ে দেওয়া হবে। অন্যান্য প্রি-স্কুলের গতানুগতিক ধার করা সিলেবাসে না গিয়ে সৃজনশীল যথোপযুক্ত পাঠ্যক্রম সূচিত হবে। মলাট পাল্টে গবেষণার নামগন্ধহীন পুস্তক সম্ভারের কোনও অবকাশ নেই। শিশুদের মধ্যেই যে আগামীদিনের সুনাগরিকত্ব সুপ্ত রয়েছে, তা জাগ্রত করার ব্যতিক্রমী কার্যক্রম নিয়ে পুরনিগমের শিক্ষা বিভাগ। বলতে গেলে এই মুহূর্তে মহড়া চলেছে। সাফল্য এলে, বস্তিবাসী/অভাবী অভিভাবকদের সন্তানদের প্রি-স্কুলমুখী করার প্রয়াস চালানো হচ্ছে ওয়ার্ডভিত্তিক সমীক্ষা এবং ঘাটতি নিরূপণ করা।

আদর্শ তথা অবৈতনিক প্রি-স্কুল ব্যবস্থার সাফল্য নিয়ে কোনও দ্বিমত হতেই পারে না। যদি প্রথম পর্যায়ে ৫০ শতাংশ শিশুকে স্কুলমুখী করা যায়, তাহলে আগামী দিনে স্কুলছুটের শতাংশ কমতে বাধ্য। কারণ এমন শিশু শিক্ষার অধিকার নিয়ে এমনভাবে তো ভাবা হয়নি। কলকাতার জীবন সংগ্রামী/অভাবী অভিভাবকরা এজাতীয় উদ্যোগকে সাধুবাদ জানাতে বাধ্য।

এক্ষেত্রে প্রস্তাব-- আইইউএম এবং লার্নিং অ্যান্ড লিভিং রিসোর্সেস সোসাইটি প্রণীত স্বাতন্ত্রভাব, নিজস্ব তথা সৃজনশীল শিক্ষা প্রক্রিয়ার পাঠ্যক্রমগুলিকে যদি অন্যান্য চালু প্রি-স্কুলগুলির মধ্যে ছড়িয়ে দেওয়া যায়, তাহলে আখেরে শিশুদেরই মঙ্গল। এখন গড় প্রি-স্কুলগুলিতে একঘেয়ে বছরের পর বছর একরকমই সিলেবাসের পুনরাবৃত্তি দ্রুত পরিবর্তনশীল শিশুশিক্ষার যান্ত্রিকতা আসতে বাধ্য। ম্যাম-এদেরও মনোটনি কাটানো সম্ভব হবে। কিন্তু প্রথা ভেঙে ঘন্টা বাঁধা প্রায় অসম্ভব।

আর যদি অপ্রত্যাশিত সাফল্য আসে, তাহলে স্বচ্ছল পরিবারের শিশুদেরও নামমাত্র দক্ষিণায় প্রি-স্কুল খোলা যাবে। সমকালীন অধিকাংশ মন্টেসরী স্কুলগুলির শিক্ষা বাদ দিয়ে বাণিজ্যের ঝোঁক কমানো যেতে পারে। আখেরে হয়তো পুরসংস্থার ওই আদর্শবাদী মন্টেসরী স্কুলগুলিই অভিভাবকবৃন্দের কাছে অগ্রাধিকার পেতে পারে, শিশুশিক্ষার ব্রতকে পিছনে ফেলে ব্যাওসা অগ্রাধিকার পেলে স্কুলের বদনাম হতে বাধ্য। এর জ্বলন্ত উদাহরণ রাজ্যের পুরোপুরি সরকারি বিদ্যালয় এবং কলেজগুলির কৌলিন্য এবং তুলনামূলক উৎকর্ষতার নিদর্শন। এই সব শিক্ষায়তনের শীর্ষত্বের মূল কারণ শিক্ষক/শিক্ষিকাদের প্রত্যক্ষ দায়বদ্ধতার উন্মেষ, যা সরকারি সাহায্যপ্রাপ্ত শিক্ষায়তনের ক্ষেত্রে প্রায় অনুপস্থিতই।

কলকাতা পুর সংস্থার শিক্ষাবিভাগ প্রি-স্কুলের সূচনাকালে উল্লিখিত প্রস্তাব নিয়ে চিন্তা-ভাবনা করলে আখেরে বাংলার শিক্ষার মানই বাড়বে। এনিয়ে বিরোধী রাজনীতি বা প্রতিবাদ ধোপে না ঢোকারই কথা। মন্টেসরী শিক্ষাক্রম নিয়ে ব্যবসাই যদি সংশ্লিষ্ট পরিচালন গোষ্ঠির মূল লক্ষ্য হয়, তাহলে সর্বশিক্ষা মার খাবে। সরকার ভেবে দেখুন।

রাজ্যে আবার বিধান পরিষদের ভাবনা–চিন্তা

প্রবাসের চিঠি, বৃহস্পতিবার ২৮ জুলাই ২০১১

আনুমানিক চার দশক পর বিধানসভার সহযোগী বিধান পরিষদ চালু হতে চলেছে। সংবিধানে ১৬৯ ধারা অনুযায়ী রাজ্যগুলি বিধান পরিষদ স্থাপন করতে পারে। অনুশাসন অনুযায়ী সম্ভব্য বিধান পরিষদের সদস্য সংখ্যা হবে বিধানসভার মোট বিধায়কদের এক তৃতীয়াংশ অর্থাৎ ৯৮ জন। নির্বাচনী ইস্তেহারে মুখ্যমন্ত্রী তথা তৃণমূল কংগ্রেস নেত্রী মমতা বন্দ্যোপাধ্যায় যে সকল প্রতিশ্রুতি দিয়েছিলেন এটি তাঁর অন্যতম উল্লেখযোগ্য প্রস্তাব।

স্বাধীনোত্তর পশ্চিমবঙ্গের দুই দশকেরও বেশি সময় পরিষদের অবস্থান ছিল। অতীতের এই পরিষদের সঙ্গে জড়িয়ে আছে বহু স্মৃতিবিজরিত ঘনঘটার ইতিহাস। বিধানসভা ভবনের সংগ্রহাগারের পুরনো পৃষ্ঠা ঘাঁটলে বেরিয়ে আসবে কংগ্রেস আমলে বহুচর্চিত বিতর্কিত ইতিহাস, যা আজও স্মরণীয় হয়ে আছে।

বিধান পরিষদের পুনরুত্থান নিয়ে ইতিমধ্যেই যখন স্বতঃস্ফূর্ত আমজনতা এবং অন্য বিদ্বজ্জন জ্ঞানীগুণী বুদ্ধিজীবীদের যখন সমর্থন পাওয়া গেছে, সে সময় হয়তো বা বিরোধিতা করার খাতিরেই বামফ্রন্ট এর বিরুদ্ধে হাম্বাভাবে প্রতিবাদী ভূমিকা নিয়েছে। তাদের যুক্তি, এর ফলে 'নইলে খরচ বাড়ে'। অন্য কোনও বক্তব্য নেই। এই প্রতিবাদ ধোপে টিকবে না, কারণ বিধানসভায় সরকারের সদস্য সংখ্যার বিপুল গরিষ্ঠতার সামনে কোনও বিরোধিতাই কার্যকরী হবে না। অবলুপ্ত বিধান পরিষধ চালু করায় বিধানসভায় পাশ হয়ে একই সংখ্যাধিক্যের মাত্রায় সংসদেও মঞ্জুরি পেতে কোনও বেগ পেতে হবে না। তবে পরিষদ চালু হওয়ার প্রক্রিয়া সাধন সম্পন্ন করায় কিছুদিন সময় লাগবে। এখানে বলে রাখা ভালো, সংসদে যেমন রাজ্যসভাকে আপার হাউসের প্রতীকী মর্যাদা দেওয়া হয়, তেমনি রাজ্যস্তরেও বিধান পরিষদ একই গুরুত্ব পেয়ে থাকে। পশ্চিমবঙ্গ বাদে ভারতের আরও ৬টি রাজ্যে বিধান পরিষদ বর্তমান, যার মধ্যে পাশের রাজ্য বিহারও উল্লেখনীয়।

রাজ্য বিধানসভার বিরোধীদের বক্তব্য, বিধানসভার পাশাপাশি আরেকটি পরিষদ গঠন অনাবশ্যক, অতিরিক্ত এবং অকারণ ব্যয়বহুল ব্যবস্থা। স্মরণে রাখা উচিত এর অমোঘ গুরুত্ব এবং বিধান পরিষদকে কার্যকারী রূপে যথাযথভাবে কাজে লাগাতে পারলে রাজ্যের প্রগতি যেমন দ্রুততর হবে, তেমনি বিধানসভায় যে কোনও প্রস্তাব গ্রহণে যদি অজ্ঞাতে কোনও ভুলক্রটি ভুলভ্রান্তি বা ফাঁকফোকর থাকলে কিংবা যে কোনও বিলের উদ্দেশ্যর সঙ্গে প্রস্তাবনায় সঠিকভাবে সাযুজ্যের উপস্থিতি আছে কিনা তার অনুসারী পথ প্রদর্শকের কাজ করা। ক্রটিমুক্ত প্রশাসন এবং সাংবিধানিক প্রক্রিয়া সর্বাঙ্গসুন্দর রাখার জন্যই সংবিধান প্রণেতাগণ বিধান পরিষদ গঠনের ধারাটি সংবিধানে অন্তর্ভুক্ত করেছিলেন। বিধান পরিষদ তাই মোটেই অতিরিক্ত দায়ভার নয়, বরঞ্চ দূরদৃষ্টিসম্পন্ন ব্যবস্থা। একটি বহুমুখী শিল্পসংস্থা স্থাপন করলে যেমন তার মূল লক্ষ্য সম্পাদনে অনুসারী সংগঠনের প্রয়োজন হয়। তেমনি এরও প্রয়োজনীয়তা তদ্রূপ। এর যৌক্তিকতা আছে বলেই

তৃণমূল কংগ্রেসের নির্বাচনী প্রস্তাবে জনগণ সোৎসাহে প্রস্তাবটিকে সমর্থন জানিয়েছেন। দলনেত্রী প্রতিশ্রুতি রেখেছেন।

বিধান পরিষদ স্থাপন বা চালু করার চমকপ্রদ বৈশিষ্ট্য হল, যাঁরা সর্বতোভাবে রাজনীতির লোকজন, যাঁরা নির্বাচনে সক্রিয়ভাবে অংশগ্রহণ করেন না বা প্রার্থী হন না, অথচ এরকম শ্রদ্ধেয় নানান স্তরের মনীষা বা যেমন, রাষ্ট্রবিজ্ঞানী, অর্থনীতিবিদ, সমাজতত্ত্ববিদ, সাংস্কৃতিক, ক্রীড়া, বিজ্ঞান ইত্যাদি ক্ষেত্রে স্ব-নামে বিখ্যাত ব্যক্তিবৃন্দকে যেমন সাদরে সদস্যপদ দেওয়া হবে, তেমন স্নাতক, পুরসভা, পঞ্চায়েত, শ্রমিক সংগঠন এবং বিভিন্ন শ্রেণীভিত্তিক সভা-সমিতি তথা অনুন্নত ও সংখ্যালঘু সম্প্রদায়ের ব্যক্তিবৃন্দও বিধান পরিষদের সদস্যপদ অলঙ্করণের মাধ্যমে স্ব স্ব ক্ষেত্রের যথাযথ প্রতিনিধিত্ব করে সামগ্রিকভাবে সমাজকল্যাণ এবং সার্বিকভাবে রাজ্যের বিকাশে একটি অগ্রণী ভূমিকা যে পালন করবেন তা নিশ্চিত করেই বলা যায়।

যুক্তি হিসেবে বলা যেতে পারে ইদানীংকালে বা বছরগুলিতে বেলপাহাড়ি জঙ্গলমহল লালগড় উত্তরবঙ্গের ডুয়ার্স এবং পাহাড়ি দুর্গম এলাকা, বন্যাবিধ্বস্ত সুন্দরবন, বাঁকুড়া ও পুরুলিয়ার আদিবাসী তফসিলি জনজাতি অনগ্রসর পিছিয়েপড়া জঙ্গলবাসীদের মতো সমাজের সম্মুখসারিতে স্থান না পাওয়া অভুক্ত অর্ধভুক্ত কিংবা শিক্ষাহীনতায় শিকার হওয়ার জনজাতিদের প্রতিনিধিত্ব করার মতো সৎ একনিষ্ঠ এবং অরাজনৈতিক প্রতিনিধিত্ব থাকত তা হলে সাম্প্রতিককালের ঘটনাবহুল রাজনৈতিক অস্থিরতা বা আন্দোলনের প্রশ্ন না-ও উঠতে পারত। একই যুক্তি দাঁড় করানো যায় বুনিয়াদি শিক্ষা, গ্রাম্য কুটির শিল্প, নাটক, চলচ্চিত্র, সঙ্গীত, নৃত্য অর্থনৈতিক দিক দিয়ে পিছিয়ে পড়া জনজাতির কথা সর্বসমক্ষে তুলে ধরার প্রশ্ন এবং সমাধানের উপায়। একই সমর্থনযোগ্য বক্তব্য শ্রমিক আন্দোলনের পুরোধাদের পরামর্শ, তথ্য প্রযুক্তি বিশেষজ্ঞ ইত্যাদি ক্ষেত্রেও। রাজনৈতিক বাতাবরণের বাইরেও যে সুবিশাল অর্থ-সামাজিক জগৎ পড়ে আছে তার কথা আর একটু যত্ন নিয়ে বিশেষ প্রতিনিধিত্বের মাধ্যমে বিধান পরিষদে আলোচনা এবং সমস্যা সমাধানে বিধানসভার দৃষ্টি আকর্ষণ করে পরিকল্পনার বাস্তবায়নই তো সহযোগী বিধান পরিষদের সদস্যদের দায়বদ্ধতা। শাসকগোষ্ঠীর স্বপ্নের চিন্তাধারা বাস্তবরূপের অপেক্ষায় রইল পশ্চিমবাংলার আপামর জনজাতি।

এক্ষেত্রে স্মরণে থাকতে পারে রাজ্যের আইনসভার আপার হাউস তথা বিধান পরিষদকে মহিমাময় করে গেছেন যে সকল সর্বকালের বরেণ্য ব্যক্তিত্ব তাঁদের মধ্যে রয়েছেন ড. নীহাররঞ্জন রায়, ড. সুনীতি চট্টোপাধ্যায়, ড. প্রমথনাথ বিশী, প্রফুল্লচন্দ্র সেন, বিজয় সিং নাহার, ড. অসীমা চ্যাটার্জি, ড. প্রতাপ চন্দ্র গুহরায়, প্রণব মুখোপাধ্যায়ের পিতা কামদাকিঙ্কর মুখোপাধ্যায় প্রমুখ। এমনও দেখা গেছে এমন কোনও বরিষ্ঠ এবং শ্রদ্ধেয় রাজনীতিজ্ঞ যিনি হয়তো অপ্রত্যাশিতভাবে নির্বাচনে হেরে গেছেন, অথবা রাজ্য রাজনীতিতে তাঁর রয়েছে জরুরি আবশ্যিকতা যাঁর পরামর্শ, উপদেশের সমধিক প্রয়োজনীয়তা রয়েছে, সেই ব্যক্তিত্বকেই ফিরে পেয়েছি ভিন্নপথে, বিধান পরিষদে মনোনয়নের মাধ্যমে। এখানে রাজ্যের স্বার্থ-ই বড় কথা, রাজনৈতিক পক্ষপাতিত্ব অপাঙ্ক্তেয় মাত্র। উদাহরণস্বরূপ, এবারকার ৮ম বিধানসভা নির্বাচনে এমন সব রাজনৈতিক নেতা হেরে গেছেন যাঁদের রাজ্যের স্বার্থে অমোঘ প্রয়োজন রয়েছে। বিধান পরিষদের মাধ্যমে তাঁদের ফিরিয়ে আনলে রাজ্যেরই মঙ্গল।

সবচেয়ে উল্লেখ্য গুরুত্বপূর্ণ বিষয় হল রাজনৈতিক লড়াইয়ের ময়দানে যাঁদের ছাড়পত্র মেলে না অথচ একেবারে নীচতলার দিনমজুর থেকে আদিবাসী অন্ত্যজদের মধ্যে স্বেচ্ছাশ্রমে তাঁদের কল্যাণে নিজেকে সম্বৎসর নির্বাকচিত্তে জনসেবা করে চলেছেন তাঁদের প্রতিনিধিত্বের মাধ্যমে রাজ্যের বিকাশধারায় তাঁরা সংযোজিত হতে পারেন বিধান পরিষদে প্রতিনিধিত্বের মাধ্যমে। বিরোধীপক্ষ বলছে, এতে খরচ বাড়বে। সত্যিই তো! রাজ্যের বৃহত্তর স্বার্থে, বিভিন্ন জনজাতির সমপ্রতিনিধিত্ব, শ্রমিকদের বক্তব্য প্রতিষ্ঠায় এবং শিক্ষা তথা সাংস্কৃতিক ক্ষেত্রে সৃষ্টিশীলতার জন্য বিধান পরিষদকে লুপ্ত করে রাখা বা এর পুনরুজ্জীবনকে রোধ করা অনুচিত হবে।

রাজ্যের জনগণ তো শাসক গোষ্ঠীর এই প্রস্তাবকে যেভাবে সমর্থন জানিয়েছেন, তাঁদের অবজ্ঞা করাও সমীচীন নয়। সর্বশেষ সংবাদ: বিধান পরিষদ চালু করা নিয়ে ১৫ জনের এক সর্বদলীয় বিশেষজ্ঞ কমিটি তৈরি হয়েছে।

উপমহাদেশে একক কৃতিত্ব মমতার

খবর ৩৬৫ দিন, সোমবার ৯ জুন ২০১৫

প্রায় ৬০ বছর ধরে জিইয়ে রাখা পশ্চিমবঙ্গ-বাংলাদেশ সীমান্তবর্তী ছিটমহল সমস্যার সমাধান মমতার একক কৃতিত্ব। এমন মন্তব্য করে ভারতের প্রধামন্ত্রী বাংলার মুখ্যমন্ত্রীকে পাশে বসিয়ে আরও স্তুতি করলেন, 'স্থল সীমান্ত জট মুক্তিতে আশি শতাংশ কৃতিত্বই মমতা বন্দ্যোপাধ্যায়ের। পরবর্তীকালে তিস্তার জলবন্টনেও মমতার সক্রিয় সহযোগিতা চাইব। আমি তাঁর দায়িত্ববোধে আত্মবিশ্বাসী। স্থল সীমান্ত চুক্তির মাধ্যমে ভারত-বাংলাদেশ মৈত্রী বন্ধনে নেপথ্য কারিগর পশ্চিমবঙ্গের মুখ্যমন্ত্রী স্বয়ং।

দীর্ঘ দশকগুলি ধরে হাজার হাজার বঙ্গভাষী অভিভাবকহীন। নাগরিকত্বহীন প্রায় ১৮ হাজার ছিটমহলবাসীর বঞ্চনা চোখে না দেখা গেলে বিশ্বাস করা সম্ভব হত না। এরা নিজেরাই এতদিন জানতে পারেনি তারা বিশ্বের কোন রাষ্ট্রের নাগরিকত্ব প্রাপ্ত। প্রায় ৬ দশক সম্পূর্ণতই নো ম্যানস্ ল্যান্ডে থাকা এই হতদরিদ্র জনজাতি শুধু মাত্র নাগরিকত্বের জন্য অন্ধকার হাতড়ে বেড়িয়েছে। নাগরিকত্বের জন্য অন্ধকার হাতড়ে বেড়িয়েছে। নাগরিকত্ব না থাকায় এদের না ছিল শিক্ষার সুযোগ, না বিদ্যুৎ, হাসপাতাল, পানীয় জল ইত্যাদি দৈনন্দিন অত্যাবশ্যক জরুরী বিভাগ এবং খাদ্যের জন্য চরম দারিদ্রের মধ্যে পরম সহিষ্ণুতা দেখিয়ে ৬ জন বিশ্বমানবাধিকারের স্বীকৃতি পেল। বাংলাদেশে এবং মূলতঃ পশ্চিমবঙ্গে ভৌগলিক সীমানা টেনে কারা বাংলাদেশে আর কোন অঞ্চলের লোকেরা পশ্চিমবঙ্গের নাগরিকত্ব পাবে, তা নিয়ে কেন্দ্রীয় সরকার বারবার নানান অছিলায় সমাধান সূত্রটিকে বিলম্বিত করে বঞ্চিত হাজার হাজার বাঙালীকে প্রায় কালাহান্ডিতে পরিনত করে রেখেছিল। জরিপ ইত্যাদি আগেই স্থির করা ছিল। ছিট মহল বিনিময় নিয়ে এখানে জমিনিয়ে সমস্যা ছিল না। ছিল ভারত সরকারের আন্তরিকতার অভাব। বামফ্রন্ট যতই দরিদ্রদের কথা বলে থাকুক না কেন, বিগত ৩৪ বছরে তাঁদের ভূমিকাও অপ্রশংসনীয়। বাহবা কুড়োতে গিয়ে ফারাক্কা নিয়ে যে অবদান রেখে গেছে তার মাশুল আজ গুণতে হচ্ছে। মানবিক মুখ মমতা বন্দ্যোপাধ্যায়ের অহেতুক বঞ্চিত ছিটমহল বাসীদের নিয়ে মর্ম বেদনা ফুটে উঠেছে তাঁর একাধিকবার সীমান্তবর্তী ছিটমহল সরেজমিন পরিদর্শনে। সেখানকার নিপীড়িত জনজাতির সঙ্গে ব্যক্তিগত অভিজ্ঞতার দৌলতে। গত শীতে ছিটমহল সফরে তিনি এক বৃদ্ধাকে চাদর দিলে তিনি তা রেখে দিয়ে বলেন, যেদিন নাগরিকত্ব আসবে, ছিটমহল সমস্যার পূর্ণ সমাধান হবে সেদিন চাদর গায়ে দেব। ৬ জুন তিনি তাই করে দেখালেন। ছিটমহলগুলির অধিকাংশই পূর্বশর্ত অনুযায়ী বাংলাদেশে চলে গেছে আর খুব অল্প অংশই পশ্চিমবঙ্গে এসেছে। তাতে কোনও ক্ষতি হয়নি। রাজনীতি হয়নি। সংশ্লিষ্ট জনগণ হাসিমুখে সাদরে তা মেনে নিয়েছে। বিনা রাজনৈতিক সংঘর্ষে, বিনা রক্ত ব্যয়ে স্থানীয় জনগণ যে যার অঞ্চলে ফিরে যাচ্ছে অত্যন্ত আনন্দে। বঞ্চিত ৬০ হাজার মানুষ গত শনিবার থেকে যে যার দেশের নাগরিকত্বের আস্বাদ নিয়ে অত্যন্ত আহ্লাদিত। যেন পরভূমি থেকে মাতৃভূমিতে আশ্রয় পাওয়া। এদিন ১৬২টি ছিটমহল বাসীর ভাগ্য খুলে গেল। ছিটমহলে চলছে অকাল দেওয়ালী। মোড়ে মোড়ে দেওয়ালে দেওয়ালে মমতা বন্দ্যোপাধ্যায়ের জয়ধ্বনি। কেউ কেউ জননী আখ্যা দিতে ভোলেনি। নেহরু-জ্যোতি-বুদ্ধ যা করে দেখতে পারেনি মমতা তাই করে দেখালেন। তাই মোদি'র বাংলা দেশ সফরে স্টার অ্যাট্রাকশন ছিলেন একমেবাদ্বিতীয়ম্ মমতা বন্দ্যোপাধ্যায়।

রাজ্যের শিক্ষাক্ষেত্রের নৈরাজ্যে প্রবাসে বিরূপ ধারণা জন্মাচ্ছে

দৈনিক স্টেটসম্যান, ০৩/১০/২০১৫

দিল্লির শিক্ষাব্রতী মহল থেকে শুরু করে বাঙালী পরিবার কিংবা রফিমার্গ-এ আইএনএস বিল্ডিং-এ সাংবাদিক বন্ধুদের মুখে এক 'রা' পশ্চিমবঙ্গে তো এখন তৃণমূল শিক্ষাব্যবস্থা চলেছে। সাড়ে চার বছরের আগে যখন নতুন সরকার এসেছিল, জনগণের মধ্যে একটা আশার সঞ্চার হয়েছিল। এবার হয়তো শিক্ষাব্যবস্থা দলীয় লৌহ কপাট থেকে মুক্তি পাবে এবং বাংলার ছেলেমেয়েদের জন্য রাজনীতিমুক্ত, শাসকগোষ্ঠীর হস্তক্ষেপমুক্ত এক মুক্ত শিক্ষার পরিবেশ গড়ে উঠবে। বর্তমান সরকার একটি প্রশংসনীয় শিক্ষার বাতাবরণ সৃষ্টি করে রাজ্যের শিক্ষামহলে প্রশংসার্হ দৃষ্টান্ত স্থাপন করবে। কিন্তু এক বছরে আমরা কি দেখলাম? এ তো এসএফআই-এর ধারাবাহিকতার মাত্রা-ঊর্ধ্ব শাসক গোষ্ঠীর আশীর্বাদপুষ্ট টিএমসিপি-র আরও ধারালো আগ্রাসী শিক্ষাঙ্গন। প্রবাসে এসে এখানকার বঙ্গীয় অধ্যাপক শিক্ষক প্রবাসী অভিভাবক এবং কলকাতার কাগজগুলির প্রতিনিধিদের কাছ থেকে রাজ্যের শিক্ষাব্যবস্থা নিয়ে নানান কটূক্তি শুনতে হচ্ছে। এত প্রশ্নবাণ এবং নিন্দাবাদে চুপ করে থাকাটাই শ্রেয় মনে করছি।

বাংলা মুদ্রণ ও টিভি চ্যানেলগুলির মাধ্যমে দিল্লিবাসী বাঙালীদের নতুন করে আপডেট দেওয়ার আর প্রয়োজন হয় না। যাঁরা পশ্চিমবঙ্গের নিত্যনৈমিত্তিক খবর রাখেন, তাঁরা বলছেন প্রতিদিন কাগজে-চ্যানেলে পঙ্কমুখী ভাষণ/খবর যেন রোজনামচা। যেমন কলেজে-বিশ্ববিদ্যালয়ে ছাত্রসংঘর্ষ/দখলবাজি, সিন্ডিকেটরাজ ঝামেলায় পুলিশি ঔদাসীন্য, অন্তর্দলীয় সংঘর্ষ এবং মুখ্যমন্ত্রীর 'সাজানো ঘটনা'র তত্ত্ব। এ সকল প্রাত্যহিক হেডলাইন দেখে এখন আর তাদের মাটির টানে পশ্চিমবঙ্গে ফিরে যেতে ইচ্ছে করে না। এমনকী পুজোর ছুটিতেও না। কে চাইবে প্রবাসের এমন আদর্শ-বহুমুখী শৃঙ্খলাবদ্ধ শিক্ষাব্যবস্থা ছেড়ে শুধু মাটির টানে ভাষার টানে ছেলেমেয়েকে অস্থির শিক্ষাব্যবস্থার মধ্যে কলকাতা পাঠাতে? এঁরা সংবাদমাধ্যমের দৌলতে এতটাই খবরের ক্ষেত্রে আপডেটেড যে, প্রত্যুত্তর বোকামির নামান্তর। ওঁরা বলছিলেন, মাতৃভূমির সম্বন্ধে আজকালকার ছেলেমেয়েরা এতটাই বীতশ্রদ্ধ যে বাড়িতে বাংলা কাগজ বা সংবাদ শোনায়ও ওদের যথেষ্ট অনীহা। প্রবাসের নতুন প্রজন্মকে পশ্চিমবঙ্গ আকর্ষণ করতে পারল না। কলকাতা গেলে ওরা বলে আমাদের দিল্লি, এনসিআর, নয়ডা-ই যেন মাতৃভূমি।

মুখ্যমন্ত্রী বারবার বলছেন, বাংলার শিক্ষাব্যবস্থায় রাজনীতি নিষিদ্ধ করবই। শিক্ষাব্যবস্থা স্বাধিকারে নিজের মতো চলবে। পশ্চিমবাংলায় শিক্ষাব্যবস্থা হবে রাজনীতিমুক্ত। রাজনৈতিক হস্তক্ষেপ বরদাস্ত করা হবে না। যার সর্বশেষ দৃষ্টান্ত সবং-এর সজনীকান্ত মহাবিদ্যালয়, ডায়মন্ডহারবার কলেজে জনেক স্থানীয় কাউন্সিলরের গুণ্ডামি। কৃষ্ণপ্রসাদ জানা কি শিক্ষা সংস্কার করতে গিয়ে প্রাণ দিল? গত ৩৪ বছরে শাসকদলের আশীর্বাদ পুষ্ট হয়ে পশ্চিমবাংলায় কীভাবে রক্তিম শিক্ষাসংস্কৃতির দাপট দেখা গেছে, তা আমরা ছাত্রাবস্থায় দেখেছি, দেখেছি আরও ভয়াবহতা পরবর্তীকালেও। প্রায় সবকটি কলেজ ওদের দখলে অধ্যক্ষ থেকে উপাচার্য রক্তিম দলের অনুগত সৈনিকমাত্র। অধ্যাপক,

শিক্ষাকর্মী তো কোন ছার! সবই শাসকদলের শিক্ষাসেলের অধীন। অনিল বিশ্বাসের অঙ্গুলিহেলনে চলত পশ্চিমবঙ্গের শিক্ষাব্যবস্থা, যা সকলেরই জানা। মনে পড়ে রমরমা বিদ্যাসাগর মেলা। এই মেলার অধিনায়কদের রাজনৈতিক চাপে হারিয়ে গেল কলকাতা বিশ্ববিদ্যালয়ের সহ-উপাচার্য ড. মনীষা মুখার্জি?

ছাত্রাবস্থায় দেখেছি ড. সত্যেন সেনকে চরম হেনস্থা করা। বাদ যায়নি ড. রমা চৌধুরী, ড. সাধনা সরকারকে হয়রানি করা। চরমতম ঐতিহাসিক নৃশংসতা দেখেছি কলকাতা বিশ্ববিদ্যালয়ের উপাচার্য ড. সন্তোষ ভট্টাচার্যের ওপর উপর্যুপরি নিপীড়ণ। এসএফআই এবং শিক্ষাকর্মীদের প্রবল চাপের মুখেও উনি টলেনি। পদ না ছেড়ে তিনি শেষের দিকে বাড়ি থেকেই কাজ চালাতেন। তবুও উনি সরকারি চাপের কাছে মাথা নোয়ায়নি। ছাত্র আন্দোলনের নাম করে সেটা ছিল কলকাতা বিশ্ববিদ্যালয়ের এক কলঙ্কিত অধ্যায়। এখনও লোকে বলে শাসকের মদতে ছাত্র আন্দোলন হয় নাকি? হ্যাঁ, সে সময় তাই হয়েছিল। ওই সময়কালে প্রেসিডেন্সি কলেজের বেকার ল্যাবরেটরি ভাঙা হয়। সমকালেই গড়ে উঠেছিল সমালোচিত নকশাল ছাত্র আন্দোলন। যার ফলে ভুগতে হয়েছিল বঙ্গবাসীকে। আমরা শিক্ষাক্ষেত্রে অনেকটাই ধ্বংসের মুখোমুখি দাঁড়িয়েছিলাম। বহু প্রাণ গেছে, বহু পরিবারের কোল থেকে সন্তান হারিয়ে গেছে চিরকালের মতো, রাজনৈতিক কারণেই হোক বা জনমতের চাপে, ২০০৯ সাল থেকে শুরু হয় এসএফআইয়ের দ্রুত ধস নামা। এরপর ২০১১ সালে বামফ্রন্টের পতন ছিল ইঙ্গিতবাহী। সেই দাপুটে এসএফআই আজ ইতিহাস বিশেষ। এসএফআই-এর প্রতিদ্বন্দ্বী ছিল ছাত্র পরিষদ। তারাও কালচক্রে প্রায় তলানিতে ঠেকেছে। পিএসইউ, ডিএসও-দেরও হাল একইরকম। সেক্ষেত্রে সুযোগ বুঝে উঠে আসছে এভিবিপি। হাওয়া মোরগ যখন যেরকম হয়ে থাকে।

ঐতিহাসিকভাবে ছাত্র পরিষদের একটা ঐতিহ্য ছিল বা আছে। কিন্তু রাজনৈতিক দল পরিবর্তনের দৌলতে সেই জায়গার দখল নিয়েছে টিএমসিপি বা তৃণমূল ছাত্র পরিষদ। শাসক দলের ছাত্র সংগঠন হওয়ার সুবাদে এরাই রাজ্যের ছাত্র সাম্রাজ্য চালাচ্ছে। রাজ্যের ৪৭৮টি কলেজের মধ্যে ৪৫০ কলেজই ওদের দখলে। আর প্রতিদ্বন্দ্বিতা নেই। হারিয়ে গেছে এসএফআই। ২০০৮-০৯ সালে ওদের দখলে ছিল ৪২৬টি কলেজের মধ্যে ৩৩৫টি। ২০০৯-১০-এও ৪১৩টির মধ্যে ২৬০টি স্টুডেন্ট ফেডারেশন অব ইন্ডিয়ার দখলে ছিল। শাসকদলের ছত্রছায়ায় থাকলে যা হয়। তখন ছিল বিশ্বাসায়নের যুগ। কলেজে কলেজে পেশীবলে আসন দখলদারিটাই স্বাভাবিক ছিল। উপাচার্য থেকে অধ্যাপক সবটাই চলে গিয়েছিল লাল দুর্গের শিক্ষা সেলের অধীনে। আর আজ তাদের কী হাল! ওদেরই ছাত্র নেতা সুদীপ্ত গুপ্ত নিহত হল। কিছুটা হইচই হল, তারপর সব শুনশান। সুদীপ্তর পিতা ও পরিবার আজ অনুতাপ করছেন, কেন ও দল করতে গিয়েছিল। যেমন আফশোষ সেই ৭০-এর দশকে ভালো ভালো ছেলেদের নকশাল বা সিপিআই (এমএল) করতে গিয়ে আত্মবলিদান।

সেই দুঃসময় কিন্তু আমরা এখনও কাটিয়ে উঠতে পারিনি। মমতা মুখনিঃসৃত ভোগসর্বস্ব স্তোকবাক্য 'রাজনীতিমুক্ত শিক্ষাঙ্গন'-এর বাণী বিভিন্ন মঞ্চেই রয়ে গেছে। না হলে পশ্চিমবঙ্গের প্রায় ৯০ শতাংশ কলেজ নিজেদের কুক্ষিগত করেও, টিএমসিপি-র একক আধিপত্যের সাধ মেটে না? না হলে কেন কলেজে কলেজে অন্তর্দলীয় মাৎস্যন্যায় সংঘর্ষ সামনে আসবে? শিক্ষাঙ্গন হস্তগত করেও ওরা যেভাবে প্রায় প্রতিটি বিশ্ববিদ্যালয়ে নিজেদের রাজনৈতিক স্বার্থসিদ্ধিতে নেমে

পড়েছে তা তো ৩৪ বছরের ইতিহাসকেও ছাপিয়ে গেছে। এই আমলে ক'টি বিশ্ববিদ্যালয় বা মহাবিদ্যালয় সুষ্ঠু সমাহিত পরিবেশে পঠনপাঠন হচ্ছে? পাপবিদ্ধ রাজ্যের শিক্ষাক্ষেত্র। শিক্ষাকর্মী থেকে উপাচার্য কেউ মানসিক শারীরিক যন্ত্রণা থেকে রেহাই পাচ্ছেন না। পাপ যাত্রা শুরু কলেজে ভর্তি নিয়ে। কথা ছিল কলেজে ভর্তি করা হবে মেরিট-বেসড্ ই-গর্ভমেন্ট-এর মাধ্যমে। ঘোষণা করেও তা বানচাল হয়ে গেল অদৃশ্য স্বার্থগত রাজনৈতিক কারণে। সেই লাইন দাও টাকা দিয়ে ফর্ম কেনো এবং স্বজনপোষণ। শাসকদলীয় ছাত্র সংগঠনে মোটা চাঁদা দেওয়ার ঘটনাও ঘটেছে।

আব্দার কোথায় গিয়ে ঠেকেছে। ভাবলে বিস্মিত হতে হয়। ক্লাসে ন্যূনতম উপস্থিতি না থাকলেও পরীক্ষায় বসতে দিতে হবে। না হলে উপাচার্যের কী হাল হয় তা আমরা সম্প্রতি লক্ষ্য করেছি। শিক্ষামন্ত্রীকে কনভোকেশনে পিছনের দরজা দিয়ে যেতে হয়, আর আসতে হয় আচার্য তথা রাজ্যপালের গাড়িতে করে। এসময় স্যার আশুতোষ মুখোপাধ্যায় জীবিত থাকলে অচৈতন্য হয়ে যেতেন। পশ্চিমবাংলায় 'হোক কলরব' বিপরীতমুখী আন্দোলনের সংক্রমণ ঘটিয়েছে। হুলিগানিজম্ এমন স্তরে পৌঁছেছে যে মেয়েদের অন্তর্বাস পরে ক্ষীণ শরীরে পৌরুষত্ব দেখানো এই বঙ্গেই সম্ভব। আরেক বিশ্ববিদ্যালয়ের ছাত্র আন্দোলনের অভিমুখ হিসেবে স্যানিটরি ন্যাপকিনের ব্যবহারও দেখলাম। পরিণতিতে যদি ছাত্র আন্দোলনের নামে উচ্ছৃঙ্খল ছাত্র মিছিল দেখা যায় তাতে আশ্চর্যের কিছু থাকবে না। আশুতোষ বিল্ডিং-এ শ্রদ্ধেয় শিক্ষক-শিক্ষিকাদের সামনে যে উচ্ছৃঙ্খল, বেআদব, কুৎসিত অঙ্গভঙ্গিমায় বীরত্ব প্রদর্শন সংবাদমাধ্যমে দেখেছি তাতে লজ্জায় মাথা হেঁট হয়ে যায়। দুই সায়েন্স কলেজে শিক্ষার অপসংস্কৃতি দেখা গেছে ভিন্ন ঘরাণায়। পরিবর্তিত সরকারের কাছ থেকে কি শিক্ষক-শিক্ষিকারা ন্যূনমত সৌজন্য প্রত্যাশা করতে পারে না? একজন মহিলা শিক্ষাবিদকে সারারাত অফিস-বন্দি করে রাখা হয় কোন সৌজন্যে? তিনি তো কারও মা, বোন, স্ত্রী, আত্মীয়া হতে পারেন! অভিভাবকেরাই বা কেন উচ্ছৃঙ্খলদের প্রশ্রয় দেন। এতবড় শাস্তির পরও উনি কিন্তু পুলিশ ডাকেননি, যা কিনা আন্দোলনকারীরা আশা করেছিল, প্রেরোচনা ছড়িয়ে ছিল। সে ফাঁদে কাজ হয়নি।

কথা হচ্ছিল প্রেসিডেন্সির প্রাক্তনী কথা দিল্লি বিশ্ববিদ্যালয়ের এক অধ্যাপকের সঙ্গে। কলকাতার সঙ্গে তাঁর নিবিড় যোগাযোগ। তিনি বলছিলেন, 'উত্তাল সময়ে আমিও ছাত্র ছিলাম। কিন্তু তার সার্বিক ব্যপকতা তখন অতটা ছিল না, যা এখনও শুনছি। আচার্য উপাচার্য অধ্যাপক অপমানিত হচ্ছেন কলেজের অধ্যক্ষকে গলাধাক্কা দেওয়া হচ্ছে এমন শিক্ষা আমরা পাইনি। শুনি পশ্চিমবঙ্গে তো শাসক দলের নিরঙ্কুশ আধিপত্য তাহলে তথাকথিত ছাত্ররা কীভাবে শিক্ষাঙ্গনে এমন কুৎসিত আবহাওয়া সৃষ্টি করে? কী এমন হল যে শিক্ষক-শিক্ষামন্ত্রীর বদল হয়? যিনি এসেছেন তিনি কি পারছেন? টেট নিয়ে স্থায়ী সমস্যা, প্রশ্নপত্র চুরি— এসব কী হচ্ছে? কলেজ বিশ্ববিদ্যালয় গড়লেই হবে না, সুবোধ আদর্শবান ছাত্র তৈরি হচ্ছে কই? শিক্ষাক্ষেত্রে নোংরামি মস্তানি এমন জায়গায় পৌঁছেছে যে বিধায়ক বলছেন বোমা মেরে থানা উড়িয়ে দেব। বিধায়ক দলীয় নেতা কলেজে ঢুকে অধ্যক্ষকে অর্ধচন্দ্র দেবার সাহস কোথেকে পায়?' সংবাদমাধ্যমের সৌজন্যে এখন আর কিছু লুকানো যায় না। নীরব রইলাম। তিনি বলছিলেন, দিল্লিতে বহু কলেজ বিশ্ববিদ্যালয় আছে, কই সেখানে তো প্রাত্যহিক নোংরামি নেই। পড়াশোনাটা এ অঞ্চলে হয় বলে, এখান থেকে কত আইএএস, আইএফএস, আইআরএস বার হয়। বাঙালীরাই বাংলার বাইরে থেকে যশপ্রাপ্তি

ঘটাচ্ছে। ভাবতে লজ্জা! লাগে, এজন্য কোনও শিক্ষাব্রতী কলকাতামুখী হতে চায় না। গেলেও ফিরে আসেন। কারণ পশ্চিমবঙ্গে শিক্ষা আবহাওয়া তলানিতে ঠেকেছে।

দিল্লি প্রবাসী অধ্যাপক মহাশয়ের কথা ভালো না লাগলেও তাঁর সততা এবং আপাত অপ্রিয় ভাষণকে অসত্য প্রমাণ করার কোনও যুক্তিজালই খাটতো না। প্রবাসে থেকে উনি পশ্চিমবঙ্গের শিক্ষা পরিবেশ নিয়ে যা বললেন সেখান থেকে সরে আসা করাও পক্ষেই সম্ভব নয়। পশ্চিমবঙ্গে বর্তমানে যে শিক্ষা-সংস্কৃতি দেখা যাচ্ছে, যে কোনও শিক্ষায়তনে যা কিছু অশান্তি অস্থিরতার সৃষ্টি হচ্ছে, অচিরেই তা রাজনৈতিক রূপ নিচ্ছে, শিক্ষাঙ্গনে ঢুকে পড়ছে দলীয় নেতারা এমনকী কাউন্সিলর নয় বিধায়ক, স্থানীয় নেতারাও। প্রেসিডেন্সি বিশ্ববিদ্যালয়েও এমনটাই করে গেট-ক্র্যাশ করতে দেখা গিয়েছিল। আবারও বেকার ল্যাবরেটরি ভাঙা হয়েছিল, হকি স্টিকের ছড়াছড়ি। সেবার বাধ্য হয়ে পুলিশ এসেছিল। কলকাতা বিশ্ববিদ্যালয়ের উপাচার্যর ঘরের সামনে টিএমসিপির ছাত্রছাত্রীরা যেভাবে ধরনা স্লোগান দিয়েছিল, তা সত্যই ঐতিহাসিক। বিশ্ববিদ্যালয়ের ভেতরে তারস্বরে মাইক বাজিয়ে ওরা শিক্ষা-উদ্ধারে মাতে, তাও দেখা গেছে।

বেহালার হরিমোহন ঘোষ কলেজে হাঙ্গামায় জড়ায় কিনা স্বয়ং স্থানীয় টিএমসি কাউন্সিলর এর অন্য অধিকারিক সংঘর্ষে প্রাণ হারায়। কাউন্সিলার এখন মুক্ত। ডিরোজিও কলেজে এক অশিক্ষিত তৃণমূল নেতা, সিন্ডিকেটরাজের নায়ক তথা ওই কলেজের পরিচালক/দলের সম্পদ অধ্যাপিকাকে কলেজে ঢুকে জলের জগ ছুঁড়ে মারেন। নবনির্মিত আলিয়া বিশ্ববিদ্যালয়ে অভাবনীয় ছাত্র তাণ্ডব, আসানসোল রহমানিয়া উচ্চমাধ্যমিক বিদ্যালয়ে শিক্ষক পেটানো, এগুলো ইদানীং জলভাত। বোলপুর গার্লস কলেজে ছাত্রীদের পাশ করিয়ে দেবার অন্যায় আবদারে রাজি না হওয়ায় কলেজের সভাপতি তথা লোকসভার প্রাক্তন অধ্যক্ষ ইস্তফা দিতে বাধ্য হন। মলদা জেলা কলেজে শেষমেশ গুলি চলল। উত্তর দিনাজপুর কলেজে গণটোকাটুকি ঠেকাতে গিয়ে অধ্যক্ষ এবং দুজন সহ অধ্যাপক ছাত্রদের ও বহিরাগতদের হাতে বেধড়ক মার খায়। মালদায় গোলমাল পাকানোর দায়ে তো স্থানীয় বিধায়ক গ্রেফতার হন। এরকম বহু ঘটনা প্রতিদিন কলেজে কলেজে ঘটে চলেছে। অথচ মুখ্যমন্ত্রী বলছেন শিক্ষাঙ্গন রাজনীতিমুক্ত রাখবেন। আর কবে? সর্বশেষ ডায়মন্ডহারবার কলেজে দলীয় স্থানীয় বিধায়ক দীপক হালদারের মস্তানি এখন সবাই জেনে গিয়েছেন।

শিক্ষার সুপরিবেশ রাখতে গেলে ভালো ছাত্র হতে হবে, রাজনীতিমুক্ত হতে হবে, আর চাই শিক্ষাঙ্গনে শিক্ষা বিষয়ক আদর্শ, সংস্কৃতি। থাকবে রাজনীতিমুক্ত প্রতিদ্বন্দ্বিতামূলক ছাত্র সংসদ যেখানে বিভিন্ন পক্ষ আলোচনা সাপেক্ষে শিক্ষাক্ষেত্রে এক দৃষ্টান্তমূলত সাক্ষর রাখবে। রাজনীতিমুক্ত শিক্ষায়তন দেখতে হলে আসুন সেন্ট জেভিয়ার্স কলেজে, লরেটোতে। ওখানে কি বিদ্যার্থীদের কোনও সমস্যা নেই? তাহলে চলছে কী করে? চা-সিগারেটের ধোঁয়া মিলিয়ে ক্যান্টিন গরম করা রাজনীতি করলে, আসল শিক্ষা অলিন্দ দিয়ে পালিয়ে যাবে। রাজনীতিসর্বস্ব প্রেসিডেন্সি, যাদবপুর, কলকাতা, বর্ধমান, রায়গঞ্জ, উত্তরবঙ্গ যেভাবে চলছে তাতে এর থেকে বেশি কিছু আশা করা মুর্খামি। ঘোর অপরাধ করলে শাসকদলের ছাত্র জামিনযোগ্য ধারায় মুক্তি পাবে আর বিরোধী পক্ষ হলে তারা পড়বে জামিন অযোগ্য ধারায়। এ তো বাস্তব। নির্লজ্জ দলবাজিতে শিক্ষাঙ্গন আজ আক্রান্ত।

জন্মভূমি মাতৃভাষা
কেউ কি ভুলতে পারি?

KOLKATA-DAINIK STATESMAN SUNDAY 22 FEBRUARY 2015

২১ ফেব্রুয়ারি বাংলাদেশে মাতৃভাষা আন্দোলনে শহিদকুলের তর্পণ দিবস। ইউনেস্কোর বিশ্বময়তায় আন্তর্জাতিক মাতৃভাষা দিবস হিসেবে এই দিনটি বিশ্বের সর্বত্র পালিত হচ্ছে। ২১ ফেব্রুয়ারি ১৯৫২ সালে পূর্ববাংলার ৯৭ শতাংশ বঙ্গভাষীর মাতৃভাষাকে রাষ্ট্রীয় ভাষা হিসেবে স্বীকৃতি দানের ঐতিহাসিক আন্দোলনে ঢাকা বিশ্ববিদ্যালয়, মেডিকেল কলেজ এবং রমনা ময়দান সংলগ্ন এলাকায় পাকিস্তান সেনা এবং পুলিশের গুলিতে প্রাণ হারান চারজন তরতাজা যুবক আবুল বরকত, সালাউদ্দিন, আবদুল জব্বার এবং রফিকউদ্দিন। প্রথম তিনজন ঢাকা বিশ্ববিদ্যালয়ের ছাত্র এবং অপর তরুণ শহিদ ছিল সমর্থনকারী। এঁরা ভাষা আন্দোলনের প্রথম শহিদ চতুষ্টয় হিসেবে আজ সারা দুনিয়ার বঙ্গভাষীদের কাছে সততই প্রাতঃস্মরণীয়।

রাষ্ট্র বিজ্ঞানীদের মতে বর্তমান স্বাধীন বাংলাদেশ (১৯৭১) হিসেবে স্বীকৃতির মূল বীজটা রোপণ করেছিলেন ওপার বাংলার একাত্ম বাঙালীদের বাংলাভাষাকে মাতৃভাষা হিসেবে স্বীকৃতিদানের রক্তঝরা সংগ্রাম। তদানীন্তন পূর্ব পাকিস্তানের বাঙালীরা কখনও চাননি উগ্র মৌলবাদী বঙ্গবিদ্বেষী পশ্চিম পাকিস্তানের কুক্ষিগত হয়ে থাকতে। তাই দেখি ভাষাভিত্তিক রাষ্ট্রের দাবিতে অখণ্ড পাকিস্তান ঘোষিত হওয়ার মাত্র ১৫ দিনের মধ্যে (৩০ আগস্ট, ১৯৪৭ সাল) বৃহত্তম ভাষা আন্দোলনের প্রথম পদক্ষেপ হিসেবে আবির্ভাব ঘটে পূর্ণতঃই ধর্মনিরপেক্ষ গণতান্ত্রিক যুব লিগ এবং পরবর্তী পর্যায়ে ঢাকা বিশ্ববিদ্যালয়ের ছাত্রছাত্রীদের নেতৃত্বে ২ সেপ্টেম্বর গঠিত হয় তমুদ্দিন মজলিশ। ধীরে মাতৃভাষা বাংলা ভাষা আন্দোলনে সক্রিয়ভাবে জড়িয়ে পড়ে ঢাকা বিশ্ববিদ্যালয়, ঢাকা মেডিকেল কলেজ, জগন্নাথ কলেজসহ সকল বিদ্যায়তনের বিদ্যার্থী এবং সমকালীন আওয়ামি লিগ সহ অন্যান্য রাজনৈতিক দলগুলি। গগনভেদী একই আওয়াজ ওঠে 'বাংলা ভাষার রাষ্ট্রীয় স্বীকৃতি, উর্দু–আরবি–ফারসি দূর হঠো'।

পাকিস্তান সরকার ইতিমধ্যে আন্দাজ কতে পেরেছিল, পূবের এই অঙ্গপ্রদেশ হাতের বাইরে চলে যেতে পারে। বঙ্গবাসীদের ভাষা আন্দোলনকে নিয়ন্ত্রণে আনায় করাচি থেকে ফতোয়া জারি হল (১৯৪৮) উভয় পাকিস্তানেই একমাত্র রাষ্ট্রভাষা হবে উর্দু, স্তরভেদে বাংলাভাষার কোনও স্থানই পূর্বেও থাকবে না। বাংলায় এ নিয়ে কোনও ধরনের মিটিং, মিছিল প্রতিবাদী মঞ্চ গড়া যাবে না। এই বছরই ওই প্ররোচনাকে প্রত্যক্ষে উসকে দিল ২৭.০১.১৯৫২–তে মহম্মদ আলি জিন্না তাঁর ঢাকা সফর কালে। সারা বাংলা জ্বলে উঠল। ঘোষিত হল ইসলামি রাষ্ট্র গঠনে যারা বিরোধিতা করবে, তারা দেশদ্রোহী হিসেবে কঠোর শাস্তিযোগ্য অপরাধী বলে বিবেচিত হবে। ভাষা আন্দোলন নামক রাষ্ট্রীয় আন্দোলনের দেড় কোটি লোকের কণ্ঠরোধে ঘৃণাছুতি এবং পাকিস্তানের প্রধানমন্ত্রী খ্বাজা নাজিমুদ্দিন এবং পূর্ব পাকিস্তানের মুখ্যমন্ত্রী নুরুল আমিন। এর পিছনে আসল মতলব ছিল

করাচির কঠোর আধিপত্যে পূর্ববাংলাকে তখনকার উপনিবেশে পরিণত করা, নাহলে আশঙ্কা ছিল যে, এমন আন্দোলন বাংলার সর্বত্র ছড়িয়ে পড়লে পূর্বের এই ভূখণ্ড রক্ষা করা যাবে না।

ভাষা আন্দোলন সমগ্র পূর্ববাংলাব্যাপী অভূতপূর্ব অখণ্ড আন্দোলনের চূড়ান্ত রূপ নেয় ২৭ জানুয়ারি ১৯৫২। এদিন পূর্ব (বাংলা) পাকিস্তানে ঢাকার পল্টন ময়দানে মুসলিম লিগের প্রকাশ্য জনসভায় ভাষা আন্দোলন বিরোধী নেতা উত্তেজক ভাষণে সাফ জানিয়েছেন: 'অখণ্ড পাকিস্তানের একটিমাত্র জাতীয় ভাষা থাকবে, তা হল উর্দু, বাংলা ভাষা নিয়ে আলোচনারও কোনও অবকাশ নেই।' অথচ খোদ পশ্চিম পাকিস্তানেই উর্দুভাষী ছিল মাত্র হাস্যকর শতাংশ। আর উর্দুভাষী ভূমি-সন্তান না হওয়ার পূর্ব উপনিবেশে (বাংলায়) ওই ভাষা শতাংশেও পড়ে না। বঙ্গভাষীরা এমন ফতোয়া মানে কী করে? এ বিষয়ে ইতিহাসবিদদের মন্তব্য: বাংলা ভাগ হওয়ার ব্যথা পূর্ব পাকিস্তানের বাঙালীরা মেনে নিতে পারেনি। তাই ১৯৪৭-এ রাজনৈতিক বিভাজনের পর থেকেই ওঁরা মাতৃভাষাকে হৃদয়ে আগলে মনপ্রাণে চাইছিলেন ওঁদের মাতৃভাষা বাংলাভাষাভিত্তিক পৃথক রাষ্ট্র। যার চরমতম প্রতিবাদী আঘাত পূর্ব পাকিস্তানের জন্য রাষ্ট্রীয় ভাষা হোক বাংলাভাষা— এমন স্বীকৃতি আদায় করা যেতে পারলে ভাষাভিত্তিক সার্বভৌমত্বের মাধ্যমে বাংলার মুক্তি ঘটবে এবং পৃথক রাষ্ট্র গঠন সম্ভব হবে। নুরুল আমিন তার ভাষাবিদ্বেষী বক্তব্যের মাধ্যমে সমগ্র বঙ্গভাষীদের বিক্ষুদ্ধ করে দিল। জিন্না'র মতো একই বিস্ফোরক মন্তব্যের সঙ্গে সঙ্গে সমস্ত পূর্ববাংলায় বিক্ষোভ আন্দোলন তড়িৎ গতিতে ছড়িয়ে পড়ল। নেতৃত্বে এগিয়ে এল ঢাকা বিশ্ববিদ্যালয় এবং বাংলার সমস্ত ছাত্রছাত্রীরা।

এরই ফলশ্রুতিঃ ঢাকা বার লাইব্রেরি হলে ৩১ জানুয়ারি গঠিত হল সর্বদলীয় কেন্দ্রীয় রাষ্ট্রভাষা সংগ্রাম পরিষদ। মৌলনা ভাসানীর সভাপতিত্বে তৈরি হল ৪০ জনের এক দৃঢ়প্রতিজ্ঞ কমিটি। উক্ত কর্ম পরিষদকে গৌরবান্বিত করেছিলেন মৌলনা ভাসানী ছাড়াও আবদুল মতিন, হামিদুল হক, অলি আহাদ, খালেক নওয়াজ এবং উল্লিখিত ঢাকা বিশ্ববিদ্যালয়ের বাংলা ভাষা— মাতৃভাষা অন্ত অজস্র ছাত্রছাত্রীদের ত্যাগব্রত। কর্ম পরিষদ একটি চূড়ান্ত দাবিসনদে করাচি সরকারকে জানিয়ে দেয়: এখানকার ক্ষেত্রেই নয়, সরকারি কাজে, আইনি ক্ষেত্র সহ প্রশাসনিক সকল ক্ষেত্রে রাষ্ট্রভাষা হবে বাংলা। আরবি হরফে বাংলার প্রচলন নৈব চ। তদুপরি এই প্রথম সারাবাংলা ব্যাপী আন্দোলন হিসেবে ২১ ফেব্রুয়ারিকে চিহ্নিত করে নেওয়া হয়। ঘোষিত হয় সেদিন মাতৃভাষার স্বীকৃতিকে দেশব্যাপী প্রতিবাদী আন্দোলন দিবস পালিত হবে। ঢাকা বিশ্ববিদ্যালয় সহ শহরের সকল প্রতিবাদী ছাত্রছাত্রীরা ঢাকা মেডিকেল কলেজ এবং রমনা পার্ক এবং মধুর ক্যান্টিন সংলগ্ন অঞ্চলে ওইদিন ছাত্র জমায়েত হয়ে মিছিল সহকারে অধিবেশন চলাকালীন আইনসভা ভবন ঘেরাও করা হবে শান্তিপূর্ণভাবে, পাকিস্তান সরকার ছাত্র বিস্ফোরণের ব্যাপকতা বিচার করে অগণতান্ত্রিক ফতোয়া জারি করে নির্দেশনামা দিয়ে সর্বসাধারণকে সতর্কবার্তায় জানাল, ওইদিন সকাল থেকেই একমাসের জন্য ঢাকা বিশ্ববিদ্যালয় ও আশপাশ এলাকায় ১৪৪ ধারা জারি বলবত হল। ছাত্র সংসদও পাল্টা সিদ্ধান্ত নিল, তাঁরা সুশৃঙ্খলভাবে প্রতিবাদী বিক্ষোভ মিছিল করবে। এক-একটা দশ জন বিদ্যার্থীভিত্তিক দল আগুয়ান হবে। পাকিস্তান সরকার এই কৌশল স্মরণেও আনেনি। কিন্তু পুলিশের সঙ্গে ছদ্মবেশী গোয়েন্দা এবং সেনাবাহিনীকে সকাল হওয়ার আগেই সমগ্র এলাকাকে ঘিরে ফেলতে দেখা গিয়েছিল। সেই ঐতিহাসিক দিনের প্রথম সূর্য। ২১ ফেব্রুয়ারি বৃহস্পতিবার, ১৯৫২, হিজরীয় ২৪শে মতে ৮ ফাল্গুন, ১৩৫৮, হিজরীয় ২৪শে জমাদিয়াল আওয়াল

১৩৭১। বেলা ১০টায় মাতৃভাষা-সেবক হাজার হাজার ছাত্রছাত্রীদের মিছিল আশুয়ান হলে খাঁকি প্যান্ট পরা পুলিশবাহিনী লাঠি চালায়। অদম্য যুবাদের শায়েস্তা করতে এবার মুহুর্মুহু টিয়ার গ্যাসের গুলি ছুটতে লাগল। তারপর বেলা ৩টে ১০ পর্যন্ত পর্যায়ক্রমে সশস্ত্র বাহিনীর পাশবিক অত্যাচার। এবং শেষমেশ পাক সেনাদের নৃশংসভাবে গুলি চালানো। বরকত, সালাউদ্দিন, আবদুল জব্বার এবং রফিকউদ্দিনের মৃত্যুবরণ। ২১ ফেব্রুয়ারির ঐতিহাসিক ভাষা শহিদ ওই ৪ জনের রক্তে বাংলার হৃদয় ভেসে গেল। সরকার নৃশংস পথে ৭ ঘন্টার কারফুও জারি করল। ছাত্ররা দমেনি। ২১শে'র ভাষা শহিদ স্মরণে ২৪ তারিখ শহিদ স্মৃতি স্তম্ভ স্থাপন করা হল। সাদা কাগজে অমর ভাষা শহিদদের স্মরণ বার্তা লিখে স্তম্ভে সেঁটে দেওয়া হল। পৈশাচিক পাক প্রশাসন অচিরে তা ভেঙে দেয়। এই সময় বিক্ষিপ্তভাবে প্রায় ১৭ হাজার ছাত্র আহত হয়। সরকারি হিসেবে উল্লিখিত ৪ জন শহিদের সঙ্গে যুক্ত হয়েছিল আরও দু'জন। আন্দোলন দ্রুত সর্বত্র ছড়িয়ে পড়ে। অবশেষে অনন্যোপায় হয়ে মৌলবাদী পাক সরকার ১৯৫৬ সালে পূর্ব পাকিস্তানের জাতীয় ভাষা হিসেবে বাংলা ভাষাকে স্বীকৃতি দিতে বাধ্য হয়।

এখানেই শেষ নয়, বিশ্বজোড়া জনমতের ঢেউ রাষ্ট্রসংঘের সদর দপ্তরে পৌঁছলে ইউনেস্কো ২১ ফেব্রুয়ারি দিনটিকে আন্তর্জাতিক মাতৃভাষা দিবস হিসেবে চিহ্নিত করে। ১৯৯৯ সালের ওইদিন থেকে প্রতিবছর মাতৃভাষাকে সম্মান জানিয়ে আসছে। ভাষা আন্দোলন রাষ্ট্রীয়মুক্তি আন্দোলনে পৌঁছলে ১৯৭১ সালে পূর্ব পাকিস্তান পৃথক বাংলাদেশ রাষ্ট্র হিসেবে আত্মপ্রকাশ করে, যার জাতীয় ভাষা বাংলা। এরপর পুনঃপ্রতিষ্ঠিত হয় বাংলাভাষা শহিদদের স্মরণে শহিদমিনার ১৯৭২-এ, বাংলাদেশের ৩ কোটি লোকের হৃদস্পন্দনের অপর নামে বাংলা ভাষা— মাতৃভাষা।

কুৎসায় নিয়োজিত হওয়ার মানে নিজের দলের ক্ষতি

আবার যুগান্তর, ২৩ কার্তিক, ১৪১৯। শুক্রবার। ৯ নভেম্বর, ২০১২

সম্প্রতি কেন্দ্রীয় মন্ত্রিসভার রদবদল হল। তারুণ্যের প্রধান্যও দেওয়া হয়েছে। কিন্তু এই রাজ্যের ক্ষেত্রে সেই উদ্দেশ্য কতটা বাস্তবায়িত হয়েছে, তা জাতীয় কংগ্রেসই বলবে। তবে যাঁরা রাজনীতি করেন, রাষ্ট্রবিজ্ঞানের গবেষক, তাঁদের এই সরল পাটিগণিতটা বুঝতে অসুবিধা হয়নি যে, কেন্দ্র থেকে তৃণমূল সরে যাওয়ায় জোট সরকারের ধাক্কা সামলাতে এবং ইউপিএ'র দ্বিতীয় বৃহত্তম দলকে বিভ্রান্তিতে ফেলার প্রতিশোধ গ্রহণে (খুড়ি মমতাকে শায়েস্তা করতে) আকবর রোড পশ্চিমবঙ্গ থেকে এমন রাষ্ট্রমন্ত্রীদের (রাজ্য কংগ্রেসের ভাষায় 'হাফপ্যান্ট মন্ত্রী') মনোনীত করল, যাঁরা তৃণমূল দলের চেয়েও মমতা বিরোধীতায় বিশেষভাবে নিজেদের রাজনৈতিক ঘরানার সুর সৃষ্টি করেছেন এবং তা রাজ্যের এই নবীন সরকার আসার পর থেকেই লং প্লেয়িংয়ে বেজেই চলেছে। সূচনাকালের অব্যবহিত সময় থেকেই এই রাজনৈতিক কুৎসা তাঁদের চোখে অপছন্দের টার্গেট রাজ্যসরকারি দল নয়, একেবারেই ব্যক্তিগতভাবে সেই দলের নেতৃত্বের বিরুদ্ধে বিশেষ করে দল পরিচালিকার বিরুদ্ধে। হয়তো এই এলার্জি নীতিকে কাজে লাগিয়ে রাজ্যের তৃণমূল সরকারের বিরুদ্ধে সর্বত্র সোচ্চার হওয়ায় কেন্দ্রীয় নেতৃত্ব এমন মাকিং প্লেয়ারদের পশ্চিমবঙ্গের রাজনৈতিক ময়দানে নামানোর সর্বশেষ চালটি চেলে অপেক্ষা করবে কীভাবে এই জনমুখী নবীন দলটি আগামী পঞ্চায়েত নির্বাচন, তারপর লোকসভা নির্বাচনের ধরাশায়ী হয়।

এই চিন্তাধারা নিয়ে জাতীয় বা প্রদেশ কংগ্রেস তেমন কোনও দূরদৃষ্টি নিয়ে ভবিষ্যৎ সিদ্ধান্ত নেন, তাহলে অলীক কল্পনার সামিল হয়। এমন রাজনৈতিক রসায়ন যদি জলবত্তরলম হত, তাহলে তৃণমূল দলের প্রাবল্যবিহীন ৩৪ বছর অপেক্ষা করতে হত না। প্রদেশ কংগ্রেস কি বুকে হাত দিয়ে বলতে পারে যে, তৃণমূল কংগ্রেসের বিখ্যাত নেতৃত্ব এবং বিশালভাবে আবির্ভাব না হলে তাদের একার পক্ষে ৩৪ বছরের শাসন থেকে বামফ্রন্টকে সরানো সম্ভব হত কি? কোনও দল যদি যৌথ সরকার থেকে বেরিয়ে যায়, তাহলে সেই দলকে রাজনৈতিকভাবে বদলা নেওয়ার মধ্যে কোনও অস্বাভাবিকতা নেই। কিন্তু যদি দেখা যায় ছেড়ে যাওয়া দলকে ছেড়ে সেই দলের নেতৃত্বে থাকা বিশেষ ব্যক্তিকে পুঙ্খানুপুঙ্খভাবে এবং নির্দিষ্টকরে ব্যক্তিগত আক্রমণের পর্যায়ে অপরপক্ষ দলীয় পতাকা নিয়ে উদ্যোগ নেয়, তা রাজনৈতিক দর্শন ঐতিহাসিকভাবে সমর্থন করে না। এর উজ্জ্বল প্রমাণ একটি বাম দলের নেহরু বিরোধিতা থেকে শুরু করে ইন্দিরা গান্ধী, রাজীব গান্ধীর বিরুদ্ধে যে ব্যাপক কুৎসা গেয়ে নিজেরাই পরবর্তীকালে স্বখাত সলিলে ডুবে গিয়েছিল এখন আর 'রাজীব গান্ধী চোর হ্যায়' শোনা যায় না। ঠিক সেই ভুল সময়ের রাজনৈতিক সিদ্ধান্ত নেওয়ার আগে ভীত সন্ত্রস্ত অথবা চরম বিক্ষুব্ধ দল এবং দলীয় প্ররোচনায় সিদ্ধান্ত নেওয়ার আগে পূর্ব ইতিহাসটা স্মরণ করা উচিত। রাষ্ট্রধর্ম পালন অত সহজি নয়। উদ্দিষ্টমূলক বাংলার রাষ্ট্রমন্ত্রীরা শপথ গ্রহণ করেই নিজেদের দেশে এবং বিশেষ করে রাজ্যের উন্নয়নে নিয়োজিত করবেন, এই অঙ্গীকারের আগেই তৃণমূল সরকারের বিরুদ্ধে অনবরত উষ্মা উগড়ে দিয়ে নানান বিষয়ে ভ্রষ্টাচার-বিরোধী তদন্তের

হুঙ্কার দিয়েছেন যা ভাবতে অবাক লাগে, যাঁরা সততা এবং রাজধর্ম পালনের পাকে জড়িয়ে পড়ার বিরুদ্ধে আচমকাই তৃণমূল সরকারের বিরোধিতায় আদাজল খেয়ে নেমে পড়লেন, তাঁদের কি স্মরণে নেই কমনওয়েলথ গেম, টু-জি স্পেকট্রাম এবং হালফিলের 'কোল-ব্লক' কেলেঙ্কারির কথা? তাঁরা যদি এই সকল রাষ্ট্রীয় দুর্নীতির নিন্দা করে এমনটি আর তাঁদের কার্যকালে বরদাস্ত করবেন না বলে শপথ শোনাতেন, তাহলে বঙ্গবাসী দু'হাত তুলে মহাত্মা গান্ধীর উত্তর-রাজনৈতিক সন্তানদের অভিনন্দন জানাতেন।

রাষ্ট্রমন্ত্রী হওয়া-ইস্তক মমতা বন্দ্যোপাধ্যায়ের ব্যক্তিত্বকে তুলোধনা করা ছাড়া স্ব-স্ব বিভাগের নতুন কোনও আশার বাণী শুনিনি, বরং রাজ্যের মুখ্যমন্ত্রীর উষ্মা বিকিরণের প্ররোচনার আশ্রয় নিতে দেখা গেল। উপরে নির্দিষ্টভাবে উল্লিখিত কোটি কোটি টাকার নয়ছয় বিশ্বজ্ঞাত, এব্যাপারে দায়িত্ব জাতীয় কংগ্রেস এড়াতে পারে না। তা নিয়ে এঁদের বক্তব্য ঘোষিত হলে একটা সততার দৃষ্টান্ত স্থাপিত হত। তদন্ত সার্বিক হওয়াটা কি বাঞ্ছনীয় নয়? এমনকি রাজ্যের মুখ্যমন্ত্রীকে বিকারগ্রস্ত বলতে বঙ্গসন্তান হিসাবে এতটুকু বাঁধল না? এই বিদ্রূপ কার গায়ে লাগবে? অজয় মুখার্জি, প্রণব মুখোপাধ্যায় এবং প্রিয়রঞ্জন দাশমুন্সির মতো বর্ষীয়ান কংগ্রেস নেতা কংগ্রেস ছেড়ে কেউ কেউ ফিরেও আসেন, কিন্তু কোনও কংগ্রেস কর্মী কদাপি এঁদের বিরুদ্ধে বিষোদ্গার করেছেন এখানেই কংগ্রেসের ধারাবাহিক ঐতিহ্যের মহানতা। কিন্তু ইদানীং দশকগুলিতে দলছুটদের নিয়ে যা সব উক্তি শোনা যায়, তা রাজনৈতিক শালীনতার ব্যতিক্রম। এসব আজ তত্ত্ব কথা। কেন্দ্রীয় মন্ত্রী হলে তাঁর রাজনৈতিক দর্শনে সর্বভারতীয় রূপটি রক্ষা করা উচিত। আর তা না করে যদি পদপ্রাপ্তির পর সুপ্ত ঈর্ষাকে জাগিয়ে সংকীর্ণ রাজ্য-রাজনীতিতে তিনি আবির্ভূত হন, তাতে সংসদীয় গণতন্ত্রে অবক্ষয় নামতে বাধ্য। কেন্দ্রীয় মন্ত্রী পরিষদ রদবদলের পরপরই এই রাজ্যের প্রতিনিধিদের উক্তি ইত্যাদি আখেরে নিজ দলেরই ক্ষতি করবে।

কংগ্রেস এবং টিএমসি'র যৌথ লক্ষ্য ছিল এবং এখনও হয়তো আছে, যে সিপিএমকে রাজ্য থেকে নিশ্চিহ্ন করে দেওয়া। তৃণমূলের নেতৃত্বে তার ঐতিহাসিক বাস্তবায়ন অস্বীকার করার অবকাশ নেই। তৃণমূল কংগ্রেসের এখনও পর্যন্ত যা জনপ্রিয়তা তার কাছে কোনও দলই সমকক্ষ নয়। এর জীবন্ত দলিল, সম্প্রতি মুর্শিদাবাদে অনুষ্ঠিত সংসদীয় উপ-নির্বাচনে টিএমসি কোনও প্রার্থী না দিয়ে সিপিএমের সঙ্গে কংগ্রেসের লড়াইয়ে বিরত থাকে এবং কংগ্রেস প্রার্থী কোনওক্রমে মাত্র ২ হাজার ভোটে নির্বাচনী বৈতরণী পার হয়। এক্ষেত্রে যদি তৃণমূল প্রার্থী দাঁড়াতো, তাহলে অভিজ্ঞমহলের ধারণা অনুযায়ী ত্রিমুখী লড়াইয়ে কংগ্রেস প্রার্থীর যে শোচনীয় হাল হত, তা বলার অপেক্ষা রাখে না।

সিপিএম তথা বামফ্রন্টের ঐতিহাসিক পরাজয়ের মূল কারণ ছিল কংগ্রেস এবং তৃণমূল একসঙ্গে অ-বাম মঞ্চ তৈরি করে লড়েছিল বলে। দক্ষিণপন্থী দলগুলির একত্রিত হয়ে লড়াইয়ের কোনও পথ এতকাল তারা তৈরি করতে পারেনি বলে বামফ্রন্ট ৩৪ বছর শাসনে ছিল। বর্তমান রাজনৈতিক শোচনীয় পরিস্থিতি আবার বঙ্গবাসীদের সেই খেও-খেয়ির দিনগুলির বলি করতে উদ্যোগের আভাসে কালো মেঘ দেখা যাচ্ছে। উভয় কংগ্রেসের পুঁথিগত লক্ষ্য যদি সিপিএমকে নিশ্চিহ্ন করা, তাহলে কেন একটি দলের কতিপয় নেতৃত্ব অপরদলের সঞ্চালককে লক্ষ্য করে অনবরত বিদ্রূপ করছেন? আখেরে কার লাভ হবে? উভয় দলের পক্ষে যে জাতশত্রু, সে তো এই

বাক্‌–বিতণ্ডায় যোগ না দিয়ে দিব্যি নিজেদের অস্তিত্ব ফিরে পাওয়ার সহজতর সুযোগটি অনায়াসে পেতে শুরু করেছে। এজন্য তাদের কোনও অগ্রণী হওয়ার অতিরিক্ত শ্রম ওরাই বাঁচিয়ে দিচ্ছে।

সাম্প্রতিককালে বিশ্বের রাজনৈতিক ইতিহাসে মমতা বন্দ্যোপাধ্যায় একজন মিথ, কিংবদন্তী নেত্রী, টাইমস্‌ এবং অন্যান্য বিশ্বসংগঠন থেকে সম্মাননায় ভূষিতা। ব্রিটেন এবং মার্কিন যুক্তরাষ্ট্র থেকে ভাষণ দেওয়ার বিরলতম অনেক আমন্ত্রণপত্র তাঁর টালির ঘরে পাথর চাপা দেওয়া আছে। এতে তাঁর সাধারণ জীবনযাপনে স্ট্যাটাস বৃদ্ধিতে কোনও রূপ আবেগ সৃষ্টি করতে পারেনি। আমেরিকা এবং ইংল্যান্ডের যথাক্রমে বিদেশ সচিব এবং রাষ্ট্রদূত তাঁর সঙ্গে দেখা করতে আসেন। এই সকল স্বীকৃতি ৩৪ বছরের শাসনের অবসানে নেতৃত্বদানই যদি অপরের কাছে ঈর্ষার কারণ হয়, যদি জাতীয় কংগ্রেস তাঁর উত্থানকে অবদমনে অস্ত্র শানান তবে তা হবে বাংলার পক্ষে ঘোর দুর্দিন।

বাংলার নতুন রাষ্ট্রমন্ত্রীরা স্বাগত। আপনারা আমাদের গর্বের ব্যক্তিত্ব। আশা করব, আপনাদের মাধ্যমে আর্থিক দিক থেকে দেউলিয়া পশ্চিমবঙ্গ আবার শীর্ষে থেকে নেতৃত্ব দেবে। গান্ধী আদর্শে দীক্ষিত দু'টি দল নিশ্চয় চাইবে না তথাকথিত মার্কসবাদের পুনরুত্থান। একই আদর্শে উদ্বুদ্ধ দল দু'টি পারস্পরিক কলহে নিয়োজিত না হয়ে নতুন বাংলা গড়ায় হাত দিন। ঈর্ষাকাতর হয়ে, মনভ্রমে ব্যক্তিবিশেষকে আক্রমণ করা রাজনীতি নয়। এতে সংকীর্ণ রাজনৈতিক চরিত্রটি বেরিয়ে পড়ে, যা দলের পক্ষে সামগ্রিকভাবে অবশ্যই ক্ষতিকারক। নিজ পদকে মর্যাদা দিলে স্বীকৃতি আসবেই, আর তা নাহলে দলের পক্ষে পরিণতিতে হয়তো তিনিই সমস্যা হয়ে দাঁড়াতে পারেন। এটি একজন সাধারণ বঙ্গবাসীর আবেদন মাত্র।

বাংলাদেশ–এর বিজয় উৎসব দিবস

দৈনিক স্টেটসম্যান রবিবার ১৮ ডিসেম্বর ২০১৬

চব্বিশ বছরের দীর্ঘ সংগ্রামের পর অবশেষে ১৬ ডিসেম্বর ১৯৭১ সালে সাড়ে সাত কোটি বাঙালি পাকিস্তানের উপনিবেশ-তুল্য পূর্ব পাকিস্তান স্বাধীনতা পেয়ে 'জনগণতান্ত্রিক বাংলাদেশ রাষ্ট্র' হিসেবে স্বীকৃতিলাভ করে। স্বীকৃতি আসে বিশ্বের বিভিন্ন রাষ্ট্রসহ জাতিপুঞ্জেরও। এদিনই ভারতীয় সেনা বাহিনীর সক্রিয় সহযোগিতায় মিত্রবাহিনীর কাছে (ভারত–বাংলাদেশ সেনাগোষ্ঠী) পাকসেনা বাহিনী পরাজয় স্বীকার করে দীর্ঘ অত্যাচারের অবসান ঘটিয়ে পশ্চিম পাকিস্তানে ফিরে যেতে বাধ্য হয়। পূর্ব পাকিস্তানের চির অবসান ঘটলো। জন্ম নিল বাংলা ভাষা সমৃদ্ধ এক নতুন রাষ্ট্রের। ইতি টানা হল দীর্ঘ সংগ্রামের। স্থান রমনা রেস কোর্স, ঢাকা। তারিখ ১৬ ডিসেম্বর সর্বাধিনায়ক জেনারেল এ এ কে নিয়াজী, মিত্র বাহিনীর কমান্ডার লেফটেন্যান্ট জেনারেল জগজিৎ সিং অরোরার কাছে বশ্যতা স্বীকার করে আত্মসমর্পণ করা। তার সঙ্গে ছিল পাক বাহিনীর ৯০ হাজার সেনাদলও, যা পৃথিবীর ইতিহাসে বিরলতম ঘটনা। পশ্চিম পাকিস্তানে ফিরল লজ্জাকর পরাজয়ী ইসলামিক রিপাবলিক এব পাকিস্তানের প্রশাসনিক কর্তারাও। এই রাষ্ট্র হস্তান্তরের মুহূর্তে উক্ত ঐতিহাসিক স্থলে অন্যান্যদের মধ্যে উপস্থিত ছিলেন ভারতের পক্ষে লেফটেন্যান্ট জেনারেল জে এফ আর জেকব, বাংলাদেশের হয়ে এয়ার কমোডর তথা ডেপুটি চিফ এব আর্মড ফোর্সেস এ কে খান্দকার এবং পাকিস্তানের পক্ষে ভাইস এ্যাডমিরাল তথা কমান্ডার অব পাকিস্তান ন্যাভাল, ইস্টার্ন কমান্ড মহম্মদ শরীফ। যে সময় আত্মসমর্পণ পর্ব চলছে, ঐ সময় বাইরে অগণিত জনতার নিয়াজী এবং পাকিস্তান বিরোধী স্লোগানে মুখরিত অকুস্থল। বাঞ্ছিত মুক্তি আন্দোলনের জন্য ত্রিশ লক্ষ বাঙালিকে শহীদ হতে হয়েছিল। এক কোটি জনজাতি বাস্তুহারা হয়। স্বাধীনতার একমাসের মধ্যে রাষ্ট্রসংঘ বাংলাদেশকে সদস্যপদ দেয়। এদেশেও এমনদিনে বিজয় উৎসব পালিত হয়।

১৯১৪ সালে ভারত–পাকিস্তান বিভাজনের ফলে পাকিস্তান দুইভাগে শাসিত হতে শুরু করল, কর্তৃত্বে রইল পশ্চিম পাকিস্তান আর পূর্ব পাকিস্তান হয়ে রইল পূর্বোক্ত উপনিবেশসম। ওদের কাছে পূর্ব পাকিস্তানের সহ–নাগরিকেরা (?) ভীষণভাবে হিন্দুত্বের বিশ্বাসী, নিকৃষ্ট এবং ভেজাল (inferior and impure) জাতি তথা অবিশ্বাসযোগ্য জনজাতি। ওরা ইসলাম–বিদ্বেষীও বটে। তাই পাকিস্তান সরকার প্রথম থেকেই বঙ্গজাতিকে অপাংক্তেয় এবং দ্বিতীয় শ্রেণীর নাগরিক হিসাবে দেখে আসছিল, তথা শোষণ করছিল।

প্রখ্যাত সাংবাদিক এবং বুদ্ধিজীবী অ্যান্টনী মাসকারেনহাস–এর সূত্রে তথা সানডে টাইমস (লন্ডন) এর ১৩ জুন ১৯১৭ তারিখে তদীয় সংবাদাতার (আব্দুল বারি) প্রতিবেদন অনুযায়ী জানা যায়— পাক বাহিনী ও সহচরবৃন্দ বেসরকারি তথ্যসূত্রে বাংলাদেশের তিন লক্ষ থেকে পাঁচ লক্ষ মানুষের প্রাণ নেয় এবং মানুষ নিধন যজ্ঞ চলছিল। এতে নেতৃত্ব দেয় পাকসেনা বিহারী/বাঙালি রাজাকার বাহিনী, মিলিশিয়া, জমায়েৎ–ই–ইসলাম এবং উগ্র ইসলামিক মৌলবাদীরা। লক্ষ লক্ষ মহিলা, নাবালিকাদের ধর্ষণ ও হত্যা, গণহত্যা এবং ঘরছাড়া করাই এদের কাজ ছিল। গণ ধর্ষণের অগণিত সন্তানসম্ভবা, দাবীহীন সন্তানের জন্মের ফলে বহু নারী ভ্রূণ হত্যা থেকে আত্মহত্যায় সামিল হয়। ১০ লক্ষ বাঙালি প্রাণভয়ে ভারতে বাস্তুহারা হয়ে প্রবেশ করে (পশ্চিমবঙ্গে এবং

অংশতঃ ত্রিপুরা, আসাম)। পরে আরও ৩০ লক্ষ উদ্বাস্ত'র আগমন ঘটে। পাক সরকারের উদ্ধৃতি তুলে বলা হয়: Bengalis are racially inferior— a non martial and physically weak race and sub-human. বঙ্গ-ধ্বংসে পাক সরকার আক্রমণ সানাতে তৈরি করে 'অপারেশন সার্চলাইট'। বাঙালি নিপীড়ণে অন্যতম অস্ত্র ছিল ১৯৪৮–এ প্রণীত রাষ্ট্রীয় ভাষা 'উর্দূ' কে চাপিয়ে দেওয়া। পঃ পাক-এর মুসলিম লীগ যার মদত জুগিয়েছিল।

প্রসঙ্গত এই বিমাতৃসুলভ ব্যবহারের জন্য এবং মুসলীম লীগে বিকল্প হিসাবে ১৯৫২ সালের ফেব্রুয়ারি মাসে পূর্ববঙ্গে বাংলা ভাষা আন্দোলনের সূত্রপাত ঘটে, যা স্বাধীনতা আন্দোলনকে এগিয়ে যেতে প্রভূত সাহায্য করেছিল এবং তার আগে সৃষ্টি হয় আওয়ামী লীগ-এর, ১৯৪১ সালে। ১৯৫২ পরবর্তী ১৫ বছর সংঘাত ছড়িয়ে পড়লো, রাজনৈতিক অস্থিরতা বেড়ে চললো। জেনারেল এ এ কে নিয়াজী এ প্রসঙ্গে পরিহাস করে মন্তব্য করেছিল: East Pakistain is low-lyingl and of low lying people.

সানডে টাইমস-এ ফিরি। তদানীন্তন ভারতের প্রধানমন্ত্রী শ্রীমতী ইন্দিরা গান্ধীর নজরে ১৩ জুন ১৯১৭-এর খবরটি। তিনি এমন হত্যালীলা এবং নিপীড়নের করুণ কাহিনী পড়ে পত্রিকার সম্পাদক মি. হ্যারল্ড ইভান্সকে হৃদয়ের বেদনা জানান এবং সারা দুনিয়ায়, সমস্ত রাষ্ট্রের রাজধানীতে বিশেষ করে মস্কো, লন্ডন ও বেজিং–এ স্পষ্টতঃ জানিয়ে দেন— পাকিস্তানের এমন অমানুষিক নিপীড়ণে ভারত চুপ করে থাকতে পারে না।

অসহায় বঙ্গবাসীদের আশ্রয়দানে তিনি সীমান্ত খুলে দেন এবং পাকিস্তানকে শায়েস্তা করার জন্য প্রস্তুতি নিতে এতটুকু দ্বিধা করেননি। তিনি ভারতীয় সেনাবাহিনীকে বাংলার মুক্তি বাহিনীর সঙ্গে সুদৃঢ় যোগাযোগ স্থাপনে অগ্রণী হতে নির্দেশ দেন। অপরদিকে পূর্ব পাকিস্তানের অবিসম্বাদী নেতা সেখ মুজিবর রহমানের নেতৃত্বে আওয়ামী লীগের তৎপরতায় স্বাধিকারের মন্ত্রে অনুপ্রাণিত ওপারের জনজাতিরা একই ছত্রতলে সামিল হয়ে পাকিস্তান সরকারের বিরুদ্ধে সংগঠিত হতে বিন্দুমাত্র বিলম্ব করেননি।

ভাষা আন্দোলনকে অতিরিক্ত মাত্রা দিয়ে ঢাকা বিশ্ববিদ্যায়ের তরতাজা তরুণ সম্প্রদায়ের নেতৃত্বে সে দেশের যুবসমাজ দিকে দিকে পাকিস্তান–বিরোধী মুক্তি আন্দোলনে এক বিশেষ ভূমিকা নিল। বাংলা ভাষাকে জাতীয় ভাষার স্বীকৃতিতে ছাত্রারা শহীদ হল। ভাষা আন্দোলন যে স্বাধীনতা সংগ্রামের অন্যতম মুখ হতে পারে, তা পরবর্তীকালে সারা বিশ্বের সঙ্গে রাষ্ট্রসংঘ–ও মেনে নেয়।

উর্দূভাষা কায়েমী করার স্বার্থে পাকিস্তান সরকার ১৯৫২ সালের ২১ ফেব্রুয়ারি ঢাকা বিশ্ববিদ্যালয় প্রাঙ্গণে বঙ্গভাষার দমনের উদ্দেশ্যে গণ ছাত্রহত্যা করে। দেশে আগুন জ্বলে ওঠে। আওয়ামী মুসলীম লীগ (পরে আওয়ামী লীগ) দেশব্যাপী মুক্তি আন্দোলনকে ব্যাপকতর করল। ঐ ঐতিহাসিক ভাষা আন্দোলনকে স্বীকৃতি দিয়ে ইউনেস্কো ১৯৯৯ সালের ১৭ নভেম্বর থেকে বিশ্বের সর্বত্র 'আন্তর্জাতিক মাতৃভাষা দিবস' পালনের বিজ্ঞপ্তি ঘোষণা করে।

পরিস্থিতির অবনতি ঘটতে লাগলে এর আগে পাক সরকার বাধ্য হয়ে ১৯৭০ সালে পূর্ব পাকিস্তানে সাধারণ নির্বাচনের ডাক দেন। প্রত্যাশামত মুজিবর রহমানের নেতৃত্বে আওয়ামী লীগ বিপুল সংখ্যা গরিষ্ঠতা নিয়ে নির্বাচন জয়ী হয়। রাষ্ট্রপতি এবং পাক সরকার এমন পরিস্থিতির ভাবনাও করতে পারেনি। অসন্তুষ্ট ইয়াহিয়া খান দ্রুত আওয়ামী লীগকে দেশদ্রোহী উস্কানীমূলক রাজনৈতিক দলের আখ্যা দিয়ে সেনা অভ্যুত্থান ঘটিয়ে পূর্ব বাংলায় 'মার্শাল ল' বা মিলিটারি শাসন ব্যবস্থা কায়েম করে। সারা বিশ্ব স্তম্ভিত। পশ্চিমী পত্রিকায় লেখা হল: Putting down Bengali

Nationalism,Pak Army launched 'Operation Searchlight' on 25th march 1971. Pak forces targeted both Hindus and Bengali speaking Muslims.In mass-killing Pak army caused deaths of upto 3 million people, created upto 10 million refugees, who fled to India and displaced further 30 millions witin east Pakistan. According to Pak spokesman— Bengalis are racially inferior, a non-martial and physically weak race sub human.

‘অপারেশন সার্চলাইট’-এর মূল মস্তিষ্ক জেনারেল টিক্কা খান ঘোষণা করেছিল— পূর্ব পাকিস্তানে বাঙালীদের যেনতেন প্রকারেণ সংখ্যালঘু জাতিতে পরিণত করতে হবে। ফলস্বরূপ গ্রামে গ্রামে মহিলারা আক্রান্ত হল, তাদের ধর্ষণ থেকে হত্যা পর্যন্ত করা চলল। উদ্ধৃতি দিয়ে ‘টইম ম্যাগাজিন’ লিখল— এমনও হয়েছে যে, শারীরিক অত্যাচার করে ৫৬৩ জন মহিলাকে ছেড়ে দেওয়া হয়, যারা ৩ থেকে ৫ মাসের গর্ভবতী ছিল। মেয়েদের বেশ্যা বৃত্তিতে নিয়োজিত হতে বাধ্য করা হল। ধর্ষণের বলী হয়েছিল দুই থেকে চার লক্ষ বিভিন্ন বয়সের মহিলারা।

এ সকল তথ্য বিশ্বের অন্যত্র ছড়িয়ে পড়তে বেশি সময় লাগেনি। এইসব তথ্য চেপে দেওয়ায় পাক সরকার কম কসুর করেনি। প্রখ্যাত বুদ্ধিজীবী ও সাহিত্যিক মুলকরাজ আনন্দ লিখলেন: The rapes were so Systematic and pervasive that they had to be conscious Army Policy. ১৯৭১ এর ১৬ ডিসেম্বর পরাজয় স্বীকারের বর্ণনা দিতে গিয়ে সমালোচক অমিতা মালিক এক নিবন্ধে পরাজয়ের কথা অবতারণা করতে গিয়ে এক পৈশাচিক পাক সেনা’র বক্তব্য তুলে ধরেছেন, তাঁর ভাষাতেই: We are going back. But we are leaving our SEED behind.

প্রসঙ্গত: পাক সরকারের একতরফা নারকীয় সেনা অভিযানে প্রত্যক্ষভাবে অবতীর্ণ হয়েছিল আল বদর, আল সামস, রাজাকার, মুসলিম লীগ, নিজাম-ই-ইসলাম, জামাত-ই-ইসলাম, জামায়েত উলেমা পাকিস্তান প্রভৃতি ইসলামিক উর্দু ও ফারসীভাষী মৌলবাদী দল। এদের মধ্যে অনেকেই অত্যুৎসাহী হয়ে নির্বাচনে অংশগ্রহণ করে (১৯৭০) গো-হারা হারে। অপর দিকে স্বদেশ মুক্তি আন্দোলনে বাংলাদেশ মহিলা পরিষদ-এর অংশ গ্রহণ উল্লেখযোগ্য ঘটনা।

শুধু তাই নয় পাক সরকারের পাশবিক অত্যাচারের কাহিনী সারা বিশ্বে ছড়িয়ে দিয়ে আন্তর্জাতিক জনমত তৈরিতে এক বিশেষ ভূমিকা নেয়।

১৯৭১ এর আজকের দিনে বাংলাদেশের মুক্তির জন্য সর্বতোভাবেই পাক সরকারের অবিমৃষ্যকারিতা পুরোপুরিভাবে দায়ী। সবচেয়ে হাস্যকর ব্যাপার ১৯৪৭ থেকে ১৯৭১ সাল পর্যন্ত পাক সরকারে পশ্চিম পাকিস্তান-ই দাঁড়িয়ে ছিল নড়বড়ে অবস্থায়। ছিল রাজনৈতিক চরম অস্থিরতা এক অর্থনৈতিক দুর্দশা। ১৯৫৬ সালে রাষ্ট্রকে (পূর্ব বাংলাসহ) ইসলামিক রিপাবলিক-এ পরিবর্তন করে নিজেদের একঘরে করার পথ পরিস্কার করে দেয়। গলার কাঁটা হল ১৯৫৮ সালে সেনা অভ্যুত্থান। ১৯৫৮ সাল থেকে ১৯৬২ পর্যন্ত দেশে মার্শাল ল প্রয়োগ, যার পুনরাবৃত্তি ঘটে ১৯৬৯ এবং ১৯৭১ সালে। এরই মধ্যে পূর্ব পাকিস্তানে ধারাবাহিকভাবে ভাষা, সংস্কৃতি, সমাজজীবন, ধর্ম, অর্থনীতিও সামাজিক বৈষম্যের নিপীড়ণ অব্যাহত রেখে বাংলাদেশকে ক্রমেই খেপিয়ে তোলে এবং আস্থাহীন হয়ে পড়ে।

এরই মধ্যে জেনারেল আয়ুব খান ২৫ মার্চ ১৯৬৯ সালে পূর্ব পাক-এর শাসনভার তুলে দেয় জেনারেল ইয়াইয়া খানের হাতে। শাসনভার নিয়েই এই নিষ্ঠুর সেনানায়ক মিলিটারি শাসনধীনে দেশে সমস্ত রকম রাজনৈতিক ক্রিয়াকলাপ বন্ধ করে দেন। পূবঙ্গবাসী (ছাত্র ও তরুণ সমাজসহ)

এর প্রতিবাদে মাঠে নামে এবং গঠন করা হয় এক বিশেষ 'মুক্তিকামী' মঞ্চ। নাম '১৫ ফেব্রুয়ারি বাহিনী', নেতৃত্বে ছিলেন ছাত্রনেতা সিরাজুল আলম খান এবং কাজী আরেফ আহমেদ— যাঁরা 'স্বাধীন বাংলা নিউক্লিয়ার'-এরও সদস্য ছিলেন। পাকিস্তান সরকারের গণবিদ্রোহ প্রশস্ততর হতে লাগলো অতি দ্রুত। তারপর বাধ্য হয়ে পূর্বোল্লিখিত সাধারণ নির্বাচন আদি।

১৯৭১ এর ৭ মার্চ ঢাকার সুরাওয়ার্দি ময়দানে জন সমুদ্রের সামনে স্বাধীনতা আন্দোলনের বৈপ্লবিক শপথ ঘোষণা করেন: 'এবারের সংগ্রাম আমাদের মুক্তির সংগ্রাম। এবারের সংগ্রাম স্বাধীনতার সংগ্রাম।' আগুনে ঘৃতাহুতি পড়লো। ইয়াইয়া খানের গদীর অবস্থা টালমাটাল। এরই মধ্যে তিনি স্বাধীনতা সংগ্রামকে স্তব্ধ করে দেওয়ার কৌশল নিয়ে হঠাৎ করে ২৬ মার্চ ১৯৭১ পাক সেনা বাহিনীকে রাস্তায় নামান, ভয় দেখানো হল প্রয়োজনে সম্মুখ সমর, গোলাগুলি চলবে। আচমকা বঙ্গবন্ধু শেখ মুজিবর রহমানকে বন্দী করা হয়। অন্যান্য আওয়ামী লীগ নেতৃবৃন্দ ভারতে আত্মগোপন করে।

বঙ্গবন্ধু এমনই কিছু একটা হতে চলেছে, তা আগেই আঁচ করতে পেরেছিলেন। তাই তিনি সুকৌশলে লিখিত বার্তা গোপনে দেশ-বিদেশে ছড়িয়ে দিয়েছিলেন। এমনকি স্বদেশের বিভিন্ন রেডিও স্টেশনেও তা পৌঁছে যায় এবং প্রচারিতও হয়। ২৭ মার্চ ১৯৭১ সহযোদ্ধা মেজর জিয়াউর রহমান অধিকৃত কালুরঘাট রেডিও স্টেশন থেকে বাংলাদেশের স্বাধীনতা ঘোষণা (বঙ্গবন্ধুকৃত) পত্রটি পাঠ করা হয়:

"স্বাধীন বাংলা বেতার কেন্দ্র থেকে বলছি। আমি মেজর জিয়ায়ুর রহমান, বঙ্গবন্ধু মুজিবর রহমানের নির্দেশমত স্বাধীন জনগণতান্ত্রিক বাংলাদেশ রাষ্ট্রের প্রতিষ্ঠা ঘোষণা করছি। আমি সাময়িকভাবে এই জনগণতান্ত্রিক সরকারের দায়িত্ব নিছি। শেখ মুজিবর রহমানের নাম স্মরণ করে সমস্ত বাঙালীকে পশ্চিম পাকিস্তান সেনাবাহিনীর বিরুদ্ধে জাগরিত হতে আহ্বান করছি। আমাদের মাতৃভূমিকে মুক্ত করার জন্য আমরা জীবনের শেষদিন পর্যন্ত লড়াই চালিয়ে যাব। আল্লাহ'র দোয়ায় আমাদের বিজয় হবেই। জয় বাংলা।"

বাংলাদেশের স্বাধীনতা সংগ্রামে প্রথম থেকেই ভারতের সমর্থন এবং ভারতীয় সেনাবাহিনীর সক্রিয় যোগদান প্রসঙ্গে তদানীন্তন প্রধানমন্ত্রী ইন্দিরা গান্ধীর সাহসিক পদক্ষেপ পরবর্তীকালে বিশ্ববন্দিত হয়েছিল। ভারতীয় সেনাবাহিনীর বাংলাদেশ-যুদ্ধে যোগদান নিয়ে বিশ্ববাসীর মনে যাতে কোনওরূপ বিরূপ প্রতিক্রিয়া না হয় সেজন্য তিনি দ্ব্যর্থহীন ভাষায় আন্তর্জাতিক সংবাদ মাধ্যমে জানিয়েছিলেন: Shall we sit and watch their (Bangladesh) women get raped?

ফলতঃ যুদ্ধশেষের আগেই পৃথিবীর নানা প্রান্ত থেকে এবং আন্তর্জাতিক ক্ষেত্র থেকে ভারতে আশ্রিত বাংলাদেশের বাস্তুহারাদের জন্য সাহায্য পৌঁছেছিল। যুদ্ধশেষে ধর্ষণের শিকার মহিলারা ২৫ হাজার থেকে ৭০ হাজার সন্তান প্রসব করে। অন্যদিকে 'সেন্টার অব রিপ্রোডাক্টিভ ল'-এর হিসাব অনুযায়ী সেই সংখ্যা দাঁড়িয়েছিল ২ লক্ষ ৫০ হাজার। আন্তর্জাতিক চাপে পড়ে পাক সরকার এ বিষয়ে পুঙ্খানুপুঙ্খ অনুসন্ধানের জন্য হায়দর কমিশন স্থাপন করলেও অদ্যাবধি সেই রিপোর্ট বের হয়নি! স্মরণে থাকতে পারে, প্রথম থেকেই বঙ্গবন্ধু দাবী করে আসছিলেন পৃথক বাংলাদেশের স্বায়ত্তশাসন, রাজনৈতিক, অর্থনৈতিক এবং নিরাপত্তার অধিকার। পাকিস্তান সরকার প্রথম থেকেই পূর্ব বাংলাকে উপনিবেশ ছাড়া অন্য কিছু ভাবতে পারেনি। আর পরিণতি যে এমন হবে তাও তারা স্বপ্নেও ভাবতে পারেনি এবং কোনওকালেই চিন্তায়ও আনেনি। আয়ুব খান দুঃখ করে বলেছিলেন: We even not prepared to face such aggresion. পাকিস্তান সরকারকে

উৎখাত করার জন্য বঙ্গবন্ধু শেখ মুজিবর রহমান যে ঐতিহাসিক ভাষণে সমগ্র দেশবাসীকে উদ্বুদ্ধ করেছিলেন, তা চিরকাল স্বর্ণাক্ষরে লেখা থাকবে:

৭ মার্চ, ১৯৭১ স্থান–রমনা রেস কোর্স, ঢাকা: 'আজ গভীর মনোবেদনা নিয়ে আমি আপনাদের কাছে এসেছি। আপনারা সবাই জানেন এবং উপলব্ধি করতে পারছেন যে আমরা সর্বশক্তি দিয়ে প্রাণপণ চেষ্টা করছি। তৎসত্ত্বেও আমাদের ভায়েদের রক্তে ঢাকা, চট্টগ্রাম, খুলনা, রাজশাহী এবং রংপুরের জনপথগুলি রক্তে লালে লাল হয়ে গেছে। আজ বাংলাদেশের জনগণ মুক্তি চায়। তাঁরা বাঁচতে চায়। তাঁরা তাঁদের মানবিক অধিকার প্রত্যাশা করছে। আমরা কী অন্যায় করেছি? আগামী ২৫ মার্চ জাতীয় আইনসভায় যদি আমাদের যোগদান করতে হয়, তাহলে আমাদের চারটি শর্ত মানতে হবে: দ্রুত 'মার্শাল ল' তুলে নেওয়া, এই মুহূর্তে সেনাবাহিনীকে যার যার ছাউনিতে ফিরে যেতে হবে, নির্বাচিত সদস্যদের হাতে দেশের শাসনভার হস্তান্তর এবং সংঘর্ষে নিহত বাংলার শহীদদের প্রসঙ্গে যথাযথ অনুসন্ধান করা এবং ব্যবস্থা নেওয়া।' এই বলে তিনি উপস্থিত অগণিত বঙ্গবাসীর উদ্দেশ্যে বলেন:

'আপনারা কোনওরকম কর দেবেন না। সরকারি কর্মচারীরা কেবল আমারই নির্দেশ পালন করবেন। পূর্ব পাকিস্তানের মহাকরণ, সরকারি–আধা সরকারি কার্যালয় এবং বিচারালয়গুলি কিছু কিছু ক্ষেত্রে (যা জানিয়ে দেওয়া হবে) ধর্মঘট পালন করবে। শুধুমাত্র স্থানীয় এবং আন্তঃজেলা টেলিফোন ব্যবস্থা চালু থাকবে। রেল ও বন্দরের কাজ চালু থাকবে। তবে যদি পাকিস্তান সরকার আমাদের ওপর দমন–পীড়ণ চালায়, তাহলে কর্মীরা কোনওরূপ সহযোগিতা করবে না। এবারে সংগ্রাম আমাদের মুক্তির সংগ্রাম। এবারের সংগ্রাম স্বাধীনতার সংগ্রাম।'

তিনি ঐতিহাসিক ভাষণ শেষ করেন ১৯ মিনিটে। এই চূড়ান্ত বৈপ্লবিক ঘোষণাই ছিল বাংলাদেশের স্বাধীনতা ঘোষণার চূড়ান্ত পদক্ষেপ। বাংলাদেশ স্বাধীনতা লাভ করার পর মেজর জিয়াউর রহমান (পরে স্বাধীন দেশের রাষ্ট্রপতি) ২৬ মার্চ ১৯৭৪ সালে 'বিচিত্রা' সাময়িকপত্রে মন্তব্য করেন যে, বঙ্গবন্ধুর ওই ঐতিহাসিক ভাষণ তাঁকে ১৯৭১–এর মুক্তিযুদ্ধে অংশগ্রহণ করতে উদ্বুদ্ধ করেছিল। একটু পিছিয়ে জানাই ১৯৭১ সালের ১০ এপ্রিল সাহসিক পরিচয় দিয়ে বাংলাদেশে যে অন্তর্বর্তীকালীন সরকার (Provisional Goverment of the People's Republic of Bangladesh) গঠন হয়েছিল, তার স্থান— মেহেরপুর (এখন মুজিবনগর ভারত সীমান্তে)। সরকারে ছিলেন: শেখ মুজিবর রহমান— রাষ্ট্রপ্রধান বা হেড অব দি স্টেট, তাজুদ্দিন আহমেদ— প্রধানমন্ত্রী, সৈয়দ নজরুল ইসলাম— কার্যকরী রাষ্ট্রপতি, খোন্দকার মোস্তাক আহমেদ— বিদেশমন্ত্রী, এম.এ.জি ওসমান গণি— সেনাপ্রধান। সেনাবাহিনীর প্রথমে নাম ছিল 'মুক্তি ফৌজ', পরে নাম বদল করে 'মুক্তি বাহিনী'।

বাংলাদেশ সেনাবাহিনীর সঙ্গে যুগ্মভাবে ভারতীয় সেনা লড়াইয়ের ময়দানে নামে ৩ ডিসেম্বর ১৯৭১, ১৬ ডিসেম্বর ১৯৭১ পাক বাহিনীর আত্মসমর্পণ। সেই দিনটিই বিজয় উৎসব হিসেবে পালিত হয়। জয় বাংলা।

পায়ে পায়ে একুশে

সংবাদ প্রতিদিন, ২২ ফেব্রুয়ারি ২০১৫

মাত্র দেড় কোটির বঙ্গবাসীর মাতৃভাষাকে রাষ্ট্রভাষার স্বীকৃতি বিশ্বে অন্য কোথাও ঘটেছে বলে জানা নেই। এখানেই পূর্ব বাংলার (পূর্ব পাকিস্তান) কৃতিত্ব। ২১ ফেব্রুয়ারি, বৃহস্পতিবার, ১৯৫২, বাংলা ৮ ফাল্গুন, ১৩৫৮। ঢাকা বিশ্ববিদ্যালয়ের বিদ্যার্থীদের নেতৃত্বে রক্তঝরা শহিদবন্ধুদের স্মরণে পূর্ব বাংলা তথা আন্তর্জাতিক ক্ষেত্রে ইউনেস্কো-র সিদ্ধান্ত (১৯৯৯) অনুযায়ী এই দিনটিকে 'ইন্টারন্যাশনাল মাদার ল্যাঙ্গুয়েজ ডে' হিসাবে বিশ্বের সর্বত্র পালিত হচ্ছে। ১৯৫২-র ভাষা আন্দোলন আমাদের শিক্ষা দিয়েছে যে কোনও রাষ্ট্রের মাতৃভাষাকে রাষ্ট্রীয় স্বীকৃতি দান।

পূর্ব বাংলায় মাতৃভাষার স্বীকৃতিতে স্বতঃস্ফূর্ত ৫২-র আন্দোলনের গণ অভ্যুত্থান বিশেষ গুরুত্বের। এটিই যে ওই খণ্ডিত ঔপনিবেশিকসম প্রদেশের স্বাধীন বাংলাদেশ হিসেবে ১৯৭১ প্রতিষ্ঠিত হওয়ায় মূল মন্ত্র ছিল, তা নিয়ে কোনও বিতর্কের অবকাশ নেই। মাতৃভাষার স্বীকৃতিতে বঙ্গবাসীর যে আকুতি তা এপার বাংলায় থেকে বোঝার উপায় নেই। ওপারের স্বাধীন বাংলাদেশের শয়নে স্বপনে জাগরণে যে মাতৃভাষার প্রতি অগাধ ঈশ্বরতুল্য শ্রদ্ধা তা চাক্ষুষ দেখে এপারের মানুষ হিসেবে সততই ইতস্তুতবোধ হয়।

১৯৫২-র ঐতিহাসিক ২১ ফেব্রুয়ারির ভাষা আন্দোলন না হলে এপারের বাঙালিরা সার্বিকভাবে হয়তো জানতেও পারত না মাতৃভাষার অকৃত্রিম আশীর্বাদ, মাধুর্য এবং অভিজাত্য। উভয়পারের সমগ্র বঙ্গভাষীর স্মৃতিতর্পণের দিন। শহিদের রক্তস্নাত আনন্দ ও গৌরবের। শহিদ বরকত, সালাউদ্দিন, আবদুল জব্বার, আবদুল সালাম, রফিকউদ্দিন ইত্যাদি অগণিত বাংলা ভাষা আন্দোলনের অমরদের আজ স্মরণ করা সমগ্র বঙ্গজাতির ধর্মীয় কর্তব্য।

ইতিহাস বলছে, ১৯৫২-র ২১ ফেব্রুয়ারি 'বাংলা ভাষা-রাষ্ট্র ভাষা' আন্দোলনের বৃত্ত সম্পন্ন হলেও এই প্রতিবাদী সংগ্রাম ১৯৪৭-এ ভারত-পাকিস্তান বিভাজনের পর থেকেই শুরু। ভাষা আন্দোলনের যাত্রাপথ সূচিত হয় ১৯৪৭ সালের ২ সেপ্টেম্বর। ঢাকা বিশ্ববিদ্যালয়-সহ অন্যান্য শিক্ষায়তনের শতসহস্র ছাত্রছাত্রী, শিক্ষাবিদ, বুদ্ধিজীবী থেকে সাধারণ বাঙালিরা এসময়ে প্রতিবাদী মঞ্চ তৈরি করে। সংগঠনের নাম 'তমুদ্দিন মজলিশ'। প্রথম থেকে পাকিস্তান সরকারের ফতোয়া ছিল, উর্দু হবে রাষ্ট্রীয় ভাষা। বাঙালির হৃদয়ে আগুন জ্বলে উঠল। তমুদ্দিন মজলিশ ঘোষণার প্রতিবাদস্বরূপ ১৫ সেপ্টেম্বর 'বাংলা উর্দু' নামে এক পুস্তিকা প্রকাশ করে ঘৃতাহুতি ছড়িয়ে দিল: 'একমাত্র বাংলা ভাষাই হবে রাষ্ট্রীয় ভাষা— শিক্ষার বাহন, আদালতের ভাষা, সরকারি ভাষা, জনশিক্ষার ভাষা। উর্দু এবং ইংরেজি হবে দ্বিতীয় ও তৃতীয় ভাষা।'

উর্দু, ফরাসি ও আরবি ভাষা প্রচারে অত্যুৎসাহী পাকিস্তান সরকারের উপনিবেশসম পূর্ব বাংলায় (পাকিস্তান) অ-বঙ্গীয় ভাষা চাপিয়ে দেওয়ার মূলে আসল কারণ ছিল পূর্ব ভূখণ্ডে অ-বঙ্গভাষীদের অশিক্ষিত করে রেখে শিক্ষাদীক্ষা, চাকরির সংস্থানে ভাষাগত দৈন্যতার জন্য চরম বেকার ও নিরক্ষর করে রাখা। জিন্না সরকার জানত না পদ্মার ওপারে ভাষা আন্দোলনের ফল্গুধারা শুরু হয়েছে।

চূড়ান্ত রূপ নিল ৩১ জানুয়ারি ১৯৫২-য় ঢাকা বার লাইব্রেরি হলে ছাত্র-শিক্ষক এবং বিভিন্ন রাজনৈতিক দলগুলির মাতৃভাষাপ্রেমী প্রত্যয়ী নিরপেক্ষ প্রতিবাদী মঞ্চ 'রাষ্ট্রভাষা সংগ্রাম পরিষদ'-এর আবির্ভাবের সঙ্গে সঙ্গে। ৪0 জনের পরিষদের সভাপতি মৌলানা ভাসানি, আহ্বায়ক কাজি গোলাম মাহবুব, সঙ্গে তমুদ্দিন মজলিশ-মুসলিম ছাত্র লিগ্, আওয়ামি মুসলিম লিগ, ইসলামিক ব্রাদারহুড, যুব লিগ ইত্যাদি। সর্বসম্মতভাবে প্রথম ব্যাপক কর্মসূচি নেওয়া হয় ৪ ফেব্রুয়ারি, ১৯৫২-র শুভ মুহূর্তে। সমকালীন মুখ্যমন্ত্রী নুরুল আমিনের সরকারি বাসভবনের সামনে প্রায় ১২ হাজার লোকের সংগ্রামী জমায়েত হয়। ওই বাংলার নেতৃত্বের দাবি সমাবেশে ঘোষণা করা হয়: 'রাষ্ট্রভাষা, বাংলা ভাষা। আরবি হরফে বাংলা লেখা চলবে না।' ঢাকা বিশ্ববিদ্যালয়ের ছাত্রদের অগ্রণী ভূমিকাকে নতুন প্রেরণা জোগায় নবগঠিত রাষ্ট্রসমিতি। সম্মিলিত আগামী চূড়ান্ত বৈপ্লবিক সিদ্ধান্ত নেওয়া হয়। 'আগামী ২১ ফেব্রুয়ারি সারা পূর্ব বাংলাব্যাপী মাতৃভাষার রাষ্ট্রীয় স্বীকৃতিতে ব্যাপক ধর্মঘট পালন করা হবে।' হায়াৎ মামুদের ভাষায় 'রাষ্ট্রভাষা দিবস'। আসন্ন প্রবলতর ঝড়ের প্রকাশমান ভয়াবহতার কথা স্মরণে রেখে পাকিস্তান সরকার ঢাকা বিশ্ববিদ্যালয়কেন্দ্রিক শহরে ২০ ফেব্রুয়ারি থেকেই ১৪৪ ধারা আগাম বলবৎ করে জমায়েত, সভা-সম্মেলন, মিছিলে রেশ টানার চেষ্টা করল। এদিকে ভাষা আন্দোলনে প্রতিবাদীরা সেই রাতেই গোপন বৈঠকের সিদ্ধান্ত নিল। ঢাকা-সহ সমস্ত পূর্ব বাংলার সদর, বন্দর এলাকায় ছড়িয়ে পড়ল তার আঁচ। সর্বত্র অকাল নিষ্প্রদীপ। রমনা এলাকা যেন সাহারা প্রান্তর। ১৪৪ ধারা ভঙ্গে নেতৃত্ব দেওয়া ছাত্র হাবিবুর রহমান শেলি এবং ছাত্রীদলের অগ্রে ছিলেন শাকিয়া খাতুন। একে একে আঘাত জোরজবরদস্তি-সহ গ্রেফতার আব্দুস সামাদ, আনোয়ারুল হক খান, আবু জাফর, ওবায়দুল্লাহ, শামসুন্নাহার, রওশান আরা প্রমুখ। পরবর্তী পর্যায়ে নেয়ামল বসির, আমির আলি, শামসুল হক ইত্যাদি অগণিত ছাত্রছাত্রী কারাবরণ করে।

২২ ফেব্রুয়ারি: ৩০ হাজারেরও বেশি সমব্যথী শহিদ-স্বজন শোকমিছিলে অংশ গ্রহণ। পাকসেনার গোলাবর্ষণ হত্যালীলার খবর আসে।

২৩ ফেব্রুয়ারি: পাকিস্তান সরকারের গোলাগুলিকে তুচ্ছ করে আপামর ছাত্রছাত্রী গোপনে সেই রাতেই একটি শহিদ মিনার স্থাপন করে। ২৪ তারিখে তা মৃত শহিদ ছাত্রনেতা শফিউর রহমানের হাত দিয়ে চটজলদি নির্মিত মিনারটি উদ্বোধন করা হয়। স্তম্ভের গায়ে শহিদ স্মরণে লেখা কাগজ সেঁটে দেওয়া হয়। দ্রুত পাক সরকার তা ভেঙে দেয়। তারপর প্রতিদিনের ছাত্র আন্দোলন চলে। অবস্থা হাতের বাইরে চলে যাওয়ার নিশ্চিত কারণে অবশেষে পাক সরকার পূর্ব বাংলার (পাকিস্তান) রাষ্ট্রীয় ভাষার স্বীকৃতি দিতে বাধ্য হয়।

পরবর্তী পর্যায়ে বাংলাদেশের মাতৃভাষাকে আন্তর্জাতিক স্বীকৃতি দিয়ে ২১ ফেব্রুয়ারিকে বিশ্বময় মাতৃভাষা দিবস হিসাবে পালনের ব্রত উদযাপন করে আসছে।

এইদিন ঢাকায় 'শহীদ মিনার' (নবনির্মিত) কেন্দ্রিক যে সমাবেশ হবে ছাত্র-ছাত্রীরা ১০ জনে বিভক্ত হয়ে সভাস্থলে গমনে সরকারি নিষেধাজ্ঞা অমান্য করবে।

ঐতিহাসিক ২১ ফেব্রুয়ারি: সিদ্ধান্ত অনুযায়ী মাতৃভাষা আন্দোলনকারী অগণিত ছাত্রছাত্রীদের মিছিল আসতে লাগল সেই সকাল থেকে। জড়ো হতে লাগল মুখ্যত তিনটি পথে। সমবেত হল ঢাকা মেডিক্যাল কলেজ হস্টেল, ঢাকা বিশ্ববিদ্যালয় প্রঙ্গণ এবং নিকটস্থ মধুর ক্যান্টিনে। ভিড় রোখা

দায়। ওদিকে তীক্ষ্ণ নজরদারিতে হাফপ্যান্ট পরা খাকি পুলিশ, ছদ্মবেশী পুলিশ এবং সেনাবাহিনী। নির্দেশ এসেছিল 'সব সাফ কর দেনা'।

সকাল ৮টা: ভাষা আন্দোলনকারীদের জমায়েত।

সকাল ১০টা: সভাপতি গাজিউল হকের ঘোষাণা হল, পরিকল্পিত সিদ্ধান্ত অনুযায়ী ১০ জন করে ১৪৪ ধারা অমান্য করে এগিয়ে যাওয়ার। প্রথমে পুলিশের ব্যারিকেড, পরে জনস্রোত। তা না মানায় এলোপাথাড়ি লাঠি মারা। খণ্ডযুদ্ধ। টিয়ার গ্যাস ছোঁড়া। নিরস্ত্র অসহায় অদম্য ছাত্রদের ওপর চলল পীড়ণ ও গ্রেফতার। ৫ ঘণ্টার মধ্যে অবস্থা আয়ত্তের বাইরে চলে যাওয়ার উপক্রম।

বেলা সওয়া ৩টা: এবার শুরু পুলিশ-সেনাবাহিনীর মুহুর্মুহু গুলি চালনা। প্রথম ভাষা শহিদ বরকত, এমএ ফাইনালের ছাত্র। দ্বিতীয় সালাউদ্দিন। গুলিতে তাঁর মাথার খুলি উড়ে গেল। এরপর আবদুল জব্বার, রফিকউদ্দিন, বরকত আউয়াল, আবদুস সামাদ। এরমধ্যে সকলেই ছাত্র শুধু রফিকউদ্দিন ছিলেন সমর্থনকারী। প্রথম দফায় নিহত ৪, আহত ১৭ এবং ২০ জন হাসপাতালে প্রেরিত।

সন্ধে ৭টা: খাঁ খাঁ করছে জনবহু ঢাকা বিশ্ববিদ্যালয় চত্বর, শূন্য সুবিশাল মিলনতীর্থ পালিত হয়, তার ব্যাপ্তি ঘটে বাংলাদেশের ঘরে ঘরে।

হোক কলরব, থাক বাকি সব

দৈনিক স্টেটসম্যান, ১১/১০/২০১৬

পাঁচতারা যাদবপুর বিশ্ববিদ্যালয়ের ভেতরে অরবিন্দ ভবন প্রাঙ্গণে বিদ্যার্থী পেটানোয় পুলিশবাহিনীর যে তাণ্ডবনৃত্য ঘটে গেল তা অতীতের সকল পৈশাচিক বিভীষিকাকে ছাপিয়ে গেছে। পুলিশমন্ত্রী তথা রাজ্যের মুখ্যমন্ত্রীর অগোচরে যদি এমন অগণতান্ত্রিক হামলা হয়ে থাকে তাহলে ওঁর উচিত ছিল যে গেঞ্জি-টিশার্ট পুলিশরা এমন কাণ্ড ঘটালো যে তাদের বিরুদ্ধে উপযুক্ত শাস্তিবিধান করা। কিন্তু তা না করে পরদিন পুলিশ কমিশনারকে দিয়ে সাত তাড়াতাড়ি সাংবাদিক সম্মেলন করে জানিয়ে দিলেন যে কোনওরূপ পুলিশি তাণ্ডব, লাঠি নিয়ে মারধর হয়নি-তা যে নিতান্তই হাস্যকর, তার রাজসাক্ষী বিভিন্ন চ্যানেলের ছবি এবং সাংবাদিকদের অকুস্থলে থেকে পাঠানো প্রতিবেদন। সারা বিশ্বের কাছে আমাদের মাথা হেঁট হয়ে গেল। নিরো-পুলিশি প্রহরায় বাড়ি ফিরে একপ্রস্থ বেহালা হাজালেন।

বামফ্রন্টের আমলে সিপিএম এবং এসএফআই বাহিনী যে ঔদ্ধত্য দেখিয়েছে তার সময়কাল ৩৪ বছর। অথচ মাত্র সাড়ে তিন বছর সময়কালের মধ্যেই সেই একচেটিয়া দীর্ঘ শিক্ষাক্ষেত্রে অহমিকাকে ম্লান করে দিয়ে পরিবর্তিত সরকারি দলের ছাত্র সংসদের দস্যিপণা আমরা প্রতিদিন সংবাদমাধ্যমে পাচ্ছি। যা কিছু শিক্ষাঙ্গনে তাণ্ডব, জোরজবরদস্তি ইউনিয়ন দখল, প্রিন্সিপ্যালকে মারধর, পাল্টা ছাত্র সংগঠনের প্রতিনিধিদের মারধর নিয়ে খবর বের হলেই বলা হচ্ছে বিগত সিপিএম সরকারের আমলে শাসক-ছাত্র সংগঠনের কুকীর্তির কথা। ইদানীং সময়ে শিক্ষাক্ষেত্রে নৈরাজ্য নিয়ে ওদের বক্তব্য: তোমরা কায়েমি স্বার্থের অধিক দৌরাত্ম্য দেখাইয়াছো, আমরা সেই দৃষ্টান্তকে বিধানসভায় নিরঙ্কুশ প্রাধান্যের ভিত্তিতে অধিকতর নৈরাজ্য সৃষ্টি করিতেই পারি। কারণ তোমরাই পথ প্রদর্শক।

ড. ত্রিগুণা সেনের উত্তরসূরীর সন্তানবৎ ছাত্রছাত্রীদের ওপর যদি এতটুকু আস্থা-ভরসা না থাকে তাহলে তিনি কোন যোগ্যতায় অস্থায়ী উপাচার্যের দায়িত্ব নিলেন? সদ্য কৈশোরোত্তীর্ণ বিদ্যার্থীদের তিনি আক্রমণাত্মক ঠ্যাঙাড়ে বাহিনী ঠাওরালেন কীভাবে? সেদিন কী এমন আতঙ্কের পরিবেশ তৈরি হয়েছিল যে তাঁকে সতীর্থ শিক্ষক-শিক্ষিকাদের কথা ভুলে পুলিশবাহিনী তথা ডিএমজি-কে ডাকতে হয়? প্রশ্ন উঠল, তাঁর অফিস থেকে বার হলে যদি প্রাণ সংশয় থাকত তাহলে তিনি কি বিষয়টি মাননীয় শিক্ষামন্ত্রী বা আচার্য-রাজ্যপাল কেশরীনাথ ত্রিপাঠীর সঙ্গে কথা বলে নিয়েছিলেন? প্রাণভয়ের ছুতো তুলে পুলিশি প্রহরায় ছাত্রছাত্রী পিটিয়ে তিনি যেভাবে অত্যন্ত স্বার্থপর মনোভাব নিয়ে পালালেন, তারপর আর গুরুকুল পরম্পরাকে জলাঞ্জলি দেওয়ার বাকি কী রইল? তিনি যাদবপুর বিশ্ববিদ্যালয়ের অভ্যন্তরে এমনভাবে লাঠিয়াল পুলিশ ঢুকিয়ে বঙ্গীয় শিক্ষাক্ষেত্রকে কলঙ্কিতই করলেন। সারা দেশবিদেশ বলছে উপাচার্য মহাশয় ঠিক করলেন না। যার প্রকৃত প্রমাণ রাজ্যের সমস্ত বিদ্যার্থীদের বৃষ্টি উপেক্ষা করে ঐতিহাসিক মিছিল।

ঠ্যাঙাড়ে বাহিনী ডেকে পলায়ন মনোবৃত্তি বিবেচনার আগে অন্তত ওঁর মতো শিক্ষাবিদকে স্মরণে রাখা উচিত ছিল ড. সত্যেন সেন, ড. সন্তোষ ভট্টাচার্য, ড. রমা চৌধুরী কিংবা ড.সাধনা সরকারের

ছাত্রছাত্রীর নাম করে এসএফআই পরের পর কী তাণ্ডব নৃত্যে শিক্ষাক্ষেত্রকে কলঙ্কিত করেছিল। ওঁরা কি লালবাজারে এসওওএস পাঠাতে পারতেন না? তাঁরা উক্ত সরকারি মদতপুষ্ট তদানীন্তন বাম ছাত্র সংগঠনের কাছে মাথা নত না করে 'আপনা বাঁচাতে' পুলিশ ডাকেননি বলে আজও তাঁরা শিক্ষা ছাত্রসমাজে বন্দিত, অপর দিকে ওই ছাত্র সংগঠন ঐতিহাসিকভাবে স্থায়ী-নিন্দিত রয়ে গেছে। যাদবপুর বিশ্ববিদ্যালয় কাণ্ড নিয়ে নব্য ক্ষয়িষ্ণু এসএফআই বাহিনীর সুযোগ বুঝে জেগে ওঠা নিতান্তই পরিহাসমূলক। এক্ষেত্রেও তাদের স্বৈরাচারী তাণ্ডবলীলা জের বিশেষ। হঠাৎ করে কলকাতা বিশ্ববিদ্যালয়ের উচ্চাধিকারিক এবং অনিলায়নের নিকট-অধ্যাপিকার অন্তর্ধান নিয়ে সমকালীন এসএফআই কেন আন্দোলনে সামিল হয়নি, তা আজও রহস্যময়।

ক্যাম্পাস বা শিক্ষাপ্রাঙ্গণে সন্ত্রাস কিন্তু এই প্রথম নয়। '৬০-এর দশকের মধ্যভাগ থেকে এমন ভয়ঙ্কর চেহারা নেয়, বিশেষত কলকাতা বিশ্ববিদ্যালয় কেন্দ্রিক। এর ঐতিহাসিক প্রেক্ষিত নিয়ে এক আন্তর্জাতিক নিউজ চ্যানেল ২০১০ সালের ২০ ডিসেম্বর টেলিকাস্ট করে: "After 1977 state-election the caos for 'Campus Vioalance' retumed. And this time in an even more deadly Avatar.... Campas Violance and Student Politics in colleges and universities havebeen providing todder to newspapers and.... news channels across the State."

ঠিক এর আগেই ১৬ ডিসেম্বর হাওড়া কলেজের ছাত্রকে হত্যা করার জন্য এসএফআই রাজ্যজুড়ে তাণ্ডব চালায়। '৭৭ পরবর্তী এই দলটির একছত্র আধিপত্যে যে তাণ্ডব চালিয়ে যাচ্ছিল সে প্রসঙ্গে কংগ্রেস নেতা প্রদীপ ভট্টাচার্য মন্তব্য করেছিলেন: বর্তমান সময় ৭০ দশকের ছাত্র আন্দোলনের নামে সন্ত্রাসের কালো দিনগুলোকে স্মরণ করিয়ে দিচ্ছে।

তদানীন্তন উগ্র বিপ্লবী আজিজুল হকের হাস্যকর বক্তব্য শোনা গিয়েছিল: Now the criminals entered campus politics. তৃণমূল কংগ্রেসের সাংসদ থাকাকালীন সোমেন মিত্রকেও খেদের সঙ্গে বলতে শোনা গিয়েছিল: During the days of the 70's there was campus violance, but it was not at this level (20.12.10). Now-a days students politics on the campus is done by OUTSIDERS and criminals, who have no respect for students and teachers. প্রসঙ্গত ইনিও এক সময় ছাত্র আন্দোলন করেছিলেন, আজিজুল হকের মতো নয়।

ছাত্র আন্দোলন থেকে উঠে আসা তদানীন্তন পড়ুয়ারা জানেন ক্যাম্পাস ভায়োলেন্সের বিভীষিকা। ভয়াবহ ঐতিহাসিক দৃষ্টান্ত ২০০৩, ২০০৫ এবং ২০১০-এর অ-ছাত্রসুলভ গুণ্ডামির কেচ্ছাকাহিনী। বর্তমান সরকারি শাসনব্যবস্থায় সাম্প্রতিককালে আশুতোষ কলেজের দ্বিতীয় বর্ষের ইংরেজি অনার্সের ছাত্র সৌভিক হাজরাকে মেরে তার চক্ষু স্থায়ীভাবে নষ্ট করার ঘটনার সেই সময়কালে রাজ্যপাল এম কে নারায়ণকে বলতে শোনা যায়: "I am greatly worried and deeply grieved at the growing incidence of campus violances across the State." প্রাক্তন দুঁদে কূটনীতিকের মর্মবেদনার মাধ্যমে সাবধানবাণী রাজ্য সরকারের কর্ণকুহরে প্রবেশ করেনি বলেই সেই প্রশ্রয়িত ক্যাম্পাস ভায়োলেন্স আজ মহীরুহ হয়ে উঠেছে। আর শিক্ষা দফতর তাতে আরও সার দিয়ে চলেছে। রাজ্যের শিক্ষা দফতরের ঐচ্ছিক দুর্বলতা এমন জায়গায় পৌঁছেছে যে, কে যে ক'দিনের জন্য শিক্ষামন্ত্রী থাকেন, তা মুখ্যমন্ত্রীর ইচ্ছা-নির্ভর। বারবার মন্ত্রী পরিবর্তন করে কী ভাবে শিক্ষার উন্নতি হয় আর কীভাবেই বা শিক্ষাঙ্গনে উচ্ছৃঙ্খলতা রোধ করা যায়?

চোখের সামনে ভাসছে হরিমোহন কলেজে উচ্ছৃঙ্খল অ-ছাত্রসুলভ আচরণের খেসারত দিতে হয়েছিল পুলিশের এসআই তাপস চৌধুরীকে, তারপর প্রেসিডেন্সিতে উত্তাল আন্দোলন ভাঙচুর। এছাড়াও রায়গঞ্জ বিশ্ববিদ্যালয়সহ অন্যান্য রাজ্যজুড়ে শিক্ষায়তনে অধ্যক্ষ, অধ্যাপকদের ওপর অমানুষিক অত্যাচার। তাঁদের মারধর করে হাসপাতালে পাঠানো। কলেজে কলেজে সিপিএম আমলের রণকৌশলকে অধিকতর রপ্ত করে যেনতেনপ্রকারেণ ক্ষমতা দখল, টাকা তোলা, কলেজের না-পসন্দ প্রিন্সিপ্যালকে বহিষ্কার এবং পরে আদালতের রায়ে পুনর্বহাল, এমন কুকাজে ছাত্র মর্যাদাকে ভূলুষ্ঠিত করা স্বাধীনোত্তরকালে সবরকমের সন্ত্রাসকে হালফিল সময় তা ছাড়িয়ে গেছে। জোর করে ছাত্র সংসদীয় নির্বাচনে একক সংখ্যাগরিষ্ঠতা তো জল-ভাত, যেমনটি পূর্বতন সরকারের আমলে দেখা যেত। আমাদের দেখতে হল মধ্য ৩০-এর এক বামপন্থী ছাত্র নেতার নেতৃত্বে (?) দিল্লিতে গিয়ে জৈনক মাননীয় মন্ত্রীকে পেটানো। সেইজন এখন প্রাইজ পোস্টিং পেয়েছেন। সুদীপ্ত গুপ্ত-র দুর্ঘটনা তো এখন বিচারাধীন। স্মরণ করলেই বহু কথা বলা যায়।

একটি গণমাধ্যমে আসা হিসেব অনুযায়ী হাল সময়ে প্রতি মাসে গড়ে ৬ কলেজে শিক্ষক পেটানো হয়। অধ্যক্ষকে ইস্তফা দানের হুমকি, নিয়মবহির্ভূত উপায়ে ছাত্রভর্তিতে চাপ, কলেজ ভাঙচুর, অধ্যক্ষকে তালাবন্দি করে রাখা এবং তাঁকে অন্যায় দাবিতে ঘেরাও করে রাখা, নীতিভঙ্গ করে ভর্তির টাকা কমানো, বহুল ছাত্র সংঘর্ষ, টোকাটুকিতে অবাধ সুযোগের আব্দার, নকল করতে না দিলে গোলমাল থেকে শুরু করে কলকাতা বিশ্ববিদ্যালয়ের উপাচার্যের ঘরের সামনে বিক্ষোভ ইদানীং সময়ে ছাত্র আন্দোলনের নিয়মাবলী হয়ে দাঁড়িয়েছে। টিএমসিপি-র দাপটের ধারে কাছে কোনও ছাত্র সংগঠন নেই। যেমনটি বামফ্রন্ট আমলে এসএফআই-এর ছিল। সুতরাং স্পর্ধার হাত যদি দীর্ঘায়িত হয়, তাহলে যাদবপুর কাণ্ড আর নতুন কী? তফাৎ হল এই কাণ্ডটি সংবাদমাধ্যমে গুরুত্ব পেয়েছে বলে সাধারণ বঙ্গবাসী তা জানতে পারল, আর প্রতিনিয়ত কলেজে কলেজে যে নৈরাজ্য চলেছে তা বহুলাংশই গণমাধ্যমের দৃষ্টি এড়িয়ে যায় বলে সেই সন্ত্রাস নজরে আসে না। ক্যাম্পাস ভায়োলেন্স তো ইদানীং সময়ে আবহাওয়ার খবরের মতো। সেদিনের শিক্ষা ক্ষেত্রে অনিলায়ন আজ চরম দিনের দুর্বৃত্তায়নে পৌঁছে গেছে। ভয়ঙ্কর অশিক্ষিত, অসামাজিক সমাজবিরোধী আরাবুল ইসলাম মহাবিদ্যালয়ের কর্মসমিতির সদস্য হয়, অধ্যাপিকার মুখে জগ ছুঁড়ে মারে আর সেই কিনা দলের সম্পদ? শিক্ষাব্রতী প্রতিনিধি?

অনিলায়নের দৌলতে শিক্ষায়তনে সেই যে রাজনৈতিক মাতব্বরী ঢোকানো হল, তা আজ ফুলে ফেঁপে উঠেছে। বিশ্ববিদ্যালয়ের ছাত্রীদের জামা ছিঁড়ে দেওয়া হচ্ছে। রাজ্যের প্রায় ৪৫০টি কলেজের সবটাই বাস্তব ক্ষেত্রে তৃণমূল কংগ্রেসের রাজনৈতিক দখলে। তাদের প্রভাবে সম্প্রতি কলকাতা বিশ্ববিদ্যালয় কর্তৃপক্ষকে বিদ্যার্থীরা ঠিকমতো পড়াশোনা করে উঠতে পারেনি বলে তাদের ইচ্ছামতো পরীক্ষা পিছিয়ে দিতে হল। সায়েন্স কলেজের জৈনকা অধ্যাপিকার বিরুদ্ধে সরকারি ছাত্র সংগঠন মিথ্যা অভিযোগ জানিয়ে থানায় ডায়রি করে ওই শিক্ষায়তনে পড়াশোনাকে জলাঞ্জলি দিতে মহড়া দিচ্ছে। অথচ যাঁকে নিয়ে অভিযোগ, তিনি সেদিন বিজ্ঞান কলেজ চত্বরেই ছিলেন না। এই প্রমাণ দিয়েছেন স্বয়ং কলকাতা বিশ্ববিদ্যালয়ের উপাচার্য। মনে হয় শাসক দলকে হেয় করার জন্য উপাচার্য মহাশয় বিপদে পড়তে পারেন। আক্রোশের কারণ উক্ত অধ্যাপিকা সিপিএম নেতার কন্যা। তাই কি?

প্রাক্তন পুলিশ কমিশনার এই ঘটনার পর স্মৃতিচারণায় লিখেছেন, উত্তর ৬০-দশকে তাঁর সময় কলকাতা বিশ্ববিদ্যালয়ে সিপিএমের বখাটে উগ্র শাখার ছাত্র নামক গুণ্ডাবাহিনী সমকালীন সুবিনয়ী নম্রভাষী উপাচার্য ড. সত্যেন সেনের ওপর প্রতিদিন যে শারীরিক নিপীড়ন করত, ওঁকে নিয়ে টানাহ্যাঁচড়া পর্যন্তও চলত, কিন্তু তিনি তা ধৈর্য সহকারে সহ্য করে ছাত্রছাত্রীদের সুমতির বাসনায় কোনও দিন বিশ্ববিদ্যালয় অভ্যন্তরে পুলিশ ডাকেননি বা সহায়তাও নেননি। ড. সন্তোষ ভট্টাচার্যকে যেভাবে দিনের পর দিন হেনস্থা করা হয়েছে, স্বাভাবিক কাজকর্মে বাধা দিয়েছে, যার ফলে উনি বাড়িতে বসেই শিক্ষা সংস্কার করেছেন, কিন্তু উনি পুলিশ ডেকে কোনও দিন ছাত্রছাত্রীদের ওপর পীড়ন করেননি। বিশ্ব সিটু সমর্থিত কর্মীদের নেতা জনৈক শ্রীদাসের নেতৃত্বে শিক্ষাব্যবস্থায় অচলায়তন সৃষ্টির মূলে ছিল সরকারি রাজনৈতিক দল। সে সময় কলেজে কলেজে ভোটের নামে প্রহসন, তার ধারাবাহিকতাকে স্রোতস্বিনী করে গত সাড়ে তিন বছরে রাজ্যে চরম শিক্ষা অরাজকতার সৃষ্টি হয়েছে এবং দিনে দিনে তা প্রশ্রয়িত হচ্ছে। না হলে তৃণমূল ছাত্র মিছিলে আরাবুল ইসলাম কী করে কোন দায়িত্বে ট্রাক বোঝাই করে গ্রামের অ–ছাত্র জনজাতিকে এনে পেশীবল দেখায়? টিভি চ্যানেলের দৌলতে ওইসব গাঁয়ের বধূ–শিশু এবং গৃহকর্তাদের রাজপথে দেখে শিক্ষাক্ষেত্রে এমন বেহাল অবস্থার করুণ চিত্র দেখে লজ্জায় টিভি সেট বন্ধ করে দিতে সেদিন ওই দলের পেশীবল বাধ্য করেছিল। সুনন্দ সান্যাল, শঙ্খ ঘোষ, মীরাতুন নাহার, হোসেনুর রহমান–এর মতো সেদিনের আন্দোলনের বহু বিপ্লবীরা আজ কেন বিমুখ, কেন বিবেকের তাড়ণায় আর্তনাদ করছেন, মমতা বন্দ্যোপাধ্যায় কী তা ভেবে দেখেছেন? হারিয়ে গেছে ঐতিহাসিক বুদ্ধিজীবী সুশীল সমাজ।

সিপিএম সরকারের প্রতি বীতশ্রদ্ধতার বিস্ফোরণ ঘটতে তিন দশকেরও বেশি সময় লেগেছিল, আর তার পুনরাবৃত্তির আভাস পাওয়া যাচ্ছে মাত্র সাড়ে তিন বছরের মধ্যেই। সর্বক্ষেত্রে রাজনৈতিক সমর্থনের আস্ফালন দেখিয়ে সাময়িক পেশীবল দেখানো যেতে পারে, কারণ ওরা দেওয়াল লিখন দেখতে পায় না। বেলসাজার্স ফিস্ট-এর কথা মনে নেই? শিক্ষার বিকাশ এবং আদর্শ শিক্ষাঙ্গণ, একটি রাজ্যের শিরদাঁড়া আর তাতেই যদি ঘুণ ধরিয়ে দেওয়া হয় তাহলে নতুন প্রজন্ম ছেড়ে কথা বলবে না। ১৬–১৭ সেপ্টেম্বর যাদবপুর বিশ্ববিদ্যালয় প্রাঙ্গণে মধ্যরাতে যে ঘটনা ঘটানো হল তার দায়দায়িত্ব মাননীয় উপাচার্য অভিজিৎ চক্রবর্তী এড়াতে পারেন না। সে রাতে যা ঘটল, তাতে সুকৌশলে বিশ্ববিদ্যালয়ের পিতাশ্রী জল ঢেলে একেবারেই নিজের নিরাপত্তাকে (?) সর্বাধিক গুরুত্ব দিয়ে পুলিশ ডেকে পথের কাঁটা ভেঙে বাড়ি পালালেন। অথচ ঘেরাও হওয়া অবস্থায় সহকর্মী তথা নৈতিকতার ডাকে অন্যান্য উপস্থিত সহকর্মীদের সঙ্গে না আলোচনা করে, সর্বজনের সহমতের তোয়াক্কা না করে পুলিশ ঘেরায় পালিয়ে গেলেন। একবার ভাবলেন না পরোক্ষে আটকে থাকা রেজিস্ট্রারসহ অন্যান্য বিভাগীয় প্রধানদের কথা? যদি হাঙ্গামা সৃষ্টিতে 'বহিরাগত'রা করে থাকে, তাহলে বিশ্ববিদ্যালয়ের উপাচার্য হিসেবে সেই ঢিলেঢালা প্রশাসন এবং অক্ষমতার দায়িত্ব তাঁকেই নিতে হবে। তাঁর কথা মতো তিনি যদি জানতেন অনুপ্রবেশ ঘটছে, তাহলে তিনি কেন শুরুতেই ব্যবস্থা নেননি? স্বয়ং বিশ্ববিদ্যালয়ে থাকা সত্ত্বেও কেন নির্ভয়ার পিতাকে মিথ্যা কথা বলে পরে দেখা করতে বলেছিলেন? কেন অভিযোগ শুনে কোন ফতোয়া বলে, ছাত্রীর বাবাকে সংশ্লিষ্ট থানায় আগে অভিযোগ লিপিবদ্ধ করে আসতে বলেন? শিক্ষাঙ্গণে কোনও অপরাধ সংগঠিত হলে তার বিচারের প্রাথমিক এবং চূড়ান্ত দায়িত্ব শিক্ষায়তনের প্রধানের তথা মান্যবর উপাচার্য মহাশয়ের। এমন হলে পঠনপাঠন ব্যবস্থা পুলিশ দিয়েই চালিয়ে ঠাণ্ডা ঘরে

তিনি বিশ্রাম নিলেই পারেন। ড. সত্যেন সেন, ড. সন্তোষ ভট্টাচার্য তথা গোপাল সেনের তিনি কি যোগ্য উত্তরসূরী? পরম শ্রদ্ধেয় ড. ত্রিগুণা সেনের চিন্তাধারাকে কলুষিত করার ঔদ্ধত্য দেখান কী করে? এমন ঘটনা যদি তাঁর কন্যার ক্ষেত্রে ঘটত এবং প্রতীকী উপাচার্য যদি এমন লজ্জাজনক ঘটনা ঘটাতেন এবং পুলিশি প্রহরায় পালাতেন, তাহলে কন্যার 'পিতা' হিসেবে তিনি ওই উপাচার্যের প্রতি কেমন ঘৃণা বর্ষণ করতেন? এভাবে মাননীয় 'অস্থায়ী' উপাচার্য মহাশয় ছাত্র-শিক্ষক পরম্পরাকে কলঙ্কিত করে আপনি পশ্চিমবঙ্গের শিক্ষাজগতে কলঙ্কলেপন করলেন।

শোনা যাচ্ছে 'স্থায়ী উপাচার্যের' পদের জন্য যে তিনজনের নাম রাজ্যপাল তথা যাদবপুর বিশ্ববিদ্যালয়ের আচার্য মহাশয়েক কাছে পাঠানো হয়েছে, তাতে এই জনের নাম নাকি প্রথমে। এমন আশায় উনি এখনও লোভাতুর, যেখানে সাড়ে দশ কোটি রাজ্যবাসীর কাছে ইতিমধ্যে ধিকৃত। ওঁর অশিক্ষকসুলভ আচরণের জন্য ইতিমধ্যেই রেজিস্ট্রার, একজন বিভাগীয় প্রধান এবং বেশ কয়েকজন তাঁদের সাম্মানিক পদক ফেরত দিয়েছেন। প্রথমোক্তরা পদত্যাগ করেছেন। তারপরও তিনি ভাবছেন, তিনিই যাদবপুর বিশ্ববিদ্যালয়ের উপাচার্যের জন্য যোগ্যতম জ্যোতিষ্ক। স্যার আশুতোষ মুখোপাধ্যায় থেকে ত্রিগুণা সেন ইত্যাদিদের প্রতি যদি বিন্দুমাত্র শ্রদ্ধা থাকে তাহলে তাঁর উচিত সমস্ত বিদ্যার্থী সমাজের কাছে স্বীয় অপরাধের জন্য ক্ষমাপ্রার্থী হয়ে বাণপ্রস্থে যাওয়া। আর উনি যদি সত্যিই স্থায়ী উপাচার্যের পদে অভিষিক্ত হোন, তাহলে তা হবে বাংলায় শিক্ষাক্ষেত্রে শেষ ঘণ্টা বাজানো।

বেশ কিছুকাল আগে কাকতালীয়ভবে খ্যাতনামা অর্থনীতিবিদ শ্রীঅভিরূপ সরকার সংবাদমাধ্যমে বলেছিলেন: Actually winds of Political change are blowing in the State and this is why there is this increase in 'Campur Violence'.

আইনজ্ঞ প্রবীণ রাজ্যপাল ত্রিপাঠী গত ২৬ সেপ্টেম্বর এক বিবৃতিতে বলেছেন: "So far as Jadavpur University is concerned, let the Students learn, let the Students go for studies. Let the University not be Politicised. Let the University be a centre of excellent education."

ওই রাতের ঘটনা নিয়ে মাননীয় রাজ্যপালের 'হোক কলরব' বিদ্যার্থীদের ঘণ্টাখানেকেরও বেশি সময়ধরে ধৈর্য্য সহকারে বক্তব্য শোনা এবং তৃণমূল ছাত্রপরিষদকে মাত্র পাঁচ মিনিট সময় দেওয়া, বারবার শিক্ষামন্ত্রীকে ডেকে পাঠানো, অস্থায়ী উপাচার্যকে তলব ইত্যাদির মাধ্যমে তাঁর ক্ষোভ সহজ করেই বুঝিয়ে দিয়েছেন, যার সঙ্গে বঙ্গবাসী ও বিদ্যার্থী সম্প্রদায়ের সাদৃশ্য লক্ষ্যণীয়। এমন লজ্জাকর ঘটনায় প্রাক্তন ছাত্রী নেত্রী তথা মুখ্যমন্ত্রীর নীরবতা কিন্তু দায় এড়ানো অসম্ভব। যাদপুর আর দূরে নেই। সবাই লক্ষ্য রাখছেন— এমনকি ঈশ্বরচন্দ্র বিদ্যাসাগর মহাশয়ও।

সারা রাজ্যে এমন কলঙ্কিত ইতিহাস তৈরি হল, সে মুহূর্তে গত মহাষ্টমীর দিন হয়তো ছাত্রছাত্রী পেটানোর অসীম সাহসিকতা এবং অন্যান্য সহকর্মীদের ছেড়ে দিয়ে পুলিশি সহায়তায় পালানোর যে অ-শিক্ষকসুলভ অপ-দায়িত্ব পালনের সাফল্য দেখালেন, তাতে আচার্য মহাশয় সরকারি আশীর্বাদকে তকমা দিয়ে শ্রীযুক্ত অভিজিৎ চক্রবর্তীকে ঠিকে উপাচার্য থেকে স্থায়ী উপাচার্যের মুকুট পড়িয়ে দিলেন। সবচেয়ে বড় কথা পুজোর ছুটির মধ্যেই। এমন কী ঘটল যে এভাবে সাত তাড়াতাড়ি চরম দুনিয়াব্যাপী বিরোধিতা এবং কলঙ্কিত শিক্ষা প্রাঙ্গণ নিয়ে বিশ্বের অন্ততঃ ১০০টি

বিশ্ববিদ্যালয়ে এমন ঠিকে কেয়ারটেকার অভিভাবককে নিয়ে ঘৃণা বর্ষিত হচ্ছে, তেমন সময় ওঁর পদোন্নতি রাজ্যে দলতন্ত্রের প্রত্যক্ষভাবে শিক্ষা ব্যবস্থায় হস্তক্ষেপ পরিষ্কার হয়ে গেল। সত্তর দশকের শিক্ষাক্ষেত্রে স্মরণীয় অনিলায়নকেই পরিবর্তিত সরকার দ্বিগুণ প্রোৎসাহ দেখিয়ে আবার আনায় উদগ্র বাসনাই একটি ঐতিহাসিক সিদ্ধান্ত। ড. ত্রিগুণা সেনের সাধের সন্তানসম পাঁচতারা যাদবপুর বিশ্ববিদ্যালয় পাইস হোটেলে পরিণত হলে অবাক হব না। কিংবদন্তী ওই মনীষী শিক্ষাবিদের ওপর খবরদারীতে কোন সরকারি প্রশাসন বা শিক্ষাদফতরকে এমন অধিকার কে দিল?

ছাই চাপা আগুনে তুষ ছড়িয়ে দিয়ে যে কাণ্ডটি পূজাবকাশে ঘটানো হল, তা মোটেই সমর্থনযোগ্য নয়। ধর্ষিতা ছাত্রীর বিচারের বিষয়, শিক্ষাপ্রাঙ্গণে ছাত্রছাত্রী পেটানো— সবই চাপা পড়ে গেল। শিক্ষা দফতরের এই কৌশল না ব্যুমেরাং হয়ে ফেরত আসে। মনে পড়ে ফ্রান্সে সোরবন বিশ্ববিদ্যালয়ের ঐতিহাসিক আন্দোলন। স্বয়ং প্রেসিডেন্ট দ্য গল–কে পিছু হটতে হয়েছিল। আশঙ্কা এমন পরিস্থিতি যেন তিয়েন–মিন–স্কোয়ারকে আবারও স্মরণ না করিয়ে দেয়। ভাবতে লজ্জা লাগে পুজোর ছুটি শেষে অভিজিৎ চক্রবর্তী মাথায় নতুন মুকুট নিয়ে কীভাবে যাদবপুরের পিতৃত্বের দায়িত্ব নেবেন। সকলের সহযোগিতায় আপ্লুত হবার স্বপ্ন দেখছেন না তো? নতুন স্থায়ী উপাচার্য মহাশয়কে দ্বিতীয়বার চিন্তা করে দেখতে বলি, সসম্মানে ড. ত্রিগুণা সেনের আসনে বসতে পারবেন তো? উত্তরটা তিনিই দেবেন পূজাবকাশের পর ছাত্রছাত্রী এবং ধর্ষিতা মেয়েটির আর্তনাদের সম্মুখে।

আবার ধস শুরু

ডিপিএল–এর ঘুঘুর বাসা ভাঙা অত্যন্ত জরুরি

দৈনিক স্টেটসম্যান, ২৬/০২/২০১৪

আজ থেকে বছর ছয়েক আগে ডিপিএল শেষবারের মতো কিছুটা লাভের মুখ দেখেছিল। এক্ষেত্রে মূল কৃতিত্ব ছিল ওর কোক ওভেন প্ল্যান্ট এবং সঙ্গে দুর্গাপুর পানীয় জলসরবরাহ বিভাগের। বিদ্যুৎ উৎপাদন সংস্থার এক্ষেত্রে ভাগ বসানোর কৃতিত্ব ছিল না। শুধু কর্তৃপক্ষের দূরদর্শিতার অভাবে অসম্ভব ভালো বাজার হাতে থাকা সত্ত্বেও চরম ঔদাসীন্যে এক এক করে কোকওভেন প্ল্যান্টের ব্যাটারিগুলি অকালমৃত্যুর কোলে ঢলে পড়ল।

তদানীন্তন বিভাগীয় প্রযুক্তিবিদ চলতি দুর্বল ব্যাটারিগুলির পুনর্নবীকরণের পরামর্শ দিলেন তা পেশাদারী দূরদৃষ্টির অভাবে লাভজনক প্ল্যান্টটি অর্ধমৃত অবস্থায় অভাবনীয়ভাবে লোকসানের খাতায় চলে যায়। মোট ব্যাটারির সংখ্যা আজ ৫০ শতাংশে নেমে এসেছে। ডিপিএল–এর সম্ভাবনাময় অধীনস্থ সংস্থা গ্যাস গ্রিড অনেকদিন হল, মাটির তলায় হিমায়িত হয়ে গেছে।

মোট ৭০১ মেগাওয়াটের ডিপিএল মাস-দিন ধরে শূন্য জেনারেশনে গিয়ে সর্বভারতীয় নজির স্থাপন করেছে! অথচ ৪১০০ কর্মীর বেতন বাবদ প্রতি মাসে ১২ কোটি টাকা গচ্চা দিতে হচ্ছে। অ্যাকুমুলেটেড লস ৮৬০.৯৬ কোটি টাকা। ২০১১–১২ তে ফিনান্সিয়াল লস ছিল ৩.৭৭ কোটি টাকা। ওই আর্থিক বর্ষে বিদ্যুৎ উৎপাদন কেন্দ্রটির লোকসানের হার ছিল ৭৭.৫১ কোটি টাকা। একই সময়ে উল্টে বিদ্যুৎ ক্রয়ের খরচ পড়েছিল ইউনিট প্রতি ৪.৭৫ টাকা। সেক্ষেত্রে বিক্রয় মূল্য (ইউনিট প্রতি) ছিল ৩.৬৫ টাকা। ফলে ওই সময় ডিপিএল–এর ইউনিট প্রতি লোকসান ছিল ১.১০ টাকা। সাকুল্যে গত বছর ডিসেম্বর পর্যন্ত মোট লোকসান দাঁড়িয়েছে ৯৩৯.৯৬ কোটি টাকা।

লোকসানের বিস্তারিত সারণী:

অধীনস্থ সংস্থা- ২০১১–১২, ২০১২–১৩
বিদ্যুৎ উৎপাদন- ১৫৪০৭৪২৩৯৩১০,১৭,১৫৪,১৬৭
কোক ওভেন প্ল্যান্ট- ৬৬,২০,২৮,৮৮৫৩৩,৩৩,৪১,৯২৭
ওয়াটার ওয়ার্কস- ৩৮,১৬,১৯৯৩৫,৩৬,১৬৯
গ্যাস প্ল্যান্ট-আজ ইতিহাস। উবে গেছে গ্যাস।

সংবাদসূত্রের হালফিল খবর: ত্রিধারায় ডিপিএল–এ লোকসানের হার ক্রমবর্ধমান। স্থায়ী কর্মীদের মাস মাহিনা, চুক্তিবদ্ধ শ্রমিকদের বেতন এবং সামগ্রিকভাবে আনুষঙ্গিক ব্যয়ের অঙ্ক সাকুল্যে ফি মাসে আনুমানিক ২০ কোটি টাকা। আর্থিক দুরবস্থার কারণে কেন্দ্রীয় কয়লা সংস্থা এবং ইন্ডিয়ান অয়েল ধারে বিক্রি বন্ধ করে দিয়েছে। ফলে অর্থকষ্টের মধ্যেও ডিপিএলকে নগদ টাকায় কয়লা–তেল কিনতে হচ্ছে। নতুন চৈনিক ৭নং ইউনিটের জন্য সঠিক সময়মতো 'স্পেয়ার রানিং মিল' না দেওয়ায় ওটিকে 'অয়েল সাপোর্ট' দিয়ে চালাতে হচ্ছে। ফলে তেলের জন্য প্রচুর অর্থের গুণাগার দিতে হচ্ছে। ৩,৪, এবং ৫ নং-ইউনিট এর বাংকারে ক্রটিজনিত কারণে কয়লা ছাই হয়ে যাচ্ছে।

ফলে তেলের সাহায্য নিতে হচ্ছে। তাছাড়া বাংকারে জল দেওয়া নিয়মবিরুদ্ধ। ওই ইউনিটগুলিতে এইচ পি হিটারের করুণ অবস্থা। বিশ্রাম না দিয়েই দীর্ঘ বছরগুলি একনাগাড়ে চালাবার ফলে ওগুলি মুখ থুবড়ে পড়েছে। বেশিরভাগ সময়েই নিম্নমানের ৪৫ শতাংশ ছাই-সম্পন্ন কয়লা আসছে, যার শতাংশের হিসাবে ছাই পরিমাণ হওয়া উচিত ৩৩। তদুপরি পশ্চিমবঙ্গ রাজ্য দূষণ নিয়ন্ত্রণ পর্ষদ এবং দমকল বিভাগের সতর্কতামূলক কঠোর নিয়মবিধি না মানার জন্য বারকয়েক সতর্কিত করা হয় এবং জরিমানাও দেয়। এইসঙ্গে অসাবধানতাজনিত কারণে ৫ শ্রমিকের অগ্নিদগ্ধ হয়ে মারা যাওয়ার খবর আজও শ্রমিকমহলে সজীব হয়ে আছে। পাওয়ার প্ল্যান্টে ঢুকলেই বোঝা যাবে সংস্থা কতটা দূষণ নিয়ন্ত্রণ পর্ষদকে সমীহ করে চলে। প্রসঙ্গত, ৭ নং ইউনিটের জন্য যেখানে ১ মিলিলিটার তেল লাগার কথা, সেখানে খরচ হচ্ছে ২৩.৯ মিলিলিটার। ফলে ১ কোটি টাকার জায়গায় খরচ হচ্ছে ২৪ কোটি টাকা। সরকারি কোষাগার তো আছে!

প্রাপ্ত তথ্যসূত্র বলছে, সংস্থা ১০টি গাড়ি এবং ৩টি জিপ বসিয়ে রেখে ১০ জন আধিকারিকের ভাড়া গাড়ির জন্য বার্ষিক ৪০ লক্ষ টাকা ব্যয় করছে। এই অর্থ বার্ষিক বাজেটে না দেখিয়ে জেনারেল বাজেটে দেখানো হয়। আর গাড়িভাড়া নেওয়ার নিয়মপদ্ধতির ব্যাপারে কেচ্ছা-কাহিনী ইতিপূর্বেই সংবাদমাধ্যমে এসেছে, যেক্ষেত্রে শ্রমিক ইউনিয়নগুলির ভূমিকা অনস্বীকার্য। শাসকদল ফি-বছর কল্পতরু উৎসবের একক দায়িত্বে থাকতো। আয়োজন ডিপিএল হলেও মেলা থেকে যে আয় হতো তা কি ডিপিএল কোষাগারে জমা পড়তো?

এখন আসা যাক মূল প্রতিপাদ্য বিষয়: কেন্দ্রীয় সংস্থা ইন্ডিয়ান অডিট অ্যান্ড অ্যাকাউন্টস ডিপার্টমেন্টের অধীনস্থ একাউন্টেট জেনারেল (ইকনমিক অ্যান্ড রেভেন্যু) সেক্টর অডিট-এর ডিপিএল কর্তৃপক্ষের বিভিন্ন ক্ষেত্রে অনিয়ম, দুর্নীতি, আর্থিক ক্ষয়ক্ষতিতে উৎসাহিত করা নিয়ে সাম্প্রতিককালে যে বিরুদ্ধ মন্তব্য এবং কৈফিয়ৎ তলব করা হয়েছে তা তুলে ধরা হচ্ছে।

তালিকাটি দীর্ঘতর বলে সারাংশ তুলে ধরা হল:

ইন্ডিয়ান অডিট অ্যান্ড অ্যাকাউন্টস্ ডিপার্টমেন্ট
স্টেট পাওয়ার ইউটিলিটিজ, বিদ্যুৎভবন,
১১তম, সল্টলেক, সেক্টর-২
কলকাতা-৭০০ ০৯১
অডিট ক্যুয়েরি নং-০৭
মেমো নং
আরএপি/এসপিইউ/ডিপিএল/এসঅ্যান্ডপি/ট্রান্স/২০১১-১২/০৭
তারিখ: ২৮.০১.২০১৩

'ডিপিএল বাইরে থেকে নিরাপত্তা বাহিনী নিয়োগের ক্ষেত্রে ২টি এজেন্সি যথাক্রমে মেঃ টিওপিএস এবং মেঃ বিআইএস-এর নিযুক্তির ব্যাপারে যথাবিহিত আইনানুগ নিয়মনীতি লঙ্ঘন করেছে। আরও গুরুতর বিষয় হল, সে কারণে উক্ত এজেন্সিগুলিকে আর্থিক দুর্নীতির জন্য ৩৩.৪৫ লক্ষ টাকার যে পেনাল্টি ধার্য করেছিল তাও কম পরিমাণে।'

'এই প্রসঙ্গে সংস্থার শ্রমিক সংগঠনের জোরালো উষ্মা: ডিপিএল এদের বে-আইনিভাবে ৮১ লক্ষ টাকা পাইয়ে দিয়েছে। এই উপরি প্রাপ্তিতে উল্লিখিত দুটি এজেন্সি বাদেও সুমন এন্টারপ্রাইজেস নামে একটি স্থানীয় সংস্থাও রয়েছে। শুধু তাই নয় প্রথমোক্ত সংস্থার বিরুদ্ধে সেন্ট্রাল এক্সসাইজ আগেই প্রায় ১০০ কোটি টাকার সার্ভিস ট্যাক্স ফাঁকির বিরুদ্ধে কেস রুজু করেছে। এসব জানার পরও ওই এজেন্সি ডিপিএল-এ বহাল থাকে কী করে?'

দ্বিতীয় অভিযোগপত্রটি পাঠিয়েছে অ্যাকাউন্ট্যান্ট জেনারেল (ইকনমিক অ্যান্ড রেভেন্যু সেক্টর অডিট) পশ্চিমবঙ্গ। পত্র সংখ্যা নং : আরএপি/এসপিইউ/ডিপিএল/এস অ্যান্ড পি/ ট্রান্স/২০১১- ১২/১২ তারিখ ২৯.০১.২০১৩ বলে 'আনজাস্টিফায়েড ডিসিশন ফর অ্যাপয়েন্টমেন্ট অফ আনস্কিলড ক্যাজুয়াল লেবার অ্যান্ড পেমেন্ট ফ্রম সিকিউরিটি বাজেট' শিরোনামায় মেঃ অবধ সিকিউরিটি সার্ভিসকে এবং প্ল্যান্টের জন্য লোয়েস্ট বিডার হিসেবে ০৩.০৯.২০১২-তে নিয়োগ করলেও তারা যথাযথ সংখ্যক রক্ষী বাহিনী না দিতে পারায় তাদের চুক্তি বাতিল হয়ে যায়। তারপর ১৫.০৯.২০১২ এবং ১৯.০৯.২০১২-তে যথাক্রমে মে ক্লিফোর্ড ফ্যাসিলিটি এবং উক্ত বাতিল সংস্থাকে ভিন্নভাবে ২০.০৯.২০১২ থেকে নিযুক্ত করা হয় তা অডিটের নজরে এসেছে। উক্ত অভিযোগপত্রের ১নং প্রসঙ্গে সব শেষে এ প্রসঙ্গে বলা হয়েছে 'So, the justification of engagement of unskilled casual labour from 20.09.2012 may please be stated to audit.

দ্বিতীয় তলবি প্রশ্নে এজি মন্তব্য করেছে: ডিসেম্বর ২০১২ পর্যন্ত স্টপ-গ্যাপ সময়ের জন্য ৪২ দিন মেসার্স সুমনা এন্টারপ্রাইজেসকে সমস্যা সমাধানে নিয়োগ করা এবং নির্ধারিত সময় শেষে তাদের বিধি বহির্ভূতভাবে কাজ চালিয়ে যাবার বরাতটি অনৈতিক এবং যুক্তিযুক্ত নয়— After the expiry of said period the engagement of unskilled casual labour as security personnel was not at all justified.

তৃতীয় তলবি প্রশ্নে এজি জানতে চেয়েছে ডিপিএল কোন উপায়ে বন্দুকধারী নিরাপত্তা (Unskilled Casual Labour) কর্মী না হওয়া সত্ত্বেও সংরক্ষিত বাজেট কোড ৯৪৬১০০০৯ অনুযায়ী ওই সকল U.C.L দের জন্য অর্থমঞ্জুর দিতে পারে? So, the reason for diversing of fund may please be stated to Audit. এজি এ প্রসঙ্গে আরও উদ্ধৃতি দিয়ে বলেছে— Thus due to engagement of U.C. Labour inspite of availability of hired security personnel, the company had to. সংস্থাটিতে একজন বহু পুরনো কোম্পানি সেক্রেটারি তথা চিফ ফিনান্সিয়াল অফিসার আছেন। এই বেনিয়ম, অর্থিক দুর্নীতির প্রসঙ্গাদি যদি সত্য প্রমাণিত হয়, তাহলে তিনি কী করে অন্তরে রাজনীতি করা একজন অ-পেশাদারী জরাগ্রস্ত ব্যক্তি কীভাবে সংস্থার নিয়ামক হয়ে রইলেন যার অপদার্থতার ফল ভুগতে হচ্ছে রাজ্যবাসীদের। আর্থিক নয়ছয়ের বেহিসেবি কোটি কোটি টাকার খয়রাতি তো পরিণতিতে রাজ্যবাসীকে নিজের পয়সা খরচ করে তুলে দিতে হবে। ডিপিএল-এর শ্রমিক, কর্মচারী সকলেরই প্রশ্ন: এরপরও কেন পূর্বাপর অতীত থেকে অদ্যাবধি অভিযোগের তদন্ত করে কর্তৃপক্ষ শ্বেতপত্র প্রকাশ করছে না?

অভিজ্ঞতা বলে ডিপিএল-এর অনিয়ন্ত্রিত মৌরসিপাট্টার শিকারের মূলে রয়েছে পূর্বতন সরকারের সংস্থাটিকে পরিপূর্ণ রাজনীতিকরণের কারণেই। ইদানীং নতুন সরকার আসার পর কেউকেটা নেতারাও জার্সি পাল্টানোয় তৎপর। কিন্তু কাগজে কলমে যে সত্য চাপা দেওয়ার চেষ্টা হয়েছিল, তা রোধ করা যাবে কী করে?

প্রায়শ্চিত্তস্বরূপ ডিপিএল কর্তাব্যক্তি এবং বাম রাজনৈতিক নেতাদের উচিত পেশাগত ও পরিচালনক্ষেত্রে বিদ্যুৎ বন্টন ও বিদ্যুৎ সংবহন সংস্থা কিংবা বিদ্যুৎ উন্নয়ন নিগমে গিয়ে স্বচ্ছ চরিত্রের ধৌতকরণে প্রথম থেকে শিক্ষা নেওয়া। তাহলে ডিপিএল-এর এই ঘুঘুর বাসা ভগ্নীড় হতে বাধ্য। মাননীয় বিদ্যুৎমন্ত্রী দক্ষ প্রশাসক, তিনি নিশ্চয়ই ডিপিএলের দীর্ঘ কলঙ্কিত ইতিহাস নিয়ে তদন্ত করবেন, এই বিশ্বাস রাখি।

অশালীন ভাষা–সন্ত্রাস শাসক দলেরই ক্ষতি করছে।

দৈনিক স্টেটসম্যান, ১০/০৫/২০১৪

নির্বাচনের দিন ঘোষণার পর থেকে পশ্চিমবঙ্গে লোকসভা নির্বাচনী বক্তব্য পেশের ক্ষেত্রে বিশেষ করে দু'টি রাজনৈতিক দলের নেতা সদস্য তথা রাজ্যসভার মন্ত্রিসভার সদস্যরা যেভাবে বিরোধী দলকে যে নীচস্তরের কুৎসিত ভাষায় আক্রমণ করছে তা শুধু কুরুচিকর, অপ্রত্যাশিত কিংবা অশালীনই নয়, তাঁরা আগামী প্রজন্মের কাছে কেমনতর ব্যক্তিত্বের প্রকাশ করছেন, সেই সকল ব্যক্তিদের কাছে কৌতূহলী প্রশ্ন, প্রায়শঃ কুরুচিকর মন্তব্য কি যুব–যুবাদের অনুকরণীয়?

বিগত বিধানসভা নির্বাচনের পর থেকে আপাতত সিপিএম নেতা রেজ্জাক মোল্লার বিভিন্ন দলবিরোধী কটূক্তি যা স্মরণে থাকা উচিত, স্বয়ং বুদ্ধদেব বাবুর বিরুদ্ধেও প্রকাশ্যে কু-উক্তি আর যাই হোক রাজনৈতিক সংস্কৃতি নয়। এখন জুড়েছে হলদিয়ার বেতাব পরাজিত বাদশা। খেউড় প্রবচনের তালিকা দীর্ঘায়িত, আরও দীর্ঘায়িত হচ্ছে লোকসভা নির্বাচন নিয়ে অন্তত দু'টি রাজ্যদলের 'কুকনি' ভাষা প্রয়োগে এমনকি বাড়ির ছোটদের কাছে অভিভাবকদের মাথা নীচু হয়ে যাচ্ছে। ওরা ওই অপ্রচলিত গার্হস্থ্য ভাষার ব্যাখ্যা চাইছে। উত্তর নাই। তাই অকারণে চলচ্চিত্রের ভাষায় ঢুকে পড়েছে গাণ্ডু, চ্যালেঞ্জ নিবি না শালা ইত্যাদি। কারণ যেখানে রাজনৈতিক অভিভাবকরাই নিজ দায়িত্বে যেখানে সগর্বে খেউড়পনা করেন, তখন অন্যের দোষ কোথায়?

স্মরণে থাকতে পারে ড. অমিতা দেওয়ানের ধর্ষণে মৃত্যু কিংবা মমতা (তখন বিরোধী) সম্বন্ধে উক্তি, বুদ্ধবাবুরও ঘৃণাসূচক উক্তি, বিনয় কোঙার, অনিল বসু, অনিল বিশ্বাস, বিমান বসু, সুহৃদ দত্ত, শিরোমণি, অনিল বসু থেকে প্রাক্তন মন্ত্রী আবদুর রহমানের মমতার চরিত্র নিয়ে বারংবার কুৎসিত ভাষা প্রয়োগ। কংগ্রেস সাংসদ অভিজিৎ মুখার্জি (নির্ভয়া নিয়ে) এফডিআই প্রসঙ্গে মমতা বন্দ্যোপাধ্যায়, সূর্যোদয়ের শ্যামল চক্রবর্তী, সুশান্ত ঘোষ ইত্যাদি বিস্তর পংক্তি। কিন্তু ওই সকল রাজনৈতিক গুরুরা যেভাবে পরবর্তী প্রজন্মের কথা না ভাবে রাজনৈতিক ভাষা সন্ত্রাসের সৃষ্টির সাক্ষর রেখেছেন। রাখছেন তার কৈফিয়ৎ শুধু নিজ পরিবারের কাছেই নয়, বাংলার পরবর্তী প্রজন্মের কাছে জবাব দিতে হবে, ইতিহাস কাউকে ছাড়ে না।

নির্বাচনী নির্ঘণ্ট প্রকাশ থেকে প্রার্থীপদ স্থির করার পর থেকে অনুব্রত মণ্ডল, আরাবুল ইসলাম, জুনিয়ার পিসি সরকার, অধ্যাপক সৌগত রায়, মদন মিত্র, বিমান বসু (রোবট, সিইও, নির্বাচন কমিশন), জ্যোতিপ্রকাশ মল্লিক থেকে অধীর চৌধুরী এবং মমতা বন্দোপাধ্যায়ের বিক্ষিপ্ত উক্তিগুচ্ছ প্রতিদিন আমাদের রাজনৈতিক সংস্কৃতির ভাষাকে খুন করা হচ্ছে। ইদানীংকালে এমন সব রাজনৈতিক খেউড়ে আমাদের প্রতিনিয়ত মন ভারাক্রান্ত করে চলেছে।

রাজনৈতিক শালীনতা নিয়ে রাজ্যের মুখ্যমন্ত্রীর নতুন করে পাঠ নেওয়ার কোনও প্রয়োজন আছে বলে মনে হয় না। কিন্তু অতি সম্প্রতি তিনি প্রধানমন্ত্রী পদপ্রার্থী বিজেপি'র নরেন্দ্র মোদিকে নিয়ে যেসকল সংস্কৃতিবিরুদ্ধ কুরুচিকর নীচস্তরের বক্তব্য রাখছেন, তাতে বাংলার জনগণ তাঁর সম্বন্ধে

একেবারেই ভিন্ন ধারণা পোষণ করতে শুরু করেছেন, এমন সংস্কৃতিবান, কবি, সাহিত্যিক সঙ্গীতজ্ঞার মোড়ায় আবৃত এমন শ্রদ্ধেয় মহিলার মুখ থেকে যে অশালীন, কুরুচির ভাষা মন্তব্য প্রকাশ্যে বলছেন। সম্ভবত তিনি জানেনও না তিনি নির্বাচনী বক্তৃতায় কী বলছেন। এভাবে চললে তাঁর অতীত ত্যাগী সংগ্রামী চরিত্র ও সততার প্রতীক কলঙ্কিত হতে বাধ্য।

অনুপ্রবেশ নিয়ে নরেন্দ্র মোদি'র একটি বক্তব্য অপরাধমূলক হলেও মমতা দেবীর উচিত ছিল বাঙালির আবেগের সমর্থনকে কাজে লাগিয়ে ওই বিজেপি নেতাকে রাজনৈতিক মোকাবিলা করতে পারতেন। কিন্তু বদলে করছেনটা কী? গত কয়েকদিন ধরে মোদির উক্তি এবং চরিত্র নিয়ে ফি-দিন যা বলে চলেছেন, তা সম্ভবত পশ্চিমবাংলায় এক রাজনৈতিক অধঃপতন এবং ভাষা সন্ত্রাসের সৃষ্টি করতে চলেছে। অনুপ্রবেশ ও শরণার্থী নিয়ে নরেন্দ্র-মন্তব্য যদি সংবিধানগতভাবে অন্যায় ব্যাখ্যা করে থাকেন, তাহলে সাংবিধানিকভাবে তাঁকে বিচারালয়ে নিয়ে যাওয়া যেতে পারা যেত। কিন্তু মাননীয়া নেত্রী তাঁর পারিবারিক কুৎসা গাইলেন। কোমরে দড়ি পড়িয়ে জেলে পাঠানোর কথা বললেন, আগে জানতে পারলে মোদির বিমান নামাতে দিতেন না— এমন সব উক্তির পারদ চড়ছে প্রতিদিন। এভাবে গণতান্ত্রিক দেশে বিরোধী রাজনীতির মোকাবিলা একেবারেই সম্ভব নয়। জনগণেশকে এভাবে উত্তেজিত করে দলীয় সমর্থন আদায় করা যায় না। মোদিকে শাসানো হয়েছে, 'তোমার ঔদ্ধত্য' ভেঙে দেব।.... ও কি গাধা না ভোঁদা? তুমি থেকে তুই-তে গেলাম, কারণ রাজনৈতিকভাবে ওতো ছোট! ওর মগজে আসলে মরুভূমি।

.... তুমি বাংলার কাউন্সিলরও নও। তুমি বাংলার কে? .... বাংলার মানুষই তোমায় তাড়াবে। ... তুমি কোন হরিদাস পাল হে? .... যে নিজের স্ত্রীর পরিচয় দেয় না, সে আবার কী করে দেশের নেতা হতে পারে।'

রাজনৈতিক বিরোধিতায় শব্দ প্রয়োগে শালীনতা বলে এক মোক্ষম দাওয়াই আছে। যাঁরা তা অগ্রাহ্য করেন, ধরে নিতে দ্বিধা নেই তাঁদের রাজনৈতিক শিক্ষার অভাব আছে, যার প্রতিফলন কমবেশি ভোটবাক্সে পড়তে পারে। রাজনৈতিক ঔদ্ধত্য এবং ক্রমাগত মাস্তানসুলভ ভাষা সন্ত্রাসের কী ফল হতে পারে, তার উজ্জ্বল প্রমাণ বিগত সরকারের পতন। নতুন সরকারের নেতা-নেত্রী, আঞ্চলিক নেতৃত্বের উচিত ছিল সঠিক পঠন-পাঠন শিক্ষা নেওয়া কিন্তু বাস্তবে দেখা যাচ্ছে, পূর্বতন সরকারের দোষত্রুটিগুলিরই ধারাবাহিকতা বজায় রেখে চলেছে বর্তমান সরকার। বদলায়নি বরখাস্ত সরকারের কিছু কিছু নেতার খেউড়িপনা, যা সার্বিকভাবে পশ্চিমবঙ্গের ঐতিহ্যময় কৃষ্টি এবং রাজনৈতিক সংস্কৃতির পক্ষে অত্যন্ত ক্ষতিকারক। গ্রিক সম্রাট আলেকজান্ডারের প্রতি দেশীয় রাজা পুরু'র বক্তব্য স্মরণে রাখা উচিত। রাজ্যের রাজনৈতিক দল দু'টির এখনই প্রয়োজন শালীনতাপূর্ণ বাক্-সংযম। বিশেষ করে শাসক দলের নেতানেত্রীদের। সেদিন এক রাজ্য মন্ত্রীকে শোনা গেল (টিভি চ্যানেলে) 'বাপের বেটা' বলে শাসাতে।

বন্ধ হোক ভাষা-সন্ত্রাস, অশালীন বক্তব্য রাখায়, খেউড় ভাষা প্রয়োগ থেকে সব দলকে বিরত থাকতে। না মানলে দলীয় ক্ষতি অনিবার্য। এ প্রসঙ্গে সেই ১৯৪১ সালে প্রখ্যাত ব্যক্তিত্ব জর্জ অরওয়েল 'দি লায়ন অ্যান্ড দি ইউনিকর্ণ'-এ প্রাঞ্জলভাবে মন্তব্য করেছেন:

'The great enemy of clear language is insincerely. When there is a gap between one's rela and one's declared airms, one turns, as it were, instinctively to long words and exhausted idioms, like a cuttlefish squirting out ink.'

বিশ্ব পরিবেশ দিবস: মৃত্যু প্রহরের স্মরণে

স্টেটসম্যান, ০৫/০৬/২০১৪

আজ ৫ জুন বিশ্ব পরিবেশ দিবস। নির্মল চিরসবুজ প্রকৃতির মাঝে দূষণমুক্ত পৃথিবীতে বেঁচে থাকার স্বার্থে শপথ প্রহণের দিন। কিন্তু ক'জন কিংবা সমাজকর্তারা এমন দিনটিকে সামনে রেখে সম্বৎসর সজাগ থেকে তা মেনে চলেন। ইদানীং সময়ে পরিবেশ দূষণ এবং তার প্রাণঘাতী ভয়াবহ প্রভাবের কথা শুনলেই ইদানীং সময়ের মানুষের মধ্যে আতঙ্কের উদ্রেক হয়। একটু স্বচ্ছলতর এবং শিক্ষিত সম্প্রদায়ের মধ্যে এ সময়ে যে শরীর সচেতনতার কথা শোনা যাচ্ছে তা ওই বিভীষিকা থেকে উত্তরণের প্রকৃতই অনন্যতম প্রচেষ্টা। দূষণ শব্দবন্ধের মধ্যেই যেন লুকানো আছে অকাল মৃত্যুর হাতছানি। বিশ্ব স্বাস্থ্য সংস্থা বা 'হু'র ব্যাখ্যা অনুযায়ী:

'Pollution is an undesirable change in the physical, chemical or biological charecteriscs of our Air, Land and Water that can harmful affect human life on that of other species, our industrial processes, living conditions and cultural assets. In single language— any addition to Air, Water, Soil or Food that threatens the Health and Survival. Capbilities of humans or other living beings is known as pollution.'

সামগ্রিকভাবে দূষণ নিয়ে ব্যাখ্যা দেওয়া হয়েছে, তার আর তর্জমা সততই বাহুল্য। সাধারণত পরিবেশ দূষণের ক্ষেত্রে প্রথমেই চলে আসে বায়ুদূষণ এবং তারপর পরিবেশ দূষণের তালিকায় দ্বিতীয় স্থানে রয়েছে জলদূষণ। এই দু'টি ক্ষেত্রেই পশ্চিমবঙ্গের শোচনীয় মান স্বদেশ এবং বিশ্ব দুনিয়ায় স্থান করে নিয়েছে, যা রাজ্যবাসীর কাছে অবশ্যই চিন্তনীয় বিষয়। বিশ্ব প্রকৃতির প্রতি মূলত: আমাদের আত্মঘাতী আক্রমণের মূল কারণগুলির মধ্যে রয়েছেঃ

প্রকৃতির সংকট

বনজ সম্পদ নষ্ট করা এবং তা জ্বালানি করে দূষণের মাত্রা বৃদ্ধি, গ্রিন হাউস গ্যাস উদ্গীরণের ফলে প্রকৃতির পরিবর্তনে চাষের ক্ষতি, বিশ্ব উষ্ণায়ন, জঙ্গলের অধিকারে হস্তক্ষেপ, ভূমি অবক্ষয়, অ্যাসিড বৃষ্টির ফলে জল-জঙ্গলের সমূহ ক্ষতি, সৈকত এলাকার অরণ্যানি ধ্বংসের ফলে প্লাবন, আধুনিক মারণাস্ত্রের অসদ্ব্যবহার, দ্রুত জনস্ফীতি, দারিদ্র, অনাবৃষ্টির প্রসার এবং পানীয় জলের অভাব, সবুজ নষ্ট করে শিল্প এবং নগরায়ণ।

পশ্চিমবঙ্গ বায়ু দূষণের ক্ষেত্রে বিশ্বের গোণা কয়েকটি রাষ্ট্রের অন্যতম এবং ভারতবর্ষে শীর্ষস্থানে অবস্থান রয়েছে। রাজ্যে বায়ু দূষণের উল্লেখনীয় কারণগুলির মধ্যে আছে তাপবিদ্যুৎ কারখানার বিষাক্ত ধোঁয়া, রাস্তা এবং প্রশস্ত উন্মুক্ত স্থানের চেয়ে বহুগুণ যানবাহনের গতায়ত, গাড়িতে ভেজাল তেল ব্যবহার, কাঠ এবং কেরোসিন তেলের রান্নায় ব্যবহার, সরু সরু রাস্তা, অধিক সময়ের জন্য ঘন ঘন যানজট, কলকাতার পার্শ্ববর্তী অঞ্চল, হাওড়া, আসানসোল, দুর্গাপুর, বারাকপুর ও হলদিয়া শিল্পাঞ্চলে অনিয়ন্ত্রিত এবং উচ্চহারে নাইট্রোজেন ডাই অক্সাইডের বহিঃপ্রকাশ। এছাড়া শহরাঞ্চল, উপনগরী এবং অন্যান্য শিল্পাঞ্চলে বিভিন্ন বিষাক্ত বিশেষ করে মানুষের হৃদযন্ত্রের পক্ষে ক্ষতিকারক তথা প্রাণ হানিকর কার্বন-ডাই-অক্সাইড, মিথেন গ্যাস,

নাইট্রোয়াস অক্সাইড, হাইড্রোফ্লুরো কার্বন, পারফ্লুবো কার্বন, সালফার হেক্সাফ্লোরাইডের সংক্রামণ প্রথমে ক্যান্সার, পরে মৃত্যুর সংকেত নিয়ে আসে। এই রাজ্যেই রয়েছে প্রায়শ আইনের চোখে ধুলো দেওয়া প্রায় ৬৭ রকমের দূষণ-প্রধান শিল্প কারখানা। যার মধ্যে রয়েছে স্পঞ্জ আয়রণ, ফাউন্ড্রি, গ্যালভানাইজিং শিল্প, বিভিন্ন ধরনের কেমিকেল তৈয়ারি, সিমেন্ট কারখানা, পেপার মিল, রবার কারখানা, চামড়া কারখানা, তাপবিদ্যুৎ কেন্দ্র। শোনা যায় কোলাঘাটের কারখানার ছাই ওড়ার জন্য ওই এলাকায় পান পদ্মফুল চাষ প্রায় উঠে গেছে। কোলাঘাটে কদাচিত ইলিশ পাওয়া যায়। সাঁওতালডিহি'র কর্মীদের মধ্যে উড়ন্ত ছাইয়ের প্রভাবে হাঁপানির প্রাবল্য লক্ষ্য করা গেছে। কেন্দ্রীয় দূষণ নিয়ন্ত্রণ সংস্থার তথ্য অনুযায়ী পশ্চিমবঙ্গকে 'ক্রিটিক্যালি পল্যুটেড রেড ক্যাটাগরি ইন্ডাস্ট্রিজ'-এ প্রথম স্থান দিয়ে একই সঙ্গে রাজ্যবাসীদেরও সতর্ক করে দিয়ে রেখেছে। তাছাড়া গ্রিন হাউস এফেক্ট তথা গ্লোবাল ওয়ার্মিং-এর প্রত্যক্ষ প্রভাব এ রাজ্যের ওপর এসে পড়েছে। বর্তমান সময়ে এ রাজ্যে অপ্রত্যাশিতভাবে প্রকৃতির খামখেয়ালিপনা বেশ বোঝা যাচ্ছে।

খড়গপুর আইআইটি'র বিশেষজ্ঞ বৈজ্ঞানিক-অধ্যাপকের মতে, রাজ্যের প্রাণকেন্দ্র কলকাতা মহানগরীর জনগণ বিষাক্ত প্রাণনাশী দূষণপ্রাবল্যের সাগরে নিমজ্জিত হয়ে আছে। প্রতি মুহূর্তে যে মারণ বায়ু গ্রহণ করছি, তার ফলে এই শহরের ৭০ শতাংশ লোক নানান ধরনের শ্বাসকষ্ট এবং বক্ষপীড়ায় আক্রান্ত। এখানকার দূষিত বায়ুর পরিমাণ প্রায় ৭৮ শতাংশ, নানান ফুসফুসের রোগে আক্রান্তের হার ৬৫ শতাংশ, যেখানে শিশুদের হার ৬ শতাংশ। কলকাতা পৃথিবীর মধ্যে প্রথম সারিতে বিরাজ করছে লাঙ ক্যান্সারে আক্রান্ত রোগীদের হারে। হাঁপানি, ঘনঘন কাশির ফলে এমনকি রাত্রি জাগরণ, অধিকাংশ ধরনের ক্যান্সার রোগীর অবস্থান, হেমাটলজির ক্ষেত্রে অস্বাভাবিকতা-যকৃতের জটিল ব্যাধি, স্নায়ু রোগের প্রাবল্য, কর্মশক্তি হ্রাস, ক্লস্টোফোবিয়া, ভিড়ের আতঙ্ক, হজমশক্তির তারতম্য, পরিশ্রম অক্ষমতা অথবা হাঁপিয়ে ওঠা ইত্যাদি বহু ধরনের ব্যাধির মূলে রয়েছে বায়ু দূষণ।

পরিসংখ্যান নিয়ে দেখা গেছে গত ১০ বছরে শতকরা ১০ ভাগ অস্বাভাবিক বা বিকলাঙ্গ সন্তান জন্ম নিয়েছে। এক্ষেত্রে বায়ু দূষণকে উৎসাহিত করেছে কলকাতার পূতিগন্ধময় বস্তি, খাল-পারবাসী এবং ঝুপড়িবাসীরা। ২০১১ সালের আদমসুমারী অনুযায়ী কলকাতায় বস্তিবাসীর সংখ্যা ৪.৫ লক্ষ। বেসরকারি তথ্য অনুযায়ী শহরে বস্তির সাকুল্যে সংখ্যা সাড়ে চার লক্ষ। এরা না পায় মুক্ত বায়ু, না প্রয়োজনীয় পানীয় জল আর না আছে মলমূত্র ত্যাগের বৈজ্ঞানিক বন্দোবস্ত। সূর্যের আলো থেকে এরা বঞ্চিত, না আছে ন্যূনতম শয়নের স্থান, না আছে বর্জ্য পদার্থ ফেলার জায়গা। কলকাতা থেকে নিঃশেষ হয়ে যাচ্ছে মাঠ ময়দান, শিশুউদ্যান, জলাশয়, সাঁতার কাটার জায়গা। সব কেড়ে নিয়েছে কংক্রিট সাম্রাজ্যবাদ। চাঁদ-সূর্য কখন আসে-যায় তা জানে না ওই গড়ে ওঠা দেশলাই বাক্সের মতো একপায়ে দাঁড়ানো বাড়িগুলির আবাসিকরা। এমনিতে কলকাতায় বায়ু দূষণ ৮০ শতাংশে যায়?

সবচেয়ে বেশি বিষাক্ত বায়ু দূষণ ছড়াচ্ছে যানবাহনের জটলা, তাদের পোড়া তেল এবং পুরনো ইঞ্জিনের গলগলানো কালো ধোঁয়া। অথচ কোথায় পরিস্থিতির সঙ্গে তাল মিলিয়ে সাযুজ্য রেখে রাস্তার বিস্তার, নতুন চওড়া সরণি কিংবা ঘন ঘন উড়ালপুল-যানজটের অনিশ্চয়তায় দম বন্ধ হয়ে যায়, যাকে ঘিরে রাখে মারাত্মক পোড়া তেলের গন্ধ ও ধোঁয়া। তথ্য অনুযায়ী গত — বছরে গাড়ির সংখ্যা বেড়েছে— শতাংশ, অথচ অতিরিক্ত যান পথ বর্ধিত হয়েছে মাত্র ৭ শতাংশ। সমস্ত ফুটপাথ

চলে গেছে অপারেশন সানসাইনের বিরুদ্ধে সংগ্রামীদের তথা আত্মীয়দের হাতে। রাজনৈতিক প্রশ্ন, ভোট ব্যাঙ্কের প্রতাপ, সুতরাং রাস্তা দিয়ে হাঁটো, পুলিশ ধরলে শাস্তি নাও। ডানলপ মোড় থেকে টালিগঞ্জ মেট্রো অবধি অন্তত ৩০টি ক্রশিংয়ের গেঁড়ো বায়ুদূষণকে আরও উৎসাহিত করছে। কলকাতায় চলাচলকারী ৪/৫ অংশ গাড়ির বয়স বৃদ্ধসম। এই সঙ্গে আছে কলকাতা কর্পোরেশন এবং সরকারি বাসও। কত মুখ চাপা দিয়ে অক্সিজেনের খোঁজ করা যায়? একে তো ফুটপাথ আর নেই, সঙ্গে দূষণে যোগ দিয়েছে পথিপার্শ্বে ঘন ঘন চায়ের দোকানের উনুন। আর সন্ধে গড়ালেই স্বদেশী চাউমিন আর মোমো'র উৎপাত। শৈশবে দেখা যেত হল্লাগাড়ির হানা, যা তখন ছিল ছেলে ভোলানো ভয় দেখানো গল্প।

জলদূষণ

দীর্ঘ সরকারি নিষ্ক্রিয়তার আর এক নমুনা জলদূষণ। আর্সেনিকে আক্রান্ত রাজ্যের ৭ থেকে ৯টি জেলা। আজ নয় আগের যুগ থেকেই। মালদা, মুর্শিদাবাদ, বর্ধমান, নদিয়া থেকে উভয় ২৪ পরগনা কোথায় নেই আর্সেনিক আক্রান্ত রোগী। আক্রান্ত প্রায় প্রতিটি ব্লকের হাজারেরেও বেশি গ্রামে। বিগত সরকারের আমলে গুরুত্ব না দেওয়ায় তার ফল ভুগতে হচ্ছে ইদানীংকালের আক্রান্ত গ্রামবাসীদের। অনন্যোপায় হয়ে সাকুল্যে আনুমানিক ৫ মিলিয়ন পল্লীবাসীদের ওই বিষজলকে পানীয় জল হিসেবে ব্যবহার করতে হচ্ছে। যে সকল জেলার লোকজন অনন্যোপায় হয়ে বিষপান করে আসছে, তারা সততই দরিদ্র এবং পিছিয়ে পড়া যোগাযোগ বিচ্ছিন্ন জনজাতি।

আর্সেনিকযুক্ত জলপানের ফলে যে সকল অবশ্যম্ভাবী রোগের শিকার হতে হয় তার মধ্যে আছে ম্যালেরিয়া, আমাশয়, কলেরা, ফুসফুসে সংক্রামণ, হজমক্রিয়া অচল হয়ে যাওয়া, স্থায়ী পেটের রোগ, আংশিক বা পূর্ণ পঙ্গুত্ব, শারীরিক পক্ষাঘাত, চরম দুর্বলতা, দুরূহ ত্বকের ব্যাধি, নখ ক্ষয় হয়ে যাওয়া, রক্তাল্পতা, হাঁটতে চলতে অসুবিধা এবং শরীরের বিভিন্ন নিম্নাঙ্গে ক্যান্সার ইত্যাদি।

একই জলাশয় বা টিউবওয়েলের জল প্রকৃতই আর্সেনিকমুক্ত কিনা, তা পরীক্ষা ছাড়া বোঝার উপায় নেই। আর দরিদ্র অশিক্ষিত গ্রামবাসীরাই বা তা বুঝবে কী করে? সরকারি তৎপরতার অভাবে আজ ওই জেলাগুলির অসহায় মানুষগুলি একের পর এক পরিবারের অকর্মণ্য হয়ে শেষের সেদিনের অপেক্ষা করছে।

পরিবেশ–বান্ধব ভৌগোলিক অবস্থানে স্বাধীনভাবে বাঁচার অধিকার ভারতীয় সংবিধানের ২১ নং ধারায় লিপিবদ্ধ আছে। এক্ষেত্রে সংস্থাগত কিংবা সরকারিভাবে কোনওরূপ হস্তক্ষেপ হলে রয়েছে সিআরপিসি সেকশন ১৩৩, আইপিসি পাবলিক ন্যুইসেন্স ২৬৮–২৯৫, ফ্যাক্টরিজ অ্যাক্ট, মোটর ভেহিকেল অ্যাক্ট তথা নয়েজ পলিউশন কন্ট্রোল রুল ২০০৪, আন্ডার এনভায়রনমেন্ট প্রোটেকশন অ্যাক্ট অব ১৯৬৬। তদুপরি রাজ্য সরকারের দূষণ নিয়ন্ত্রণ পর্ষদ, তা সত্ত্বেও মোটেই বিভিন্ন স্তরের দূষণ রোধ করা যাচ্ছে না। ফলে '৫ জুন–এর বিশ্ব পরিবেশ দিবস'— বাৎসরিক চিহ্নিত উৎসবানুষ্ঠানে পর্যবসিত হয়েছে। 'দাও ফিরে সে অরণ্য' বলার প্রতিবাদী ব্যক্তি বৃন্দ তো কবেই প্রয়াত হয়েছেন।

'গরিবি হঠাও' জিগির তোলা জাতীয় দলের ক্রোড়পতি লোকসভা প্রার্থীরা

স্টেটসম্যান, ২২/০৪/২০১৪

'গরিবি হঠাও দেশ বাঁচাও' স্লোগানটি প্রতিটি লোকসভা নির্বাচনের আগে সারা দেশজুড়ে সব ক'টি জাতীয় বা কেন্দ্রীয় রাজনৈতিক দল ছড়িয়ে দেয়। এই বৈপ্লবিক লোক ভুলানো মন্ত্রটি গত ১৫টি সংসদীয় নির্বাচনে প্রতিধ্বনিত হয়েছে। এবারের ১৬তম নির্বাচনেও তার কোনও ব্যতিক্রম হয়নি। সেই ট্র্যাডিশন অব্যাহত আছে। অথচ ওই সকল দলের প্রার্থীদের ধন সম্পত্তি, আভিজাত্য সম্বন্ধে জানা গেলে বুঝা যায় এমন সব বিশাল ধনপতিরা দারিদ্র দূরীকরণে কিভাবে গরীবদের দৈনন্দিন দুঃখ দুর্দশা, অর্ধাহার, অনাহার ইত্যাদি প্রসঙ্গে কিভাবে সমব্যথী হতে পারে? এইসব বৈভব-বিলাস-ব্যসনে অভ্যস্ত সংসদে প্রবেশের জন্য দরিদ্র ভারতবাসীদের নিয়ে নির্বাচনের প্রাক্কালে যে সহমর্মিতা দেখায়, তা বিজয় শেষে এঁরা আগামী নির্বাচন পর্যন্ত সেই 'গরিবি হঠাও' স্লোগানকে লকারে পুরে উধাও হয়ে যান। সর্বক্ষণের রাজনৈতিক সেবক হয়েও কিভাবে এঁরা বিপুল সম্পত্তিকে ফি বছর ক্রম –স্ফিততর করে চলেছেন, সেটাই এই সময়ের বড় কৌতূহল। একই সঙ্গে দলগুলির বিত্ত-বিপুলতা সারা দেশের কাছে এক অবাক করা প্রশ্ন। বিত্তবান এবং বাস্তবিকই ভাগ্যবান ধারাবাহিক সাংসদেরা গরীবদের যে কতটা আপনজন হয়ে আত্মত্যাগের শপথ রাখছেন তার প্রমাণ ভারতীয় উপমহাদেশের দারিদ্র এবং উন্নয়নশীল তকমা। ইতিমধ্যে ওই স্লোগানটি বয়স দাঁড়িয়েছে প্রায় ৬৭ বছরে!

তারকা চিহ্নিত ধনপতি দেশসেবক সাংসদ

আসন্ন নির্বাচন ৫৪৩টি লোকসভা আসনের অসম্পূর্ণ সংসদীয় প্রার্থীদের সর্বশেষ খতিয়ান অনুযায়ী যে তথ্য উঠে এসেছে তাতে কুবের প্রাক্তন সাংসদ এবং বর্তমান প্রার্থীদের মধ্যে উত্তরপ্রদেশের উল্লেখযোগ্য ধনশ্রী উপাধি প্রাপক দেশসেবীর শীর্ষে অবস্থান করছেন জাতীয় কংগ্রেসের কুরুক্ষেত্রের সাংসদ নবীন জিন্দাল, যাঁর বৈভব ১৩১.০৭ কোটি টাকা। তারপরই আছেন, ঐ দলেরই প্রতাপগড়ের এমপি রত্না সিং, সম্পত্তি ৬৭.৮২ কোটি টাকা, ওই দলের রামপুর-এর প্রতিনিধি কাজিম আলি খান (নাভেদ মিঞা) — ৫৬.৮৯ কোটি টাকা, বিজেপি'র উদাসী কেন্দ্রের শিবকুমার — ৩২.৩৩ কোটি টাকা। এছাড়া সর্বত্র চর্চিত গত লোকসভার সাংসদ এবং এবারেও নির্বাচনের পদপ্রার্থী কংগ্রেসের সনিয়া গান্ধী — ৯.২৮ কোটি টাকা, এল কে আদবানি (বিজেপি) — ৭ কোটি টাকা, ঐ দলেরই রাজনাথ সিং — ২.৫১ কোটি টাকা, কার্তি পি চিদম্বরম — ৫৯.৬৬ কোটি টাকা, ডিএমকে'র দয়ানিধি মারান — ১০.৯৪ কোটি টাকা, জাতীয় কংগ্রেসের মধুসূদন মিস্ত্রি — ৩.২২ কোটি টাকা ঐ দলেরই অমরিন্দর সিং — ৮৬.৩৩ কোটি টাকা, শীলা দীক্ষিতের পুত্র সন্দীপ দীক্ষিত (কং) — ৭.৩ কোটি টাকা, শশী থারুর (কং) — ২৩ কোটি টাকা, আপ-এর সাজিয়া ইলমি — ৪.৪২ কোটি টাকা, জেডিইউ'র অনিল কুমার শর্মা — ৮.৫০ কোটি টাকা, বিজেপি'র হেমা মালিনী — ১,৯২ কোটি টাকা, জ্যোতিরাদিত্য সিন্ধিয়া (কং) — ৩৩.৭ কোটি

টাকা, জশবন্দ সিং (নির্দল)— ৭.৭ কোটি টাকা। এবং বাইচুং ভুটিয়া (টিএমসি)— ১৬ কোটি টাকা।

সর্বশেষ খতিয়ান অনুযায়ী সমষ্টিগতভাবে ২৮০ জন লোকসভা প্রার্থীর মধ্যে ৬০ শতাংশের আয় গড়ে কোটি টাকার ওপরে। ১৮৮ জন প্রার্থীর গড় সম্পত্তি— ৫.৬৮ কোটি টাকা। এর মধ্যে ১০১ জন গত লোকসভার সদস্য ছিলেন। ১২৬ জন জাতীয় কংগ্রেস প্রার্থীর গড় সম্পত্তি— ৬.৯১ কোটি টাকা, ৬২ জন বিজেপি প্রার্থীর গড় আয়— ৩.১৮ কোটি টাকা। উল্লিখিত জাতীয় কংগ্রেস এবং বিজেপি'র সদস্যদের মধ্যে গড়ে ১ কোটি টাকার মালিকানা যথাক্রমে ৮৬ শতাংশ এবং ৪৮ শতাংশ। এ পর্যন্ত বিভিন্ন পর্যায়ভুক্ত সংসদীয় পদপ্রার্থীর মধ্যে প্রাপ্ত তথ্য অনুযায়ী ২৯ শতাংশ নির্বাচন প্রার্থীই ক্রোড়পতি ক্লাবের দসস্য।

অপরাধী হিসেবে অভিযুক্ত সংসদীয় প্রার্থী

লোকসভা নির্বাচনে পদপ্রার্থীদের সর্বশেষ পরিসংখ্যান অনুযায়ী কংগ্রেস ও বিজেপি'র প্রতিনিধিদের মধ্যে গড়ে প্রতি ৩ জনের মধ্যে ১ জনের বিরুদ্ধে অপরাধমূলক কাজে লিপ্ত থাকার অভিযোগ আছে। এর মধ্যে ১৩ শতাংশ ভোটপ্রার্থীর বিরুদ্ধে সিরিয়াস ক্রিমিন্যাল কেস রয়েছে। বিজেপি'র ৩৭ শতাংশ অভিযুক্তের মধ্যে ১৭ শতাংশ ব্যক্তির বিরুদ্ধে গুরুতর অভিযোগ রয়েছে। আর জাতীয় কংগ্রেসের ২৬ শতাংশের মধ্যে ১০ শতাংশ বিশেষভাবে অপরাধে লিপ্ত প্রতিনিধি রয়েছে। অপরাধ এবং গুরুতর অপরাধে অভিযুক্ত প্রাক্তন ও বর্তমান লোকসভা নির্বাচনে প্রার্থীদের কিছু করা যাচ্ছে না কারণ কোর্টে অভিযোগগুলি অদ্যাবধি মীমাংসিত হয়নি বলে। এ প্রসঙ্গে অ্যাসোসিয়েশন অব ডেমোক্রেটিক রিফর্মস–এর সহ প্রতিষ্ঠাতা জগদীপ ছোকার কড়া মন্তব্যে উল্লেখ করেছেন— 'The accumulation of data by ADR for the last 13 years has made it seriously impossible for the court to ignore criminalization in politics and hopefully will make it possible for political parties to do so as well as the Order would only be effective, if implemented with zeal'.

প্রসঙ্গত, ক্রিমিন্যাল চার্জে চিহ্নিত বিগত ২টি লোকসভার অভিযুক্ত সাংসদদের ক্রম-পরিসংখ্যান— ২০০৪— ১২৮ জন সাংসদ, ২০০৯— ১৬২ জন সাংসদ। এদের বিরুদ্ধে আদালতে বিচারাধীন অভিযোগগুলির মধ্যে রয়েছে মূলত খুন, ছিনতাই এবং আর্থিক কেলেঙ্কারি। বিগত লোকসভার ১৬২ জন অভিযুক্ত সাংসদের মধ্যে ৭৬ জনের (১৪ শতাংশ) বিরুদ্ধে রয়েছে মারাত্মর গুরুত্বপূর্ণ অভিযোগ। শনাক্ত এবং অভিযুক্ত সাংসদের মধ্যে সামাজিক অমর্য্যাদায় কিছু আসে যায় না। না হলে পশুখাদ্য কেলেঙ্কারি থেকে কোল ব্লক নিয়ে সংসদের ভেতরে, বাইরে এবং আদালতে কিনা হয়েছে? তা সত্ত্বেও অভিযোগ আদালতে শনাক্ত না হওয়ায় সেই সকল কেন্দ্রীয় মন্ত্রী এবং সাংসদেরা দিব্যি সামাজির প্রতিষ্ঠা নিয়ে বহাল তবিয়তে আছেন এবং এবারের সংসদীয় নির্বাচনেও বুক ফুলিয়ে প্রার্থী হয়েছেন।

যে দেশের শাসনভার ওইসব বিত্তবান ধনপতি, ক্রোড়পতিদের হাতে, যেখানে অভিযুক্তরা গণ বিক্ষোভ ও সমর্থনকে তোয়াক্কা না করে দেশসেবকের ঠ্যাকা নেন, সে দেশে গরিবি এমনি করেই শেষের সেদিনের অপেক্ষা করতে করতে চিরকালের মতো নিশ্চিহ্ন হয়ে যাবে। ষোড়শ উপাচারে ১৬শ নির্বাচন হচ্ছে। দেখা যাক জনমত কতটা পরিবর্তন আনতে পারে।

পাট শিল্পের অন্তর্জলি যাত্রার শুধু অপেক্ষা

দৈনিক স্টেটসম্যান, ০৬/০৭/২০১৪

চটের জট বহুকালের। প্রায় চার দশক আগে থেকে অশনি সংকেত দেখা গিয়েছিল। না কেন্দ্র, না রাজ্য সরকার পাট শিল্পের মতো গোল্ডেন থ্রেড–কে হেলায় অবজ্ঞায় ধ্বংসের মুখ দেখিয়েছে। বাস্তবে চরম ক্ষতিগ্রস্ত হয়েছে পশ্চিম বাংলার এই একচেটিয়া শিল্পটি, যার সঙ্গে জড়িত লক্ষ লক্ষ শ্রমিক। ভদ্রেশ্বরের নর্থ ব্রুক জুটমিলের সিইও হরিকিষণ মাহেশ্বরী খুন হয়ে প্রকাশ্যে জানান দিয়ে গেলেন, রাজ্যের এই গর্বের স্বর্ণসুতিকা শিল্পের কেমিকেল ডেথ অনেক আগেই হয়ে গেছে, এখন শুধু নিয়মরক্ষার ডেথ সার্টিফিকেট লিখে দেবার অপেক্ষা। কেন্দ্র, রাজ্য এবং চটকল মালিক, কেউ নিজ নিজ দায় এড়াতে পারে না। ব্যবসায় হতাশজনক পরিস্থিতির জন্য প্রায় দু'দশক ধরে কর্তৃপক্ষ ও কর্মীদের মধ্যে সার্বিক এই শিল্পক্ষেত্রে যে দূরত্ব, প্রতিনিয়ত মতানৈক্য এবং রাজনৈতিক দলগুলির প্রভাব বিস্তারের ফলে ক্রমবর্ধমান জটিলতার সৃষ্টি হচ্ছিল, তারই ফলশ্রুতি হরিকিষাণ মাহেশ্বরীর আত্মোৎসর্গ। এই শহিদকে সামনে রেখে শুরু হয়েছে কুৎসিত রাজনৈতিক ন্যক্কারজনক চাপান-উতর।

২০০১–এর ২৯ জুন থেকে ১৫ মে ২০১৪ পর্যন্ত ৭ জন জুটমিল আধিকারিক খুন হয়েছেন। এঁদের মধ্যে রয়েছেন হতভাগ্য লেবার অফিসার, পার্সোনাল ম্যানেজার, চিফ পার্সোনাল ম্যানেজার। উল্লিখিত কর্তাব্যক্তি এবং অন্য এক জুটমিলের দুই এক্সিকিউটিভ অফিসার। গড়ে বছরে দু'জন কর্তাব্যক্তির এমন নৃশংস হত্যাকাণ্ড দেশের অন্যান্য রাজ্যে কখনই হয়নি। শ্রমিক দরদী বিতাড়িত সরকারের আমলেই মারা গেছেন ৬ জন। প্রথম জোড়া এক্সিকিউটিভ অফিসারের মৃত্যু ঘটে ২০০১ সালের ২৯ জুন। সেদিনই রাজ্য সরকারের উদ্যোগ নেওয়া উচিত ছিল কোন কারণে এই হত্যালীলা। চটশিল্প ক্ষেত্রে যে অবক্ষয় নেমে আসছে, সেদিন তাতে চরম সতর্কবাণী ঘোষিত হয়েছিল। না খেটে খাওয়া সরকারি দলের নেতৃত্ব তা বুঝতে পারলে আজকের এই পরিণতি হত না। হরিকিষাণবাবুর খুনের পর আরও দুটি জুটমিল বন্ধ হয়ে গেছে। বিভিন্ন রাজনৈতিক দলের চটকল শ্রমিক শাখাগুলি অব্যর্থভাবেই জানে বিগত দু'দশকে পাটিশিল্পে মড়ক লেগেছে। অবক্ষয়ের পূর্বাভাষ তাদের সকলেরই গোচরে ছিল। এখানে রাজনৈতিক দলগুলি দ্বিমুখী নীতি নিয়ে প্রভাব বিস্তারের চেষ্টা করেছে। কখনও সাপের মুখে, আবার প্রয়োজনমতো ব্যাঙের মুখে। স্যান্ডউইচ হয়েছে অ–চতুর অসহায় চটকলের শ্রমিকরা।

সকলেই একই রাজনৈতিক প্রভাব বিস্তারের পথের পথিক। ৩৪ বছরের শ্রমিকদের সরকার শ্রমিকস্বার্থে একটা জুট পলিসি তৈরি করেনি, বাস্তবায়ন তো দূরের কথা। তথৈবচ পরিবর্তিত সরকার। প্রতিশ্রুতি দিয়ে (আড়ালে শোনা যায়) ক্ষতিগ্রস্ত মিল মালিকদের আর একটু ঋণের বোঝা কাঁধে নিয়ে সরকার এঁদের লোকসভা নির্বাচনী বৈতরণী পার করে দিতে পরোক্ষ চাপ সৃষ্টি করে কিংবা বিনয়ী আবেদন জানায়। তাই লোকসভা নির্বাচন শেষে শুরু হয়েছে দুই ২৪ পরগনা, হাওড়া ও হুগলীর চটকলগুলিতে অসন্তোষ। সুপ্ত আগ্নেয়গিরি ধীরে ধীরে স্মৃতি ধরেছে। এবার প্রেক্ষিতকে সামনে রেখে মূল প্রসঙ্গের দিকে তাকানো যাক।

ভারতের ৮৩টি চটকলের মধ্যে ৬৪টিই পশ্চিমবঙ্গে। সারা দেশের ৮০ শতাংশ পাট উৎপাদন হয় এই রাজ্যে। এমন শতবর্ষের একচেটিয়া ৬৪টি শিল্প কারখানার অর্ধেক সংস্থার মালিকানা আর্থিক সংকটের কারণে লিজ–এ হস্তান্তরিত হয়ে নিবু নিবু ভাবে চলছে। চটের বস্তা এবং পাট সামগ্রীর দ্রুত চাহিদা পতনের ফলে সামগ্রিকভাবে মিলগুলি উৎপাদন কমিয়ে তা আপাতত ৬২ শতাংস নামিয়ে এনেছে। তাও সব কারখানায় নয়। কোথাও কোথাও উৎপাদন প্রায় বন্ধের পথে। কাঁচা পাটের গুচ্ছের 'বেল' জমে পচছে। চাহিদা শূন্য। তবুও মিল চালু রাখার রক্তচক্ষুকে মেনে চলতে তাঁরা বাধ্য।

৯০ দশকে প্ররোচিত তথ্য ভয়াবহ শ্রমিক অসন্তোষের চরম 'ঘেরাও–সমৃদ্ধ' দিনগুলিতে গঙ্গার দু'পারের জুটমিলগুলিতে যাত্রা শুরু শ্রমিক অসন্তোষের। ততদিনে পাটের চাহিদা নিম্নমুখী হতে শুরু করেছে। পাটের বস্তার একচেটিয়া বাজার দখলে নিল প্লাস্টিক এবং সিন্থেটিক লবি। এই 'লবি' প্রভাবের পিছনে রয়েছে অর্ধেকেরও কম মূল্যে প্রাপ্তি। সারা বছর মুহূর্তে প্রয়োজনমতো কৃত্রিম বস্তার জোগান, টেকসই, স্থায়ীত্ব এবং জলবৃষ্টিরোধক। রাজ্যের গর্বের ঐতিহাসিক পাটশিল্প লাটে ওঠার সংকেত দিল। ওই দশকেই পরিস্থিতিগত কারণে মিল মালিকেরা যখন প্রতিযোগিতায় অপারগ হয়ে আর্থিক দিক থেকে ক্রমশ দুর্বল হতে শুরু করেছে, সেই ৯০ দশকেই পেশীবলের শ্রমিক–দাবি উঠল সকলের স্থায়ীকরণ, কোনও ক্যাজুয়াল কর্মী থাকবে না, প্রভিডেন্ট ফান্ড, গ্র্যাচুইটি, মেডিকেল, বোনাস, হাউস রেন্ট অ্যালাউন্স ইত্যাদি নিয়ে সর্বত্র অশান্তির পরিবেশ। প্রফুল্ল চক্রবর্তীর উত্থান সেই সময়ই। গুম করা হল শ্রমিক নেতা পাশোয়ানকে। শ্রমিকদের দাবিদাওয়ার খেসারত দাঁড়াল হাজার কোটি টাকারও বেশি।

এমন পরিস্থিতিতে মিল মালিকেরা বিকল্প পথ খুঁজল। তাঁরা মিলগুলিকে 'সিক' ঘোষণা করে বিক্রি করে দিল, যা পরে অন্য মালিকরা জলের দামে তা কিনে স্থায়ী শ্রমিক ছাঁটাইয়ে নামল, লজ্জার কথা পাটের বাজারনীতি নিয়ে কেন্দ্র ও রাজ্য তেমন গুরুত্ব দেয়নি। পরিণতিতে এসময়ের চটকলগুলিতে সাম্প্রতিক তথ্য অনুযায়ী ৭৫ শতাংশ শ্রমিক–ই অস্থায়ী বা ক্যাজুয়াল লেবার। অনিশ্চিত কাজে দৈনিক মজুরি ১৫০ টাকা। অথচ শ্রমিক আইন অনুযায়ী তাঁদের প্রাপ্য ৪৫০ টাকা। এই কৌশল করে এক শ্রেণির মালিক চতুরভাবে অঘোষিত মুনাফা লুঠছে শ্রমিকদের রক্ত বেচে। পাট এবং পাটজাত দ্রব্যের বাজার নেই, এটা বাস্তব। বিদেশে ২০০১ সালে যেখানে রপ্তানি ছিল ১,৯০,০০০ টন, তা ২০০৯–এ দাঁড়ায় ৭৯,০০০ টনে। আর এখন কোনও চাহিদাই নেই। কৃত্রিম এবং বিকল্প দ্রব্যসম্ভার যে জন্য দায়ী। অথচ পৃথিবীর মোট চাহিদার ৯০ শতাংশ চাহিদা মেটায় ভারত এবং বাংলাদেশ।

শুনলে অবাক হতে হবে, পাটের চাহিদা কমতে কমতে মে মাসে তা 'শূন্যে' দাঁড়ায়। যার জের এখনও বজায় রয়েছে। পাটের চাহিদা বৃদ্ধিতে কেন্দ্র কিংবা রাজ্যের যথোচিত ব্যবস্থা গ্রহণে অনিহাকে দায়ী করাই যেতে পারে। অথচ ভারত সরকারের জুট ম্যানুফ্যাকচারিং অ্যাক্ট, ১৯৮৭ অনুযায়ী সমস্তরকম খাদ্যশস্য এবং চিনিকে পাটের বস্তায় রাখা এবং চালান কঠোরভাবে পালনীয় (ম্যান্ডেটরি)। কিন্তু প্লাস্টিক লবি এবং প্রভাবশালী কর্পোরেট হাউসগুলির চাপের কাছে সরকার পিছু হঠে এই স্বর্ণসুতিকাকে গঙ্গাযাত্রার পথ প্রশস্ত করেছে। এমনকী কেন্দ্র কিংবা রাজ্যের সংশ্লিষ্ট দপ্তর এবং উভয় সরকারের দূষণ নিয়ন্ত্রণ পর্ষদের নগণ্য ভূমিকাও লক্ষ্যণীয়।

লবি চক্রের কাছে নতিস্বীকারের কথা আজ আর চাপা নেই। অথচ প্রকৃতপক্ষে দেশে কৃষি উৎপাদনে পাটের বস্তার প্রচুর চাহিদা রয়েছে। এখানে দুটি পৃথক চিত্র তুলে ধরছি। ১) পাটের চাহিদা না থাকায় এবং শস্য মূল্য না পাওয়ায় হুগলি জেলায় গত ২০১১-র ডিসেম্বর মাসে অনন্যোপায় হয়ে পাটচাষিরা উৎপাদিত পাট দুঃখে পথিপার্শ্বে পুড়িয়ে দিয়ে প্রতিবাদ করে; ২) আর এরই বিপরীত চিত্র মধ্যপ্রদেশে। ২০১২-র ৩১ এপ্রিল প্রয়োজনমাফিক পাটের বস্তার জোগান না আসায় মধ্যপ্রদেশের মুখ্যমন্ত্রী খাদ্যশস্য মজুত করার জন্য কেন্দ্র উপযুক্ত ব্যবস্থা না নেওয়ায় অনশনে বসার হুমকি দেন। পাটের বস্তার অভাবে বুন্দেলখণ্ডের চাষিদের প্রচুর শস্য পচে যায়।

কী অদ্ভুত ব্যাপার! এক রাজ্যে চাহিদা বা অর্ডার না থাকায় পাট শিল্প ধুঁকছে, অপরদিকে একই সময় অন্য রাজ্যের চাষিরা বস্তার অভাবে মজুত শস্য নিয়ে মার খাচ্ছে, যেখানে রাজ্যদরদী স্বয়ং মুখ্যমন্ত্রী অনশনের হুমকি দেন। উল্টোদিকে এ রাজ্যে ৯০ দশক থেকে যে মড়কের ইঙ্গিতপ্রাপ্ত সেক্ষেত্রে পশ্চিমবঙ্গে পাট শিল্পের একচেটিয়া সম্পত্তিকে নিয়ে দলবাজি এবং পুঁজিবাদের কাছে মাথা নত করে আজ তা যে জায়গায় নিয়ে এসেছে তার দায়িত্ব কে নেবে?

প্রথম থেকেই যদি তদানীন্তন সরকার উপযুক্ত ব্যবস্থা নিত, অন্যান্য রাজ্যের চাহিদা পূরণে নিজেরা আগ্রহী এবং কেন্দ্রের হস্তক্ষেপ দাবি করত, তাহলে প্লাস্টিক লবির এই প্রশ্রয়িত আগ্রাসনকে ঠেকানো যেত। হাতের কাছেই তো ছিল ১৯৮৭ সালের ম্যান্ডেটরি অর্ডার। অস্ত্র ছিল জেপিএমএ বা জুট প্যাকেজিং মেটেরিয়াল অ্যাক্ট। কার্যকরী করা হয়নি। ফলে খাদ্যশস্য চটের বস্তায় রাখাকে বিকল্প লবি গ্রাস করে। টাটকা তথ্য অনুযায়ী খাদ্যশস্য এবং চিনির জন্য চট–বস্তার উৎপাদন চাহিদার অভাবে ২০১২-১৩ কমে যায় ১০ শতাংশ। যা ২০১৩-১৪-তে তা শোচনীয়ভাবে হ্রাসপ্রাপ্ত হয় ৮০ শতাংশ। এজন্য লোকসানের অঙ্ক দাঁড়ায় ১,০০০ কোটিতে। এর ফলে শ্রমিক সংগঠনের তথ্য অনুযায়ী বর্তমানে ৪ লাখ স্থায়ী কর্মীর ভবিষ্যৎ অনিশ্চিত হয়ে পড়েছে। গত মে মাসেই জুটব্যাগের অর্ডার দাঁড়ায় 'শূন্য'-তে।

এখানেই শেষ নয়, রাজ্যের ৮টি জুটমিলে এ বছরের শুরু থেকেই উৎপাদন বন্ধ হয়ে গেছে। গোপন তথ্য অনুযায়ী রাজ্যের প্রায় ৪০ শতাংশ মিলই লোকসান থেকে পরিত্রাণ পেতে গোপনে হস্তান্তর হতে চলেছে। চটশিল্পের দুর্দশা এমন জায়গায় পৌঁছেছে যে, সরকার যেখানে বেল–প্রতি দাম বেঁধে দিয়েছে ৫৫,০০০ টাকা, তা এ মুহূর্তে বিকোচ্ছে, ৪৬,০০০ টাকায়, অর্থাৎ বেল–প্রতি ক্ষতি হচ্ছে ৯ হাজার টাকা! আপাতত দিনমজুর বা ক্যাজুয়াল লেবারের বেকারত্ব ১ লাখেরও বেশি। রাজ্যেই চাল এবং আলু প্লাস্টিক বস্তায় 'বন্দোবস্ত' বিদ্যমান। এমন দ্রুত মৃত্যুমুখী শিল্পকে বাঁচাতে বা টিকিয়ে রাখতে অধিকাংশ চটকল মালিক সপ্তাহে ৫ দিন ৩ ঘণ্টা করে মিল চালু রাখার ব্যবস্থা করায় স্থায়ী কর্মীদের বেতন অনেকটাই কমে গেছে। আর ক্যাজুয়াল লেবারের তো প্রশ্নই নেই। মালিক-শ্রমিক বিবাদের অন্যতম কারণ ওই অস্থায়ী কর্মীদের ক্ষোভ এবং সংঘাত। আর তার সঙ্গে রয়েছে পে–রোলে থাকা নানান বকেয়া পাওনা। সরকার এই দীর্ঘকালীন শ্রমিক সমস্যা জানতো না, এমনটা হয় না। মূল শ্রমিক দরদী সরকারি শাসনব্যবস্থায় যে রোগের উৎপত্তি তার চিকিৎসা সেই সময়ে করা হলে বছরে ২ জন করে কর্তা–অধিকারিকদের মৃত্যু হত না। সে সময় ২৪ পরগনার দাপুটে এক সাংসদের হাতে মিল ম্যানেজারকে চড় খাওয়ার কথা স্মরণে থাকা উচিত। কেন্দ্রীয় খাদ্যমন্ত্রক আগে যেখানে ১৮ লাখ জুট ব্যাগ ক্রয় করত, তা এখন দাঁড়িয়েছে ৭ লাখ বস্তায়।

আমাদের একমাত্র প্রতিযোগী রাষ্ট্র বাংলাদেশ পাটশিল্পের রপ্তানি বাজার ধরে রাখতে যেখানে ৮ থেকে ১০ শতাংশ সরকারি সাবসিডি দেয়, সেক্ষেত্রে ভারত সরকারের অবদান 'শূন্য'। রাজ্যের উদ্যোগেও সেরকম প্রতিবাদী ভূমিকার স্থায়ী অভাব রয়েছে। লজ্জার কথা, নতুন সরকারের প্রতিশ্রুতি থাকা সত্ত্বেও অদ্যাবধি রাজ্যে কোনও 'পাটনীতি' তৈরি হয়নি। এই সুযোগটাই নিচ্ছে বহুজাতিক সংস্থার প্লাস্টিক এবং সিন্থেটিক লবি। এর প্রমাণ, এ রাজ্যেই কবে স্মৃতিমেদুর হয়ে গেছে চটের থলে করে বাজার আনা। বাজার ঘুরলেও চটের বস্তা পাওয়া যাবে না। মাসের চালও প্লাস্টিক বড় ব্যাগে আসে। জুট পলিসি কার্যকরী হলে লবিগিরি বন্ধ হত। আবার মার্কেট ফিরে পাওয়ার সম্ভবনা থাকত। চাল তো মূলতঃ এ রাজ্যের। কিন্তু চিনি, পেঁয়াজ এবং গম এ রাজ্যে আসতে বাধ্য হত চটের ব্যাগের মাধ্যমে। ৮০ শতাংশ চিনি এ রাজ্যে আসে প্লাস্টিক থলেতে, যার ফলে রাজ্যের চটকলগুলিতে বছরে ১ হাজার কোটি টাকার লোকসান গুণতে হচ্ছে। মূল কারণ দুটি: কেন্দ্রীয় জুট ম্যানুফ্যাকচারিং অ্যাক্ট, ১৯৮৭ না মানা এবং রাজ্য সরকারের নীতিহীনতায় অনিয়ন্ত্রিত বাজার।

এমতাবস্থায় আইজেএমএ অস্তিত্ব বজায় রাখতে সপ্তাহে তিনদিন স্বল্প সময়ের জন্য কারখানা চালু রাখার প্রস্তাব দিয়েছে সমস্ত শ্রমিক সংগঠনকে। রাজ্য সরকার মিঃ মহেশ্বরীর মৃত্যুর পর নড়েচড়ে বসেছে। স্থির হয়েছে ক্ষীণকায় হয়ে বেঁচে থাকা ৫৯টি জুটমিলের ৪ লক্ষাধিক মিশ্র শ্রমিকের বাঁচার তাগিদকে রক্ষা করায় কেন্দ্রকে চটের বস্তা সংগ্রহের মাত্রা বাড়ানোর প্রস্তাব দেবে এবং জুট পলিসির দ্রুত বাস্তবায়ন। বিগত দশকগুলিতে শুধুমাত্র সরকারি নজরদারির অভাবে পৃথিবীখ্যাত রাজ্যের 'স্বর্ণসুতিকা' শিল্প অকালবার্ধক্যে চলে গেছে। এর যৌবন উদ্ধারের সম্ভবনা খুবই ক্ষীণ। প্রযুক্তির আধুনিকীকরণ তো দূরের কথা, মান্ধাতার আমলের ঘরঘরানো মেশিনগুলো কোনওরকমে চলছে। শ্রমিকদের মাইনে যেখানে জোটে না, সেক্ষেত্রে মর্ডানাইজেশন অফ-জুট ইন্ডাস্ট্রি পরিহাস বিশেষ। এই দায়িত্ব ভাগ করে নিতে হবে কেন্দ্র, রাজ্য সরকার ও মিল মালিকদের। কারণ অতীতে তো এই গোল্ডেন থ্রেড-এর স্বর্ণযুগ ছিল। সে সময় মিল কর্তৃপক্ষ কারখানাগুলিকে স্বাস্থ্যবান রাখায় উদ্যোগ নেননি। সুতরাং 'ফিরে দাও সে পট্ট শিল্পের স্বর্ণযুগ'— এ শুধু হাস্যকর টিপ্পনী মাত্র।

ঈশ্বরীয় বিশ্ববার্তা: তোমাদের চৈতন্য হোক

যুগান্তর, ২২/০১/২০১৩

১৮৮৬ সালের ১ জানুয়ারি। পরমপুরুষ শ্রীরামকৃষ্ণ কল্পতরু বৃক্ষসম অবতার হয়ে ঈশ্বরীয় বিশ্ববার্তা প্রকাশ করলেন : 'আশীর্বাদ করি, তোমাদের চৈতন্য হোক।' তিনি এই অমোঘ বার্তা কি শুধু উপস্থিত শিষ্য ও ভক্তমণ্ডলীর উদ্দেশ্যেই বলেছিলেন। নৈব চ। তিনি শুভ মুহূর্তে মানবকল্যাণমুখী বার্তাটি সর্বজনীন ক্ষেত্রে প্রতিটি মানুষের জন্য সর্বকালীন সর্বধর্মের ইষ্টবার্তার্ূপে যে স্বর্গীয় মানবদর্শনের কথা বলে গেলেন, তার বিশ্বময়তা নিয়ে কোনও প্রশ্নই ওঠার অবকাশ নেই।

'কল্পতরু' কথাটি শুধু রামকৃষ্ণ বিশ্বাসী নয়, সকলের কাছেই তাঁর জীবনদর্শের প্রতীক হিসেবে প্রতিভাত থাকবে চিরকাল। এই শব্দবন্ধটির আভিধানিক অর্থ হল দেবতরু বা দেববৃক্ষ। অন্য ব্যাখ্যায় অভীষ্ট ফলদায়ক বৃক্ষ। চলতি অর্থে একাগ্র চিত্তে সদ্ভাবনা এবং মঙ্গলকর কিছু কামনা-বাসনা যদি সর্বজনীন আবেগময় তাহলে উক্ত দেববৃক্ষের কাছে নিজেকে সমর্পণ করে ঈপ্সিত কামনা করলে ইষ্টপূরণ হয়। ১ জানুয়ারি ১৮৮৬ সালে শ্রীরামকৃষ্ণ আশ্রম প্রাঙ্গণস্থিত ওই বৃক্ষতলে ভক্তসাধারণকে কাঙ্ক্ষিত বাঞ্ছাপূরণে কল্পতরু হয়েছিলেন যার বাস্তবতা নিয়ে কোনও বিতর্কের অবকাশ নেই। তাই ঈশ্বর বিশেষ আপ্লুত দেশবাসী শুধু কাশীপুর উদ্যানবাটিতেই নয়, মিশনের বিশ্বব্যাপী কেন্দ্রগুলিতেও ভক্ত সমাগম হয়।

"স্বামী অজ্জ্ঞানন্দ এ প্রসঙ্গে বলেছেন, 'আশীর্বাদকরে, তোমাদের চৈতন্য হোক'––শ্রীরামকৃষ্ণের এই আশীর্বাদকেন্দ্রিক ঐতিহাসিক ঘটনাটি প্রকৃতপক্ষে তাঁর বীজমন্ত্র স্বরূপ প্রকাশিত একটি লীলা। আমাদিগের বোধহয়, উহাকে ঠাকুরের আত্মপ্রকাশ অথবা আত্মপ্রকাশ পূর্বক সকলকে অভয় প্রদান বলিয়া অভিহিত করাই যুক্তিযুক্ত। বর্তমান অনুধ্যানটিতে বিশেষ সতর্কতার প্রয়োজন। নচেৎ এর অন্তর্নিহিত ভাবগ্রহণ করতে আমাদের ভুল হবে বার বার। মনে রাখতে হবে, ওই দিনের ঘটনাটি (শ্রীরামকৃষ্ণের কল্পতরু হওয়া) বিশেষ স্থান-কাল এবং সৌভাগ্যবান ত্রিশ জন ভক্তের ব্যক্তিগত স্মৃতি সম্পদ রূপেই সীমাবদ্ধ নয়। নরদেহধারী শ্রীভগবানের স্বরূপ প্রকাশ এবং জীবের জন্য তাঁর অভয়বাণী আশীর্বাদই অভিব্যক্ত ওই ঘটনায় তিনি মুক্তকণ্ঠে ঊর্ধোত্তলিত হস্তে আশীর্বাদ করেছিলেন–– 'তোমাদের চৈতন্য হোক।' ওই আশীর্বাদ অনাগত কালের মানুষের জন্যও সঞ্চিত রয়েছে।"

আমরা অগভীর চেতনায় প্রাপ্তিযোগের উদ্দেশ্যে অধিকাংশ ক্ষেত্রেই ওই ঈশ্বর-রূপীয় ১লা জানুয়ারির কল্পতরু দিবসটিকে ভিন্ন বিশ্বাসে পরিগণিত করে ছুটে যাই কাশীপুর উদ্যানবাটির ওই বৃক্ষস্থলে, দক্ষিণেশ্বরের শান বাঁধানো পঞ্চবটী বনের আঙিনায়–––যদি মনস্কামনা পূরণে শ্রীকৃষ্ণের সেই প্রসারিত হস্তের মাধ্যমে ইচ্ছাপূরণ হয়। কিন্তু আমরা কদাচিৎ রামকৃষ্ণ দর্শনে এই দেবলীলাকে বোধগম্য করতে অক্ষম। তিনি যদি সর্বকালীন কল্পতরু হয়ে সকলের মনস্কামনা পূরণের অবতার হতেন, তা কখনই বাস্তবসমাজে গ্রাহ্য হত না এবং অসুখ, দরিদ্র কন্যাদায়গ্রস্ত পিতা কিংবা মৃত্যু কাউকে টেনে নিয়ে যেতে পারত না, কারণ সঙ্গে আছে যে কল্পতরু। তাহলে তিনিও ব্যাধিমুক্ত অমরত্ব পেতেন।

সেজন্যই তার কল্পতরু হওয়া এবং উক্তদিবসে অবতার রূপে অবতীর্ণ হওয়াকে শ্রীমৎ সারদানন্দ মহারাজ মানবিক মূল্যবোধের সমার্থক হিসেবে গ্রহণ করতে মন্তব্য করেছেন, 'আমাদিগের বোধহয় উহাকে ঠাকুরের অভয়প্রকাশ বা আত্মপ্রকাশপূর্বক সকলকে 'অভয়প্রদান' বলিয়া অভিহিত করাই অধিকতর যুক্তিযুক্ত। 'ঠাকুরের কল্পতরু হওয়া জীবনযুদ্ধে সৎচিন্তার বিকাশের প্রতীক হিসেবে মান্য করাই যথোপযুক্ত। তাঁর কল্পতরু হওয়াটা বিশ্বধর্ম ইতিহাসে এক ব্যতিক্রমী সামাজিক অনুশাসনস্বরূপ। এটা অসত্যের বিরুদ্ধে সত্যের প্রামাণিক অনুসন্ধান পর্ব বিশেষ। আমরা লঘুচিত্তের মানুষ। তাঁর সংকল্পিত সাধনার বাস্তবরূপটিকে অনুধাবন, অনুসরণ বা অনুকরণ হাজার বছরে হয়তো বা একজনই আবির্ভূত হয়ে এমন সদাচার শিক্ষা দিতে পারেন। কিন্তু ধর্মযোগের বদলে মনুষ্য সমাজ প্রাপ্তিযোগেই অতিরিক্ত বিশ্বাসী বলে আমরা ছদ্মবেশী সাধক তান্ত্রিকের কাছে যাই কারণ প্রচারমাধ্যমের আনুকূল্যে তারাও যে কল্পতরু হওয়ার ব্যবসায় নেমেছে, যা প্রতিদিন মুদ্রণ সংবাদমাধ্যম এবং কয়েকটি বিশেষ টিভি চ্যানেলে 'পরম পুরুষ' হয়ে তাঁর মতো 'তুই' সম্বোধন করে কল্পতরু হওয়ার অভীষ্ট লক্ষ্যকেই ম্লান এবং অপমানিত করছেন যা নিয়ে নতুন করে অবতারণা বাহুল্য মাত্র। আশ্চর্যের কথা, ১৯৯৭ সালের ১ জানুয়ারিতে পড়েছিল শ্রী শ্রী সারদা মায়েরও জন্মতিথি। কেউ কেউ এই নির্দিষ্ট মোক্ষলাভের নির্দিষ্ট দিনটিকে 'যুগ্ম কল্পতরু দিবস' হিসেবে আখ্যায়িত করেছেন। সারদা মা কল্পতরু হয়েছিলেন মানবসমাজের কল্যাণময়ী জননীরূপে। তিনি সমকালীন সময়ে ছিলেন সকলের দুঃখবেদনায় ত্রাতার প্রতীক। এও তো অন্য অর্থে কল্পতরুর গূঢ় ইঙ্গিতবাহী সাধিকার চরিত্র। শ্রীরামকৃষ্ণ অনুষঙ্গে তিনিও পরম পুরুষের বিলীন হওয়ার পর 'অভয় প্রদান' যজ্ঞে নিজেকে নিবেদিত করেছিলেন, যা নতুন করে বলার অপেক্ষা রাখে না।

ঈশ্বরের মাহাত্ম্যের মধ্যেই নিহিত আছে কল্পতরু হওয়ার গভীরতার অর্থ। বৈঠকী আড্ডায় পরমপুরুষ কল্পতরু বৃক্ষের চমৎকারীত্ব বর্ণনায় একটি মজাদার বর্ণনা দিয়েছিলেন, 'কল্পতরুর নীচে বসে একজনের ইচ্ছে হল রাজা হই, অমনি সে রাজা হল। পরমুহূর্তে ইচ্ছে হল, যেন সুন্দরী স্ত্রী পাই, সঙ্গে সঙ্গে তাই পেল। তারপর মনে হল যদি বাঘ এসে তাকে খেয়ে ফেলে, অমনি বাঘ এসে তাকে খেয়ে ফেলল। ভগবান সেইরকম কল্পতরু। যে তাঁর সামনে নিজেকে ভাবে অভাগা বা গরিব সে সেরকমই থাকে। কিন্তু যেভাবে ও বিশ্বাস করে ভগবান তার ইচ্ছে পূরণ করবেন, তার ইচ্ছেও সত্যি সত্যি পূর্ণ হয়।' ঈশ্বরের কাছে চাওয়া এবং পাওয়ার মধ্যে, সাযুজ্য আনে কাঙ্ক্ষিতের সদাচরণ। এই গূঢ় অর্থটি না অনুধাবন করে কল্পতরুর কাছে উপস্থিত হওয়াটা বৃথা, যেমন ওই গল্পের বাঘে খেয়ে ফেলার পরিহাস। 'তোমাদের চৈতন্য হোক'---অভিনব আশীর্বাদ। আশীর্বাদের ভাষাটিও বিশেষ অনুধাবনযোগ্য। আমাদের জীবনের দুর্বহ দিকটার---যত দুঃখ, সংকট, দৈন্য, মোহ এগুলির মূলে আমাদের অচৈতন্য বা অজ্ঞান-স্বভাব। না-জানা আর না-বোঝার সমষ্টি নিয়েই যেন আমাদের সংসার জীবন। তাই তো আমাদের সমস্ত শিক্ষা-দীক্ষা ও সাধনার এক লক্ষ্য : জ্ঞানলাভ করা বা চেতনা হওয়া। এই চৈতন্যরূপ পরম লক্ষ্য আমাদের নিজ নিজ অন্তরেই রয়েছেন। এক কথায়--ওই চৈতন্যের উপলব্ধিই মানব-জীবনের চরম লক্ষ্য। শ্রীরামকৃষ্ণের সেদিনকার ওই অভয় আশীর্বচন 'চৈতন্য হোক' মানে এই যে, জীবের মধ্যে যে পরম আত্মসত্য জ্বল জ্বল করছে, তাতেই জাগ্রত হওয়া। 'তোমাদের চৈতন্য হোক--জাগরণের আশীর্বাদ।' (স্বামী অজ্জ্ঞানানন্দ)

রামকৃষ্ণ জীবনকথা (জ্যোতির্ময় বসু) –র পরমপুরুষের কল্পতরু হওয়ার কাহিনিটা গল্পচ্ছলে বর্ণনা করা আছে : ভক্তরা যে বসে আছে, দেখা দিতে হবে। চললেন সেজেগুজে সবুজ বনাতের জামা, লালপেড়ে ধুতি, চটিজুতো, মোজা, এমনকি কানঢাকা কাপড়ের টুপিটিও বাদ গেল না। নিখুঁত পোষাকে ডাক্তারি বিধিনিষেধ, কঠিন পাহারাওয়ালা, দেহরক্ষী সকলকে ফাঁকি দিয়ে এলেন নেমে দোতলা থেকে বাগানে ভক্তদের মাঝখানে। ভক্তরা তো উর্ধ্বমুখী হয়ে রয়েছে দোতলার ঘরের দিকে একটু দূর থেকে দেখবে বলে। আর তিনি কিনা ধরাছোঁয়ার সামনে দাঁড়িয়ে, সে সময় তাঁর একটিও সন্ন্যাসী ভক্ত ছিল না কাছে। চারদিকে জয় জয়কার পড়ে গেল, প্রণাম পুষ্পাঞ্জলি, স্পর্শ, যে যার মনোমত করে সাধ মেটাল, শেষবারের মতো। স্পর্শেই তো চৈতন্য সঞ্চারণ, ভক্তি বিদ্যুৎ প্রবাহ। করুণাময় যেন বলছেন, সমবেত ভক্তদের, 'ওরে তোরা আয়, যা চাইবার চেয়ে নে, সব পাবি।' পরের কাহিনি বহুল প্রচারিত, বিস্তারিতের অপ্রয়োজন। স্বামী বিবেকানন্দকে দেখে বললেন, 'আসতে দেরি হল বুঝি? তুমি কিছু চাও? তিনি আর কী চাইবেন? ঠাকুরের শ্রী পাদস্পর্শেই তাঁর মনস্কামনা পূর্ণ হয়ে গেল। ভাব তার পেল না ভাষা, হারিয়ে গেল ঠাকুরের স্পর্শে। তিনি শুধু ঠাকুরের দিকে ফ্যাল ফ্যাল করে চেয়ে রইলেন।

পরমপুরুষের কল্পতরু বৃত্তান্ত অর্থাৎ 'আত্মপ্রকাশে অভয়-প্রদানরূপ'––এই বহুশ্রুত ইতিহাসটির মূলে শ্রীভগবানের নরলীলার অন্তর্নিহিত রহস্যটিই যে প্রকট, একথা আর বুঝিয়ে বলার অপেক্ষা রাখে না। পুঁথিকার অক্ষয় যেন এই ঘটনাটির 'হাটেতে ভাঙ্গিল হাঁড়ি' বলেছেন। যাঁর লীলা, তাঁরই নিত্য, যিনি নিত্য, তিনিই লীলাময়–––নিত্য তার লীলা অমোঘ––যাঁরই লীলাতনু তিনিই নিত্য- যিনি শ্রীরামকৃষ্ণ রূপ মায়া–সাযুজ্য, তিনিই নিত্য। সমগ্র নাটকের 'সুগূঢ় মর্ম' এই-ই।

ভগবান শ্রীশ্রীরামকৃষ্ণ দেবের 'কল্পতরু' হওয়ার মধ্যে রয়েছে দু'টি অত্যন্ত গূঢ় চেতনার প্রতিফলন। এক, পরমেশ্বর সাধনায় নিঃস্বার্থভাবে নিজেকে মেলে ধরা, যিনি বিশ্ব কল্যাণের প্রতিনিধিত্বে অকুতোভয় আগ্রহী ব্যক্তিত্ব, আর দুই মোক্ষলাভের উৎস সন্ধানে মানব দর্শন এবং বৈজ্ঞানিক যুক্তিবাদের সাযুজ্য। এই দুইয়ের সমন্বয়েই যে বিরলতম অমোঘ প্রাপ্তি ঘটে, তাকেই ভাবাবেগে কল্পতরু-স্বরূপ জনপ্রিয় মতবাদ। রূপকথা ও পরশপাথর থাকে, উপাখ্যানে বহু মনগড়া কল্প-কাহিনি থাকে, কিন্তু ঈশ্বর দর্শনে ওইসব রস-কল্পনার স্থান নেই। এ এক কঠিন সাধনা এবং সৎ-চিন্তার বহিঃপ্রকাশ।

পরমপুরুষ যে ৩০ জন বিশ্বাসীর আকাঙ্ক্ষা পূরণ করেছিলেন, তার পেছনে যে সক্রিয় মানব কল্যাণকামিতার অন্তর্নিহিত প্রশ্ন জড়িত আছে, তা নিয়ে দর্শনভিত্তিক চিন্তা ও চেতনার সার্থক প্রকাশই কল্পতরু কাহিনির মূল সূত্র। এ কোনও যাদু বিদ্যা কিংবা হঠ যোগের বহিঃপ্রকাশ নয়। কিংবা মানুষকে হতচকিত করে দেওয়া সাপেক্ষে বাহবা প্রাপ্তির আদিখ্যেতা নয়। বিজ্ঞান এমন বাহ্যাড়ম্বরের বহিঃপ্রকাশকে, সমর্থন করে না। তাই পরমপুরুষ পরমপুরুষই, প্রাপ্তিযোগের প্রতি আকাঙ্ক্ষিত মানুষের প্রতিনিধি নন। তিনি অবতার বরিষ্ঠ। তাঁর কল্পতরু হওয়া একটি সামান্যতম উপলক্ষ্য মাত্র। মূলে রয়েছে মানুষের জীবনসংগ্রামে ঐশ্বরিক চেতনায় পরম আকুতির ভাব- প্রকাশ। যা কল্যাণকর, নিঃস্বার্থ, মঙ্গলময় এবং সর্বজনীন আত্মার উন্মেষের সাধনা, চিন্তা, চেতনা।

আমরাও তো মন মনে সকলেই 'কল্পতরু' হওয়ার নিমগ্ন। পারি কি? বৃক্ষস্পর্শ করলেই যদি সব পাওয়া যেত, চাইলেই যদি পূরণ হত, তাহলে পৃথিবীর সকল মানুষ ক্ষীরের সমুদ্রে অবগাহন করত। 'কল্পতরু' নামান্তরালে রয়েছে নিজেকে সর্বার্থে নিয়োগ করা এবং পূর্ণ জীব হিসেবে পরিচিত করানো। স্বামীজির ভাষায়––আমায় মানুষ করো।

জন্মদিনে রবীন্দ্রনাথ

৮মে ২০১৪, দৈনিক স্টেটসম্যান

আজ রবীন্দ্রনাথ ঠাকুরের শুভ জন্মদিন। রবীন্দ্র জন্মোৎসব বঙ্গীয় সংস্কৃতিতে এক উজ্জ্বল ফলক। এমনই এক জন্মদিনে কবি বলেছেন,

আমার এ জন্মদিন–মাঝে আমিহারা

আমি চাহি বন্ধুজন যারা

তাহাদের হাতের পরশে

মর্তের অন্তিম প্রীতিরসে

নিয়ে যাব জীবনের চরম প্রসাদ,

নিয়ে যাব মানুষের শেষ আশীর্বাদ।

শূন্য ঝুলি আমার;

দিয়েছি উজাড় করি

যাহা ছিল আছিল দিবার,

প্রতিদানে যদি কিছু পাই—

কিছু স্নেহ, কিছু ক্ষমা—

তবে তাহা সঙ্গে নিয়ে যাই

পারের খেয়ায় যাব যবে

ভাষাহীন শেষের উৎসব।

আবার অন্যত্র কবি নিজ জন্মদিন উপলক্ষে বলেছেন, 'আজ আমার জন্মদিনে তোমরা উৎসব করে আমাকে আহ্বান করেছ— এতে আমার অনেক দিনের স্মৃতিকে জাগিয়ে তুলেছো। কত ২৫ বৈশাখ চলে গিয়েছে, তারা অন্য তারিখের চেয়ে নিজেকে কিছুমাত্র বড় করে আমার কাছে প্রকাশ করেনি। বস্তুত নিজের জন্মদিন বৎসরের অন্য ৩৬৪ দিনের চেয়ে নিজের কাছে কিছুমাত্র বড় নয়। যদি অন্যের কাছে তার মূল্য থাকে তবেই তার মূল্য।'

'আজ আমার জন্মদিনে তোমরা যে উৎসব করছ, তার মধ্যে যদি সেই কথাটি থাকে 'তোমাকে আমরা পেয়েছি'— তোমরা যদি আমাকে আপন করে পেয়ে থাক, আজ প্রভাতে সেই পাওয়ার আনন্দকেই যদি তোমাদের প্রকাশ করবার ইচ্ছা হয়ে থাকে, তাহলে এই উৎসব সার্থক। তোমাদের জীবনের সঙ্গে আমার জীবন যদি বিশেষভাবে মিলে থাকে, আমাদের পরস্পরের মধ্যে যদি কোনও গভীরতর সম্বন্ধ স্থাপিত হয়ে থাকে, তবেই যথার্থভাবে এই উৎসবের প্রয়োজন আছে, তার মূল্য আছে।'

জন্মদিনের তাৎপর্য ব্যাখ্যা করে কবিকে লিখতে দেখি— 'অতীতের ব্যর্থতা, অপূর্ণ প্রত্যাশাকে চিহ্নিত করে পূরণের মহান লগ্ন জন্মদিন। কারণ জগতে একটা বছর পেরিয়ে নতুন বছরে পা দেওয়ার অর্থ নিজ দায়িত্ব পালনে এক বছর কমে আসা অথবা মৃত্যুর দিকে এক বছর এগিয়ে যাওয়া, ইংরাজিতে যাকে বলা হয়েছে— ওয়ান ইয়ার নিয়ারার টু ডেথ! জন্মদিন যে হ্যাপি বার্থ ডে বলে করতালি সহযোগে মিলনবাসর সেই তত্ত্বকে রবীন্দ্রনাথ কোনদিনই সমর্থন করেননি।

অতীতের সময়কে আচমন করে আগামীকে আবার নতুন প্রতিশ্রুতি আনন্দে আন্দোলিত করার দিন–ই সার্থক জন্মদিন। এক অমোঘ অমূল্য মুহূর্ত :

বহুযুগ বহ্নিতপ্ত তপস্যার পরে এই বর

এ পুষ্পের দান,

(একে একে দিল মোরে পুষ্পের মঞ্জরি— নমস্কার সহ)

মানুষের জন্মদিনে উৎসর্গ করিবে আশা করি।
সেই বর, মানুষের সুন্দরের সেই নমস্কার
আজি এল মোর হাতে
আমার জন্মের এই সার্থক স্মরণে
এ দুর্লভ আশ্চর্য সম্মান।

২৫ বৈশাখ বাঙালির সর্বাধিক মনের ঘরে ঘরে প্রতিপালিত আবেগবহুল সর্বজনীন উৎসব। রবীন্দ্রস্মৃতিচারণায় তাঁর জীবনদর্শনে ঢোকার এতটুকুও ক্ষমতা থাকলে আবেগাপ্লুত কণ্ঠ বলে ওঠে— ও তো আমারই কথা ভাষায় মুদ্রিত, সৌজন্যে রবীন্দ্রনাথ ঠাকুর। তিনি জন্মদিনের স্মৃতিচারণায় বার বার প্রত্যেককে সমামুখী হয়ে নিজেদের ছড়িয়ে দেওয়ার কথা স্মরণ করিয়ে দিয়েছেন। তাঁরই টানে আমরা বার বার ফিরে যাই রবীন্দ্র–স্মরণে, আবেগে পুণ্যস্নান করি ২৫ বৈশাখের প্রথম রবি-প্রভাতে। এদিন বঙ্গ হৃদয়ের প্রাণকেন্দ্র হারিয়ে যায় জোড়াসাঁকো শান্তিনিকেতনে। এই পুণ্যাহে কখন যেন বিভাজিত পুব পশ্চিম এক হয়ে যায়। প্রকাশ্যে না বললেও রবীন্দ্রনাথ জীবৎকালে ২৫ বৈশাখে মানুষের সাড়ায় বুঝতে পেরেছিলেন সাহিত্যসেবা বঙ্গহৃদয়ের অন্তরে তাঁর স্থায়ী শ্রদ্ধার আসনটি বেদীতুল্য করে রেখেছে।

আজ তাঁর সার্ধশতবর্ষ অতিক্রান্ত জন্মবার্ষিকীতে তাঁর কথাই স্মরণ করি। 'আমি আজ তোমাদের মধ্যে যেখানে এসেছি, এখানে আমার পূর্ব জীবনের অনুবৃত্তি নেই। বস্তুত, সে জীবনকে ভেদ করেই এখানে আমাকে ভূমিষ্ঠ হতে হয়েছে। এই যেখানে তোমাদের সকলের সঙ্গে আমি আপন হয়ে বসেছি। এ আমার সংসারলোক নয়, এ মঙ্গললোক। মানুষের মধ্যে দ্বিজত্ব আছে। একদিক দিয়ে মানুষের জন্ম আপনাকে নিয়ে, আর এক জন্ম সকলকে নিয়ে। একটি মঙ্গললোকের সম্বন্ধে তোমাদের সঙ্গে যুক্ত হয়ে আমি তোমাদের আপন হয়েছি, সেটা তোমরা হৃদয়ে জেনেছ— এবং সেইজন্যই আজ তোমরা আমাকে নিয়ে এই উৎসবের আয়োজন করেছ, একথা যদি সত্য হয়, তবেই আমি আপনাকে ধন্য মনে করব; তোমাদের সকলের আনন্দের মধ্যে আমার নূতন জীবনকে সার্থক বলে জানব।' (২৫ বৈশাখ ১৩১৭)

রাত্রি হল ভোর।
আজ মোর
জন্মের স্মরণপূর্ণ বাণী
প্রভাতের রৌদ্রে লেখা লিপিখানি
হাতে করি আজি
দ্বারে আসি দিল ডাক
পঁচিশে বৈশাখ।

কথা রেখেছিলেন বঙ্গবন্ধু মুজিব

খবর ৩৬৫ দিন, ২৬ মার্চ ২০১৫, ১১ চৈত্র ১৪২১

বাংলাদেশ গণতান্ত্রিক রাষ্ট্রের পিতামহ তথা জাতির জনক সত্যিই কথা রেখেছিলেন। আজকের দিনে অর্থাৎ ২৬ মার্চ ১৯৭১ সালে বঙ্গবন্ধু শেখ মুজিবর রহমান পাক-সরকারের উপনিবেশিকতাকে অস্বীকার করে নির্ভয়চিত্তে ঘোষণা করে: 'আজ থেকে বাংলাদেশ একটি সার্বভৌম এবং স্বাধীন রাষ্ট্র। বৃহস্পতিবার (আগের রাতে) পশ্চিম পাকিস্তান সশস্ত্রবাহিনী অতর্কিতে রাজার বাগ পুলিশ ব্যারাক এবং ইপিআর-এর প্রধান কার্যালয়ে (পিলখানা, ঢাকা) আক্রমণ চালায়। এর ফলে ঢাকা শহর এবং বাংলাদেশের অন্যান্য অঞ্চলে বহু নিরস্ত্র লোক মারা যায়। এখনও ইপিআর ও পুলিশের সঙ্গে পাকিস্তানের সশস্ত্র বাহিনীর লড়াই চলেছে। বাঙালি স্বাধীন বাংলাদেশের জন্য শত্রুদের সঙ্গে লড়াই করছে। ঈশ্বর আল্লাহ আমাদের স্বাধীনতা সংগ্রামে আশীর্বাদ করুণ। জয় বাংলা।'

বাংলাদেশ স্বাধীন রাষ্ট্র হিসেবে ওই ঐতিহাসিক ঘোষণার পর ক্ষমতালোভী পাক সরকার সেই মুক্তির অধিকারকে চূর্ণ করতে গণহত্যায় নেমেও শেষমেশ ১৬ ডিসেম্বর ১৯৭১ পরাজয় স্বীকার করে মৌলবাদী একনায়কের শোষণ থেকে বিরত হয়ে কলঙ্ক মাথায় নিয়ে সরে পড়ে। ওই দিন বাংলাদেশবাসী 'বিজয় দিবস' পালন করে যা আজও স্মরণ করা হয়। ২৬ মার্চ-এর দীর্ঘ নয়মাস পাক জুন্টা বাহিনী বাংলাদেশের উপর জোর করে কৃত্রিম প্রসববেদনা সৃষ্টি করেও ব্যর্থ হয়ে একক ক্ষুদ্র রাষ্ট্র পাকিস্তান নিয়েই শান্ত থাকে। ওরা আজও বয়ে বেড়াচ্ছে বিশ্ববাসীর নিন্দা, ঘৃণা, অভিশাপ। মৌলবাদী পাকিস্তান ভালো নেই। পূর্ব বাংলার সমকালীন বাঙালিরা ভারত বিভাজনের পর থেকেই ঐসলামিক মৌলবাদী পাকিস্তানের কুক্ষিগত থাকতে চাননি। মুক্তির লড়াই সূচিত হয়েছিল সেই দ্বিখণ্ডকরণের পর থেকেই। যার বীজবপন করে মুক্তি আন্দোলনকে উৎসাহিত করেছিল ঢাকা-কেন্দ্রিক দেশব্যাপী ছাত্র-শিক্ষক আন্দোলন বা ভাষা সংগ্রামের মাধ্যমে। পূর্ব পাকিস্তানের স্বীকৃতিকে অবজ্ঞা করে শুরু হয় ভাষা আন্দোলন। যা জাতীয় আন্দোলনের রূপ নেয় ৬০-এর দশকে। পাক সরকার স্তম্ভিত হয়ে পড়ে। নামে নিপীড়ণ, শোষণ জোর করে উর্দু, ফরাসি, পুস্তু এবং আরবি ভাষা চাপিয়ে দিতে। ওরা তখন বোঝেনি এটাই ছিল প্রেসিডেন্ট ইয়াহিয়া খান এবং ভুট্টো রাজের পরাজয়ের সঙ্কেত। নিষ্ঠুর সন্ত্রাসী জেনারেল টিক্কা যানকে, বাংলাদেশকে কজ্জা করতে পাঠিয়েও কোনও লাভ হয়নি। পরিণতি বিরুদ্ধে গেল এবং যেতে লাগল।

পাকিস্তান সরকারকে বঙ্গবাসী ও বঙ্গভাষীরা ধাক্কা দেয় ১৯৪৭-এর ৩১ আগস্ট ১৯৫২, ১৯৬৩ এবং ১৯৬৯-এ। পরিণতিতে নাটকীয় ভাবে লোক দেখানো দরদ দেখাতে পাক সরকার ১৯৭০ সালের ৭ ডিসেম্বর ন্যাশনাল অ্যাসেম্বলির নির্বাচন ঘোষণা করে। ওরা ভেবেছিল বন্দুকের নল, কামান গেলার ভয় দেখিয়ে বাংলার জাতীয়তাবাদী দল আওয়ামি লিগকে নিশ্চিহ্ন করে রাওয়ালপিণ্ডি থেকে কুশাসন পরিচালনা নিশ্চিত করা যাবে। ভোটের ফল দাঁড়াল মোট ১৬২ টি আসনের মধ্যে আওয়ামি লিগ ১৬০ এবং অন্যান্য ২। জাতির জনক শেখ মুজিবর রহমানকে

জনগণ প্রেসিডেন্ট করে পাকিস্তান ন্যাশনাল অ্যাসেম্বলিতে পাঠানোর সিদ্ধান্ত নেয়। পাক জুন্টা সরকার তা না মেনে বাংলার অধিকার খর্ব করতে ইয়াহিয়া খানকে বাংলার গর্ভনর করে পাঠাল। আর গদিতে বলপূর্বক আসীন করল জুলফিকার আলি ভুট্টোকে। বঙ্গবাসী এই স্বেরাচারী ফতোয়া অস্বীকার করে দেশব্যাপী অসহযোগ আন্দোলনে ঝাঁপিয়ে পড়ে। শুরু হয় সশস্ত্র পীড়ণকে তুচ্ছ করে মরণপণ লড়াই। দেশে মার্শাল ল' বলবৎ হয়।

১৯৭১-এর মার্চ অর্থাৎ ঈঙ্গিত স্বাধীনতা ঘোষণার মাত্র ১৯ দিন আগে ঢাকার রমনা ময়দানে (এখন সুরাবর্দি উদ্যান) ঐতিহাসিক ঘোষণায় ৪টি দাবি তোলেন: মার্শাল ল' বাতিলকরণ, সেনাবাহিনীকে সত্বর ব্যারাকে প্রেরণ, আদ্যাবধি যাঁরা শহিদ হয়েছেন তাঁদের সম্বন্ধে কমিশন গঠন এবং ২৫ মার্চের পূর্বে নির্বাচিত আওয়ামি লিগ সদস্যকে ন্যাশনাল অ্যাসেম্বলিতে স্বীকৃতি সাপেক্ষে সরকার গঠনের উদ্যোগ।' বঙ্গবন্ধু ঘোষণা করেন Our struggle is for our freedom. Our Struggle is for our Independence. মাতৃমুক্তি আন্দোলনে আমারে দাবায়া রাখতে পারবা না।' থ্রি মাস্কেটিয়ার— ইয়াহিয়া খান, ভুট্টো এবং টিক্কা খানের গণহত্যার ডাককে সফল করায় নামানো হল 'অপারেশন সার্চ লাইট।' নরখাদক টিক্কা খান ফরমান জারি করল— ৩০ লাখ বাঙালিকে খতম করো। তাই চলল। মধ্য মে পর্যন্ত শুধু ঢাকায় গণহত্যা ৫ লাখ থেকে দাঁড়াল ৩৫ লাখে। আর সারা দেশে আরও কয়েক লাখ। সশস্ত্র সেনাবল দিয়ে মুক্তি সংগ্রামীদের নিরস্ত্র আন্দোলন যে ঠেকানো যায় না, তার শিক্ষা তো রয়েছেই। ভারতের স্বাধীনতা প্রাপ্তি। ৯ মাস অপারেশন সার্চলাইট দমন-পীড়ণ করেও বঙ্গবাসীর হৃদয় সংগ্রামের কাছে ক্ষান্তি দিল। ১৬ ডিসেম্বর উদ্যাপন হল 'বিজয় দিবস'। আজ ২৬ মার্চ সেই ঐতিহাসিক বাংলাদেশ মুক্ত এবং স্বাধীন রাষ্ট্র ঘোষণার ৪৪ বছরে পদার্পণ করল। এপার বাংলার জনগণ ওপার বাঙালিদের হৃদয় মণিকোঠায় রেখেছে বলে আমরাও গর্ব অনুভব করছি। আরও অহঙ্কার হচ্ছে দুই বাংলার জাতীয় সঙ্গীত রচয়িতা স্বয়ং রবীন্দ্রনাথ ঠাকুর। সেদিন ভারত বাংলাদেশ বিশ্বকাপ ক্রিকেটে যখন রীতি অনুযায়ী দুই দেশের জাতীয় সঙ্গীত খেলোয়াড় এবং দর্শকবৃন্দ গাইছিলেন। সত্যিই সে মুহূর্তে আবেগাশ্রু এসেছিল। আজ পুণ্যদিন। জয় বাংলা।

ভ্যালেন্টাইনস্ ডে: হৃদয় বিনিময়ের শুভদিন

সাপ্তাহিক বর্তমান, ১৪ ফেব্রুয়ারি ২০১৫

প্রতি বছর সারা দুনিয়া জুড়ে সেন্ট ভ্যালেন্টাইনস্ ডে পালিত হয় জাতি-ধর্ম-বর্ণ নির্বিশেষে। ১৪ ফেব্রুয়ারি ২৭০ খ্রিস্টাব্দ, সাধু ভ্যালেন্টাইনকে তাঁর অমৃত প্রেমের বাণী, উদার ভালোবাসা, বিবাহ এবং বিশ্বব্যাপী সৌজন্য বিনিময়ের আহ্বানকে নিষ্ঠুরভাবে নিষিদ্ধ করে সমকালীন সম্রাট তথা অ-খ্রিস্টীয় ধর্মী স্বার্থান্বেষী ক্লডিয়াস-টু হত্যা করে। এমন পৈশাচিকতার বিরুদ্ধে সারা বিশ্ব গর্জে ওঠে। সেদিন থেকেই শুরু প্রেম, সখ্যতা, সৌজন্য, শুভেচ্ছা বিনিময়ের স্মরণিক দিন। শুধু হৃদয় বিনিময়ের তারুণ্যেই সীমাবদ্ধ রইল না— এগিয়ে এল আবাল-বৃদ্ধ-বনিতা, তাঁর অনুসৃত বাণীতে শ্রদ্ধা জানাতে, এই ১৪ ফেব্রুয়ারি।

রোম সম্রাট ক্লডিয়াস-টু সাম্রাজ্য অটুট রাখার স্বার্থে দেশবাসীর প্রতি কঠোর নির্দেশ ঘোষণা করে বলেছিলেন, তাঁর পছন্দমতো ১২ জন অবতারকে পুজো করতে হবে এবং খ্রিস্টবাণী নিষিদ্ধ। যারা এই আদেশ পালন করবে না সেই ধর্মার্থীদের মৃত্যু দণ্ডনীয়। সেন্ট সেই নিষেধাজ্ঞা না মানলে তাঁকে কারাবন্দি করা হয়, আমৃত্যু। কারাগারে থাকাকালীন জীবনের অন্তিম পর্যায়ে এক অলৌকিক ঘটনা ঘটে গেল। কারারক্ষী এই মহান ধর্ম প্রচারকের বাণী শুনে একদিন গোপনে কৌতূহলভরে শুধোলেন, আমার সুশ্রী বিদুষী কন্যা জুলিয়া জন্মান্ধ, সে কি আপনার কাছে রোমের ইতিহাস চর্চা এবং প্রার্থনা করলে ঈশ্বর দর্শন এবং তাঁর সান্নিধ্যলাভ করতে পারে? সাধু বললেন, অবশ্যই। জুলিয়া মানব জীবন দর্শনে অবগত হতে লাগল। সেন্ট ভ্যালেন্টাইনের ব্যাখ্যা শুনে একদিন অবাক হয়ে কৌতূহলভরে জিজ্ঞেস করল, ঈশ্বর কি আমাদের কথা শুনতে পান? আমি তো প্রতিদিন সকালে তাঁকে দর্শনের আকুতি জানাই। উদাত্ত উত্তর এল, তিনি সব জানেন, দেখাও দেন। বিস্মিত হয়ে জন্মান্ধ তরুণী তার দু'হাত ধরে নতজানু হয়ে ঈশ্বরকে স্মরণ করতে লাগলো।

দু'জনেই প্রার্থনা করাকালীন হঠাৎ জুলিয়া চিৎকার করে বলে উঠল, সাধুজি আমি দেখতে পাচ্ছি। সেন্ট ভ্যালেন্টাইন কারাকক্ষে বসেই বললেন, ঈশ্বরকে ডাকো, তিনি-ই ত্রাতা। এই খবর দ্রুত সম্রাটের কানে পৌঁছে গেল। তিনি উল্লিখিত ১৪ ফেব্রুয়ারি করাবন্দী খ্রিস্টান সাধুকে হত্যা করলেন। মৃত্যুর আগে তিনি জুলিয়ার প্রতি এক শুভেচ্ছাপত্রে লিখে গেলেন: ফ্রম ইওর ভ্যালেন্টাইন। পরবর্তীকালে সুন্দরী জুলিয়া স্বাভাবিক বৈবাহিক জীবনযাপন করে। সাধুকে নিকটবর্তী পোর্টা ভ্যালেন্টাইন নামক স্থানে কবরস্থ করা হয়, যার পাশেই তাঁর স্মৃতিতে জুলিয়া একটি বাদামগাছ পুঁতে দেয়। আজ সেখানে গড়ে উঠেছে প্রাক্সেডিস নামে একটি গির্জা (রোম), যেখানে ১৪ ফেব্রুয়ারি সারা পৃথিবী থেকে অগণিত মানুষ প্রেম, ভালোবাসা এবং সম্প্রীতির রোমন্থন করতে আসেন। এই সম্পর্কে অন্য একটি গাথাও প্রচলিত আছে। রোম সম্রাট ক্লডিয়াস-টু তাঁর সময়কালে খ্রিস্ট ধর্ম-প্রচার এবং চার্চকে নিষিদ্ধ করেছিলেন। শুধু তাই নয়, তিনি অবিবাহিত তরুণ সেনাদের বিবাহ করায়ও নিষেধাজ্ঞা জারি করেছিলেন। তাঁর যুক্তি ছিল: অবিবাহিত সেনারা পারিবারিক কোনও পিছুটান ছাড়াই ভালোভাবে যুদ্ধ করতে ব্রতী হয়। কিন্তু বিবাহিত থাকলে সংসারের মায়ায়

নিজের আত্মরক্ষায় পলায়নে ঝোঁক থাকে। এই ফতোয়ায় দেশব্যাপী খ্রিস্টান চার্চ গর্জে উঠল এবং নির্ভীক যাজক সেন্ট ভ্যালেন্টাইনের শরণাপন্ন হলে তিনি সরাসরি বিদ্রোহ করে অবিবাহিত সৈনিকদের ঢালাও বিবাহের কথা ঘোষণা করলেন। এখানেই শেষ নয়, তিনি স্বয়ং নেতৃত্ব দিয়ে বিবাহদানে সক্রিয় হলেন এবং তাই করতে লাগলেন। ফলে সেন্ট ভ্যালেন্টাইন রাজরোষে পড়ে চরম অত্যাচারের মাধ্যমে শহিদ হন। অপরদিকে রোম সম্রাটের কারারক্ষী অ্যাস্টেরিয়াসের কানে তাঁর মহত্ত্বের সত্য কাহিনি পৌঁছালে তিনি তাঁর রূপসী তথা বিদুষী অন্ধ কন্যাকে সাধুর পরামর্শমতো যিশুর প্রার্থনায় নিয়োজিত করলে উক্ত কন্যা জুলিয়ার অন্ধত্বমোচন হয়ে যায়। ওঁরা পিতা-পুত্রী খ্রিস্ট ধর্ম গ্রহণ করে। সম্রাট রাজবিদ্রোহী হিসেবে সেন্ট ভ্যালেন্টাইনকে মৃত্যুদণ্ডে দণ্ডিত করে। পরবর্তী তথ্য একইরকম। তফাত উনি বৃহত্তর ক্ষেত্রে খ্রিস্টানদের বিবাহ নিষিদ্ধের বিরুদ্ধে প্রতিবাদী যাজক হিসেবেও চিহ্নিত হয়ে মৃত্যুদণ্ড পেয়েছিলেন।

সেন্ট ভ্যালেন্টাইন প্রেমের ঈশ্বরীয় দূত হিসেবে সমকালীন বিশ্বে যে আলোড়ণ তুলেছিলেন তার ঢেউ আজ সর্বত্র আছড়ে পড়েছে। আত্ম বলিদান করার পূর্ব মুহূর্ত পর্যন্ত এই মহান সাধু মানব দর্শন ও বিশ্ব পরিবারের উদ্দেশ্যে জনে জনে প্রেম, প্রীতি, শুভেচ্ছা, হৃদয় বিনিময়, একাত্মবোধ, সম্প্রীতি, পারস্পরিক আনুগত্য এবং প্রগাঢ় বন্ধুত্বের অমৃত বাণী প্রচার করেছে। তাই বর্তমানকালে যুব হৃদয়ে প্রেম বিনিময় ও বন্ধুত্বের মহান অবতার হিসেবে চিহ্নিত হয়েছেন— যেখানে ধর্ম একেবারেই গৌণ। সেন্ট ভ্যালেন্টাইন–এর মুখনিঃসৃত অমৃতসম (পরিভাষায়) প্রবচন বা মন্ত্রগুপ্তি: In order to live out God's high calling, it always helps to be in relationship with and other person. As long as there is the two of us, we have got the world all its charms. And when the world is through with us, we will have each other's arms. You have got to give a little. Take a little, and let your poor heart break a little— Saint Valentine.

তাই যৌবনের তাড়ণায় স্মরণীয় 'ভ্যালেন্টাইনস্‌ ডে'-তে চাই শুভেচ্ছাপত্র, প্রেমপত্র।, মিলনের আগ্রহ, বন্ধুত্বের প্রসারিত হাত আর এমন স্মরণীয় দিন হৃদয়মথিত অনুরাগ পর্ব।

বিড়াল কাহিনি

সাপ্তাহিক বর্তমান, ২৪ ডিসেম্বর ২০১৪

বিড়াল নিয়ে সারা পৃথিবীর কৌতূহলের অন্ত নেই। অনাদিকাল থেকে বিড়াল নিয়ে বিশ্বের নানাপ্রান্তে নানান সংস্কার প্রথার প্রচলন সর্বজনবিদিত। আমরাও বিড়াল বা 'ম্যাও-দর্শন' নিয়ে নানান কুসংস্কারের জন্ম দিয়েছি যার সত্যতা বিতর্কিত। তবুও আমরা বিড়াল–দর্শন, তার চালচলন, তার গায়ের রং নিয়ে কুসংস্কারে আচ্ছন্ন হয়ে আছি, যার কোনও বৈজ্ঞানিক ভিত্তি নেই। দেখা গিয়েছে বিড়াল নিয়ে কারও জীবনে কোনও ঘটনা ঘটে গেলে তা সংস্কারে দাঁড়িয়ে গিয়েছে। এভাবেই সারা বিশ্বের নানা প্রান্তে বিড়াল সংস্কার অত্যন্ত সক্রিয়। তার ঢেউ আছড়ে পড়তে এদেশেও সময় লাগেনি। বিভিন্ন দেশে বিড়াল শুভ কিংবা অশুভের প্রতীক। তবে পাল্লাটাই ভারী প্রথমটিতে। সেজন্য কৌতূহলী ম্যাওদর্শন-এর কথকতা আজও স্তব্ধ হয়ে যায়নি।

শুভ: বিড়ালের হাঁচি দর্শন শুভ সূচক। নব বিবাহিত দম্পতি যদি পোষা বিড়ালকে বাড়ির দোলনায় শায়িত দেখে তাহলে তাদের সন্তান সম্ভাবনা আসন্ন। কালো বিড়ালের গায়ে ,সাদা ছোপ দর্শন মঙ্গল সূচক। বিবাহের আসরে বিড়ালের আগমন শুভ। আমেরিকায় কালো, সাদা এবং ধূসর বিড়াল কল্যাণকামী। জাপানে ৯৯৯ খ্রিস্টাব্দে বিড়ালকে যুবরাজের সম্মান দেওয়া হয়েছিল। প্রাচীন মিশরে বিড়ালকে দেবতাজ্ঞানে পুজো করা হত। এখানেই শেষ নয়, বিড়াল হত্যায় প্রাণদণ্ড দেওয়াও হত। বিড়াল মারা গেলে মমি করে রাখার দৃষ্টান্ত আছে। ফ্রান্সে নীল বিড়াল শুভ দর্শন। হিন্দু শাস্ত্রে বিড়ালকে সমীহ করার কথা আছে। যার পিছনে যুক্তি হল বংশবৃদ্ধিতে বিড়াল মা ষষ্ঠীর কৃপা দেয়। আমেরিকা, ব্রিটেন, মধ্য এশিয়া, দক্ষিণ পূর্ব এশিয়ার অভিজাত পরিবারে বিড়াল পোষা অভিজাত্যের প্রতীক। শ্যামিজ ক্যাট তো বিশ্ববন্দিত। আমাদের দেশেও বিড়াল পোষা সৌভাগ্যের প্রতীক। বিড়াল রাখা মানেই তার দ্রুত বংশ বৃদ্ধি। পোষা বিড়ালের সংখ্যা বৃদ্ধি অনেক স্বদেশি পরিবারে গর্বের বস্তু। বাড়ি ভর্তি বিড়াল অনেক বঙ্গ পরিবারের অঙ্গ বিশেষ। প্রসঙ্গত, একজন আন্তর্জাতিক খ্যাতিসমপন্ন বিজ্ঞানী এবং কবির বাড়িতে বিড়ালের সাম্রাজ্যের কথা সর্বজনবিদিত। বিজ্ঞানীর বাড়ি উত্তর কলকাতায় আর কবির বাড়ি দক্ষিণ কলকাতায়। পৃথিবীর অন্যান্য দেশের বিড়াল–বৃত্তান্তের আঁচ বঙ্গ জীবনে পাল্লা দিয়ে চলেছে। বিড়াল সবচেয়ে নিকটের গৃহপালিত পশু বলে শিশুদের কাছেও ম্যাও প্রিয় সাথী। এখন আর কেউ ডিপথেরিয়া'র ভয় করে না। বঙ্গীয় শিশুদের কাছে বিড়াল যে মাসি! তা সে যতই মাছ চুরি করে পালিয়ে যাক না কেন?

অশুভ: বিড়ালের সামনে কোনও গোপন আলোচনা মধ্য এশিয়ায় নৈব নৈব চ, হাটে হাঁড়ি ভেঙে যাবে। পশ্চিমে মানা হয় জাহাজে যদি কালো বিড়াল ওঠে তাহলে সেই জাহাজ ডুবে যেতে পারে। বিড়ালের এক নাগাড়ে কান্না এলাকায় অশুভ বার্তা আনে। অস্ট্রেলিয়ায় প্রবাদ আছে বৃষ্টি আসবে যদি বিড়ালকে ভিজিয়ে দেওয়া যায়। ওকে লাথি মারলে বাতে পঙ্গু হতে হবে। বিলেতে প্রবাদ আছে নাবিকের বাড়িতে পোষা বিড়াল থাকলে সমুদ্রযাত্রা নিরাপদ হয়। এদেশে বলা হয় স্কুল যাত্রা পথে সাদা বিড়াল দর্শন অশুভ। এক্ষেত্রে ফাঁড়া কাটাতে অকুস্থলে থুতু ফেলা বা একপাক ঘোরা

উচিত। বিড়াল পথ কাটলে যাত্রা অশুভ। ওই খানে থুতু ফেল কিংবা পথ কাটার আগে দাঁড়িয়ে পড়। ফ্রান্সে সংস্কার আছে বিবাহযোগ্যার পা বিড়ালের লেজে পড়লে বিয়ে একবছর পেছিয়ে যায়। বিড়ালের স্বপ্ন দেখা ভাগ্য বিড়ম্বনা দায়ক। পোষা বিড়াল জানালা দিয়ে বাইরে তাকালে বৃষ্টি আসন্ন। যাত্রাপথে বিড়ালের কান্না শোনা অশুভ, ফিরে আসা উচিত। বিড়াল যদি ইতিউতি ছটফট করে তাহলে ঝড় আসবে। সামগ্রিকভাবে আজও ইউরোপে বিড়াল শয়তানের প্রতীক। এই বিলেতেই সাদা বিড়াল অশুভ। ১৩শো শতাব্দীতে পোপ গ্রেগরি বিড়ালকে শয়তানের বংশধর বলেছিলেন এবং কালো বিড়াল শয়তানতর। ওই কালো বিড়ালকে স্বয়ং হিটলারও ভয় পেতেন। বাংলায় প্রবাদ আছে, কালো বিড়াল পথ কাটলে স্বয়ং শনি কাঁধে ভর করে। ঘুমন্ত বিড়ালকে অহেতুক আঘাত করলে কিংবা গায়ে জল ছিটিয়ে দিলে নিজের এবং পরিবারের পক্ষে অশুভ। দুটো বিড়ালের চরম কলহ দর্শন সংসারে অশান্তি। আমাদের পরিচিত সংস্কার বিড়ালের পথ কাটা অশুভ। তাই, যদি দূর থেকে পথ কাটা দেখা যায় তাহলে থেমে পড় অন্যকে পার হতে দিয়ে বাধা অপসারণ কর।

মার্জার বা বিড়াল বৃত্তান্তে দেখা গিয়েছে পৃথিবীর প্রায় সর্বত্রই বিড়ালকে অশুভ গৃহপালিত প্রাণী হিসেবে দেখা হয়ে আসছে। তবুও বন্ধ জীবনে বিড়াল অত্যন্ত আপনজন এবং ছোটদের কাছে বিড়াল মাসি যে!

শীতে চাই বাংলাদেশের পিঠা

সাপ্তাহিক বর্তমান, ৩ জানুয়ারি ২০১৫

বাংলাদেশের 'পিঠা'র সমাদর জগৎভর। সেই পিঠা–ই এপারবাংলায় 'পিঠে'। এর চাহিদা, অহংকার ও অভিজাত্য বাড়ে এই শীতের মরশুমে। নতুন ধানের চাল, ঘড়াভর্তি খেজুরের টাটকা খেজুরগুড়, ম' ম' গন্ধময় পাটালির হাতছানিতে জিভ কি সেই বাঞ্ছিত নানান রকমের পিঠার আহ্বান ত্যাগ করতে পারে? ওপার বাংলায় পিঠার উৎসব তো এই সময়ই। পশ্চিমবঙ্গও আজ পিছিয়ে নেই, বিশেষ করে গ্রামে-গঞ্জে। ইদানীং জিভে জল আনা এমন সোহাগি খাদ্যটির ব্যাপক জনপ্রিয়তা এপার বাংলায়ও লক্ষণীয়। তবে 'বাংলাদেশের পিঠা'র কোনও জুড়ি নেই।

পৌষ পার্বণ কেন সাম্প্রতিক সময়ে বাংলাদেশের পিঠা'র আয়োজন যে কোনও উৎসবেই দেখা যায়। শীতকালকে সঠিক মরশুম বলা হয় কারণ এইসময় নবান্নের আহ্বান, সুগন্ধি আতপ চাল আর ওই খেজুরগুড়ের সমারোহ ভিড় করে আসে পিঠার কৌলিন্য বাড়াতে। বাংলাদেশে তো শীতের মরশুমে প্রায় দেড় দশক ধরে ওখানকার শিশু অ্যাকাডেমি ফি-ঋতুতে 'পিঠা উৎসব' করে আসছে। প্রতিটি ঘরে নানান ধরনের 'পিঠা' বানানোর অলিখিত প্রতিযোগিতা চলে। পরিবারে পরিবারে বিনিময় হয় নিত্য নতুন উদ্ভাবনী পিঠা-বিনিময়। গিন্নিতে গিন্নিতে চলে মিষ্টি মুখের লড়াই। সঙ্গ দেয় বাড়ির অন্যান্য মহিলা, অনূঢ়ারা। না দেখলে এই সাজ সাজ রব বলে বোঝানো যাবে না।

আমরা সাধারণত জানি পিঠায় মিষ্টত্ব–ই আসল কথা। খেজুর রসে চোবানো বা আলাদা করে রস সহযোগে। কিন্তু বাংলাদেশের পিঠার ভাণ্ডার নানান ধরনের নুনযুক্ত পিঠারও প্রচলন বিশেষ তাৎপর্যপূর্ণ। মিষ্টি পিঠার পাশাপাশি নোনতা কিংবা ঝাল পিঠাও প্রশংসার দাবি করে। এমনটি এপার বাংলায় খুব একটা পরিচিত নয়। বাংলাদেশের পিঠার সাম্রাজ্য শুধু নিরামিষ নয়, ওখানকার পিঠা প্রস্তুতিতে নামভেদে ডিম, মাংস, মাছ বা শুটকি মাছের মিশ্রণও এক আশ্চর্য বিষয়। এজন্যই বাংলাদেশের পিঠার এত সমাদর, বিশ্বময়তা। সংগৃহীত বিভিন্ন পিঠার নামকরণ দেখে অনেকাংশেই বোঝা যায় সংশ্লিষ্ট খাদ্য দ্রব্যটির মূল উপাদান কী? সামগ্রিকভাবে পিঠা তৈরিতে দরকার নতুন আতপ (কোনও কোনও ক্ষেত্রে সেদ্ধ চালও) চাল, খেজুর গুড় বা রস, নারকোল কোরা বা গুঁড়ো, চিনি, দুধ, নারকোল দুধ, তিল, তেল, ঘি, ময়দা, পেস্তা বাদাম, বেকিং পাউডার, এলাচ, দারুচিনি, ডিম, পুঁটি, শুটকি, শুকনো বা কাঁচা লঙ্কা, নুন, কর্পূর, মাংস ইত্যাদি। বিভিন্ন ধরণের নামযুক্ত পিঠাভেদে মোটামুটি ওই সকল উপাদানই দরকার হয়।

বাংলাদেশের নানান রকমের পিঠার হরেক নাম। বেশির ভাগ ক্ষেত্রেই নাম শুনে বোঝা যায় তা কোন ধরনের এবং মূল উপাদান কী। বিভিন্ন সূত্র থেকে পিঠার নামকরণ এখানে উল্লেখ করা হল:

মুঠো পিঠা-মুঠোর মতো করে পিঠা

সন্ধ্যামণি পিঠা— চালগুঁড়ো, ডিম, চিংড়ি মাছ বাটা, গোলমরিচ গুঁড়ো, আদা, নুন, সয়া তেল। সন্ধ্যামণি ফুলের মতো আকার হয়।

সজনে পাতা পিঠা— নোনতা, পাটিসাপটা'র আকারে।

সাগু দানা পিঠা— কাঁঠাল পাতার উপর রেখে ভাপে তৈরি। সঙ্গে সঙ্গে খাওয়া।

লস্কর পিঠা— লস্করের মতো মজবুত, সুঠাম। গরম খেতে হয় ময়দা, চালগুঁড়ো, নারকেল পাউডার, চিনি, তেল ও নুন। নামাবার আগে এলাচ গুঁড়ো দেয়।

মাখন মালা পিঠা— মুসুর ডাল, চালগুঁড়ো, চিনি, সয়া তেল, সেদ্ধ আটা, দারুচিনি ও এলাচ।

ফুল অন্দরসা পিঠা— অভিজাত পিঠা, বিয়েতে ভেট পাঠানো হয়।কলাগাছের খোল, ক্ষীরসা, ডিম, চিনির সিরা ও অন্যান্য।

বিন্নি সেঁকা পিঠা-পোড়া পোড়া পিঠা। উপরে কচি কলাপাতার মোড়কে গন্ধ ছাড়ে।

পাতা পিঠা-কাঁঠাল পাতার উপর পিঠা। তলা থেকে গরম ভাপ।

নকশি পিঠা-কারুকার্য করা পিঠা।

তেজ পাতা পিঠা-একটা পাতায় একটি সাবেকি পিঠা।

তাল পিঠা-মরশুমি পিঠা।

ডিমের পিঠা-ঝাল-মিষ্টি উভয়ই করা যায়। ১টা ডিম=১টা পিঠা।

চুটকি পিঠা- চালগুঁড়োকে মেখে ধানের আকার দিতে হবে। সময় এবং কষ্টসাধ্য বিষয়। বাড়ির প্রবীণারা অনেক সময় নিয়ে কাটা পিঠা-কোনও কাটাছাঁটা নয়। দেখতে অনেকটা নৌকার আদলে, যেন এক ফালি চাঁদ।

কুশলি পিঠা- অন্যান্য দ্রব্যের সঙ্গে তিল (খোসা ছাড়ানো) এবং সেদ্ধ চাল।

খেজুরে পিঠ- দেখতে খেজুরের মতো। তৎসহ বেকিং পাউডার সংমিশ্রণ।

গোকুল পিঠা- দুধ, নারকেল, ময়দা, সুজি, ঘি, এলাচ, দারুচিনি। পশ্চিমবঙ্গেও পরিচিত।

চিতে পিঠা- কাঁটা ছাড়া ইলিশ, দুধ, রসের ভাণ্ড, নতুন চাল গুঁড়ো, নুন, নারকেল কোরা, এর স্বাদ হবে 'নোনতা'।

ঝাঝরি পিঠা-৫/৬ কেজি ওজনের বিশাল পিঠা— অন্যান্য উপকরণের সঙ্গে সংযোজন দুধের ধন ক্ষীরসা, চাল কুমড়োর মোরব্বা, পেস্তা, এলাচগুঁড়ো, খেজুরগুড়, সামান্য লবণ, নতুন চাল। পিঠাটিকে টুকরো টুকরো করে খেতে হয়।

তাল পিঠা-তালের সময়।

দুধকুলি বা রসমালাই মিঠা-অতিরিক্ত গোলাপ জল, নুন। সঙ্গে তো রয়েছেই দুধ, চিনি, চালগুঁড়ো, দারুচিনি ও এলাচ।

পাকন পিঠা-বরিশালের জনপ্রিয় পিঠা।

পাউরুটি পিঠা-প্রচলিত।

পাটিসাপটা পিঠা-নাম-ই যথেষ্ট।

পাতুড়ি পিঠা-কচিকলাপাতায় মুড়ে করতে হয়। সঙ্গে পাকা কলা, চালগুঁড়ো, খেজুর বা অন্যগুড়। মজা আছে ঝলসানো পাতার গন্ধে।

পোয়া পিঠা-এক পোয়া ওজনের হয়। চালগুঁড়ও, আখের গুড়, তেল এবং ফোলাবার জন্য গরমজল।

পোস্ত জানা পিঠা-ময়দা, সয়া তেল, চিনি এবং পোস্ত।

ফুলকুচি পিঠা-চালগুঁড়ো, নুন, বিভিন্ন রং। দোকানেও প্যাকেট করে বিক্রি হয়। ফোটানো তেলে দিলে একটা তিনটের আকর হয়।

বিন্নি ধানের পিঠা-বিন্নিধানের আতপ চাল, ভাপে হয়। সঙ্গে পাকা কলা, নারকেল গুঁড়ো।

বিস্কুট পিঠা-ভাপা হবে।

মুগ পাখন পিঠা-বরিশালে জনপ্রিয়। মুগ ডাল-ই বিশেষত্ব। নকশা করা যায়।

ম্যাড়া পিঠা-হাতের তালুতে চেপে পিঠা। ধীরে ধীরে বানানো হয়।

ঝাল পাপড়ি পিঠা-ঝাল মেশানো আটার পিঠা।

অনথম পিঠা-দুধের ক্ষীরসা দিয়ে পিঠা

কাঁঠাল পিঠা-পাকা কাঁঠালের রস দিয়ে।

কলা পিঠা-সম্বৎসর করা যায়।

এছাড়াও রয়েছে বরিশালের বিখ্যাত কুয়োরা পিঠা, ফুলকপির নোনতা পিঠা, কুশলী (পুর দেওয়া) পিঠাসহ হরেক রকমের পিঠার সাম্রাজ্য।

বাংলাদেশের পিঠার কোনও কেন্দ্রিকতা নেই। জেলাভিত্তিক পিঠার পৃথক ভেদ আছে। এটি ঐতিহাসিকভাবে বাংলাদেশের অন্দর মহলের সুস্বাদু প্রক্রিয়ার ধারাবাহিক প্রচলন। এখনও আধুনিক বিশ্বের মল, পাঁচতারা হোটেল এই দেশীয় ঘরনাকে বিলীন করতে পারেনি। বরং এই রন্ধন শিল্প আজ স্বাস্থ্যকর প্রতিযোগিতায় শামিল হয়েছে। পশ্চিমবঙ্গবাসীরা কিছুটা হলেও পরোক্ষে সেই আস্বাদ গ্রহণ করে, অন্তত গ্রামে গঞ্জে।

যাঁরা কৌতূহল বশে বাংলাদেশের রকমারি পিঠার অমৃত আস্বাদ গ্রহণ করেছেন, প্রতি শীতের প্রারম্ভে তাঁদের মন চলে যায় ওপারে, বাংলাদেশের পিঠার টানে। বাঙাল ভাষায় তাই বলা হয়—

বাংলাদেশের পিঠা
খাইতে বড় মিঠা।
হল্লে আয় না ছুইট্টা
খাইতে চাইট্টা পুইট্টা।।

এক রসিকজন বাংলাদেশের পিঠা নিয়ে বলেছেন : পিঠের জন্য পিঠে (দু'ঘা) পড়লেও ক্ষতি নেই।

খনার বচনে বারো মাস

সাপ্তাহিক বর্তমান ১১ এপ্রিল ২০১৫

খনা বলতেই মনে আসে বিখ্যাত জ্যোতির্বিদ সেই বঙ্গ হৃদয়ের প্রিয় বিদুষী নারীর কথা। যিনি প্রাকৃতিক এবং পারিপার্শ্বিক সংকেত সূত্র ধরে অনায়াসে ভবিষ্যদ্বাণী করতে পারতেন। যা অবশ্যই সঠিক এবং অব্যর্থ প্রমাণিত হয়েছে। স্বামী বরাহমিহির। এঁর পিতা সম্রাট বিক্রমাদিত্যের সভাপতি হয়েছিলেন। বিতর্ক সাপেক্ষে ওঁর জন্ম ৯ম থেকে ১২ শতাব্দীর মধ্যে; পশ্চিমবঙ্গের বারাসত-এর অন্তর্গত দেউলি গ্রামে। নিজস্ব ঘরানায় তিনি গণনার মাধ্যমে যা যা আগাম বার্তা দিতেন, তা বাস্তবে হুবহু মিলে যেত বলে সেই থেকে 'খনার বচনা'-এর খ্যাতি।

সে সময় বাংলা কৃষিপ্রধান দেশ ছিল, যার উপর সকলেরই জীবন জীবিকা নির্ভর করত। বিশেষ করে চাষাবাদ, ঘরে ফসল তোলা প্রকৃতি নির্ভর হওয়ায় দেশবাসী নির্ভর করত খনার বচন বা ভবিষ্যদ্বাণীর উপর। সমাজ জীবনের জীবিকায় মানুষ পুরোপুরি খনা-নির্ভর ছিল, যা আজও কৃষি-নির্ভর বঙ্গবাসী তাঁর গণনাকে প্রতি মুহূর্তে স্মরণ করে। তিনি নিজস্ব কায়দায় প্রকৃতি-নির্ভর আগামবার্তা দিয়ে সর্বকালের জন্য আমাদের ঋণী করে গেলেন। বারো মাসের প্রাকৃতিক পরিস্থিতি নিয়ে তাঁর ঈশ্বরীয় বার্তা বা বচন:

বৈশাখ: 'বছরের প্রথম ঈশানে বায়/সে বছর বর্ষা খনায় কয়':

বাংলা বছরের প্রথম মাসে যদি ঈশান বায়ু বয় তাহলে সে বছর বর্ষা ভালো হবে। অন্য বচন: 'বৈশাখের প্রথম জলে/আগু ধান দ্বিগুণ ফলে (ব্যাখ্যা নিষ্প্রয়োজন)।'

জ্যৈষ্ঠ: 'জ্যৈষ্ঠতে তারা ফুটে/ তবে জানবে বর্ষা বটে': যদি জ্যৈষ্ঠ মাসে পরিষ্কার আকাশে তারা দেখা যায়, সে বছর ভরা বর্ষণ হবে।

জ্যৈষ্ঠ/আষাঢ়: 'জ্যৈষ্ঠ মাড়ে, আষাঢ়ে ভারে/ কাটিয়া মাড়িয়া ঘর করে': শুখা জ্যৈষ্ঠ এবং আষাঢ়ে বৃষ্টি হলে সে বছর প্রচুর ফলন হয়।

আষাঢ়: 'আষাঢ়ে নবমী শুকুল পাখা/কি কর শ্বশুর লেখা জোখা।' সুখবর হয় যদি— 'আষাঢ়ে পঞ্চদিনে রোপায়ে ধান/সুখে থাকে কৃষি বলে বাড়ায়ে ধান।' জ্যৈষ্ঠ-আষাঢ় নিয়ে খনা'র আগাম বচন জ্যৈষ্ঠ শুখা গেলে এবং আষাঢ়ে বৃষ্টি হলে চাষির পোয়া বারো।

শ্রাবণ: 'শোনরে মালি বলি তোরে/কলম রো শাওনের ধারে'— শ্রাবণের বর্ষার চারা রোপণ সার্থক।

শ্রাবণ/ভাদ্র: 'শ্রাবণের পুর, ভাদ্রের বার/এর মধ্যে যত পার':— শ্রাবণ মাসের সকালে এবং ভাদ্র মাসের বারো তারিখে বীজ রোপণ শ্রেষ্ঠ সময়। আবার— 'শ্রাবণে কাড়ান ধানকে, ভাদরে কাড়ান শীষকে'— আষাঢ় জমি তৈরি হয়ে থাকে যদি ভাদ্রতে প্রস্তুতি নেওয়া যায়। কিংবা— 'ডাক দিয়ে বলে রাবণ/কলা রো'বে আষাঢ় শ্রাবণ': এই জোড়া মাসে কলা গাছ বোনা শ্রেয় সময়।

ভাদ্র: 'ডাক দিয়ে বলে মিহিরের বউ (খনা) শোন পতির পিতা/ভাদ্র মাসে জলের মাঝে নড়েন বসুমাতা': এ মাসে জলের তলায় ভূকম্প হলে সমূহ বিপদ এবং অমঙ্গল। আবার 'চৈত্রে কুয়া

ভাদ্রে বান/নরের মুণ্ড গড়াগড়ি যান': চৈত্র মাসে কুয়াশা কিংবা ভাদ্রে বন্যা হলে সে বছর মড়ক লাগে।

ভাদ্র/আশ্বিন: 'কর্কট ছর্কট সিংহের শুখো, কন্যা কানে কানে/বিনা বায়ে তুলা বর্ষে, কোথা রাখবি ধান': শ্রাবণে প্রচুর বৃষ্টি ভাদ্রে শুখা, আশ্বিনে ভরা জল এবং কার্তিকে হালকা বৃষ্টি হলে প্রচুর ধান উৎপাদন হয়।' আবার: 'ভাদরের চারি, আশ্বিনের চারি/কলাই রোপ যত পারি।' অন্যত্র— 'ভাদরে কাড়ান শীষকে/আশ্বিনে কাজান কিসকে': ভাদ্র মাসে কাড়াণে শুধুমাত্র শীষ গজায় এবং আশ্বিনে তাও না হয় তাহলে কোনও ফসল উঠবে না।

কার্তিক: 'কার্তিকী পূর্ণিমা কর আশা/খনা ডেকে বলে শুনবে চাষা': কার্তিকী পূর্ণিমায় স্বচ্ছ আকাশ মানে প্রচুর ফলন হবে। আবার 'কার্তিকের উনো জলে/দুনো ধান খনা বলে': কার্তিকে অল্প বিস্তর বৃষ্টি হলে দ্বিগুণ ফসল হয়।' আবার 'কার্তিকের উনো জলে/ধুনো ধান খনা বলে': কার্তিকে বৃষ্টি হলে প্রচুর ফলন। শেষে: 'শোন ভাই খনা বলে/তুলার তুলা অধিক ফলে': কার্তিকের বৃষ্টিতে প্রচুর তুলো হয়।

অগ্রহায়ণ: 'যদি বর্ষে অগ্রহায়ণে/রাজা যান মাগনে': এ মাসে অকাল বৃষ্টিতে দেশের সমূহ মন্দ। দ্বিতীয় বচন— 'অঘ্রানে পৌটি/পৌষে দেউটি': অগ্রহায়ণে ধান কাটা শ্রেয়। পরেরটিতে খনা বলেছেন— 'এক অঘ্রানে ধান/তি শাওনে পান': প্রথম অগ্রহায়ণে যেমন ধান হবে আর তিন শ্রাবণে ধান চাষ ভালো হবে না। কিংবা 'যদি না হয় অঘ্রানে বৃষ্টি/তবে না হল কাঁঠাল সৃষ্টি।

মাঘ: 'যদি বর্ষে মাঘের শেষ/ধন্য রাজার পুণ্য দেশ': মাঘের শেষে বৃষ্টি হলে ধরিত্রী শস্য শ্যামল হয়। দ্বিতীয় বচন— 'যদি বর্ষে মকরে/ধান্য হবে টেকরে': মাঘের বৃষ্টিতে উঁচু জমিতেও ধান চাষ হয়। আবার— 'কোদালে মান, তিলে হাল/কাতেন ফাঁকায়, মাঘে কাল': এ মাসে কোদাল দিয়ে মাটি কেটে মান কচু রোপণ এবং হাল দিয়ে জমি পাট করা উত্তম পন্থা। পুনঃ 'মাঘ মাসে বর্ষে দার/রাজা ছাড়ে প্রজার সেবার': মাঘের বৃষ্টিতে অতিরিক্ত শস্য উৎপাদনের ফলে রাজার আর প্রজা সুখ দেখতে হয় না।

ফাল্গুন: 'যদি বর্ষে ফাল্গুনে/চিনা কাউন দ্বিগুণে': ফাল্গুনে বৃষ্টি হলে পরিচিত কাউন ধান দ্বিগুণ ফলবে।

ফাল্গুন/চৈত্র: 'ফাল্গুনে আট চৈত্রের আট/সেই তিলদায়ে কাট': ফাল্গুনের শেষ অষ্টম দিন এবং চৈত্রের প্রথম আট দিনে তিলের সফল উৎপাদন হয়। দ্বিতীয়ত— 'যদি রোয় ফাল্গুনে কলা/তবে হয় মাস ফসলা': ফাল্গুন মাসে কলা গাছ পুঁতলে সময়কালে বহু ঝড়ের ফলে সর্বত্র প্রচুর কলা ফলে। পুনঃ পটল বুনলে ফাল্গুনে/ফল ঝড়ে দ্বিগুণে (ব্যাখ্যা নিষ্প্রয়োজন)।'

চৈত্র: 'চৈত্রতে থর থর/বৈশাখে ঝড় পাথর': চৈত্র মাসে প্রচণ্ড শীত এবং বৈশাখে ঝড়-শিলা বৃষ্টি সে বছর যথেষ্ট বর্ষণের সূচনা কারক। 'যদি হয় চৈত্র মাসে বৃষ্টি/তবে হয় ধানের বৃষ্টি। তৃতীয় বচন— 'যদি থাকে টাকা করবার গোঁ/তবে চৈত্র মাসে ভুট্টা গিয়ে রোঁ।' পুন: 'চৈত্রে মাটি/বাঁশ বলে শীষ্য উঠি।' খনা আরও বলেন— 'পাঁচ শনি পায় মীনে/শকুনি মাংস না খায় ঘৃণে': যে বছর চৈত্রে পাঁচ শনিবার হয়, সে বছর মড়ক লাগে, যা শকুনিরও পক্ষে অরুচিকর হয়ে দাঁড়ায়। সব শেষে 'মধু মাসে প্রথম দিবসে হয় যে বার/রবি শুখা, মঙ্গল বর্ষে, দুর্ভিক্ষ হয় বুধবার/সোম শুক্র গুরুবার, পৃথিবী না সয় শস্যের ভার।'

খনার বচন-এর ভাষা অপরিবর্তিত। খনা আজও বঙ্গ হৃদয়ে সময় বিশেষে স্মরণ্য।

আজ বিশ্ব সংবাদমাধ্যমের স্বাধীনতা দিবস

স্টেটসম্যান, ৩/০৫/২০১৯

আজ ৩ মে বিশ্ব সংবাদমাধ্যমের স্বাধীনতা দিবস (World Press Freedom Day)। যার সূচনা হয়েছিল রাষ্ট্রসংঘে ইউনেস্কো-র তত্ত্বাবধানে ১৯৯৩ সালে। এক-একবার এক এক রাষ্ট্রে এই দিবসটি পালিত হয়। এবার হচ্ছে ইথিওপিয়া-র রাজধানী আদ্দিস আবাবায়। এই বার্ষিক উদ্যাপনের মূল উদ্দেশ্য, গণতন্ত্রের চতুর্থ স্তম্ভ সংবাদমাধ্যম ও সাংবাদিকদের অবাধ পেশাগত স্বাধীনতাকে স্মরণ করা। অথচ সেই সংবাদমাধ্যম, যাকে বলা হয় সমাজদর্পণ, আজ তা বিপন্নতার মুখে। সাংবাদিকদের নির্ভীক কলম ও বক্তব্যকে এক ধরনের স্বার্থথেষী ক্ষমতালোভী উত্তরোত্তর বাধা সৃষ্টি করে চলেছে। ওইসকল প্রভাবশালী ব্যক্তি, বণিক গোষ্ঠী রাজনৈতিক দল ইত্যাদির স্বার্থে ঘা পড়লে, তাদের 'ইমেজ, ক্ষুন্ন হলে কিংবা ন্যায়ের পথ থেকেই 'ওদের' অন্যায় কাজে বাধা সৃষ্টি করলে, পাপকাজ গণমাধ্যমে ছড়িয়ে দিলে, কোনও গোপন অসামাজিক তথ্য 'লিক' করে দিলে অথবা ওদের স্বার্থবিরোধী কোনও তথ্য বেরিয়ে গেলে— ধরো মারো খুন করো সাংবাদিককে। এই হয়েছে ইদানিং বিশ্বে এবং আমাদের দেশেও সাংবাদিকদের পেশায় হস্তক্ষেপের নমুনা। তাদের অলিখিত ফতোয়া— সাংবাদিকরা সমাজের অন্ধকার দিক নিয়ে কিছু বলতে বা লিখতে পারবেন না। অন্যথায় লাঠ্ঠৌষধি বা গুলি।

'If you believe in Journalism, you don't insult Journalists.— Leo Tolstoy'

...তা হচ্ছে কোথায়, কে পাত্তা দেয়? সাম্প্রতিককালে বেঙ্গালুরুতে গৌরী লঙ্কেশ-এর নৃশংস হত্যাকাণ্ডের দগদগে ঘা এখনও শুকোয়নি। এতবড় সাম্প্রতিক খবর নিয়ে নতুন করে কিছু লেখার নেই। তাঁকে খুন করা হবে, এমন আগাম খবর থাকা সত্ত্বেও 'লঙ্কেশ' সাময়িকপত্রের সম্পাদিকাকে খুন হতে হল, প্রকাশ্যে বাড়ির আঙিনায়। কী হল? কোথায় শাস্তি পেল বর্বর খুনিরা? শুধু শুধু হাস্যকর বার্ষিক আন্তর্জাতিক সংবাদমাধ্যমের স্বাধীনতার কথা আওড়ালেই হবে? কী বিচার হয়েছিল ফরাসি সাময়িকপত্রের সাংবাদিকের হত্যাকাণ্ডের?

এদেশে গত ২৭ বছরে ৪৮ জন সাংবাদিক বর্বরোচিতভাবে খুন হয়েছেন। ৩৪ জন মৃত্যুর সঙ্গে পাঞ্জা লড়ে কোনওরকমে বেঁচে এসেছেন। গত ১০ বছরে সাংবাদিক খুন হয়েছেন ১৮ জন নির্ভীক পত্রকার। ২০০৭ থেকে ২০১৭ সালের মধ্যে নিহতের সংখ্যা ১৩ জন। গত বছর প্রাণ হারিয়েছেন ৩ জন সাংবাদিক। ২০১৭-তে প্রাণ হারিয়েছেন ১১ জন এবং গুরুতরভাবে আক্রান্ত হয়ে বেঁচে গেছেন ৪৬ জন। ২০১৬-তে লক্ষ্যভ্রষ্ট হয়ে বেঁচে যান ৩১ জন। যা ২০১৭ সালে বেড়ে দাঁড়ায় ৭৭-এ। এতসব ধারাবাহিক খুন, আঘাতের পরও তেমন কোনও সরকারি দৃষ্টান্তমূলক শাস্তি চোখে পড়েনি।

'If you believe in Journalism, you don't insult good Journalists. Because Journalism is the mirror of our World Society.— Pulitzer'

...কিন্তু কী করুণ এই আপ্তবাক্যের পরিণতি। ভারতের ক্ষেত্রে প্রায় প্রতি বছরই সাংবাদিক হত্যার ঘটনা সংগঠিত হচ্ছে এবং তা ক্রমবর্ধমান। সমীক্ষায় দেখা গেছে, নিহত বা আহত সাংবাদিকরা

বেশিরভাগ ক্ষেত্রেই শহরতলি ব মফস্‌সলের সংবাদপত্র কিংবা টিভি চ্যানেলের প্রতিনিধি। এঁদের অপরাধ, স্থানীয় প্রভাবশালী প্রতিষ্ঠান, বণিক গোষ্ঠী কিংবা রাজনৈতিক দলের বিরুদ্ধে তাদের সততার প্রশ্ন আঙুল তুলে অনুসন্ধানমূলক আসল তথ্য প্রকাশ করে দেন অথবা ব্যবসায়িক দুষ্কর্ম নিয়ে লেখালেখি করে নির্দিষ্ট রাজনৈতিক দলের শত্রুভাজন হয়েছেন। শহরাঞ্চলের বহুমুখী জাতীয় সংস্থাগুলির ক্ষেত্রে এই সমস্যা নেই, কারণ তাঁরা জানেন গণমাধ্যম প্রতিষ্ঠানগুলির সঙ্গে কীভাবে বোঝাপড়া করে নিতে হয়। ছোটখাটো সংবাদসংস্থাগুলির একদিকে যেমন সেরকম গুরুত্ব নেই, তেমনি অত্যুৎসাহী সংশ্লিষ্ট সাংবাদিকরাও কোনও খবর করার আগে–পরের সম্ভাবনা না ভেবেই সেই তদন্তমূলক সংবাদ পরিবেশনে উঠেপড়ে লাগে। ফলত যা হবার তাই হয়। যেমন গৌরী লঙ্কেশ জানতেন রোহিঙ্গা ইস্যুতে তাঁর অতিবাম মনোভাব তাঁকে প্রশাসনের শত্রু করে তুলেছিল। কিন্তু তিনি আপস না করে অকালে প্রাণ দিলেন। শহরতলি বা মফস্‌সলে সোশ্যাল করাপশানটা বেশি এবং সংস্থাগুলিও প্রশাসনের সঙ্গে বোঝাপড়ার সুবাদে তুলনামূলকভাবে বেশি দুর্নীতিগ্রস্ত। এদের বিরুদ্ধে লড়াই করা মুশকিল বলে আশায় ভরপুর সৎ–সাংবাদিকতার সাহস দেখাতে গিয়ে মূলত আঞ্চলিক সংবাদদাতারা সৎ ইনভেস্টিগেটিভ রিপোর্টিং নিজ দায়িত্বে করতে গিয়ে অকালে প্রাণ দিচ্ছেন। সংবাদমাধ্যগুলিও তেমন প্রতিপত্তিশালী না হওয়ায় সহকর্মীদের এভাবে প্রাণদান মেনে নেন। বৃহৎ সংবাদমাধ্যম হলে এভাবে কথায় কথায় প্রাতিষ্ঠানিক ঝুঁকি নিত না, নেয়ও না।

'Journalism will kill, but it will keep you alive, while you are at it.-

-Abraham Lincoln'

ভারতীয় সংবিধানের ১৯ (১) (এ) ধারায় মানুষের বাক্‌স্বাধীনতা এবং স্বাধীন মতপ্রকাশের কথা স্পষ্টভাবে উল্লিখিত আছে, যেক্ষেত্রে সংবাদমাধ্যমও অন্তর্ভূক্ত। যাতে রয়েছে সার্বভৌমত্ব, সংহতি, মৈত্রী, পারস্পরিক তথ্য বিনিময় ইত্যাদি। সংবিধান মতে যে কোনও সংবাদমাধ্যম কাউকে অন্যায়ভাবে আঘাত বা তার ক্ষতি না করে যে কোনও গঠনমূলক সংবাদ বা সমালোচনা পরিবেশন করার পূর্ণ অধিকার আছে। কিন্তু এদেশে বাস্তব তা বলে না। তা না হলে ফি বছর এত সাংবাদিককে প্রাণ বিসর্জন দিতে হত না তথা কোনও কিছু তদন্তমূলক তথ্য প্রকাশের আগে আপন প্রাণভয়ের কারণটা বড় হয়ে দেখা দিত না। প্রাসঙ্গত সংবিধানে অন্যায়ভাবে তথ্য পরিবেশনের বিরুদ্ধে লিখিত অনুশাসন আছে। ওইসকল ক্ষেত্রে সংবিধানের ধারা (আইপিসি) ৩২৫, ৩২৬, ৩২৬(এ) ও ৩২৬(বি) আছে। কিন্তু বাস্তব পরিস্থিতি এমন যে প্রভাবশালী অভিযুক্তরা আইনিকে তোয়াক্কা না করে বিধানকে প্রভাবিত করে নিজে বা ভাড়াটে খুনি লাগিয়ে অর্থ ও পেশীবলের আনুকূল্যে নিরীহ সৎ সাংবাদিককে কোতল করছে, গুলি করে খুন করানো হচ্ছে, মেরে হাসপাতালে পাঠিয়ে দিচ্ছে। ওইসকল অসৎ প্রভাবশালী সচ্ছল পেশীবলধারী ব্যক্তি বা প্রতিষ্ঠানের হাত এতই প্রসারিত যে, প্রশাসন এদের কেশাগ্রও স্পর্শ করতে পারে না। এমন বলপূর্বক প্রতিপত্তিশালীদের বিস্তৃত প্রভাব না থাকলে ফি বছর গুণে গুণে এতগুলি তরতাজা আশাবাদী তরুণ সাংবাদিক প্রাণ হারাত না। দুর্নীতি নিয়ে কিছু লেখা বা বলার আগে প্রাণভয়টা আজ বড় প্রশ্ন হয়ে দাঁড়িয়েছে। এমনটি হলে সাংবাদিকরা কীভাবে আপস না করে সমাজ সংস্কার করবে?

'In the real world, nothing happens of the right place, of the right times. It is the job or Journalists to correct them.— Steeve Joves'

২০১৭ সালের সাংবাদিক খুনের বিশ্ব সমীক্ষার সুমারী অনুযায়ী পৃথিবীর ১৮০টি রাষ্ট্রের মধ্যে ভারতের স্থান ১৩৬-এ। যার মধ্যে দেশের প্রথম ১০টি শীর্ষ স্থানাধিকারী রাজ্য হল : প্রথমেই মধ্যপ্রদেশ, তারপর মণিপুর, মহারাষ্ট্র, গুজরাট, উত্তরপ্রদেশ, বিহার, মেঘালয়, ত্রিপুরা, অন্ধ্রপ্রদেশ এবং ঝাড়খণ্ড। সমীক্ষায় বলা হয়েছে, প্রতিদিনই বিশ্বের কোথাও না কোথাও সাংবাদিক খুন হচ্ছেন। পৃথিবীর সর্বত্র যদি সাংবাদিক হত্যাকারীদের বিরুদ্ধে দ্রুততার সঙ্গে কঠোরতম শাস্তিবিধানের ব্যবস্থা থাকত তাহলে এমন পরিণতি হত না। ভারতও তার ব্যতিক্রম নয়। এমনটি হলে সারা পৃথিবীর সঙ্গে আমাদের দেশেরও আর্থ-সামাজিক সম্পর্ক জোরালো হত। কিন্তু তা হয় না। হতে দেখা যাচ্ছে না। পশ্চিমবঙ্গেও দেখা গেছে বিভিন্ন পর্যায়ের নির্বাচনে সাংবাদিকরা লক্ষ্যবস্তু হয়ে নিপীড়ণের শিকার হয়। অথচ তাঁরা কোনও দলের নন, দলের হয়ে কলম ধরেন না। অথচ উন্মত্ত জনতার টার্গেট এঁরাই হন। এবারের চলতি লোকসভা নির্বাচনে তার ব্যতিক্রম হয়নি। এই সমাজশত্রুদের দ্রুত চিহ্নিত করে যথাযথ শাস্তিবিধানের ব্যবস্থা থাকলে এমনটা হয় না, হত না। সাংবাদিক তো নির্বাচন 'কভার'-এ নিযুক্ত। কোনও দলের প্রতিনিধিত্ব করেন না। উন্মত্ত জনতার তাণ্ডবলীলা তাঁরা ধরে ফেলবেন বলে এমন জঘন্য লীলা করে আসছে। 'বিচারের বাণী নীরবে নিভৃতে কাঁদে'। কোনও দলই এদের বরখাস্ত করে বাংলার জনতার কাছে ক্ষমা চেয়ে নেন না। এমনধারা চলে আসছে প্রতিটি নির্বাচনে এবং কখনো-সখনো দলীয় সভা কভার করতে গিয়ে মহিলা সাংবাদিকরা পর্যন্ত রেহাই পান না।

এমন যদি চলতে থাকে, তাহলে সৎ ও নির্ভীক সাংবাদিকতা শুধু কথার কথা হয়ে থাকবে। এমন হলে ৩ মে বিশ্ব সংবাদমাধ্যমের স্মরণিক স্বাধীনতা দিবস পালন করা এক বার্ষিক হাস্যরসের দিন হিসাবে পরিগণিত হবে। সাংবাদিকরা পেশাগতভাবে সমাজের প্রতিচ্ছবি, আয়না এবং এঁরা থাকেন সমাজ সংস্কারকের ভূমিকায়। এমনটাই তো প্রয়োজন নিজ এলাকা দেশ থেকে সারা পৃথিবীর উন্নয়ন যাত্রায় সাংবাদিকদের নিরপেক্ষ ও গুরুত্বপূর্ণ ভূমিকা। এর স্মরণিকই বার্ষিক উদ্‌যাপন। কিন্তু বাস্তবে দেখছি উল্টোটাই। সততার ব্রত নিয়ে যে সাংবাদিক সমাজের সুস্থতা বজায় রাখতে, অন্যায় কাজ, কুকীর্তি প্রকাশ করে কিংবা তদন্তমূলক খবর করে দুষ্কৃতীদের কুনজরে পড়ে, টার্গেট হয়, তাঁদের অবস্থা আজও অসহায়। এঁরা সৎ সাংবাদিকতায় শপথ নিয়ে গুলির মুখে পড়ে। সংবিধানে কঠোরতম বিচারের কথা বলা থাকলেও অদ্যাবধি তেমন দৃষ্টান্ত আমাদের নজরে আসেনি, কঠিনতম বিচারও দেখা যায়নি। সাংবাদিকতার সৎ পেশাকে যাঁরা ব্রত করে দেশের সেবায় নিজেদের উৎসাহভরে নিয়োজিত করেন, তাঁদের প্রতিটি পদক্ষেপে জীবনের ঝুঁকি বর্তমান। এঁরা কলমী সৈনিক। সৎ সাংবাদিককে বাস্তবরূপ দিতে গেলে দুর্নীতি রোধে এঁদের জীবনের ঝুঁকি কহতব্য নয়।

নেতাজি সুভাষচন্দ্র বলেছিলেন— 'সাংবাদিকরাই সমাজে তথা বিশ্বে গণতন্ত্র প্রতিষ্ঠা করতে পারেন। নিশ্চিত করতে পারেন মানুষের সুখশান্তি ও সৌহার্দ্যের পরিবেশ।' অথচ এঁরাই আজ ওই পেশায় জীবনের ঝুঁকি নিয়ে নিযুক্ত। তবু আশা ও স্বপ্ন— সাংবাদিকতার আনুকূল্যে ভবিষ্যতে একটি সুন্দর স্বচ্ছ শান্তিময় বিশ্বের বাস্তবায়ন। অভিনন্দন ৩ মে-র স্মারক দিবস।

বিদেশে গচ্ছিত কালো টাকা ফেরানো গেলে ভারত বিশ্ব অর্থনীতির বড় শরিক হয়ে উঠত

স্টেটসম্যান, ১৪ জুন ২০১৪

কালো টাকা বা ব্ল্যাক মানি নিয়ে স্বাধীনোত্তরকালে সময়ান্তরে দেশে ঝড় উঠেছে, নানান কেলেঙ্কারি সংবাদমাধ্যমে ভেসে উঠেছে, সংসদে তুলকালাম হয়েছে, দেখা গেছে ওয়েলে বিরোধীদের ধেয়ে যাওয়া। আবার যে কে সেই। সবচেয়ে আশ্চর্যজনক বিষয় হল, অদ্যাবধি ভারত সরকারের অর্থমন্ত্রক জানে না বিদেশে বিশেষ করে সুইস ব্যাঙ্কসমূহে এবং জার্মানির ব্যাঙ্কে ভারতীয়দের নাম ধরে ধরে কার বা কোন সংস্থার কত টাকা ব্ল্যাকমানি হিসেবে বেআইনিভাবে জমা রয়েছে। ব্ল্যাকমানি ট্রান্সফার নিয়ে কেন্দ্রীয় সরকার সময়ান্তরে বিভিন্ন শাখা দপ্তর খুলে বিরোধীদের সাময়িক শান্ত করলেও অদ্যাবধি তার এতটুকু সুফল পাওয়া যায়নি, বিদেশ থেকে কালো টাকা কেন্দ্রীয় অর্থভাণ্ডারে ঢোকেনি।

কালো টাকা নিয়ে সরকারি সংজ্ঞা: The funds earned on the Black Money, on which income and other Taxes has not been paid, called 'Unknown Deposition'. ব্যাখ্যা অতি প্রাঞ্জল কিন্তু তার বাস্তবায়ন, এদেশের পক্ষে আজও গভীরতম সমস্যা। বিদেশে কোথায় কত কালো টাকা কার মাধ্যমে রাখা আছে তা নিয়ে বিক্ষিপ্তভাবে প্রকাশ্য তথ্য অবতারণার আগে জেনে নিই ভারত সরকার কালো টাকা বিদেশে পাচাররোধে কতগুলি উপরিভাগ তৈরি করেছে: ১) সেন্ট্রাল বোর্ড অব ডাইরেক্ট ট্যাক্সেস, যার অধীনে আছে ২টি শাখা দপ্তরের আধিকারিকদ্বয়— চিফ কমিশনার অফ ইনকাম ট্যাক্স (সেন্ট্রাল) এবং ডিজি, আইটি ইনভেস্টিগেশন, এনফোর্সমেন্ট ডাইরেক্টরেট, ফিনান্সিয়াল ইন্টেলিজেন্স ইউনিট, সেন্ট্রাল বোর্ড অফ এক্সাইজ অ্যান্ড কাস্টমস্ অ্যান্ড ডাইরেক্টরেট অফ রেভেন্যু ইন্টেলিজেন্স, সেন্ট্রাল ইকনমিক অ্যান্ড ইন্টেলিজেন্স ব্যুরো। এর সঙ্গে রয়েছে এনসিএইআর, এনআইপিএফপি এবং এনআইএফএম। কালো টাকা পুনরুদ্ধারে এতগুলো কেন্দ্রিয় অস্ত্র থাকা সত্ত্বেও সামগ্রিকভাবে যোগফল 'শূন্য' বলাটা অত্যুক্তি মনে না হওয়াই উচিত। এই সঙ্গে রয়েছে আন্তর্জাতিক সংস্থা ওয়ার্ল্ড কাস্টমস্ অর্গানাইজেশন (ব্রাসেলস এবং টোকিও), ইন্টারপোল তথা ওয়াশিংটনস্থিত গ্লোবাল ফিনান্সিয়াল ইন্টিগ্রিটি ইত্যাদি। তদুপরি অ্যামনেস্টি ইন্টারন্যাশনাল।

আমরা কোথায়?

কালো টাকা বিদেশে পাচারের ক্ষেত্রে উন্নতিশীল ভারত কিন্তু চ্যাম্পিয়ান হয়ে আছে। ব্ল্যাকমানি ভিনরাষ্ট্রে (পূর্বেই উল্লেখ করা হয়েছে) বেআইনিভাবে রাখার ক্ষেত্রে সারা বিশ্বে যে প্রথম ৫টি রাষ্ট্র আছে, তাতে ভারতের স্থান প্রথম, তারপর দ্বিতীয় স্থানে রাশিয়া (ভারতের ১/৪ অংশ) এবং ইউরোপ তথা দক্ষিণ-পূর্ব এশিয়ার তিনটি রাষ্ট্রের অবস্থান। আশ্চর্যের কথা, এই প্রথম ৫টি রাষ্ট্রের মধ্যে কিন্তু মার্কিন যুক্তরাষ্ট্র নেই। বহুকাল আগে অর্থনীতির জনক ম্যালথাস ভবিষ্যদ্বাণী করে গিয়েছিলেন, যে দেশে যত বেশি ধনী-দরিদ্রের ব্যবধান প্রশস্ততর হবে, সেদেশে আর্থিক অন্যায়

ততটাই প্রকট হবে, ভারত যার অন্যতম দৃষ্টান্ত। আজও সংসদের সেন্ট্রাল হলে 'লবি' হয়— স্বাধীনোত্তরকাল থেকে যে সকল বহুজাতিক সংস্থা এবং প্রথম সারির বণিক পরিবার ভারতীয় অর্থনীতিকে প্রভাবিত করে আসছে, তারাই পার্লামেন্টকে পরিচালনায় পরোক্ষে এবং অনায়াসে প্রভাবিত তথা কুক্ষিগত করে রাখে। তা না হলে সুইস এবং জার্মান ব্যাঙ্ক কী করে অসাধু উপায়ে তারা কালো টাকার পাহাড়ের শৃঙ্গ উঁচু করে চলে?

আশ্চর্যের কথা বিদেশি ব্যাঙ্কে কালো টাকা কী পরিমাণ দ্রুত ক্রমবর্ধমান রক্ষিত হচ্ছে, তার কোনও সঠিক সরকারি প্রামাণ্য তথ্য নেই। সবটাই অনুমান এবং অভিযোগ-নির্ভর। এতদ্‌সত্ত্বেও বিভিন্ন আর্থিক দুর্নীতিবিরোধী আন্তর্জাতিক সংস্থা, দেশীয় অনুসন্ধানী সংগঠন, বিরোধী রাজনৈতিক গোষ্ঠী, বিভিন্ন সূত্র থেকে গচ্ছিত কালো টাকার পরিমাণ নিয়ে গলা ফাটালেও কাজের কাজ অদ্যাবধি হয়নি। উঁই হচ্ছে অর্থমন্ত্রকে ফাইলের পাহাড়, একের পর এক পর্বতের মুষিক প্রসবের মতো। কালো টাকা উদ্ধারের জন্য রয়েছে আষ্টেপিষ্টে বাঁধা নানান শায়েস্তা যন্ত্র, যেমন: আইপিসি, ১৮৬০; প্রসিকিউশন সেকশন অব আইটি অ্যাক্ট, ১৯৬১; দি প্রিভেনশন অব করাপশন অ্যাক্ট, ১৯৮৮; দি বেনামি ট্রানজাকশানস্‌ (প্রহিবিশন) অ্যাক্ট ১৯৮৮; প্রিভেনশন অব মানি লন্ডারিং অ্যাক্ট, ২০০২; দি কোম্পানিজ বিল, ২০১২; সেন্ট্রাল ভিজিল্যান্স কমিশন, সিবিআই, লোকায়ুক্ত এবং লোকপাল বিল।

বিজেপির উদ্যোগ

বিজেপি কলো টাকা উদ্ধারে ২০১১ সালে সংসদে তুমুল হৈ চৈ তুলে জানিয়েছিল, দেশের অর্থনীতিকে কাঁচকলা দেখিয়ে বিদেশে কালো টাকা জমার পরিমাণ আনুমানিক ৮৪ লক্ষ কোটি। এই অর্থ পুনরুদ্ধারে চাই 'সিট' বা স্পেশাল ইনভেস্টিগেশন টিম-এর দ্রুতস্থাপনা এবং ব্ল্যাকমানি ফিরিয়ে আনায় দ্রুত সরকারি উদ্যোগ গ্রহণ। তারপরই কালো টাকা পুনরুদ্ধারে দেশব্যাপী বিক্ষোভ ছড়িয়ে পড়ে এবং তা সুপ্রিম কোর্ট পর্যন্ত গড়ায়। কিন্তু কাজের কাজ কিছু হয়নি। ষোড়শ লোকসভা নির্বাচনে পালাবদল হয়ে বিজেপি দল সরকারে এসেই কালো টাকা উদ্ধারে দ্রুত উচ্চপর্যায়ের 'সিট' গঠন করেছে। যার নেতৃত্বে রয়েছেন সুপ্রিম কোর্টের প্রাক্তন বিচারপতি মাননীয় এম বি শাহ। সিট-এর হাত শক্ত করতে বর্তমান কেন্দ্রীয় সরকার তাঁদের কাজে অবাধ স্বাধীনতা দিয়েছে এবং সুপ্রিম কোর্টের নির্দেশিকা পালনে কোনও রাজনৈতিক প্রভাবের সঙ্গে আপস না করতে বলা হয়েছে। সিটকে বলা হয়েছে, সুপ্রিম কোর্টের পূর্বশর্ত (আগের সরকারের আমলে) অনুযায়ী এবার যেন নির্ধারিত নির্ঘণ্ট অনুযায়ী শক্ত হাতে কালো টাকা পুনরুদ্ধার করা সম্ভব হয় এবং কোনও রাজনৈতিক রঙ না দেখে অপরাধীদের আইনানুগ শাস্তি দেওয়া হয়। নতুন সরকার ক্ষমতায় এসে বিরোধী থাকাকালীন প্রস্তাবের বাস্তবায়নে অতি দ্রুত অগ্রণী হয়েছে। এটি অবশ্যই সাধু উদ্যোগ। কিন্তু এখনই কোনও মন্তব্য করা সমীচিন নয়, সময়ই উত্তর দেবে।

কালো ধনের মালিক

সাম্প্রতিক সময়ে সুইস ব্যাঙ্কে টাকা রাখা নিয়ে কানাঘুষো যেন অভিজাত মহলের স্ট্যাটাস সিম্বলে দাঁড়িয়ে গেছে। এতে জড়িয়ে পড়েছে বিভিন্ন রাজনৈতিক দলের প্রভাবশালী নেতা, পুঁজিপতি, হাওলা ব্যাবসায়ী, আইপিএস, আইএএস, বিভিন্ন এনজিও এবং স্টার ও ক্রিকেটার ইত্যাদি। অধিকাংশ নাম গুলিই অভিযোগের পর্যায়ে। সত্যতা প্রমাণ অদ্যাবধি দূর অস্ত। কালো টাকা বিদেশি ব্যাঙ্কে লুকানো নিয়ে প্রামাণ্য পরিসংখ্যান নেই বললেই চলে। এক একটি সংস্থা, কেন্দ্রীয়

মন্ত্রক অনুমানের ওপরই এখনো অধিকাংশ ক্ষেত্রে নির্ভর করে আসছে। যেমন, সিবিআই ২০১২ সালে সুপ্রিম কোর্টকে এক হলফনামায় জানিয়েছিল যে বিদেশি ব্যাঙ্কে রক্ষিত কালো টাকার পরিমাণ ৫০০ বিলিয়ন ডলার। অন্য একটি আন্তর্জাতিক গণমাধ্যমের সমীক্ষা অনুযায়ী ২০১০ সাল পর্যন্ত সুইস ব্যাঙ্কে বেআইনিভাবে রক্ষিত অর্থের পরিমাণ ১.৪ ট্রিলিয়ন ইউএস ডলার। অপর পক্ষের অনুমান, ২ বিলিয়ন ইউএস ডলার। সুইস ব্যাঙ্কে কালো টাকা রাখার ক্ষেত্রে উল্লেখযোগ্য প্রথম পাঁচটি রাষ্ট্র: ভারত, রাশিয়া, ইউকে, ইউক্রেন এবং চিন!

ডাইরেক্টরেট অব রেভেন্যু ইন্টেলিজেন্স-এর জৈনক বরিষ্ঠ মুখপাত্রের মতে, সম্প্রতি অনুষ্ঠিত লোকসভা নির্বাচনে বিভিন্ন রাজনৈতিক দলের ভোট পরিচালনের জন্য এদেশে ১৫০০ থেকে ৫০০০ কোটি কালো টাকা এদেশে ফেরত আনা হয়েছিল। অন্যদিকে মুম্বাইয়ের ফরেনসিক অডিটর বিজয় যাদব (গুরুজি)–এর দাবি এবারকার নির্বাচনে ২৩ লক্ষ কোটি টাকা খরচ হয়েছে বিভিন্ন রাজনৈতিক দলগুলির মাধ্যমে। প্রত্যাশা, ওই অঙ্ক বহুগুণে সুইস ব্যাঙ্কে আবার জমা পড়বে রাজনৈতিক আশীর্বাদে।

প্রসঙ্গত, স্মরণে রাখা উচিত, বিগত কংগ্রেস পরিচালিত সরকার সুপ্রিম কোর্টে গত ২৯ এপ্রিল, ২০১৪ কালো টাকার অপরাধী হিসেবে চিহ্নিত ১৮ জনের নাম দেয়, যাদের কালো টাকা জার্মানির লিচটেনস্টেইন ব্যাঙ্কে রাখা আছে। এ নিয়ে অদ্যাবধি কোনও ব্যবস্থা নেওয়া হয়নি, উপরস্তু ওই ১৮ জনের মধ্যে একজন অপরাধী কালোবাজারি মারা গেছে। সুইচ ব্যাঙ্কে একতরফা কাঠগড়ায় দাঁড় করাবার আগে সুইজারল্যান্ড সরকারের বক্তব্য শোনা উচিত। অনেক আগেই এই সরকার কেন্দ্রকে জানিয়েছিল ১৯৪৭ সাল থেকে ২০০৮ সাল পর্যন্ত সমস্ত হিসেবনিকেশ দিতে তারা ওই সময় প্রস্তুত ছিল, এখন আপডেট করে সহযোগিতায় রাজি। কিন্তু ভারত সরকারের সেই তৎপরতা ছিল না, যা বিগত সরকার পর্যন্ত দেখা গেছে।

অর্থনীতির বিশেষজ্ঞরা সমীক্ষা করে দেখেছেন, ভারতের মোট জিডিপি’র ৪০ শতাংশই কালো টাকা। যদি ওই অবাক করা অঙ্কের অর্থ দেশে ফেরানো যেত তাহলে দেশের বিকাশধারা পরিবর্তিত হয়ে বিশ্ব অর্থনীতিতে এই রাষ্ট্র আরও উন্নত স্থানে চলে যেত। এই কালো টাকার পরিমাণ সাকুল্যে ভারতের বৈদেশিক ঋণের ১৩ গুণেরও বেশি। অর্থাৎ রাষ্ট্রের উন্নয়নযাত্রার ব্যাপক প্রসারসাধন করে উন্নত রাষ্ট্রগুলির সঙ্গে যুঝতে সক্ষম হত। গত পাঁচ বছরে যা কিছু স্ক্যাম হয়েছে, সেই বিপুল পরিমাণ অর্থের সিংহভাগই বিদেশি ব্যাঙ্কে প্রতিদিন স্ফীত হচ্ছে। শাসক কংগ্রেস দলের লোকসভা নির্বাচনে প্রায় মুছে যাওয়ার অন্যতম প্রধান কারণ ওই আর্থিক কেলেঙ্কারি এবং চোরাপথে কালো টাকার বিদেশ যাত্রা।

উইকিলিকস্‌-এর চাঞ্চল্যকর অনুসন্ধান

প্রখ্যাত আন্তর্জাতিক সমীক্ষক সংস্থা ‘উইকিলিকস্‌’ গত ৭ সেপ্টেম্বর ভারতের কালো টাকা নিয়ে সমীক্ষা চালিয়ে একটি অত্যন্ত চাঞ্চল্যকর তথ্য বিশ্ব-সংবাদ শিরোনামে তুলে আনে। সংস্থাটি দেশের কালো টাকার অধিকারী এবং তা বিদেশে পাচারকারীদের এক তালিকা প্রকাশ করে। ঘোষিত ব্যক্তিদের মধ্যে ছিলেন সাংসদ, বিধায়ক, ধনপতি এবং অন্যান্য সামাজিক ক্ষেত্রে স্বনামধন্য ব্যক্তিদের নাম এবং তাঁদের কালো টাকার পরিমাণের হদিশ। আংশিকভাবে তার কিছুটা তুলে ধরা হচ্ছে: লালুপ্রসাদ যাদব— ২৯,৮০০ কোটি টাকা, এ রাজা— ৭,৮০০ কোটি টাকা, এম

করুণানিধি— ১,৫০০ কোটি টাকা, শারদ পাওয়ার— ২৮,০০০ কোটি টাকা, সুরেশ কালমাদি— ৫০০ কোটি টাকা, রাজীব গান্ধী— ১৯,৮০০ কোটি টাকা, হর্ষদ মেহতা— ১,৩৫,৮০০ কোটি টাকা, নীরা রাডিয়া— ২৮,৯৯০ কোটি টাকা, জ্যোতিরাদিত্য এম সিন্ধিয়া— ৯,০০০ কোটি টাকা, নরেশ গোয়েল ১,৪৫,৬০০ কোটি টাকা, করুণানিধির পুত্র স্টালিন— ১০,৫০০ কোটি টাকা, এইচ ডি কুমারস্বামী— ১৪,৫০০ কোটি টাকা, কলানিধি মারান— ১৫,০০০ কোটি টাকা, কেন্দুলাল পেরুমল— ৭০,০০,০০০ কোটি টাকা (১৮০টি রাষ্ট্রের মধ্যে সর্বোচ্চ কালো টাকার অঙ্ক)। এছাড়াও আছেন প্রমোদ মেহরা, অরুণ কোচার, সি পি কৃষ্ণান নায়ার, চিন্তন গান্ধী, মাধবরাও সিন্ধিয়া (প্রয়াত), অরুণ মেহতা, কেতন পারেখ, পবন সিং, রামদেব পাসোয়ান। আর ট্রাস্টির মধ্যে আছে উর্বশী ফাউন্ডেশন, আম্বুনোভা ট্রাস্ট, মার্লিন ম্যানেজমেন্ট এস এ, মানিচি ট্রাস্ট, রভিসা ট্রাস্ট, চন্দ্রকান্ত ঈশ্বরলাল গান্ধী, অরুণকুমার রামরিকলাল মেহতা, ওয়েবস্টার ফাউন্ডেশন (কে এম ম্যামেন) ইত্যাদি।

সংযোজিত তথ্য

আয়কর দপ্তরের মুখপাত্রের বক্তব্য অনুযায়ী, গত ২ বছরে তারা কালো টাকায় ৭৭০৪টি অভিযুক্ত অপরাধী সম্পর্কে বিস্তারিত তথ্য পেয়েছেন। এর সঙ্গে যুক্ত রয়েছে গত এক বছরে ১৭৫টি অভিযোগ। মার্কিন যুক্তরাষ্ট্রের জিএফআই সংস্থার তথ্য অনুযায়ী ভারত স্বাধীন হবার পরবর্তী বছর থেকে পরবর্তী ৬০ বছরে অর্থাৎ ২০০৮ পর্যন্ত ভারত থেকে ৪৬২ বিলিয়ন ডলার বা বর্তমান হিসেব অনুযায়ী ২৮ লক্ষ কোটি টাকা ব্ল্যাকমানি হিসেবে বিদেশে পাচার হয়ে গেছে। অপরদিকে আয়কর দপ্তর আরও জানিয়েছে, ২০০৯ থেকে ২০১৩ সালের মধ্যে ৬৫,০০০ কোটি টাকা চোরাপথে ব্ল্যাকমানি হয়ে বিদেশে সুদ গুণছে।

লজ্জা হয় কালো টাকার পাচার নিয়ে অসাধু ভারতীয়রা বিশ্বে প্রথম স্থান অধিকার করে দেশের অর্থনীতিকে চূর্ণবিচূর্ণ করে দিয়েছে। সেই সঙ্গে অবাক করা ব্যাপার হল অসাধু অপরাধীর তালিকায় রয়েছে কমিউনিস্ট অহঙ্কারে গর্বিত চিন, রাশিয়া, ইউক্রেন। রাজনৈতিক প্রশ্রয় ও প্রভাব না থাকলে ওইসকল ব্যক্তিরা কী করে কালো টাকা সৃষ্টি করে তা বিদেশে পাচার করার প্রশ্রয় পায়? 'উইকিলিকস্‌' ভারতের যে ক'জনের নাম ঘোষণা করেছে, তাঁদের পরিচিতি (রাজনৈতিক প্রভাব) সকলেরই জানা। যতক্ষণ না অভিযোগ প্রমাণিত হচ্ছে, ততক্ষণ পর্যন্ত শাস্তির প্রশ্ন ওঠে না। বেশ কিছু ব্যক্তি আপাতত বিচারাধীন। তবে যা রটে তার কিছুটা তো সত্য বটে।

পরিবর্তিত কেন্দ্রীয় সরকার ঘোষণাপত্রে জানিয়েছে, তারা কালো টাকা পুনরুদ্ধারে বদ্ধপরিকর। দ্রুত নেমেও পড়েছে। এখন সময়ের অপেক্ষা। তবে এও ঠিক আর্থিক কেলেঙ্কারি আমাদের ঐতিহ্য। স্বাধীনতার এক বছরের মধ্যেই জিপগাড়ি কেলেঙ্কারি দিয়ে স্বাধীন ভারতে অসাধুদের সেই যে কালো টাকা নিয়ে জয়যাত্রা শুরু তা আপাতত কোল ব্লক কেলেঙ্কারিতে এসে ঠেকেছে। প্রত্যাশা নিয়ে নতুন সরকার কালো টাকা পুনরুদ্ধার করে আমাদের অন্তত আর্থিক সবলতায় সাহায্য করুক, এতটুকু জনতার প্রত্যাশা।

লৌহপুরুষ বলে খ্যাত নরেন্দ্র মোদি শপথ গ্রহণের এক সপ্তাহের মধ্যেই কালো টাকা উদ্ধারে বাস্তবক্ষেত্রে যে প্রত্যয়ীভাব দেখিয়েছেন, তাতে শোষিত দেশবাসী আশায় বুক বেঁধেছেন। দেখা যাক 'সিট' কীভাবে ব্ল্যাকমানি হোল্ডারদের 'হিট' করে।

শরৎচন্দ্রের কলমে: রাজনীতিতে যুবসম্প্রদায়ের ভূমিকা

দক্ষিণী বার্তা, ৮ই নভেম্বর, ১৯৭৫

'জেনারেশন গ্যাপ'-এর প্রশ্ন তুলে সুযোগমতো প্রবীণ বা নবীনেরা তাঁদের ঈপ্সিত স্বার্থসিদ্ধিতে একে অস্ত্র হিসাবে ব্যবহার করেন এবং এক কার্যকরী করার প্রায়শঃই লাভবান হয়ে থাকেন। তবে এর প্রয়োগাধিকারে কার কতটা দাবি তা সকলকালেই বিতর্কিত। এ প্রসঙ্গ থাক। আলোচ্য বিষয়ের দিকে কেন্দ্রীভূত হওয়ার প্রশ্নে উল্লিখিত 'কথা'টার প্রয়োজন ছিল বলেই ইংরেজি কথাটির অবতারণা।

'রাজনীতি' কথাটা যদি সম্পত্তি হিসাবে ব্যবহার করি তাহলে কথা উঠতে পারে এর মালিক কে, খবরদারী, মোড়ল বা তত্ত্বাবধায়কই বা কে? এসে পড়ে দুটি স্কুল: পুরাতন বা প্রবীণ ও নতুন বা নবীন-অর্থে-যুবসম্প্রদায়।

রাষ্ট্রবিজ্ঞান বলে প্রবীণ থাকুক কিন্তু নবীন চালনা করবে এতেই রাষ্ট্রের কল্যাণ, প্রবীণেরা যে শাসন করায় অক্ষম তাই বা বলি কি করে? মস্ত বাবা তাঁদের মানসিক চিন্তাশীলতা। যুগ বা কালের পরিবর্তনকে তাঁরা 'সতীনের ঘর' মনে করে থাকেন। ফলতঃ চিরাচরিত ছক বাঁধা পথে রাজনীতিতে অপরিণত প্রবীণের যাত্রা। তীর ধনুক বা কাঠের লাঙল দিয়ে তো সমকালীন প্রতিযোগী সমাজব্যবস্থায় সমাজবাদ বা গণতন্ত্র আনা যায় না। প্রয়োজন সমকালীন চিন্তাধারায় পরিপক্ক রাজনৈতিক নেতৃত্বের। এখানেই হল বিবাদের সূচনা।

কয়েক বছর আগে এবং অতি সম্প্রতি এই রাজনৈতিক 'মেন্টাল ক্ল্যাশ' স্বদেশীয় রাজনীতিতে কালো অন্ধকারকে আমন্ত্রণ জানানোর অপচেষ্টা হয়েছিল। প্রগতিশীল মনোভাবাপন্ন যুব রাজনীতির জয়লাভে আমরা এখনও প্রতিরাত্রে সুখনিদ্রায় যেতে পারছি।

যুবশক্তির অসামান্য ভূমিকা আজকের চিন্তা নয়। আজ থেকে ছয় দশকেরও আগে এই ভাবনা কথাশিল্পী শরৎচন্দ্রের মাথায় এসেছিল। তিনি সে সময়ে হাওড়া জিলা কংগ্রেস কমিটির সভাপতি ছিলেন (১৯১২ সাল পর্যন্ত)। তখন সবেমাত্র তিনি প্রবীণের পোশাক ধরেছেন।

রাজনীতি করতে গিয়ে তিনি বুঝেছিলেন প্রগতিশীল সমাজ ব্যবস্থা সংগঠনে যুবসম্প্রদায় ছাড়া গতি নেই। এঁদের হাতে নেতৃত্ব স্বেচ্ছায় তুলে দেওয়া প্রবীণদের অবশ্য কর্তব্য। প্রবীণেরা প্রায়শঃ স্বগোষ্ঠীর স্বার্থ দেখে এবং তাকে আগলে রাখে। কিন্তু যুবসম্প্রদায় চিন্তা করে সমগ্র দেশের ও দেশের মনোভাব হয় সমকালীন এবং প্রগতিশীল। এই পরিপ্রেক্ষিতে তাঁর সুকঠিন চিন্তা:—

'পলিটিক্স জিনিসটা কেবল বুড়োদেরই ইজারা মহল। আবেদন-নিবেদন, মান-অভিমান থেকে শুরু করেও চোখ রাঙানো পর্যন্ত বিদেশি রাজশক্তির সঙ্গে যা কিছু মোকাবিলার দায়িত্ব, সব তাদের। ছেলেদের এখানে একেবারে প্রবেশ নিষেধ। শুধু অনধিকার চর্চা নয়, গর্হিত অপরাধ। তারা ইস্কুল কলেজে যাবে, শান্তশিষ্ট ভালো ছেলে হয়ে পাশ করে বাপমায়ের মুখোজ্জ্বল করবে— এই ছিল সর্ববাদিসম্মত ছাত্রজীবনের নীতি। এর যে কোনও ব্যত্যয় ঘটতে পারে, এর বিরুদ্ধে যে

প্রশ্ন উঠতে পারে, এ ছিল যেন লোকের স্বপ্নাতীত। যা চোখের অন্তরালে ছিল, তা আজ দৃষ্টির সুমুখে এসে পড়েছে। সমস্ত ভারতবর্ষময় কোথাও আজ সন্দেহের লেশমাত্র নেই যে, প্রতিদিন লোকে যা ভেবে এসেছে তা ভুল, সত্য তাতে ছিল না বলেই বিধাতা বারংবার ব্যর্থতার কালিমা দেশের সর্বাঙ্গে মাখিয়ে দিয়েছেন। এ গুরুভার বৃদ্ধদের জন্য নয়, এ ভার যৌবনের। তাই তো আজ ইস্কুল-কলেজে, নগরে, পল্লীতে, ভারতের প্রত্যেক ঘরে ঘরে যৌবনের ডাক পড়েছে। ডাক বৃদ্ধিরা দেয়নি, দিয়েছেন বিধাতা পুরুষ। তাঁর আহ্বান কানের মধ্যে দিয়ে এদের বুকে পৌঁছেছে যে, জননীর পায়ে বাঁধা এই কঠিন শৃঙ্খল ভাঙবার শক্তি অতিপ্রাঞ্জ প্রবীণের হিসেবী বৃদ্ধির মধ্যে নেই। এ শক্তি আছে শুধু যৌবনের প্রাণচঞ্চল হৃদয়ের মধ্যে। এই নিঃসংশয়ী আত্মবিশ্বাসে আজ তাকে প্রতিষ্ঠিত হতেই হবে। দিকে দিকে এ চিহ্ন কি আপনাদের চোখে পড়েনি? যদি না পড়ে থাকে, চোখ মেলে চেয়ে দেখতে বলি। পরম ত্যাগের ব্রত শুধু যৌবনই গ্রহণ করতে পারে। কিন্তু এই সত্যটাকে ক্ষোভের সঙ্গে নয়, আনন্দের সঙ্গেই মেনে নিয়ে অগ্রসর হতে আজ আপনাদের আমি আহ্বান করি।' প্রতিক্রিয়াশীল ও স্বার্থান্বেষীদের সাবধান করে তিনি বলেছেন: 'আজ দেশের যৌবন-চিন্তা, পথের খোঁজে চঞ্চল হয়ে উঠেছে, তাকে ঠকাবার শক্তি কারও নেই, তোমারও না। তুমি যত বড়ই হও, সে তোমারই মতো বড় হয়ে তার জন্মের অধিকার আদায় করে নেবেই।'

হালে ভারতের ঘুণধরা পুরাতন সমাজব্যবস্থা পরিবর্তনে যে জোয়ার এসেছে তাকে যৌবনের ডাক বললে অত্যুক্তি হবে না। এই কর্মমহাযজ্ঞ সফল হল তো আমরা রইলাম অন্যথা কি হবে তা অতীত পৃথিবীর ইতিহাস বলবে। সুতরাং যুবসম্প্রদায়ের প্রয়োজন আছে এবং থাকবে। বয়সে, কর্মে ও চিন্তায় যে যুবক তাকেই বলতে পারি 'পলিটিক্যালি ইয়ং'। 'ওল্ড'দের জন্য এ দুয়ার চিরতরে বন্ধ। আজ এবং এই মুহূর্তে প্রয়োজন যুবনেতৃত্বের, চাই যৌবনের উষ্ণস্রোত। কথাশিল্পী শরৎচন্দ্রের যুক্তি:

'যা বৃহত্তর আশা ও বিশ্বাস অনাগত অন্তরালের কল্পনায় উদ্ভাসিত, সেই তো যৌবন। এইখানেই বৃদ্ধের পরাজয়। শক্তি তার নিঃশেষিতপ্রায়, ভবিষ্যৎ আশাহীন শুষ্ক, সম্মুখ অবরুদ্ধ, শেষ জীবনের বাকি দিনক'টা তাই প্রাণপণে অতীতকে আঁকড়ে থাকাই তার সান্ত্বনা। এ অবলম্বন সে কোনওমতেই ছাড়তে পারে না, কেবলই ভয় হয়, এর থেকে বিচ্যুত হলে তার দাঁড়াবার স্থান আর কোথাও থাকবে না। এইখানেই যৌবনের সঙ্গে তার প্রচণ্ড বিভেদ। তাই যেদিন থেকে শুনতে পেলাম, ইস্কুল-কলেজের ছাত্র আর রাজনীতিতে যে মুক্তিযজ্ঞে ব্রতের মত, ধর্মের মত, তাকেই গ্রহণ করতে বদ্ধপরিকর হয়েছে। এ কুসংস্কারের হাত থেকে অব্যাহতি লাভ করেছে যে, এ বস্তু তার ছাত্রজীবনের পরিপন্থী সেইদিনই আমার প্রতীতি জন্মেছে, এবার সত্য সত্যই আমাদের দুর্গতির মোচন হবে। ছাত্র এবং দেশের যুবক সম্প্রদায়ের কাছে আমার অন্তরের নিবেদন, এ সঙ্কল্প থেকে যেন তাঁরা কারও কথায় কোনও প্রলোভনেই বিচ্যুত না হন।

সৃষ্টির কালটাই হল যৌবনকাল— কি প্রজাসৃষ্টির দিক দিয়ে, কি সাহিত্যসৃষ্টির কাল দিয়ে। এই বয়স অতিক্রম করে মানুষের দূরের দৃষ্টি হয়তো ভীষণতর হয়, কিন্তু কাছের দৃষ্টি তেমনি ঝাপসা হয়ে আসে।'

যুবাবয়স হলেই রাজনৈতিক সচেতনতা আসে একথা কোনও অভিজ্ঞ ব্যক্তি বলেননি। বলা হয়, এই সেই সময় যখন নিজেকে তৈরি করে সমাজের উন্নতি দেশের প্রগতিতে স্ব-বুদ্ধিকে উৎসর্গ করা। উপদেশ, মতামত নিশ্চয়ই নেওয়া উচিত, তবে এককে পর্যালোচনা করে দেখতে হবে তার কতটা কাজে আসবে। এ নিয়ে শরৎচন্দ্রের কাছে বহু তরুণ-তরুণী আসত। তিনি ওই প্রাণরসে ভরপুর যুবসম্প্রদায়কে যা বলতেন, তারই অবতারণা করে।

শ্রীরামকৃষ্ণ ও কেশবচন্দ্র সেন

উদ্বোধন, ৯০তম বর্ষ ১১তম সংখ্যা, নভেম্বর ১৯৮৬

ব্রাহ্মসমাজের অবিংসবাদী নেতা কেশবচন্দ্র সেনের জন্মের (জন্ম ১৯ নভেম্বর, ১৮৩৮) সার্ধশতবর্ষ পূর্তি উপলক্ষে এই রচনা। দু'বছর আগে শ্রীরামকৃষ্ণ দেবের জন্মের সার্ধশতবর্ষ পূর্ণ হয়েছে। দেহরক্ষার পর রামকৃষ্ণ-সাম্রাজ্য বহুধা বিস্তৃত হয়েছে। রামকৃষ্ণ-দর্শন চিরন্তন চলমান নরনারায়ণেরই জীবনগাথা। রামকৃষ্ণজীবন এক মহাসঙ্গম। রামকৃষ্ণের জীবদ্দশায় সেই মহাসঙ্গমে কত জ্ঞানীগুণী, সাধক, মনীষী, অভিনেতা, রাজকর্মচারী, জননেতা এবং নানান সম্প্রদায়ের লোক আনাগোনা করেছেন তার হিসেব নেই। পরমপুরুষও ইসলাম, খ্রিস্টান, জৈন ইত্যাদি ধর্মের, বিভিন্ন যোগ ও তন্ত্রমন্ত্রের সঙ্গে সবিশেষ পরিচিত হয়েছিলেন এবং সর্বোপরি সকল ধর্মীয় ভাবের সঙ্গে সময়ান্তরে মিশে আত্মদর্শনকে উপলব্ধি করেছিলেন। এরকমই এক ধর্মীয় আবর্তের কক্ষান্তরে তাঁর সঙ্গে সম্যক পরিচিতি ঘটে ব্রাহ্মসমাজের নেতৃবৃন্দের সঙ্গে। প্রথম দৃশ্যের দূরত্ব বজায় রাখায় দৃঢ়-সঙ্কল্পিত ব্রাহ্মসমাজকে শেষ দৃশ্যে রামকৃষ্ণবাদে আপ্লুত হতে দেখি। সনাতন হিন্দুধর্মের সঙ্গে এই মতবাদের মৌল পার্থক্য হল— হিন্দুরা সাধারণত সাকার এবং বহু দেবতাবাদী এবং নানান অবতারের পূজারী, আর ব্রাহ্মধর্ম নিরাকার, সগুণ এক ব্রহ্মে বিশ্বাসী। এমনই এক পরিস্থিতিতে হিন্দুধর্মের কথকঠাকুর এবং বিশ্বধর্মে প্রাজ্ঞ 'নিরক্ষর', পৌত্তলিক রামকৃষ্ণ পরমহংসদেবের আবির্ভাব। চরিত্রগত দিক দিয়ে তাঁর অগোছালো ভাব, বিবাহ করা সত্ত্বেও সাংসারিক জীবনে উদাসীন, স্কুল-কলেজীয় শিক্ষার অভাব, গ্রাম্যভাষা এবং ব্রাহ্মসমাজের নেতাদের শিক্ষাদীক্ষা, কেতাদুরস্ত সামাজিক আচার-আচরণ ও পাশ্চাত্য শিক্ষার সঙ্গে ব্যবধান ছিল বিরাট।

এতদ্সত্ত্বেও ব্রাহ্মবাদীদের রামকৃষ্ণবাদের প্রতি সবিশেষ অনুরাগ এবং তাঁর সঙ্গে সমাজ-নেতাদের সশ্রদ্ধ সংযোগ ইতিহাসের এক গুরুত্বপূর্ণ অধ্যায়। হিন্দুধর্মের কাছে ব্রাহ্মধর্ম আত্মসমর্পণ করেছিল, না দুটি ধর্ম নিকটতর হয়েছিল কিংবা নিছকই কয়েকটি বিষয়ে সহমত হয়েছিল— ইত্যাদির গবেষণায় প্রচুর অবকাশ আজও রয়েছে। কোনটি ঠিক? এ বিচার স্বল্প পরিসরে সম্ভব নয়। সামগ্রিক মূল্যায়নের নিরিখে বলা যেতে পারে রামকৃষ্ণ-ব্যক্তিত্বে, তাঁর ধর্মদর্শনের ঔদার্যে ও বাস্তবতার দৃষ্টান্ত ব্রাহ্মবাদীরা অনুপ্রাণিত হয়েছিলেন। স্বীকার করেছিলেন শ্রীরামকৃষ্ণ-ব্যাখ্যাত ঈশ্বর-চেতনাকে। রামকৃষ্ণ-কথিত হিন্দুধর্মে অবতার-পূজনকে যে সকল ব্রাহ্মবাদী একসময়ে হীন মনে করতেন, অধর্ম ভাবতেন অথবা ঈশ্বরসাধনায় অপপন্থা মনে করতেন তাঁদেরই পরবর্তী কালে শ্রীরামকৃষ্ণ-সন্দর্শনে আগ্রহী এবং তৎ-উবাচ সহজ গ্রাম্যভাষায় ঈশ্বর বিশ্লেষণে সবিশেষ অনুপ্রাণিত হতে দেখা গেল। তবে এই ভাবরূপান্তরই শেষ কথা নয়। সমাজ-নেতৃত্বে যাঁরা ছিলেন, তাঁরা শুধু তাঁদের ব্যক্তিগত শ্রদ্ধা বা অনুরাগ প্রকাশ করেই ক্ষান্ত থাকেননি। শ্রীরামকৃষ্ণের প্রচারে এঁদের সমর্থন এবং সঙ্গদানও অবশ্যই উল্লেখনীয়। এই সকল ব্যক্তিত্বের মধ্যে সর্বাগ্রে যাঁদের নাম আসে, তাঁরা হলেন কেশবচন্দ্র সেন, শিবনাথ শাস্ত্রী, প্রতাপচন্দ্র মজুমদার প্রমুখ মনীষীবৃন্দ। এঁরা যে শুধু ব্রাহ্মসমাজের নেতা ছিলেন তা নয়, পাণ্ডিত্য, শিক্ষা-দীক্ষা, এবং সমাজ-নেতৃত্বের জন্য এঁদের নাম সর্বভারতীয়। কারও কারও আন্তর্জাতিক পরিচিতিও ছিল। ঈশ্বরমুখী যাত্রায় এই সকল

শ্রদ্ধাশীল ব্রহ্মবাদিগণ এক বিরাট অনুগামীসহ রামকৃষ্ণের তৈরি প্রশস্ত হিন্দু-রাজপথে কখন যে চলে এসেছেন, তা তাঁরা যাত্রা শুরুতে ভাবতেও পারেননি।

ব্রাহ্মসমাজের শক্তিমান নেতা কেশব সেন। বিশ্বজোড়া পাণ্ডিত্য, উল্লেখযোগ্য ইংরেজি শিক্ষা, ইংলন্ডেশ্বরী ভিক্টোরিয়ার সংবর্ধনা, ব্রাহ্মসমাজের এই প্রথিতযশা ব্যক্তিকে সারা ভারতের মধ্যে একটি অত্যন্ত বিশিষ্ট স্থান দিয়েছিল। তাঁকে বলা হত 'প্রাচ্যের দ্বিতীয় যীশু'। ধর্মযাত্রার প্রারম্ভে কেশব সেন বহু দেবদেবীর পূজাকে শুধু উপহাসই করেননি, পৌত্তলিকতা বলেও প্রচার চালিয়েছিলেন। ঈশ্বর বহুরূপে সমাজে সংসারে বিরাজমান এ ধারণা তাঁর কাছে হাস্যকর বলে মনে হতো। স্বভাবতই ব্রাহ্মসমাজও সেই মতানুসারী ছিল। সেই কেশব সে কি করে রামকৃষ্ণ প্রভাবে প্রভাবিত হয়েছিলেন সেটাই বিশেষ চমকপ্রদ। কট্টর ব্রহ্ম-তাত্ত্বিক হওয়া সত্ত্বেও কিসের অনুপ্রেরণায় তিনি রামকৃষ্ণ-ভাবনায় অনুপ্রাণিত হয়েছিলেন?

কেশব সেন বাহ্যজগতের কাছে যা-ই প্রচার করে থাকুন না কেন, তাঁর মনের গহনতম কোণে রামকৃষ্ণ-ভাবনা ধীরে ধীরে স্থায়ী নিবাস তৈরি করছিল। শ্রীরামকৃষ্ণের কাছে তিনি ক্রমেই জেনেছেন: ঈশ্বর একই। সেই পরমাত্মাকে ব্রহ্মজ্ঞানীরা বলেন ব্রহ্ম, যোগীরা বলেন আত্মা আর ভক্তেরা তাঁকে ভগবান বলে। মূলতঃ বস্তু একই। নামভেদ মাত্র। যিনি ব্রহ্ম, তিনিই আত্মা, তিনিই ভগবান। ব্রহ্মজ্ঞানীর ব্রহ্ম, যোগীর পরমাত্মা, ভক্তের ভগবান।

শ্রীরামকৃষ্ণের সান্নিধ্যে এসে কেশব সেনের সাকারবাদী এবং পৌত্তলিকতা সম্বন্ধে যে অন্ধ ধারণা ও গোঁড়ামী ছিল তাকে কালক্রমে মন থেকে তিনি ঝেড়ে মুছে ফেলতে বাধ্য হন। প্রাচীন ভারতীয় বৈদান্তিক চেতনায় দীক্ষিত পরমপুরুষ তো মানব-সেবাকেই ঈশ্বর-সাধনার নামান্তর বলেছেন। বলেছেন, ঈশ্বরবন্দনায় দিনাতিপাত না করে মানবকল্যাণ কর্মে নিয়োজিত থাকলেই ধর্ম। কেশব সেনকেও তিনি ঐভাবে ঈশ্বর-আরাধনার ব্যাখ্যা দিয়েছিলেন। বাস্তবকে মেনে নিয়ে মৌলিক বিশ্বাস অর্জনে পরামর্শ দিয়েছিলেন। তিনি কেশব সেনকে প্রসঙ্গান্তরে বলেছিলেন: "দেখ তোমাদের উপাসনা শুনেছি। কিন্তু তোমাদের ব্রাহ্মসমাজে ঈশ্বরের ঐশ্বর্য অত বর্ণনা কর কেন? হে ঈশ্বর তুমি আকাশ করিয়াছ; বড় বড় সমুদ্র করিয়াছ, চন্দ্রলোক, সূর্যলোক, নক্ষত্রলোক, সব করিয়াছ— এসব কথায় আমাদের অত কাজ কি?''

"সব লোক বাবুর বাগান দেখে অবাক— কেমন গাছ, কেমন ফুল, কেমন ঝিল, কেমন বৈঠকখানা, কেমন তার ভিতর ছবি— এইসব দেখেই অবাক। কিন্তু কই বাগানের মালিক যে বাবু, তাঁকে খোঁজে ক'জন? বাবুকে খোঁজে দুই-একজনা। ঈশ্বরকে ব্যাকুল হয়ে খুঁজলে তাঁকে দর্শন হয়, তাঁর সঙ্গে আলাপ হয়, কথা হয়; যেমন, আমি তোমাদের সঙ্গে কথা কচ্ছি। সত্যি বলছি দর্শন হয়।''

ব্রাহ্ম নেতা পরম ব্যক্তিত্বসম্পন্ন কেশব সেনের দক্ষিণেশ্বর যাতায়াতের দৌলতে তাঁর ঈশ্বর সম্বন্ধে ক্রমেই ভাব-রূপান্তর হয়। এ যেন খোলস ছেড়ে বেরিয়ে পড়া। পরবর্তী কালে আমরা লক্ষ্য করব এই কেশব সেনই শ্রীরামকৃষ্ণকে শিক্ষিত সমাজে ছড়িয়ে দেওয়ার বিশেষ ভূমিকা নেন। কেশব সেন প্রতিষ্ঠিত এবং সম্পাদিত ব্রাহ্মসমাজের মুখপত্র 'ধর্মতত্ত্ব' এবং 'New Dispensation' শ্রীরামকৃষ্ণ এবং তাঁর আদর্শকে সমর্থন জানিয়ে সপ্রশংস তথ্যাদি প্রকাশ করতে শুরু করে। কেশব সেনের দেহান্তরের পর ধর্মতত্ত্বে লেখা হল: "রামকৃষ্ণ পরমহংস আমাদের আচার্যদেবের (অর্থাৎ

কেশবচন্দ্রের) অত্যন্ত আদরের পাত্র ছিলেন। বর্তমান সময়ে ইঁহার ন্যায় সাধু পুরুষ এদেশে নাই।''
''পরম ধার্মিক মহাপণ্ডিত জগৎবিখ্যাত কেশবচন্দ্র সেই নিরক্ষর পরমহংসের নিকটে শিষ্যের ন্যায়, কনিষ্ঠের ন্যায় বিনীতভাবে একপার্শ্বে বসিতেন, আদর ও শ্রদ্ধার সহিত তাঁহার কথাসকল শ্রবণ করিতেন। কোনওদিন কোনওরূপ তর্কবিতর্ক করিতেন না। পরমহংসের জীবনের মূল্যবান জিনিসসকল বেশ করিয়া আপন জীবনে আয়ত্ত ও আদায় করিতেন।''

পাশ্চাত্য শিক্ষায় শিক্ষিত, বিশ্বের ইতিহাস, দর্শন এবং ধর্ম যাঁর নখদর্পণে সেই নিরাকার ঈশ্বরে বিশ্বাসী, ব্রাহ্মনেতা কেশব সেন কেন শ্রীরামকৃষ্ণের প্রতি আকৃষ্ট হলেন? হলেন তাঁর অসাধারণ ধর্মীয় ঔদার্যে। ঠাকুর জানতেন গোঁড়ামী দিয়ে আর যাই হোক ধর্ম হয় না। মতবাদ পোষণ বা প্রচারে সবচেয়ে প্রথমে প্রয়োজন উদারচিত্ততা। তিনি কি জানতেন না যে, কেশব সেন প্রভৃতি ব্রাহ্মনেতাগণ তাঁর দর্শন সম্বন্ধে সূচনায় খুব একটা স্বস্তিদায়ক মত পোষণ করতেন না। ঠাকুর কিন্তু অনুরূপ দৃষ্টিভঙ্গি নিয়ে ব্রাহ্মভক্তদের সঙ্গে মেলামেশা করেননি। বরঞ্চ ওঁদের সকলকে কাছে টেনে নিয়েছেন, নিজস্ব ঈশ্বরীয় মতবাদকে ব্যাখ্যা করেছেন নানান ভাবে। এভাবেই পরমপুরুষের প্রতি কেশব সেনের আত্মিক সমর্থন ও স্বতঃস্ফূর্ত শ্রদ্ধার কারণটি নিহিত।

কেশব সেনের ধর্মবোধ ও ধর্ম-দর্শনে পরিপূর্ণতা আসে রামকৃষ্ণের সঙ্গলাভের পরই তাঁর সমাজে বক্তৃতা বা উপদেশেও এই ভাব-রূপান্তর লক্ষণীয়। ঠাকুরের সান্নিধ্যলাভের আগে এবং সান্নিধ্যোত্তর সময়ে তাঁর মতবাদ ও ধর্মভাবনায় যথেষ্ট পরিবর্তন দেখা যায়। ধর্মীয় উদারতার আহ্বান তিনি পেয়েছিলেন রামকৃষ্ণ উপদেশামৃতাবলী থেকে। কেশবচন্দ্রের প্রধান সহকর্মী প্রতাপচন্দ্র মজুমদার ১৮৯৫ খ্রিস্টাব্দে ম্যাক্সমুলারকে লেখা একটি চিঠিতে লিখছেন: ''কেশব সেনের জীবন চরিত ও তাঁর শিক্ষাবিস্তারে আমি সন্ন্যাসীসম ব্যক্তিত্ব শ্রীরামকৃষ্ণ দেবের প্রতি শ্রদ্ধার কথা সর্বান্তঃকরণে স্মরণ এবং তাঁর প্রতি আমাদের ঋণের কৃতজ্ঞতার কথা প্রকাশ করছি।'' স্বামী বিবেকানন্দের ভাষায়, ''কেশব রামকৃষ্ণের পদতলে ঘণ্টার পর ঘণ্টা বসে থাকতেন এবং সেই মহাপুরুষের ধর্ম আলোচনা মনোযোগ সহকারে শুনতেন। সময়ান্তরে রামকৃষ্ণদেব সমাধিস্থ হলে তিনি ধীরে ওঁর পা ছুঁতেন যাতে তিনি পরিশুদ্ধ হতে পারেন। কখনও কখনও পরমহংসদেবকে তিনি বাড়িতে নিয়ে যেতেন অথবা তাঁকে সঙ্গে নিয়ে নদীবক্ষে ঘণ্টার পর ঘণ্টা পরিভ্রমণ করতেন এবং ধর্ম সম্বন্ধে কোনও দ্বিধাদ্বন্দ্ব থাকলে তাঁর মতামত নিয়ে সন্দেহ নিরসন করতেন। এতে দুজনের মধ্যে প্রীতির সুদৃঢ় বন্ধন তৈরি হয়েছিল। এভাবেই কেশবের জীবনে আমূল পরিবর্তন আসে। পরবর্তী কালে ধর্ম-বিধান সম্পর্কে যে মতবাদ প্রণয়ন করেছিলেন তা বহু বছর আগে সত্য সম্বন্ধে রামকৃষ্ণেরই মতবাদের অংশবিশেষ।''

এ প্রসঙ্গে উল্লেখ্য যে, ঈশ্বরের মাতৃসত্তা এবং হিন্দু বহু-অবতারবাদের প্রতি কেশব সেনের পরবর্তী কালের শ্রদ্ধাপূর্ণ মনোভাবের মূলেও একমাত্র প্রেরণা ছিলেন শ্রীরামকৃষ্ণ। এ নিয়ে আজ আর বিতর্কের কোনও অবকাশ আছে বলে মনে হয় না।

রামকৃষ্ণ দর্শন: আধ্যাত্মিক উদারতা

দৈনিক বসুমতী, কলকাতা, ৬ ফাল্গুন, শুক্রবার, ১৩৯৪

রামকৃষ্ণ-কণ্ঠনিঃসৃত অমৃতবাণী না শোনা পর্যন্ত ব্রাহ্মসমাজের ঈশ্বরীয় চিন্তাধারায় মত ও পথ ভিন্নধর্মী ছিল। সমাজের নেতৃস্থানীয় ব্যক্তিবৃন্দ যেমন কেশব সেন, প্রতাপচন্দ্র মজুমদার, ব্রহ্মবান্ধব উপাধ্যায়, শিবনাথ শাস্ত্রীর সামাজিক স্বীকৃতি, পাণ্ডিত্য ও পাশ্চাত্য দর্শনে সম্যক জ্ঞান নিয়ে কোনও প্রশ্নই ওঠে না। বিশেষ করে ঐ পরাধীন যুগে জনগণকে সমাজ সচেতন করায় ব্রাহ্ম নেতাদের অবদান চিরস্মরণীয়। ঠিক বিপরীতভাবে বহু অবতার এবং পৌত্তলিকতার প্রতি অবজ্ঞা এবং অবহেলাও এঁদের ধর্মীয় ক্ষেত্রে যে অবক্ষয় এনে দিয়েছিল, তাও সর্বজনবিদিত।

একেবারে গোড়ায় ঈশ্বর চেতনায় রামকৃষ্ণভাব-এ কেশব সেন এবং তাঁর সমাজের মোটেই সমর্থন ছিল না। সময়ান্তরে ঠাকুর ব্যাখ্যায়িত ঈশ্বরবাদে এঁদের মনে দ্বিধার সঞ্চার করে। রামকৃষ্ণ-চিন্তার ঢেউ তখন দক্ষিণেশ্বর থেকে বাংলার বিভিন্ন অঞ্চলে আছড়ে পড়তে শুরু করেছে। ধর্মীয় জাগরণের হাওয়া যে বিপরীত দিক থেকে বইতে শুরু করেছে! কেশব সেন গেলেন দক্ষিণেশ্বরে সেই গ্রাম্য লোক, গোলমেলে চলাফেরা কথাবার্তা, কালীমন্দিরের সাত টাকা মাইনের পূজারী রামকৃষ্ণের কাছে। ঈশ্বরীয় দর্শনে এই সাদামাটা অশিক্ষিত লোকটির অগাধ জ্ঞান এবং মানবজীবনভিত্তিক ধর্ম ব্যাখ্যায় কেশব সেন তথা ব্রাহ্ম ভক্তেরা অভিভূত। এতকালের পালিত ধর্মীয় গোঁড়ামির ক্ষুদ্রত্ব রামকৃষ্ণ প্রদর্শিত উদারভাবে বিলীন হয়ে যাওয়া চমকপ্রদবিশেষ। এক ব্রহ্ম, নিরাকার, অনন্তে অন্তলীন ইত্যাদি মতবাদে বিশ্বাসী ব্রহ্মবাদীরা পুনঃ পুনঃ রামকৃষ্ণ সান্নিধ্য এবং তাঁর ঈশ্বর বিশ্লেষণে অনুপ্রাণিত হন এবং মতবাদে রূপান্তর ঘটে। পরমহংস বলতেন, 'ভগবানকে কেউ সীমাবদ্ধ করবে না। তিনি এটি আর অন্যটি নন, হতে পারে না, এ কথাটি জোর করে বলবে না। ভগবান সম্বন্ধে একটা বিশেষ মত প্রকাশ করলেই সেই অসীমকে সীমাবদ্ধ করা হয়, তার সর্বশক্তিময়তায় হস্তক্ষেপ করা হয়। যে নিরাকারবাদী, তার কাছে চূড়ান্ত বেদান্তের কথা; সগুণবাদীর কাছে সগুণের কথা, আর নির্গুণবাদীর কাছে নির্গুণের কথা। যে যেভাবে, যে পথে থাক না কেন, সেই একজনের কাছে পৌঁছবে।' এজন্য প্রয়োজন একাগ্রতা, মানসিক দৃঢ়তা। ঠাকুর বললেন, 'একটাতে দৃঢ় হও, হয় আকারে, নয় নিরাকারে। তবে ঈশ্বরলাভ হয় নচেৎ হয় না। দৃঢ় হলে সাকারবাদীও ঈশ্বর লাভ করবে, নিরাকারবাদীরাও করবে।

ঈশ্বরতত্ত্ব নিয়ে সম্যক উপলব্ধি হওয়া এবং স্থির সিদ্ধান্তে আসার আগে পর্যন্ত কেশব সেন ও সমাজ নেতৃবৃন্দ সহ ব্রাহ্ম সম্প্রদায়ের এক বিশিষ্ট গোষ্ঠীর ব্যক্তিসকল রামকৃষ্ণকে বারে বারে নানা প্রশ্নজালে আচ্ছন্ন করলেও তিনি স্বভাবসিদ্ধ, সহজ ও গ্রাম্যভাষায় তাঁদের বিক্ষিপ্ত দ্বিধাদ্বন্দ্বের অবসান ঘটান। সমাজের সামনে যে মূল প্রশ্ন ছিল— ঈশ্বর সাকার না নিরাকার? তার জবাবে ঠাকুরের বলিষ্ঠ ব্যাখ্যা: তাঁর ইতি করা যায় না। তিনি নিরাকার, আবার সাকার। আকাশ-বাতাস নিরাকার হয়েও যেমন একরকম সাকার, তেমনি পরমাত্মা নিরাকার হয়েও, একরকম সাকার, অর্থাৎ যে যে আধারে আছেন, সে সে আধারের আকারে পরমাত্মার আকার। জলের তো কোনও আকার নেই, কিন্তু যদি থালায় জল রাখ, তাহলে জল থালার মতো গোল; কলসীতে রাখ, কলসীর

মতো; জালায় রাখ, জালার মতো; এখানেও এ ব্যাপার। যিনি আধার, তিনিই আধেয়। যিনি অদ্বৈত, তিনিই দ্বৈত। দ্বৈতাদ্বৈত দুই যে একেরই খেলা।'

এ ছাড়াও ঈশ্বরের লীলা প্রসঙ্গে ব্রহ্মবেত্তাগণের সাত-সতেরো প্রশ্ন নিয়ে দক্ষিণেশ্বরের নিত্যনৈমিত্তিক আগমন এবং সন্তুষ্টচিত্তে ফিরে যাওয়া একটা রুটিনে দাঁড়িয়ে গেল। ঠাকুর ঐসব জিজ্ঞাসুকে প্রায়ই বলতেন, আমার 'আমি'কে ঝেড়ে ফেল, উদার হও, অহংবোধ ত্যাগ করে নরনারায়ণে শ্রদ্ধাবান হও, সকলের মধ্যে ভ্রাতৃত্ববোধ জাগিয়ে তোল, নিজেকে ছড়িয়ে দাও— তবেই না ঈশ্বর চিন্তা সার্থক।

রামকৃষ্ণ বলতেন, ঈশ্বর একই। এই পরম পিতাকে ব্রহ্মজ্ঞানীরা বলেন, ব্রহ্ম, যোগীরা বলেন আত্মা, আর ভক্তেরা তাঁকে ভগবান বলেন। নাম ভেদমাত্র। ব্রহ্মজ্ঞানীর ব্রহ্ম, যোগীর পরমাত্মা, ভক্তের ভগবান। ঈশ্বর দর্শনে রামকৃষ্ণভাব যে উদারনৈতিক আধ্যাত্মবাদের সূচনা করেছিল, অচিরেই তার ফল ফলতে লাগল। ব্রাহ্মবাদের মুখ্য প্রবক্তা এবং তাত্ত্বিক কেশব সেনের ভাবরূপান্তর ঘটল। ইতিমধ্যে অবশ্য অন্যরকম আচরণ স্পষ্টতর হল। তিনি এখন ঠাকুরের কাছে সমর্পিত। শুধু তিনিই নন, তাঁর পরিবার সহ সমগ্র অনুগামীগণও। ব্রাহ্মদের মুখপত্র 'ধর্মতত্ত্ব' মন্তব্য করল— 'রামকৃষ্ণ পরমহংস আমাদের আচার্যদেবের (কেশব সেনের) অত্যন্ত আদরের পাত্র ছিলেন। বর্তমান সময়ে ইহার ন্যায় সাধুপুরুষ এদেশে নেই।' প্রতাপচন্দ্র মজুমদারের মতে, তিনি একজন মন্ত্রমুগ্ধকর ব্যক্তিত্ব। শিবনাথ শাস্ত্রীর চোখে সিদ্ধপুরুষ। এই যে ব্রাহ্মবাদীদের হিন্দু ধর্মের উপর শ্রদ্ধাশীল হওয়া, আচার আচরণে শিষ্টাচার এবং নিজেকে ব্যাপৃত করা— এ সবই সম্ভব হয়েছিল রামকৃষ্ণের ধর্ম বিশ্লেষণে বিশ্ববোধের জন্য। ফলে দেখি, কেশব সেনের মৃত্যুর পর তাঁর মা এবং পরিবার হিন্দুধর্মে পরম নিষ্ঠাবান। শিবনাথ শাস্ত্রী প্রমুখ ব্রাহ্মনেতারা ভীষণভাবে রামকৃষ্ণ অনুরাগী। এদিকে ঠাকুর কিন্তু নীথর, স্থিতধী। ওঁদের ভাব রূপান্তরে পরমহংস কোনওদিন সাংগঠনিক প্রচার যন্ত্র তৈরি করেননি। ব্রাহ্মসমাজ আত্মোপলব্ধির নিরিখে, প্রেরণা ও ধর্মীয়ভাবে রামকৃষ্ণের উড়ানি জড়িয়ে নিয়ে নিজেদের ত্যাগে ব্রতী করেছিলেন।

এ প্রসঙ্গে একজন ঠাকুরকে জিজ্ঞেস করেছিলেন, ব্রাহ্মধর্মে-হিন্দুধর্মে প্রভেদ কি? ঠাকুর উত্তর দেন— শানাই বাজানো দেখেছ? যেখানে শানাই বাজে, সেখানে দুজন শানাইওয়ালা থাকে। একজন কেবলমাত্র পোঁ ধরে থাকে, আর একজন রাগ-রাগিনী বাজায়। ব্রাহ্মরা পোঁ ধরে থাকে, আর সাকারবাদীরা রাগ-রাগিনী বাজায়।

রামকৃষ্ণ ব্যাখ্যায়িত ঈশ্বরতত্ত্বে কোনও স্বার্থসূচক 'মতবাদ' ছিল না; এই আধ্যাত্মিক উদারতা ব্রাহ্মসমাজকে যত শীঘ্র সম্ভব রামকৃষ্ণভাবে রূপান্তরিত করতে সামাজিক কারণেই বাধ্য করেছিল।

ভারত ও স্বামী বিবেকানন্দ

বসুমতী, ১লা মার্চ, ১৯৮৮

স্বামী বিবেকানন্দকে একেবারে কাছ থেকে এবং সহজভাবে জানতে গেলে বলা যায়, তাঁর জীবনদর্শনের মূল লক্ষ্য ছিল জাতির ঐক্য এবং সমস্ত রকম সংস্কারমুক্ত একটি গতিময় জাতীয় চরিত্রের রূপদান।

তিনি বুঝতে পেরেছিলেন ভারতবর্ষের মতো বিশাল দেশের জাতিগত বৈষম্য, শ্রেণীভেদ, কুসংস্কার এবং আর্থিক বৈষম্য দূর করতে গেলে প্রথমেই প্রয়োজন সকলকে এক মালায় গাঁথা। তাই প্রথমে তিনি আঘাত হানলেন ধর্মীয় বিভেদ এবং বর্ণবৈষম্যের আড়কাঠিদের ওপর। তিনি গাইলেন সনাতন বেদান্তিক ধর্মের কথা। তিনি বললেন, ''পবিত্র ও নিঃস্বার্থ হইতে চেষ্টা করিও, উহাতেই সমগ্র ধর্ম নিহিত।'' জাতীয় ঐক্যের সন্ধানে স্বদেশ জননীর আরাধনাই শ্রেয় বলে প্রচার রাখলেন। তিনি বললেন, ''আগামী পঞ্চাশ বছর তোমাদের একমাত্র ইষ্টদেবতা হচ্ছেন জননী জন্মভূমি। তাঁরই পূজো করো তোমরা।'' অবশ্য সে সময়টা ছিল পরাধীনতার অধ্যায়।

বিবেকানন্দ এক অখণ্ড ও সমস্ত রকম সংস্কারমুক্ত এবং 'ইজম' ছাড়া ভারতবর্ষের স্বপ্ন দেখেছিলেন। তিনি আকাঙ্ক্ষা করেছেন ''যদি এমন একটি রাষ্ট্র গঠন করা যায় যাতে ব্রাহ্মণ্যযুগের জ্ঞান, ক্ষত্রিয়ের সভ্যতা, বৈশ্যের সম্প্রসারণ শক্তি এবং রুদ্রের সাম্যের আদর্শ মিলিত হয়েছে। সাম্যের অপর নাম ভারতবর্ষ— এ ভাবনা তাঁর বিশ্বাস বিশেষ ছিল। ১৮৯৩-এর ১০ সেপ্টেম্বর সুদূর আমেরিকার শিকাগো শহরে বিশ্ব ধর্ম মহাসম্মেলনে ভারতের সেই ঐতিহ্যময় সনাতন ধর্মের সঙ্গে সকলের পরিচিতি ঘটিয়ে প্রমাণ করেছিলেন স্বদেশ জাতির ঐক্য ও সংহতির কথা।

তাই বর্তমান ভারতের অস্থির রাজনৈতিক টানাপোড়েনের মধ্যে স্বামীজির আজীবন সংগ্রামের কথা বিশেষ করে বাজে। জাতীয় সংহতি এবং সর্বধর্ম সমন্বয়ের প্রশ্নে তাঁর সংগ্রামী জীবনের অধ্যায়টি নিয়ে আজ আত্মসমীক্ষার প্রয়োজন।

সৃষ্টির শুরু থেকেই দেখি ভারতের সাধকদের নাদব্রহ্মধ্বনি 'ওম্ শান্তি'। তারই ধারাবাহিকতায় দ্রুততা এনে দিয়েছিলেন স্বামীজি। তিনি চেয়েছিলেন এক বিশাল বিশ্ব পরিবারের। তাঁর স্বপ্ন ছিল সর্বধর্ম সমন্বয়ের অলংকারে সজ্জিত সংহতিবদ্ধ ভারত। বিশ্বজনীন ধর্মই স্বামীজির বাণী, সংকল্প।

কিন্তু আজকের স্বদেশ মানচিত্র কি তাঁর এই স্বপ্নের জয়গান গাইতে পারে? আমরা কি শ্রেণীভেদ ভুলতে পেরেছি, আমরা কি ধর্মান্ধতা মুক্ত, আমরা জাতিভেদ কি মানি না। আত্মসমীক্ষায় এই সবক'টি রিপুই জীবন্ত এবং সচল। আমরা প্রতিদিন ভাইয়ের রক্তে স্নান করি। ধর্মের জিগির তুলে দুর্বলতর শ্রেণীর লোককে বঞ্চিত করি।

স্বামীজির আহ্বান আজ তাঁর আর্তনাদ বিশেষ। স্বদেশের অখণ্ডতা আজ বিপন্ন। ধর্মীয় ভেদাভেদ ভুলে আন্তর্জাতিকতাবাদের সমর্থনে স্বামীজির শান্তি দৌত্য সর্বজনবিদিত। তিনি বলেছেন: ধর্মের নামে, শুধু প্রচারের খাতিরে এই সুন্দর পৃথিবীতে কত রক্তগঙ্গা বয়ে গেছে। ধর একজনের অন্য আর একজনের সঙ্গে পরিচয় হল যার ধর্মমত একটু ভিন্ন। সঙ্গে সঙ্গে দেখা যাবে প্রথম ব্যক্তিটির ধরনধারণ পাল্টে যাচ্ছে। সে যেন লড়াইয়ে মেতে গেছে, ধর্মের জন্য নয়, তার নিজের মতের

জন্য। নিষ্ঠুরতা ও গোঁড়ামি তখন তাকে পেয়ে বসেছে। দোষ ধর্মের নয়। তার ধর্মের বিরুদ্ধে কিছু বলার নেই, কিন্তু গোলমাল এইখানে যে, সে তার মত বা ধারণাটিকে অপরের ঘাড়ে চাপিয়ে দেবার জন্য উঠেপড়ে লেগেছে। আর্মেনিয়ান বা তুর্কীরা ধর্মের জন্য অনেক নরহত্যা করেছে। এ নিয়ে নিন্দায় সবাই মুখর।

এই কথাগুলি কি আমাদের পক্ষে প্রযোজ্য নয়? উত্তর ভারতের এক বিশাল অংশ আজ এই আসুরিক চাপের মধ্যে রয়েছে। প্রতিদিন আমাদেরই ভাই–বোন মারা যাচ্ছে, নিছক পশুবৃত্তির জন্য। ধর্মের আলখাল্লাটা সরিয়ে নিলে আমরা মানব সন্তান ভিন্ন কেউ নই। বিবেক যেখানে পরাস্ত হয় অসুরের আবির্ভাব সেখানে জায়গা করে নেয়। শুধু উত্তর ভারত কেন বলি অসম, ত্রিপুরা থেকে শুরু করে ভারতের শেষ ভূখণ্ডের জনজাতির সংশয় কি ভুলে থাকবার? আমরাই তো একদিন ভারত পরিবারের স্বপ্ন দেখেছি, ভারতের জানলা দিয়ে বিশ্ব ভ্রাতৃত্বের কাল্পনিক ছায়াছবির কথা ভেবেছি। ব্যক্ত করেছি। জাতীয় সংহতির ক্ষেত্রে এ এক চরম আঘাত।

স্বামীজি তাঁর দূরদর্শী চেতনার মধ্য দিয়ে এই দুষ্টগ্রহের পূর্বাভাষ আগেই আঁচ করেছিলেন। তিনি তাই অখণ্ড ভারতের কথা বারে বারে স্মরণ করিয়ে দিয়েছেন। তিনি ধর্মান্ধতার কুফল–কথা আমাদের চোখে আঙুল দিয়ে সাবধান করে গেছেন এবং প্রসঙ্গত এর সীমিত ক্ষমতা বা ক্ষেত্রের কথাও জানিয়ে দিতে ভোলেননি।

তিনি বলেছেন: ''আমরা প্রেম, শান্তি, বিশ্বভ্রাতৃত্ব ইত্যাদি কত সুন্দর সুন্দর কথার জাল বুনে থাকি। তোতা পাখির মতো এ কথাগুলি কপচিয়েও থাকি। গোড়াতে হয়তো এ কথাগুলি আমাদের অন্তরের কথা ছিল। এখন এগুলি শুধু ফাঁকা বুলি। পৃথিবীতে এমন কি কোনও দর্শন আছে যা সর্বজনগ্রাহ্য?'' এর জবাব তিনিই দিয়েছেন। বিবেকানন্দ মানব সংসারে বৈচিত্র্যকে স্বাগত জানিয়েছেন তা ধর্মের থেকে আর সংস্কারই হোক। এক ধর্ম থাকলে অন্য ধর্মের স্থান নেই— এ সমর্থন করা যায় না। আবার অনেক ধর্ম বিরাজ করলে একে অন্যের চেয়ে বড় এ নিয়ে বিবাদও অনুচিত। তিনি স্বপ্ন দেখেছেন, সর্ব ধর্ম সমন্বয়ের। বিভিন্ন ধর্মের বৈচিত্র্যময় সমাবেশের মধ্যেই তিনি জাতীয় সংহতির সুগন্ধ পেয়েছেন।

স্বামীজি সহজভাবে ব্যাখ্যা করেছেন, ''মানুষ তো ইঁদুর নয় যে তারা সবাই একই রকমের দেখতে হবে। বৈচিত্র্যই হচ্ছে মানুষের বৈশিষ্ট্য। আমাদের সকলের লক্ষ্য এক— পূর্ণতা। আমাদের মধ্যে যে দেবীসত্তা আছে, তার বিকাশ। এই দেবীসত্তার বিকাশের পথে ধর্মের মূল্যবান এক ভূমিকা। আমাদের লক্ষ্য উচ্চতম হোক। আমরা উদ্যমের সঙ্গে সংযোগ ঘটাব, সর্বজন স্বীকৃত যে আচারবিধি তাও মেনে নেব।''

কিন্তু বাস্তবে কি দেখি? সর্ব ধর্ম আছে। সমন্বয় নেই। অন্য ধর্মের কথা নয় ছেড়েই দিলাম, একই ধর্মের মধ্যে হাজারো দর্শন এবং সূক্ষ্ম বিবাদ থেকে আমরা মুক্ত হতে পারিনি। স্বাধীনতার আগে এবং পরবর্তীকালে ভারতের চেহারা, রাজনৈতিক পটভূমি এবং দর্শনের দুটি ভিন্নরূপ হওয়াই স্বাভাবিক।

দেশমাতৃকার শৃঙ্খল মোচনে আমরা সংহতিবদ্ধ হতে পেরেছিলাম বলে স্বাধীনতা এসেছে। কিন্তু তারপর? তারপর কেন মুহূর্তেই আমরা ধর্মীয় আমরা ধর্মীয় হানাহানিতে মেতে উঠেছিলাম? সে সময়ে যাঁরা যুবাবন্দনায় ছিলেন, তাঁরা স্বাধীনতা দিবসের সেই নগ্ন হানাহানির দিনগুলির কথা স্মরণ করলে আজও শিউরে ওঠেন।

স্বামী বিবেকানন্দ সে স্বপ্ন দেখেননি। তিনি তো অখণ্ড ভারতকে দেখেছেন, তিনি এক এবং অদ্বিতীয় ভারতমাতার বন্দনা করেছেন। তিনি ভারতবাসীকে দেখেছেন। অসম, পশ্চিমবঙ্গ, ত্রিপুরা, পঞ্জাব ইত্যাদি রাজ্যকে দেখেননি। চেনেনওনি। জাতীয় জাগরণ এবং রাষ্ট্রীয় সংগঠন জোরদার করায় স্বামীজির উদাত্ত আহ্বানে সমগ্র বিশ্ববন্দিত। বিশ্বশান্তির রঙ্গমঞ্চে তাঁর ছোট্ট চরিত্র যে মোটা দাগের জীবন্ত অভিনয়ের নজির রেখে গেছে তার স্মৃতিটুকুও আমাদের আত্মসমীক্ষায় কাজে লাগালে ভারতবর্ষ এই চেহারা নিত না।

স্বাধীনোত্তর ভারতবর্ষের চেহারা কেমন হল? মানচিত্রে বিশালতা একই থাকলেও অঙ্গরাজ্যগুলি তো এক নেই? পারস্পরিক শক্তি প্রচারে আজ ভাইয়ে ভাইয়ে বিবাদ। আজ অধিকাংশ রাজ্যের শাসনকর্তারা জেহাদ ঘোষণায় ব্যস্ত। আমরা ধর্মীয় জিগির তুলছি, আমরা জাতিগত প্রসঙ্গ নিয়ে সোচ্চার। প্রশ্ন ওঠে আমরা কি সেই ভারতমাতার সন্তান, একদিন যাঁর শৃঙ্খল মোচন করে চোখের জল মুছিয়ে মুখে হাসি ফোটাবার অঙ্গীকার নিয়েছিলাম? রাজনৈতিক অর্থে চোখের জল মোছাতে পারলেও তাঁর মুখে কিন্তু হাসি ফোটাতে পারিনি। ''হে ভারত... ভুলিও না, নীচ জাতি, মূর্খ, দরিদ্র, অজ্ঞ, মুচি, মেথর তোমার রক্ত, তোমার ভাই'' —এ কথা কে শোনে?

বর্তমান রাজনৈতিক পটভূমিকা নিয়ে বিশ্লেষণ করলে দেখা যাবে ভারতবর্ষে রাজনৈতিক অস্থিরতা আজ চরমে। উত্তরখণ্ড সামাল দেওয়া গেল তো অপর খণ্ডে সামাজিক ও রাজনৈতিক বিভেদ চরমে। বিশেষ করে ক্ষুদ্র স্বার্থ, জাতিগত ও ধর্মীয় হানাহানি সমগ্র দেশকে আজ এক কঠিন সমস্যার মুখে এনে ফেলেছে। আঞ্চলিকতা ও বিচ্ছিন্নতাবাদের ধ্বনি আজ মুখরিত।

এ প্রসঙ্গে আলোচনায় স্বামীজির বক্তব্য: "স্বার্থই স্বার্থত্যাগের প্রধান শিক্ষক। ব্যষ্টির স্বার্থ রক্ষার জন্য সমষ্টির কল্যাণের দিকে প্রথম দৃষ্টিপাত।... সমষ্টির জীবনে ব্যষ্টির জীবন, সমষ্টির সুখে ব্যষ্টির সুখ, সমষ্টি ছাড়িয়ে ব্যষ্টির অস্তিত্বই অসম্ভব। এ অনন্ত সভ্য জগতের মূল ভিত্তি। অনন্ত সমষ্টির দিকে সহানুভূতিযোগে তাহার সুখে সুখ, দুঃখে দুঃখ ভোগ করিয়া শনৈঃ অগ্রসর হওয়াই ব্যষ্টির একমাত্র কর্তব্য।''

মানব জীবনের পরিপূর্ণতার পাথেয় হল ধর্ম। ধর্ম পার্থিব মুক্তির মাধ্যম। কোন ধর্ম, ধার্মিক পণ্ডিতবর্গ অথবা ধর্মীয় অনুশাসন কখনও কোনওভাবেই অপরকে শত্রু বলতে উৎসাহিত করে না। ধর্ম নিজ পথে চলে, অপরকে বাহুবলে বা অন্য কোনও উপায়ে সে পথে চালিত করায় প্ররোচিত করলে পশুত্ব ফিরে আসে, ধর্ম পালিয়ে যায়।

স্বামীজি তাই একে বিশ্বজনীন রূপ দিয়ে আখ্যায়িত করেছেন ''সামাজিক ধর্ম''–এ। এখানে কিন্তু দলাদলির স্থান নেই। নেই অস্থিরতার প্রবেশপথ।

কিন্তু বাস্তবে কি দেখি? স্বামীজির দেশেই আমরা আজ পারস্পরিক হানাহানিতে ব্যস্ত। কারণটা হল তুমি অমুক ধর্মের আর আমার অমুক ধর্ম সুতরাং আমরা টুকরো টুকরো হই আর অপব্যাখ্যা-সমৃদ্ধ ধর্মীয় রাজ্য বানাই। এই হল সাম্প্রতিক ভারতের স্থিরচিত্র। এই সে–দেশ যে–দেশ থেকে সনাতন ধর্মের বাণী বিশ্ববাসীকে শোনানো হয়েছিল। এদেশ থেকেই আওয়াজ উঠেছিল, 'সমস্ত বিশ্ববাসী আমার ভাই।'' জাতিভেদ, শ্রেণীবাদের বিরুদ্ধে প্রতিরোধ অভিযানের এখানেই সূচিত হয়েছিল। শত কোটি কণ্ঠে নিনাদিত হয়েছিল ''বসুধৈব কুটুম্বকম্‌''। আর আজ?

তিনি বলেছেন দেশ গড়ো সবাইকে নিয়ে। সৎ উদ্দেশ্যে সকলের কাঁধ চাই। রামায়ণে সেতুবন্ধনে কাক এবং কাঠবিড়ালীরও প্রয়োজন হয়েছিল। এদের সকলের সমষ্টিগত উদ্যোগেই সেতুবন্ধন

হয়। রাষ্ট্র পরিচালনেও উচ্চ-নীচ বলে কিছু নেই। দেশ শাসন হয় পরিচালনে সকল শ্রেণীর মানুষের সমান ভূমিকার সমন্বয়ে। তবেই না দেশ সুদৃঢ় থাকবে। সংহতি মজবুত হবে। স্বামীজির কথায়: "ভাবিও না তোমরা দরিদ্র, ভাবিও না তোমরা বন্ধুহীন, কে কোথায় দেখিয়াছে, টাকায় মানুষ করে? মানুষই চিরকাল টাকা করিয়া থাকে। জগতের যা কিছু উন্নতি সব মানুষের শক্তিতে হইয়াছে। উৎসাহের শক্তিতে হইয়াছে, বিশ্বাসের শক্তিতে হইয়াছে।... দে— সকলে মিলে এদের চোখ খুলে। আমি দিব্য চোখে দেখছি। এদের ও আমার ভেতর একই ব্রহ্ম, একই শক্তি রয়েছেন, কেবল বিকাশের তারতম্য মাত্র। সর্বাঙ্গে রক্ত সঞ্চার না হলে কোনও দেশ কোনও কোথায় উঠতে দেখেছিস? একটা অঙ্গ পড়ে গেল, অন্য অঙ্গ সবল থাকলেও ঐ দেহ নিয়ে কোনও বড় কাজ আর হবে না— এ নিশ্চয়ই জানবি।

স্বদেশ আর বিচ্ছিন্নতাবাদ ও ধর্মান্ধতার কর্কট রোগে আক্রান্ত। এর শিকার আবাল-বৃদ্ধ-বণিতা। বিশ্বের দরবারে আমাদের ইমেজ অধোগতিসম্পন্ন। স্বামীজি কিন্তু এমন ভারত চাননি। জাতিভেদ বা ধর্মীয় কারণে দেশ বিভাজন পারস্পরিক হানাহানি আর ভাইয়ের রক্তে তা নিয়ে হোলি খেলা এ তো বিবেক-ভারতে অকল্পনীয়। এ জাতীয় সঙ্কট। এগুলো তো গণ-জাগরণের পরিপন্থী। এ দ্বারা অখণ্ড ভারত হবে না। তিনি স্বদেশ গঠনে এক প্রাণ এক মন চেয়েছিলেন। তিনি সতর্ক করে দিয়ে বলেছেন: "যতই তোমরা আর্য, দ্রাবিড়, ব্রাহ্মণ, অব্রাহ্মণ, প্রভৃতি তুচ্ছ বিষয় লইয়া বিবাদে ব্যস্ত থাকিবে, ততই তোমরা ভবিষ্যৎ ভারত গঠনের উপযোগী শক্তি সংগ্রহ হইতে অনেক দূরে সরিয়া যাইবে"। স্বামীজি বলেছেন: সম্প্রদায় থাকুক, সাম্প্রদায়িকতা দূর হউক।

এখানে স্বাভাবিক কারণে অগ্নিগর্ভ পাঞ্জাব প্রসঙ্গ এসে পড়ে। এই ভূখণ্ড বীরগর্ভা, এখানকার প্রতিটি ভাই স্বদেশ প্রহরী— এঁদের বীরত্বের গাথা সমস্ত দুনিয়া জানে। যুগে যুগে এঁদের জয়গান করে গেছেন আমাদের পূর্বসূরীগণ। কিন্তু আজ? সামান্য সাম্প্রদায়িক কারণে, কতিপয় অশুভ শক্তির আঁতাতে এ রাজ্য অস্থির আগুনের মুখে। যার প্রভাব পড়েছে সমগ্র ভারতের অখণ্ডতা রক্ষায়। ভারতের স্বাধীনতা সংগ্রামে, রাষ্ট্রীয় নিরাপত্তা এবং স্বদেশ পরিচালনে পাঞ্জাবের অসংখ্য কৃতী সন্তান ঐতিহাসিক নজির রেখে গেছেন। সমাজের সকল ক্ষেত্রে এঁদের অবদান অনুসরণীয় অথচ আজ মুহূর্তের অবাস্তব বিস্তার করাল গ্রাসের কবলে পড়ে অল্প কিছু স্বদেশদ্রোহী ভারতের নিরাপত্তা ও অখণ্ডতা রক্ষায় বাধা দিচ্ছে। কিন্তু ইতিহাস তো এমন কথা বলে না।

পাঞ্জাববাসীদের ঐতিহ্যের কথা স্মরণ করে আজ থেকে কত দশক আগে তিনি বলে গেছেন: "এই সেই বীরভূমি— যাহা যতবার এই দেশ অসভ্য বহিঃশত্রু কর্তৃক আক্রান্ত হইয়াছে, ততবারই বুক পাতিয়া প্রথমে সেই আক্রমণ সহ্য করিয়াছে। এই সেই ভূমি— যাহা এত দুঃখ-নির্যাতনেও উহার গৌরব, উহার তেজ সম্পূর্ণরূপে হারায় নাই। এখানেই অপেক্ষাকৃত আধুনিককালে দয়াল নানক তাঁহার অপূর্ব বিশ্বপ্রেম প্রচার করেন। এখানেই সেই মহাত্মা তাঁহার প্রশস্ত হৃদয়ের দ্বার খুলিয়া এবং বাহু প্রসারিত করিয়া সমগ্র জগৎকে শুধু হিন্দুকে নয়, মুসলমানগণকে পর্যন্ত আলিঙ্গন করিয়ে ছুটিয়াছিলেন। এখানেই আমাদের জাতির শেষ এবং মহামহিমান্বিত বীরগণের অন্যতম গুরু গোবিন্দ সিংহ জন্মগ্রহণ করেন..."।

কিন্তু ইতিহাসের আজ কি পরিণতি। স্বামী বিবেকানন্দর বিশ্বপ্রেম এবং স্বদেশ সংহতি নিয়ে আজীবন সংগ্রামকে সার্থক রূপ দিতে দলমত-জাতিধর্ম নির্বিশেষে এগিয়ে আসতে হবে। না হলে বিশেষ করে ভারতবর্ষের বিভিন্ন প্রদেশের অস্থিরতা দমন করা যাবে না।

বিবেকানন্দ: বিশ্ব ব্যক্তিত্বের উদ্বোধন

আনন্দবাজার পত্রিকা, ৩০শে মার্চ ১৯৮৮

উনবিংশ শতাব্দীর গোড়া। প্রাচ্যের সভ্যতা ও কৃষ্টির পীঠভূমি ভারতবর্ষ অবক্ষয়ের মুখোমুখি। সামাজিক শোষণ, ধর্মীয় অস্থিরতা ও দ্বন্দ্ব এবং আত্মকলহে স্বদেশ যখন ডুবে যাবার মুখে, বিবেকানন্দের আবির্ভাব ঠিক সেই মুহূর্তে; তাঁর স্বল্প পার্থিব বাসে এলেন এবং জয় করে চলে গেলেন। স্বামীজি নতুন ভারতের সুনিপুণ রূপকার। তাঁর গৈরিক বসনের অন্তরালে ছিল বিশ্বামৃতের পূর্ণ কলস। তিনি বলতেন, 'গেরুয়ার নীচে যোদ্ধার ধর্ম।' বীরেশ্বর বিবেকানন্দের জীবনোৎসর্গের লক্ষ্য ছিল বিজ্ঞানভিত্তিক যুক্তিনিষ্ঠ মানবাত্মার বিকাশ। তাঁর পরিজন ও পরিশ্রম ভারতকে এক লাফে একশো বছর এগিয়ে দিয়েছিল। তাঁর উদাত্ত আহ্বান ছিল— নিজের মধ্যে যাওয়া, নিজেকে চেনা, আত্মোন্নয়নে নিয়োজিত হওয়া; পরিভাষায় যাকে বলে 'ইনার ডেভেলপমেন্ট'।

স্বামীজি বলেছেন আত্মশুদ্ধির কথা। চেতনার পরিপূর্ণতালাভে এই প্রথম শিক্ষা— যা সুকঠিন ও সমস্যাস্তীর্ণ। অভীষ্ট লক্ষ্যে পৌঁছোনোর বিষয়টির সঙ্গে মার্ক্স-কথিত 'প্রসব বেদনা'র সামঞ্জস্য লক্ষ্যণীয়। তিনি বলছেন: আমি ভয়ঙ্করকে ভয়ঙ্কর বলে ভালোবাসি, নৈরাশ্যকে নৈরাশ্য বলে ভালোবাসি, দুঃখকে দুঃখ বলে ভালোবাসি। সংগ্রাম করো, অবিরত সংগ্রাম করো। প্রতি পদে পরাজয়— তবু সংগ্রাম করো। এই হল—এই আদর্শ।

বৈদান্তিক বীর সন্ন্যাসীর বিশ্ব পরিচিতি তাঁর নিরপেক্ষ যুক্তিবাদী বিশ্বাসের জন্য। মানবাত্মার উন্মেষকারী এই তরুণ ত্যাগীর মাত্র এক যুগের কর্মকাণ্ড সমস্ত বিশ্বে আলোড়ন তুলে দিয়েছিল। তাঁর পেলব স্পর্শে অভিশপ্ত ভারত নামক অবক্ষয়ী পাষাণী অহল্যার বুকে প্রাণের স্পন্দন এনে দেয়। ভগিনী নিবেদিতা গুরুর সম্বন্ধে বলেছেন 'আমার আনুগত্য স্বীকার, এ শুধু তাঁর চরিত্রের নিকটেই।' নেতাজী সুভাষচন্দ্র বসু আত্মজীবনীতে লিখছেন, 'বিবেকানন্দের আদর্শকে যে সময়ে জীবনে গ্রহণ করলাম তখন আমার বয়স পনেরোও হবে কিনা সন্দেহ। বিবেকানন্দের প্রভাব আমার জীবনে আমূল পরিবর্তন এনে দিল। তাঁর আদর্শ ও তাঁর ব্যক্তিত্বের বিশালতাকে পুরোপুরি উপলব্ধি করার মতো ক্ষমতা তখন আমার ছিল না— কিন্তু কয়েকটা জিনিস একেবারে গোড়া থেকেই বিশ্ব ভ্রাতৃত্ব ও সাম্যবাদের প্রবক্তা স্বামী বিবেকানন্দের নিরলস সংগ্রামের মূল হাতিয়ার ছিল যুব সম্প্রদায়। তিনি বলতেন, আমি চাই কর্ম, মনুষ্যের মর্যাদা এবং মানবিক বিকাশ। স্বদেশ জাগরণের মন্ত্রে তিনি শুনিয়েছেন মাতৃভূমিকে জননীরূপে শ্রদ্ধা করা, নতুন ভারত নির্মাণের কথা। প্রতিটি মানুষের আত্মিক স্ফুরণের তো তাঁর প্রতি মুহূর্তের আকুতি ছিল। তাঁর এই আশা চিরন্তন, তাই দেখি তাঁর কণ্ঠে কণ্ঠ মিলিয়ে টয়েনবীও 'সেকুলার ফেথ'-এর কথা বলেছেন। স্বামীজির ভাষায়: 'কোন সহসা' উখানে দেশের সামগ্রিক জাগরণ ঘটবে না। বিদেশী শত্রুকে যদি হঠাৎ কোনও কারণে তাড়িয়েও দেওয়া যায়, তবু তাতেই জনগণ সত্যিকারের স্বাধীনতা পাবে না, যেমন তারা স্বাধীন ছিল না স্বদেশীয় রাজাদের অধীনে থাকার সময়।' আজকের এই উপমহাদেশে যে অগ্রগতির নানান কর্মকাণ্ড ঘটছে তার মূল ভিত্তিটা স্থায়ীভাবে সুদৃঢ় করে দিয়ে গিয়েছিলেন এই তরুণত্যাগী।

বিপ্লবী কানাইলাল মৃত্যু পরোয়ানা মাথায় নিয়ে জেলের গোরা সুপারকে স্বামী বিবেকানন্দের 'জ্ঞানযোগ' বইটা দেখিয়ে বলেছিলেন: 'শোন শোন— এই আমাদের মন্ত্র, আমাদের বাইবেল, আর তোমাদের মৃত্যু পরোয়ানা। মরতে আমরা ভয় পাই না, সাহেব। মৃত্যুতে আমাদের আনন্দ। মৃত্যুকে আমরা ভালোবাসি, আর ভালোবাসি আমাদের দেশকে, আমাদের মাতৃভূমিকে। যাঁর লেখা আমি পড়ছি, সেই স্বামী বিবেকানন্দ আমাদের তা শিখিয়েছেন। আমরা সবাই তাঁর সন্তান।'

ধর্মকে তিনি অত্যন্ত ব্যাপকতর রূপ দিয়েছিলেন। ধর্ম হল মানবকল্যাণমুখী কর্মযাত্রার অবলম্বন বিশেষ। ভারতীয় সভ্যতা ও সংস্কৃতিতে বিশেষ করে সর্ব-ধর্ম-সমন্বয়ে স্বামী বিবেকানন্দের অনুপ্রেরণাই আধুনিক ভারতের মূল ভিত্তি। বেদান্তিক মনীষী বললেন, পুরাণ হল বিজ্ঞানের প্রাচীনতম ব্যাখ্যা। ধর্মভাবকে তিনি ভারতের সার্বিক বিকাশে পাথেয় হিসাবে গ্রহণ করেছিলেন, মানবমুক্তিই ছিল যার প্রথম শর্ত। বিদেশী শাসনের কথা স্মরণে রেখে তিনি বললেন, 'তথাকথিত বিকাশ (ডেভেলপমেন্ট) চাই না, মুক্তি (লিবারেশন) চাই— এটাই আজ আমাদের কাছে আশু প্রয়োজন। স্বাধীনতা আন্দোলনে তাঁর উদাত্ত আহ্বান এবং দরিদ্র জনগণের সেবার ফসলে ধর্মপালন তাঁকে বিশ্ব চরিত্রে বিভূষিত করে।

স্বামী অভেদানন্দ স্মৃতিচারণায় বলেছেন, 'তাঁহার আদর্শ পাশ্চাত্য ভাবাপন্ন নহে, বিশ্বজনীন ধর্ম ও বেদান্ত দর্শনের মূলভিত্তির উপরই ইহা প্রতিষ্ঠিত।... স্বামী বিবেকানন্দ-প্রবর্তিত কর্ম হইল আন্তর্জাতিক। আমরা এক্ষণে ইহা অনুভব করিতে পারিতেছি না, কিন্তু আগামীকল্য বা তৎপরবর্তীকালেই ইহা অবশ্যম্ভাবীরূপে আমাদের বোধগম্য হইবে।'

ধর্মের সার কথা প্রেম ও মৈত্রী। গীতায় উক্ত— সর্বং কর্মাখিলং; পার্থজ্ঞানে পরিস্মাপ্যতেং অর্থাৎ (হে পার্থ,) সমস্ত কর্ম ব্রহ্মজ্ঞানে পরিসমাপ্ত হয় অন্যর্থে ব্রহ্মে লীন হয়। স্বামীজি ব্যাখ্যা দিলেন: 'আমাদের মনে রাখতে হবে যে বৈচিত্র্যই হচ্ছে মনের ধর্ম। আমাদের সকলের লক্ষ্য— এক, পূর্ণতা। আমাদের মধ্যে যে দেবী সত্তা আছে, তার বিকাশ। আমি ইসলাম-ধর্মাবলম্বীদের মসজিদে যাবো, আমি খ্রিস্টানের গির্জায় প্রবেশ করে নতজানু হয়ে প্রভু যীশুকে বন্দনা করব, আমি বুদ্ধমন্দিরে গিয়ে শরণাগত বুদ্ধের পাদপীঠে আশ্রয় নিয়ে নীতি শিক্ষা করব, আমি বনে গিয়ে হিন্দুর সঙ্গে বসে সেই সাধনা করব, যে সাধনা আলোকপ্রাপ্তির ব্রতদ্বারা প্রত্যেকের হৃদয় আলোকিত করা যাবে।... আমি সেই ভগবানের পূজার জন্য বারবার জন্মগ্রহণ করি; সে হল আমার দীনদুঃখী পাপীতাপী নরনারায়ণ।'

রেলগাড়িতে বোলপুর

আনন্দবাজার (আনন্দমেলা), ১৮ই ডিসেম্বর ১৯৯৪

তখন রবীন্দ্রনাথের সবে পৈতে হয়েছে। ন্যাড়া মাথা। রাস্তায় বেরোতে খুব লজ্জা। বাবা ব্যাপারটা বুঝলেন। ছেলেকে বেড়াতে নিয়ে চললেন শান্তিনিকেতন। ট্রেনে বোলপুর তারপর কুঠি বাড়ি। এই তার প্রথম রেলে চড়া হবে। কিন্তু রেল সম্বন্ধে ওর ভীষণ ভয়, আতঙ্কে বুক কাঁপতে শুরু করল। রেলকে যমের মতো ভয় পাওয়ার কারণটা অন্য জায়গায়। ভয় পাইয়ে দেবার নাটের গুরু তার ভাগ্নে সত্য। এই দুষ্টু কিশোরটি এর আগে একবার রেলে বোলপুর ঘুরে এসেছিল। এতে ঐ ছোট্ট রবিকে নিজের সম্বন্ধে বিরাট বড়াই দেখিয়ে এমন একটা ভাব দেখিয়ে ছিল যেন সাহসী মৃত্যুভয়হীন এবং সদা সাবধানী না হলে রেলে চড়া অসম্ভব এবং একটু অসাবধানে প্রাণও চলে যেতে পারে। এ এক মজাদার এবং বোকা বানাবার গল্প।

রবীন্দ্রনাথ শোনাচ্ছেন: 'সত্য বলিয়াছিল, বিশেষ দক্ষতা না থাকিলে রেলগাড়িতে চড়া এক ভয়ঙ্কর সঙ্কট— পা ফসকাইয়া গেলে আর রক্ষা নাই। তারপর গাড়ি যখন চলিতে আরম্ভ করে, তখন শরীরের সমস্ত শক্তিকে আশ্রয় করিয়া বসা চাই। নইলে ভয়ানক ধাক্কা দেয় যে মানুষ যে কোথায় ছিটকাইয়া পড়ে তাহার ঠিকানা পাওয়া যায় না। স্টেশনে পৌঁছিয়া মনের মধ্যে বেশ একটু ভয় ভয় করিতেছিল।'

যাইহোক, রবীন্দ্রনাথ কামরায় উঠলেন। যাত্রা করলেন এবং অত্যন্ত আনন্দের অভিজ্ঞতা নিয়ে বোলপুরে নামলেন। এখন শুনি ভাগ্নের কথার সঙ্গে রেলে চড়া'র মিল কতটা: 'গাড়িতে এত সহজেই উঠিলাম যে মনে সন্দেহ হইল, এখন হয়তো গাড়িতে ওঠার আসল অঙ্কটাই বাকি আছে।' অর্থাৎ সেই ভয়ের ব্যাপারটা।... 'তাহার পরে যখন অত্যন্ত সহজে গাড়ি ছাড়িয়া দিল, তখন কোথাও বিপদের আভাস না পাইয়া মনটা বিমর্ষ হইয়া গেল। গাড়ি ছুটিয়া চলিল, তরুশ্রেণীর সবুজ নীলপাড় দেওয়া বিস্তীর্ণ মাঠ এবং ছায়াচ্ছন্ন গ্রামগুলি রেলগাড়ির দুই ধারে ঝরণার মতো বেগে ছুটিতে লাগিল। যেন মরীচিকার বন্যা বহিয়া চলিয়াছে। সন্ধ্যার সময় বোলপুরে পৌঁছিলাম।' তারপর পালকিতে সোজা শান্তিনিকেতন— যেখানে গত একশো বছর ধরে ঐ পৌষমেলার আসর বসছে।

পৌষমেলা দেখতে যাওয়ার পথে রেলের কামরায় বসে জানালা দিয়ে প্রকৃতি আর গ্রাম দেখতে দেখতে তোমাদের নিশ্চয়ই রবীন্দ্রনাথের ঐ বিচিত্র অথবা মজার অভিজ্ঞতার কথা মনে পড়বে? চল যাই শান্তিনিকেতন— পৌষমেলায়।

ঠাকুরবাড়ির দান

আজকাল (রবিবাসরীয়), ১৮ই ডিসেম্বর ১৯৯৪

একশো বছর আগে কীভাবে পৌষমেলার আয়োজন হয়েছিল, সেদিকে রবীন্দ্রনাথের চোখ দিয়ে ফিরে তাকানো যাক: 'দিবা দ্বিতীয় প্রহর। চতুর্দিকে দোকান পসরা বসিয়াছে এবং স্থানীয় লোকে উৎসব ক্ষেত্রে পরিপূর্ণ হইয়াছে। সান্ধ্য উপাসনার পরে বাজি পোড়ানো হয়; পরে সমস্ত নিঃস্তব্ধতা ভঙ্গ করিয়া চটাচটা শব্দে বহুৎসবের পর্ব আরম্ভ হইল। সেই বিস্তীর্ণ প্রান্তরে কেবলই মস্তকরাজি দৃষ্ট হইতে লাগিল। কি ভীষণ জনতা। কি বিষম কলরব।'

'আমাদের এখানে মেলায় অন্তত দশ হাজার লোক তো হয়েই ছিল! আমাদের এখানকার মাঠে যা চিৎকার হয়েছিল, তাতে কত রকমেরই আওয়াজ মিলেছিল, তার কি সংখ্যা ছিল। ছোট ছেলেদের কান্না, বড়দের হাঁকডাক, ডুগডুগির বাদ্য, গরুর গাড়ির ক্যাঁচকোঁচ, যাত্রার দলের চিৎকার, তুবড়ি বাজির সোঁ সোঁ, পটকার ফটফট, পুলিস-চৌকিদারের হৈ হৈ-হাসি কান্না, গান, চেঁচামেচি ঝগড়া ইত্যাদি। ৭ই পৌষ মাঠে খুব বড় হাট বসেছিল তাতে গালার খেলনা, ফলের মোরব্বা, মাটির পুতুল, তেলে ভাজা, ফুলুরি, চিনেবাদাম ভাজা প্রভৃতি আশ্চর্য জিনিস বিক্রি হল। এক এক পয়সা দিয়ে ছেলে মেয়েরা সব নাগরদোলায় দুলল... তারপরে মজা,— মেলা যখন ভেঙে গেল, সমস্ত রাত ধরে চেঁচাতে চেঁচাতে বেসুরো গান গাইতে গাইতে দলে দলে লোক ঠিক আমার শোবার ঘরের সামনের রাস্তা দিয়েই যেতে লাগল— মজায় একটুও ঘুম হল না— নীচে যতগুলো কুকুর ছিল, সবাই মিলে উর্ধ্বশ্বাসে চেঁচাতে লাগল, এমন মজা। তারপরে কলকাতার অনেক মেয়ে তাঁদের ছোট ছেলেমেয়ে নিয়ে এসেছিলেন— তাদের কারো কাশি, কারো জ্বর।' (ভানুসিংহের পদাবলী) ৭ পৌষ মহর্ষি দেবেন্দ্রনাথ ঠাকুরের ব্রাহ্মমন্দিরের স্থাপনাকে শুভ উদ্দেশ্য করে মূলত ব্রহ্মোৎসবের আয়োজন করা হয় এবং ব্রহ্মভাব প্রচারের সম্মেলন হিসাবে চিহ্নিত করার উদ্দোগ নেওয়া হয়েছিল। এই মেলার ব্যয়ভার বহনের জন্য শান্তিনিকেতনের বেশ কিছু সম্পত্তি দেবেন্দ্রনাথ দেবত্র করে সমস্ত দায়দায়িত্ব একটি অছি পরিষদের হাতে তুলে দেন। স্থির হয়, এখানে পৌত্তলিকতার কোনও অবকাশ থাকবে না। অথচ ধর্মীয় ভাব বিনিময় চলবে। কুরুচিপূর্ণ, কোনও আমোদ-প্রমোদ এবং মদ-মাংস নিষিদ্ধ। কিন্তু শান্তিনিকেতন যে কবিতীর্থ এবং বাংলার লোকশিক্ষা ও সংস্কৃতির পীঠস্থানস্বরূপ, ফলে ব্রহ্মমেলার ধর্মীয়ভাব ছাপিয়ে তা জাতীয় মেলায় পরিণত হয়। এ ক্ষেত্রে রবীন্দ্রনাথের অবদান অসীম। পৌষমেলা ধর্মীয় চেতনার কাঠিন্যকে মুছে দিয়ে পল্লীবাংলার মানুষের অন্তর বিনিময়ের অঙ্গন হিসেবে সার্থকভাবে বিশ্বের সঙ্গে পরিচয় ঘটায়। পৌষমেলার তীর্থভূমিতে সবাই পুরোহিত, সবাই পূজারী, সকলেই পুণ্যার্থীস্বরূপ।

প্রাক্ পৌষমেলা পর্বে মেলা নিয়ে সমকালীন সমাজবেত্তারা অত গভীরভাবে ভাবেননি। এতকাল মেলা এমন উদারভাবে সামাজিক বিকাশসাধনের অন্যতম পথনির্দেশক হয়ে প্রতিভাত হতে দেখা যায়নি। ব্যক্তিত্বসম্পন্ন পিতার উৎসাহে অনুপ্রাণিত রবীন্দ্রনাথ পৌষমেলার মাধ্যমে বিপ্লব সাধন করলেন। ইতিহাস বলে, আদিতে মেলা ছিল সাধারণত ধর্মাশ্রয়ী। লৌকিক ধর্মাধর্ম, সংস্কার এবং বিভিন্ন দেবদেবীর স্মরণ-মননে বাংলাদেশে মেলার আয়োজন ও অবস্থান সুপ্রাচীন। রবীন্দ্রনাথ এই স্মরণ বা মননের ক্ষুদ্র গণ্ডিটি ভেঙে এর বৃহত্তর রূপ দিলেন পৌষমেলার মাধ্যমে। পৌষ উৎসবের

মাধ্যমে তিনি স্বদেশী সংস্কৃতিকে বার্ষিক স্মরণিক হিসেবে, চিহ্নিত করায় শতকরা একশো ভাগ সফল।

বাংলার লৌকিক শিক্ষা ও লোকসংস্কৃতিতে ঠাকুরবাড়ির অন্যতম দান এই পৌষমেলা। সে দিনের সে ছোট্ট কুঁড়ি আজ শতপুষ্পে বিকশিত, তার শিকড়ে বাংলার মাটির টান আর তার ওপর সহস্রধারার বহমান পালকপরশ।

রবীন্দ্রনাথের চোখে নববর্ষ এবং বৈশাখ

উত্তরবঙ্গ সংবাদ, ১ বৈশাখ ১৪০৪ (১৪ই এপ্রিল ১৯৯৭)

বৈশাখ, নববর্ষ আর রবীন্দ্রনাথের মধ্যে কোথায় যেন একটা আত্মিক বন্ধন তৈরি হয়ে আছে। সাহিত্য ক্ষেত্রে বাংলার সংস্কৃতিতে সম্বৎসরের যে উৎসব তার সূচনাটা রবীন্দ্রনাথকে নিয়েই। নববর্ষ উদ্‌যাপনে তাঁর যে অমোঘ ভূমিকা তা অনস্বীকার্য। হাতে গোনা গুটিকয়েক জাতীয় উৎসবের মধ্যে নতুন বছরকে আবাহন অন্যতম। রবীন্দ্রনাথ এমন দিনকে সার্বজনীন উৎসবে রূপান্তরিত করেছিলেন। তিনি মানুষের সার্বিক কল্যাণ ও ভ্রাতৃত্ববোধ জাগিয়ে তুলতে নববর্ষ পালনকে জাতীয় মেলার পর্যায়ে তুলে ধরেছিলেন। পরাধীন ভারতবর্ষের বিশাল জনজাতিকে একত্রিত করায় এই দিনটিকে স্মরণ করেছেন বারবার। সংহতিবদ্ধ করা এবং পুণ্যত্ব অর্জনের পথে পয়লা বৈশাখ তাঁর চোখে যেন শপথ গ্রহণের দিন, আত্মসমীক্ষার ফসলে এগিয়ে যাবার দিন। অনিশ্চিত ভবিষ্যৎকে চ্যালেঞ্জ জানিয়ে নির্ভীকভাবে অগ্রণী হবার জন্য তিনি প্রতিজ্ঞাবদ্ধ হওয়ায় এমন দিনকে বেছে নিয়েছিলেন— 'লব স্বদেশের দীক্ষা'।

তিনি বললেন: 'সম্বৎসরের ছিন্নভিন্ন বর্ম খুলে ফেলে দিয়ে আজ আবার নববর্ষের প্রথম প্রভাতে নতুন বর্ম পরবার জন্য এসেছি। আবার ছুটতে হবে। সামনে মহৎ কাজ রয়েছে। মনুষ্যত্ব লাভের দুঃসাধ্য সাধনা। সেই কথা স্মরণ করে আনন্দিত হও। মানুষের জয়লক্ষ্মী তোমারই জন্যে প্রতীক্ষা করে আছে— এই কথা জেনে নিরলস উৎসাহে দুঃখব্রতকে আজ বীরের মতো গ্রহণ করো।' তাঁর এই উপদেশের মধ্যে স্বদেশপ্রেমের পরশটি বিশেষভাবে লক্ষ্যণীয়। দেশমাতার মুক্তি কামনায় এমন দিনটিকে উৎসর্গ করার অপর নাম সংগ্রাম— যা রাজনৈতিক, সামাজিক বা পারিবারিকও হতে পারে।

সংস্কার মতে বছরের প্রথম দিনে যা সঙ্কল্প করি, তার ফসল কুড়োই সারা বছর ধরে। যেমনটি প্রতিদিন সকালে ঘুম থেকে উঠে আমরা শুভ চিন্তা করি, যা প্রভাত-প্রার্থনারূপে চিহ্নিত। বঙ্গজীবনের এই আবেগ অনুভূতিকে কাজে লাগিয়ে কবিগুরু অত্যন্ত সাবলীলভাবে আমাদের মধ্যে স্বাদেশিকতা ও সাজাত্যবোধের আত্মমর্যাদায় আঘাত এনে হতাশভাবে কাটিয়ে এমন দিনে 'চরৈবেতি'র স্বপ্ন দেখিয়েছেন, যে স্বপ্ন বাস্তবায়নে রয়েছে কণ্টকসঙ্কুল পথ এবং কঠোর বাধা বিপত্তি। তবুও নির্ভয়ে এগিয়ে যাবার জন্য এমন দিনটিকে স্মরণযোগ্য করে তুলেছেন। তিনি আশার আলোকে দেখিয়েছেন অনাগত শুভদিনের:

পুরাতন বৎসরের জীর্ণ ক্লান্ত রাত্রি

ওই কেটে গেল, ওরে যাত্রী।

মৃত্যু তোরে দিবে হানা

দ্বারে দ্বারে পাবি মানা

এই তোর নব বৎসরের আশীর্বাদ,

এই তোর রুদ্রের প্রসাদ।

ভয় নাই ভয় নাই, যাত্রী—

ঘরছাড়া দিক্‌ হারা অলক্ষ্মী তোমার
বরদাত্রী।

সীমিত জীবনকালে শত রিপুকে ছাপিয়ে, উপেক্ষা করে পরিপূর্ণতালাভের সেই ঈপ্সিত লক্ষ্যে পৌঁছবার জন্য আজকের দিনকে শুভসূচক লগ্ন মেনে সত্বর এগিয়ে যাবার আহ্বানবাণী রয়েছে তাঁর বিভিন্ন রচনায়। সংসার জীবনের শেষ চিহ্নরূপী কোনও সীমারেখা নেই, নেই কোনও সীমিত সময়বদ্ধতা। তাই আগু-পর না ভেবে সিদ্ধিলাভের পথে, অনিশ্চয়তার সাত-পাঁচ অগ্রাহ্য করে তিনি দুর্বার গতিতে এগিয়ে যাবার পরামর্শ দিয়েছেন। এ যে মরণপণ। নতুন দিনের আনন্দ-ভাবের মধ্য দিয়ে মহৎ দায়িত্বপালনের অভীষ্ট পুরণে তাঁর সোচ্চার আহ্বান:

'আর কতদূর?' 'যতদূর হোক,
ত্বরা চল সেই দেশ।
বিলম্ব হইলে আজিকার দিনে
এ যাত্রা হবে না শেষ।'

সাহিত্য ক্ষেত্রে সংসার জীবনের প্রসঙ্গ তুলে সার্বজনীনভাব প্রকাশের রবীন্দ্রনাথ মানবদর্শনের ভিত্তিতে এমন সুন্দর আত্মবিশ্লেষণ করেছেন, যা সত্যই প্রশংসনীয় এবং বিশ্ব সাহিত্যে যার অনন্য স্থান রচিত হয়ে আছে। হতাশা, ব্যঞ্জনা কিংবা নিরাশার দোলনায় আমরা সদা দোদুল্যমান। দ্বিধাভাব তো আমাদের নিত্যসঙ্গী। একে কাটিয়ে ওঠার নামই সংগ্রাম। একে তুচ্ছ করে এগিয়ে যাওয়ার পৌরুষত্ব এবং ব্যক্তিত্ব অর্জনের মিছিলে সকলকে সামিল হতে হবে। ভারমুক্ত হয়ে সকলকে পিছে ফেলে আসা অতীত বা বছরকে পেছনে ফেলে নতুন আশার আলোকে সঞ্জীবিত হয়ে কবিগুরু এই পুণ্য দিবসে শপথ নিতে বলেছেন। বছর শুরুর এই প্রথম মাসটিকে পরমপিতা সম্বোধনের শ্রদ্ধায় তিনি আহ্বান জানিয়েছেন:

এসো, এসো, এসো হে বৈশাখ
তাপস নিঃশ্বাস বায়ে মুমূর্ষুরে দাও উড়ায়ে
বৎসরের আবর্জনা দূর হয়ে যাক
যাক পুরাতন স্মৃতি যাক ভুলে যাক

গীতি

অশ্রু বাষ্প সুদূরে মিলাক
এসো হে বৈশাখ।।

অন্যায় অবিচারের বিরুদ্ধে মহাদেবকে দেখি রুদ্ররূপ ধারণ করতে। এই বৈশাখের মধ্যেও কবি দেখেছেন বিশাখার রুদ্র প্রতিচ্ছবি। সেদিন পরাধীনতার নাগপাশ থেকে মুক্তি পেতে, শোষণের ষড়যন্ত্র ধূলিস্যাৎ করতে প্রয়োজন ছিল স্বদেশবাসীর মধ্যে রুদ্র-রূপকে ছড়িয়ে দিতে। এ যে জীবন সংগ্রামের হাতিয়ার। রবীন্দ্রনাথ স্বদেশমন্ত্রের দীক্ষালাভের ব্রাহ্মমুহূর্ত হিসেবে প্রথম প্রভাতী বৈশাখকে স্মরণ করেছেন বারবার। আপসের মধ্যে কোথায় যেন এক মানসিক দুর্বলতা লুকিয়ে আছে, যা আখেরে ব্যক্তিগত ও সমষ্টিগতভাবে ক্ষতিই করে। তাই বৈশাখের প্রদোষকালে বিধাতার পদপ্রান্তে সকলের হয়ে নির্ভীক দুর্দম্য এবং মুক্ত মানবিকতার সুস্থ পরিবেশের মনোবাঞ্ছনা প্রকাশ করেছেন তাঁর বিভিন্ন কবিতায়, প্রবন্ধে। এজন্য সর্বাগ্রে প্রয়োজন স্ব-গৃহ আগলানো এবং পরবর্তী

পর্যায়ে সকলের মধ্যে সম্প্রীতি ও ভ্রাতৃত্ববোধের সঞ্চার করা। এই নীতি সর্বকালের জন্য সর্বজন বন্দিত।

বৈশাখের প্রথম উষালগ্নের প্রাক্কালে সকলের মধ্যে আত্মীয়বোধ জাগরণে তিনি চেয়েছেন পারস্পরিক সুসম্পর্ক স্থাপনের সেতুবন্ধন। রবীন্দ্রনাথ এই পরম মুহূর্তে একাত্মবোধ উজ্জীবনের তাগিদে প্রতিটি নাগরিককে ছোট ছোট ভুলভ্রান্তি সঞ্জাত ভুলে ব্যক্তিগত ও সার্বিক কল্যাণে সকলকে একছত্র তলে সমবেত হতে আহ্বান জানিয়েছেন। নববর্ষের পুণ্য মুহূর্তে তাঁর সেই বিখ্যাত উক্তি:

বন্ধু হও, শত্রু হও যেখানে যে কেহ রও

ক্ষমা করো আজিকার মতো

পুরাতন বরষের সাথে

পুরাতন অপরাধ যত।।

পয়লা বৈশাখে কবিগুরুর এই প্রার্থনায় আমরা যত বেশি অভিষিক্ত হবো ততটাই নিজের এবং পরার্থে মঙ্গলকর।

বঙ্গজীবনের সমৃদ্ধিতে স্মরণীয় বিধান রায়

প্রবাসের চিঠি, শুক্রবার ১ জুলাই ২০১১

পশ্চিমবঙ্গের সর্বজনধন্য রূপকার বিধানচন্দ্র রায়-এর আজ উভয়তঃ ১২৯তম জন্মদিন এবং ৪৯তম প্রয়াণ দিবস। পয়লা জুলাই-এর পুণ্য দিবসে তাঁর আবির্ভাব ও তিরোধান দিবস। তিনি সততই অবতার বরিষ্ঠায়। উচ্চকোটির কিংবদন্তী চিকিৎসক, স্বদেশপ্রেমী, প্রণম্য রাজনৈতিক তথা ব্যতিক্রমী ব্যক্তিত্ব, সমাজতত্ত্ববিদ এবং সর্বোপরি সর্বহারাদের দরদী পুরুষ এই মনীষী। স্বাধীনোত্তরকালে পূর্ববঙ্গ থেকে আগত সহায়সম্বলহীন বাস্তুহারাদের জন্য যা করে গেছেন, সেকথা বঙ্গবাসীরা কোনও দিন ভুলবেন না।

বেকারত্বের পাহাড়প্রমাণ সমস্যা সমাধানে কতকাল আগে রাষ্ট্রীয় পরিবহণ সংস্থা স্থাপন। দুর্গাপুরে বৃহৎ থেকে ক্ষুদ্রশিল্প স্থাপনের সূচনা, কল্যাণী উপনগরী, দীঘায় পর্যটন কেন্দ্র স্থাপন থেকে শুরু চিকিৎসা ব্যবস্থার উন্নতি দাতব্য চিকিৎসালয় এবং হাসপাতাল স্থাপন, শিক্ষা ব্যবস্থার দ্রুত সম্প্রসারণ, পূর্ববঙ্গাগত উদ্বাস্তুদের জন্য বসতির ব্যবস্থাপনা সুলভ নামমাত্র মূল্যে পড়ে থাকা মাছের ভেড়ীকে কাজে লাগিয়ে নিম্ন ও মধ্য আয়ের জনগণের জন্য লবণহ্রদ (পরে বিধাননগর) আবাসনের ব্যবস্থা ইত্যাদি বহুমুখী কাজের গোড়াপত্তন করে পশ্চিমবঙ্গের সামগ্রিক উন্নতি ও অগ্রগতিতে তাঁর অসামান্য প্রামাণ্য ইতিহাস তৈরি করণ। আজ পর্যন্ত যে সকল অত্যাধুনিক প্রকল্প রূপায়িত হয়েছে তার সফল রূপকার ডা. বিধানচন্দ্র রায়। পশ্চিমবঙ্গ ছাড়িয়ে সারা ভারতে এমন মুখ্যমন্ত্রী স্বদেশ কোনওদিন দেখেনি। তাঁর সৃষ্ট দৃঢ় ভিত্তির উপর দাঁড়িয়ে আছে আজকের পশ্চিমবঙ্গ। দেশের জন্য আর্থ-সামাজিক বিকাশে দূরদর্শিতা এবং বাস্তবক্ষেত্রে অভিভাবক সুলভ প্রাজ্ঞ অথচ দৃঢ় আত্মমর্যাদা রক্ষায় সচেতনতার জন্য ডা. রায় সমকালীন সর্বভারতীয় অভিভাবক, তাঁর জন্ম ১৮৮২-তে বিহারের বাঁকিপুরে। বাবা শ্রী প্রকাশচন্দ্র রায় এবং মাতা শ্রীমতী অঘোর কামিনী দেবী। একেবারে ছোটবেলা থেকেই স্বনির্ভর, উদারচেতা এবং মানুষের সেবার প্রথম পাঠ নিয়েছিলেন মমতাময়ী মায়ের কাছ থেকে। কিন্তু ১৪ বছর বয়সে তিনি মাকে হারান। মায়ের স্নেহ মায়া এবং বরাভয় থেকে বঞ্চিত হওয়াটাই তাঁকে দায়িত্বশীল প্রশাসক এবং মানবদরদী ব্যক্তিত্বে পরিণত করে। ছাত্রাবস্থায় বি ই কলেজ এবং কলকাতা মেডিকেল কলেজে পড়ার কৃতিত্ব অর্জন করলেও তিনি মানব সেবাব্রতের টানে মেডিকেল কলেজেই ভর্তি হন এবং কলকাতায় চলে আসেন। তদানীন্তন মেডিকেল কলেজে একটি দেওয়াল লিপি তাঁকে বিমোহিত করে ফেলে। লেখাটা এরকম: 'যে কোনও কাজ করার সুযোগ পেলে, তাকেই মহৎ কাজ বলে গণ্য করবে।' এই মূলমন্ত্রই ছিল তাঁর বাণী এবং দায়বদ্ধ পাথেয়। আর্থিক অনটন থাকলেও তা কখনই তাঁর উচ্চাকাঙ্ক্ষায় বাধা হয়ে দাঁড়ায়নি। ১৯০৯ সালে মাত্র ১২০০ টাকা সম্বল নিয়ে তিনি উচ্চ শিক্ষার্থে বিলেত যাত্রা করেন এবং মাত্র ২ বছরের মধ্যে এম আর সি পি এবং এফ আর সি এস করে ফিরে আসেন। এসেই একদিকে বঙ্গভঙ্গ রোধে ঝাঁপিয়ে পড়ার সঙ্কল্প আর অপরদিকে সুদীর্ঘকাল ধরে স্বাস্থ্য কল্যাণ, শুশ্রূষা এবং বিনামূল্যে চিকিৎসার সুযোগ থেকে বঞ্চনা দূর করার জন্য তিনি একের

পর এক স্থাপন করে চললেন যাদবপুর টিবি হাসপাতাল, চিত্তরঞ্জন ক্যান্সার হাসপাতাল, আর জি কর মেডিকেল কলেজ, মেয়েদের জন্য নার্সিং প্রশিক্ষণ, প্রসূতিসদন স্থাপন। ১৯৪২ সালে তিনি কলকাতা বিশ্ববিদ্যালয়ের উপাচার্য হন এবং শিক্ষাক্ষেত্রে অসামান্য অবদানের জন্য 'ডক্টর অব সায়েন্স' উপাধি পান। তাঁর নেতৃত্বেই ছাত্র শিক্ষা, বিনামূল্যে চিকিৎসা, রাস্তাঘাটের উন্নতি, রাস্তায় রাস্তায় আলো, পানীয় জল সরবরাহ, দাতব্য চিকিৎসালয়, বিনা ব্যয়ে প্রসূতি কেন্দ্র স্থাপন করা হয়।

ডা. বিধানচন্দ্র রায় চিরদিনই ভেবে এসেছিলেন স্বদেশী আন্দোলনের সাথে সাথে জনস্বাস্থ্যের ক্রমোন্নতিতে নিজেকে নিয়োজিত করতে। তথাপি সমাজ শাসনে তাঁর একের পর এক সংস্কার এবং কৃতিত্বে উদ্বেলিত হয়ে জাতীয় কংগ্রেস তাঁকে স্বাধীনোত্তরকালে পশ্চিমবঙ্গের মুখ্যমন্ত্রী করতে উদ্যত হয়। তিনি গররাজি ছিলেন এবং চিকিৎসা পরিষেবাই তাঁর কাছে অধিক গুরুত্ব মনে হয়। তিনি নাম ডাকওয়ালা কংগ্রেস নেতাদের ফিরিয়ে দিলেও বাপুজীর অনুরোধ ফেলতে পারেননি। অবশেষে ১৯৪৮ সালের ২৩ জানুয়ারি তিনি মুখ্যমন্ত্রীর পদ অলঙ্কৃত করেন এবং শেষদিন পর্যন্ত অপার দক্ষতায় তিনি বঙ্গবাসীদের কৃতি অভিভাবকের পদে ভূষিত ছিলেন।

এক অস্থির সময়ে তিনি কাঁটার মুকুট নিয়ে পশ্চিমবঙ্গের মুখ্যমন্ত্রীর দায়িত্বভার নেন, সে সময় সর্বত্র দাঙ্গা হাঙ্গামা, অগণিত শরণার্থীর খাদ্য, বস্ত্র এবং আশ্রয়ের সমস্যা, সংক্রামক ব্যাধির ব্যাপ্তি ছড়ানো ছিল। স্থিতধী এই বরিষ্ঠ জননেতা মাত্র ৩ বছরের মধ্যে স্থিতাবস্থা ফিরিয়ে আনেন এবং রাজ্যের অগ্রগতির পথ সুগম করেন। আজ রাজ্যের যে বিকাশধারা বহুধা বিস্তৃত হয়ে এগিয়ে চলেছে কিংবা বড় কাজ সম্পন্ন হয়েছে তার মূল রূপকার একমাত্র ডা. বিধানচন্দ্র রায়। তাঁর সময়ে কেন্দ্রীয় সরকার তথা নেহরুসহ কংগ্রেস নেতৃত্ব তাঁকে যেভাবে সম্মান ও সমীহ করে শ্রদ্ধেয়স্থানে যথোচিত আসনে বসিয়েছিলেন, নির্দ্বিধায় বলা যায় তাঁর পর আর কেউ সেই শ্রদ্ধা ও সম্মাননীয় জায়গায় পৌঁছতে পারেননি।

কুমারী পূজা

দুর্গাপূজা বাঙালির জাতীয় জীবনে বাস্তবিকই মাতৃ বন্দনা। ঐশী চিন্তনে দেবী সারদা জগজ্জননী। এই ধারা আমাদের সামাজিক জীবনে কবে থেকে যে প্রবেশ করে একাকার হয়ে গেছে কে জানে।

তামগ্নিবর্ণাং তপসা জ্বলন্তীং বৈরোচনীং কর্মফলেষু জুষ্টাম্।
দুর্গাং দেবীং শরণমহং প্রপদ্যে সুতরমি (দ্ব) তরসে নমঃ।।

[যজুর্বেদ]

মায়ের কাছে এই আমাদের প্রার্থনা। দেবী দুর্গার কুমারীরূপে পূজা করা এক বিশেষ তাৎপর্যময় উৎসব বিশেষ। অনেকের মধ্যে ধারণা আছে যে কুমারী পূজা হয়তো বাঙালির শারদোৎসবের অঙ্গবিশেষ। এর কারণ প্রতিটি দুর্গোৎসবে কুমারী পূজা হয় না। অবশ্য তেমন বিধিও নেই। কিন্তু কুমারী পূজা ঐতিহাসিক এবং শাস্ত্রসম্মত। অসুরদমনে দেবী দুর্গার কুমারীরূপ ধারণ এবং শত্রুনিধন পুরাধর্মে উল্লিখিত আছে। রাবণ বধে দেবতাগণের স্তবে আছে।

তৈসেকেপত্র রুচিরে সুচারুবনমালিকাম্।
নিদ্রিতাং তপ্তহেমারাং বিম্বোষ্ঠীং
তনুমধ্যমাম্।
অনাবৃতাঙ্গাং নিশ্চেষ্টাং রুচিরাং নবমালিকাম্।।

স্তবে সন্তুষ্ট হয়ে দেবী দুর্গা কুমারী রূপ ধারণ করলেন। এ প্রসঙ্গে স্বামী প্রমেয়ানন্দ লিখেছেন ইনিই প্রবুদ্ধা হয়ে সবংশে রাবণ নিধনের বর দিয়েছিলেন। দেবীর অনুগ্রহে রামচন্দ্র সবংশে রাবণ নিধন করে সীতাদেবীকে উদ্ধার করেছিলেন।

কুমারী পূজা ধর্মীয় অনুষ্ঠানের এক গুরুত্বপূর্ণ অঙ্গ। শাস্ত্রীয় মতো হোম যজ্ঞাদির ক্রিয়াকর্মে কুমারী পূজা ছাড়া ঐশী বন্দনা সম্পন্ন হয় না বা পরিপূর্ণতা লাভ করে না। কুমারী দর্শন, চিন্তন এবং পূজন শুভ প্রতীক। তাই পুরাকালে হোম-ক্রিয়ায় কুমারী বন্দনা আবশ্যকীয় বিধিনীতিরূপে কঠোরভাবে পালিত হত। কুমারী বলতে ধর্মীয় মতে বলা হয় যে ঋতুমতী হবার আগে অর্থাৎ ১ থেকে ১৩ বছর পর্যন্ত কন্যারা পূজিতা বলে গণ্য। সেজন্য প্রতিটি বছর হিসেবে বয়স অনুযায়ী মেয়েদের এক এক নামে ডাকা হত। যেমন এক বছরের মেয়ের নাম সন্ধ্যা, তারপর সরস্বতী, ত্রিধা, কালিকা, সুভগ্যা, উমা, মালিনী, কুঞ্জিকা ইত্যাদি। শাস্ত্রে কথিত আছে কুমারীকে তৃপ্তভাবে আহার করালে তাকে সুচারুরূপে বন্দনা করলে কিংবা কন্যাকে সন্তুষ্ট রাখতে পারলে ঐহিক এবং ঐশী চিন্তনে সার্বিক সাফল্য এবং পরিপূর্ণতা লাভ করা যায়। বৈষ্ণবীয় সাহিত্য এবং ধর্মে কুমারী পূজার কথা এইভাবে সরাসরি না উল্লেখ করা হলেও শিশু অর্থে অবোধ ছেলেমেয়েদের দেবতাজ্ঞানে পূজা করার প্রথা আছে।

বাংলার সংস্কৃতি ও লোকাচারে শিশুরা চিরকালই ঈশ্বরতুল্য। ছোটরা সেয়ানা না হওয়া পর্যন্ত আমাদের কাছে বাবা বা মা-রূপে শুধু সম্বোধিতই নয় নিজের চুপিসারে তাদের প্রতি শ্রদ্ধাও বর্ষিত

হয়। এ তো সাধারণ আচার পদ্ধতি। ভারতীয় ধর্ম শাস্ত্রে কুমারী বলতে অবশ্যই দেবী দুর্গাকে বোঝায়। এ প্রসঙ্গে তৈত্তিরীয় আরণ্যকে উল্লেখ আছে— কাত্যায়নায় বিদ্মহে কন্যাকুমারী ধীমহি তন্নো দুর্গিঃ প্রচোদয়াৎ— হে দুর্গে, তুমি কন্যা ও কুমারী। আমরা কাত্যায়নকে জানব। সেজন্য তোমাকে ধ্যান করি। তুমি আমাদের শুভকর্মে প্রেরণা দাও।

শরৎকালে অসুর বিনাশিনী দেবী দুর্গার কুমারীরূপে আবির্ভূতা হয়ে সমাজ-সংসারের মঙ্গল করে গেলেন— যা আমাদের দৈনন্দিন জীবনে প্রতীকী সংগ্রাম বিশেষ।

কুমারী পূজা দুর্গাপূজার সপ্তমী অষ্টমী এবং নবমী— যেকোনও দিন হতে পারে। কিন্তু সাধারণত আমরা অষ্টমীর দিনই এই কৌতূহলোদ্দীপক পূজার আয়োজন করে থাকি। এই পূজার আজ যে প্রচার হয়েছে, তার মূলে রামকৃষ্ণ মিশনের অবদান অনস্বীকার্য। অষ্টমীর দিন সকালে বেলুড় মঠে কুমারী পূজা দর্শন করতে লাখো লোকের সমাবেশ ঘটে— যা দেখবার মতো।

নহ মাতা, নহ কন্যা, নহ তুমি...

বুধবার ১২ অক্টোবর ২০১১, প্রবাসের চিঠি

কন্যা সন্তান আজও ভারতে অনভিপ্রেত। হে নন্দন বাসিনী বলে তাকে সম্বোধন করলেও ঘরের অঙ্গনে তার মূল্য খুবই কম। পৌরাণিক যুগ থেকেই দেখছি দ্রৌপদীর লাঞ্ছনার সময় তার স্বামীরাই নয় পিতাও নীরব ছিলেন; সীতার ক্ষেত্রেও জনকের প্রতিবাদ দেখা যায়নি। বেহুলাকেও সায়েবেন অবিচার থেকে বাঁচাবার চেষ্টা করেননি। অর্থাৎ দরিদ্রগৃহেই নয় ধনীর ঘরেও কন্যা উপেক্ষিতা। এই উপেক্ষার চিত্র তুলে ধরেছেন নীহার মজুমদার

পুরাণে কথিত নিয়মে এখন চলেছে দেবী পক্ষ। আর প্রচলিত ধারা অনুযায়ী তুলনামূলকভাবে প্রচারহীন কার্তিক পুজো বাদ দিলে মা দুর্গার আগমন থেকে মা সরস্বতীর আরাধনা পর্যন্ত সম্পূর্ণ এবং দীর্ঘ কয়েকগুচ্ছ সপ্তাহ মায়েদের দখলে অর্থাৎ ব্যাপকীকৃত তথা দীর্ঘায়িত দেবী পক্ষ। এদেশে সনাতন কাল থেকে আমাদের মন্ত্রগুপ্তি শিক্ষা দিয়েছে 'মাতৃ দেবো ভবঃ'। আমরা তারই সূত্র ধরে মাতৃ আরাধনায় আকৃতি জানাই 'মাতৃরূপেণ সংস্থিতা'। সর্বোপরি সৃষ্টির আদি কাল থেকে প্রাচ্যের এই সুসভ্য দেশ মাতৃতান্ত্রিক। শ্রীরামকৃষ্ণ স্বামী বিবেকানন্দও সারদা মাতাকে মাতৃদেবীর আসনে সংস্থাপিত করে পুজো করেছেন। পরম পুরুষ আরও বলেছেন, নারীদের দর্শন করলে দেবীর প্রতি শ্রদ্ধা জানানো হয়।

এরপরও যখন দেখি নারীদের উপর অত্যাচার হচ্ছে, কন্যারা সমাজের সংসারের অর্থনাশ ঘটায় সুতরাং কন্যাভ্রূণ বিনাশ করো; নারীরা তিরস্কৃত হন, যদি কন্যাসন্তান জন্ম দেয়। শাস্ত্রে যা-ই লেখা থাকুক না কেন, বাস্তবে এদেশে নারী এবং কন্যাসন্তানদের অবস্থা সবিশেষ করুণ। তার চেয়েও দুঃখজনক দৃষ্টান্ত হল সামগ্রিকভাবে সন্তান প্রসবকালীন নারী মৃত্যুর হার সারা পৃথিবীতে ভারত লজ্জাজনকভাবে শীর্ষে। এর পরিসংখ্যান সারণী অবতারণার আগে এর কারণগুলো অনুসন্ধান করা উচিত। প্রথমতঃ যোগাযোগের সুব্যবস্থা বিচ্ছিন্ন ভারত, যার ৭০ শতাংশই কৃষিভিত্তিক বা কৃষিজীবী। শিল্পায়নের আগ্রাসনে কৃষি জমি যেমন ক্ষয়প্রাপ্ত হচ্ছে তেমনি কৃষিজীবীদের নিরক্ষরতা এবং অন্য পেশায় অ-দক্ষতা বা অভিজ্ঞতার অভাবে চরম দারিদ্র্যভাবের ফলে অপুষ্টির করাল ছায়া সর্বত্র। যেখানে দু'বেলা পেটপুরে খাওয়ার অনিশ্চয়তা সেখানে সন্তানসম্ভবা নারীর শারীরিক অবস্থা কেমন হতে পারে তা সহজেই ধারণা করা সম্ভব। একদিকে প্রচণ্ড অপুষ্টি অন্যদিকে যথাযথ প্রাক-মাতৃত্বের চিকিৎসায় অজ্ঞতা এবং সরকারি শুশ্রূষালয়ের অপর্যাপ্ততা এবং সুযোগাযোগের অভাব ইত্যাদির কারণে গ্রামের কোয়াক-ডাক্তার কিংবা ধাইমায়ের উপর সার্বিকভাবে নির্ভরশীলতায় মাতৃত্বের আগেই রমণীর মৃত্যুহার ভারতবর্ষে হাজার প্রতি ৫০ শতাংশেরও বেশি, যেখানে বিশ্বের হার সাড়ে আঠারো শতাংশ। অথচ পার্শ্ববর্তী রাষ্ট্র পাকিস্তানে এই হার আমাদের ১/৩ অংশ কম। এমনকি দুর্ভিক্ষ প্রপীড়িত আফ্রিকান রাষ্ট্র ইথিওপিয়ার মতো দেশেও প্রসবকালীন নারীর মৃত্যু ঐ একই হিসাবে ১৩.৮ শতাংশ।

ভারতে নারীদের মাতৃত্বলাভের পূর্বাহ্ণে অকালমৃত্যুর জন্য দায়ী অশিক্ষা, আর্থ-সামাজিক দুরবস্থা এবং অল্প সময়ের ব্যবধানে বারবার সন্তানবতী হওয়া এবং সর্বোপরি কুসংস্কারের জন্য পুত্রসন্তান লাভার্থে অথবা একাধিক পুত্রলাভের জন্য নারীকে যথেচ্ছভাবে ব্যবহার। এই কুসংস্কারের ঘরাণাটি আধুনিক অভিজাত সমাজে ভিন্নতর। সেক্ষেত্রে বেআইনিভিতে কন্যাভ্রূণের আগাম খবরে

তা নষ্ট করে দেবার প্রবণতার প্রভাব পড়ে নারীদের উপরই, যার পরিণতি মোটেই আশাব্যঞ্জক নয়। এই ব্যবস্থা যেহেতু উচ্চশ্রেণীর মধ্যে প্রচলিত তাই তাদের সামাজিক প্রভাব সবকিছু অন্যায়ই গোপনে সংগঠিত হয়। এ বিষয়ে দরিদ্র ভারতবাসীদের ততটা পরিচিতি নেই আর জানা থাকলেও ঐ অপরাধমূলক সন্তানের জন্য হত্যায় সামর্থ্য এবং প্রতিপত্তি দরকার সেই হার শতাংশেও আসে না। লজ্জা হয় পুরাণের সেই অভিশপ্ত মন্ত্র 'পুত্রার্থে ক্রিয়তে ভার্য্যা'।

আমরা এর ব্যাপকার্থ বিশ্লেষণে নিজেদের পছন্দমতো সংস্কারকে অসমর্থনযোগ্য ব্যাখ্যায় পরিণত করে নারী জাতিকে যন্ত্রবৎ পণ্য হিসাবে ব্যবহারে এতটুকু কসুর করিনি বলে এত সন্তানসম্ভবা, সদ্যভূমিষ্ঠা কন্যা সহ নারীর মৃত্যু অহরহ ঘটছে, এমনকি কলকাতা শহর এবং আশপাশের এলাকায় ডাস্টবিনে দাবিহীন সদ্যোজাতদের গোঙানি আজও শোনা যায়।

উল্লিখিত অমানবিক চিত্রটির কথা স্মরণে রেখে রাষ্ট্রসঙ্ঘে ২০১৫ সালকে চিহ্নিত করে সিদ্ধান্ত নিয়েছে ঐ বছরের মধ্যে প্রসবকালীন নারীমৃত্যু রোধে যা যা প্রয়োজন তাকে স্মরণে রেখে পৃথিবীর সর্বত্র যা যা করণীয় তা করে উল্লিখিত কারণে নারীমৃত্যু শূন্যে নামিয়ে আনা। সুখের কথা ভারত সরকার বিগত বছরগুলিতে এ নিয়ে ব্যাপক প্রচার সাধন, গ্রামেগঞ্জে আবশ্যিকভাবে স্বাস্থ্যকেন্দ্রে প্রসবালয় স্থাপন, ভ্রাম্যমাণ চিকিৎসালয় এবং ওষুধ বিতরণ তথা পরিবহন ব্যবস্থায় পার্ষিকভাবে উন্নতি সাধন করে মাতৃত্ব সম্ভাবনাময় নারীমৃত্যুর হার যথেষ্ট কমিয়ে এনেছে। এক্ষেত্রে সর্বভারতীয় পরিসংখ্যান জানাচ্ছে, বিগত ২০ বছরে নারীমৃত্যুর হার ৪০৯,১০০ থেকে ২৭৩,৫০০-তে নামিয়ে আনা গেছে। রাষ্ট্রসঙ্ঘ ২০১৫-র যে পরিকল্পনা স্থির করেছেন বিশেষজ্ঞ মহলের ধারণা ভারতের মতো উন্নতিশীল রাষ্ট্রসমূহে এই নির্ধারিত সময়ে প্রসূতি-নিশ্চয়তা সম্ভব নয়। তবুও ইদানিং সচেতনতার প্রসারে ভারতে এই অস্বাস্থ্যকর সমাজবিরোধী সংস্কার থেকে অনেকটাই মুক্ত হতে পেরেছে। এটি সত্যিই ভবিষ্যতের কন্যাসন্তানদের জন্য সুখ সন্দেশ।

আর আগেই উল্লেখ করা হয়েছে, অপুষ্টির জন্য শিশুমৃত্যু, সেক্ষেত্রে সারা পৃথিবীতে বছরে ৬,৯৭,০০০ শিশু জন্মের ৬ দিনের মধ্যেই অকাল মৃত্যুর কবলে পড়ে। অপর দিকে বিপরীত চিত্র হল, ১৯৯০ থেকে এ বছরের বর্তমান সময় পর্যন্ত ৫ বছর অবধি শিশুমৃত্যুর হার ১১১.৬ মিলিয়ন থেকে হ্রাস পেয়ে ৭.২ মিলিয়নে দাঁড়িয়েছে। বিশ্বসংবাদের পার্ষিক প্রতিক্রিয়া ভারতে পড়লেও গ্রামকেন্দ্রিক এদেশে সেই হার অনেক বেশি যার মূল কারণগুলি: মায়ের অপুষ্টিজনিত প্রভাব সন্তানের উপরে বর্তায়, সন্তানেরও প্রয়োজনীয় পুষ্টিকর খাদ্য থেকে বঞ্চিত হওয়া, পথ্যের অভাব এবং পারিবারিক সূত্রে প্রাপ্ত অপুষ্টি-অর্ধাহার-অনাহারের প্রত্যক্ষ প্রভাব। এর মধ্যে উল্লেখযোগ্য পরিসংখ্যান কন্যাসন্তানের ক্ষেত্রে পরিলক্ষিত হয়, কারণ তার প্রয়োজনীয়তা তথাকথিত বংশরক্ষায় কোনও কাজে তো লাগেই না উপরন্তু বাজারদরে লোকসান এবং বৈবাহিক ক্ষেত্রে বোঝা হিসেবে আজও গ্রাম্য সংস্কৃতিতে স্বীকৃত।

সম্প্রসারিত দেবীপক্ষের মাঙ্গলিক সময়ে মাকে স্মরণ করতে গিয়ে নারীদের দুর্দশার কথা, চরম নিয়তির কথা আজ ভীষণভাবে মনে পড়ছে। প্রসঙ্গত পৃথকভাবে জানিয়ে রাখি, কুসংস্কারের বেড়াজাল আঁটোসাঁটোভাবে বাঁধতে গিয়ে আজ সর্বশেষ তথ্যটি জানালে একটু হতচকিতই হতে হবে। তা হল বিগত দুই দশক ধরে এদেশে ক্রমেই কন্যাসন্তান আনুপাতিকভাবে কমে আসছে। দ্বিতীয় আফগানিস্তান বা মধ্যপ্রাচ্যের পথ ভারত অনুসরণ করছে না তো? দেবীকে স্থায়ীভাবে বোধন করতে হবে, বিসর্জন নয়।

মানুষের অধিকার ও স্বামী বিবেকানন্দ

যুগান্তর, ২৭ পৌষ, ১৪১৯। শনিবার। ১২ জানুয়ারি, ২০১৩

আমাকে ভারতের এমন একজন যথার্থ মার্কসবাদীর নাম বলুন, বিবেকানন্দ যাঁর কাছে গ্রহণযোগ্য নয়। আমার যে সব মার্কসবাদী বন্ধু বিবেকানন্দকে শ্রদ্ধা করেন না, তাঁরা হয় বিবেকানন্দ সম্পর্কে কিছু জানেন না, বিবেকানন্দের বই তাঁরা পড়েননি, অথবা অজ্ঞতাবশত বিবেকানন্দকে তাঁরা নিছক ধর্মীয় সংগঠক হিসেবে ধরে নিয়ে বসে আছেন। আমি জোর গলায় বলতে পারি যে, বিবেকানন্দকে যদি শুধুমাত্র একজন তথাকথিত ধর্মীয় প্রচারক হিসেবেই দেখা হয়, তাহলে তা হবে এক বিরাট ভ্রান্তি। তিনি ছিলেন অনেক বড় অনেক ব্যাপক কর্মের পরিধির জীবন্ত প্রতীক। শান্তি, সমন্বয় এবং বিশ্বভ্রাতৃত্বের মহান 'প্রফেট' তথা এক বরেণ্য গণতন্ত্রপ্রেমী এবং এক মহান মানবতাবাদী।

'তিনি মনেপ্রাণে বিনাশ চাইতেন সামাজিক অন্যায়ের অবসানের, চাইতেন সকলরকম শোষণের অবসান, অবসান চাইতেন সামাজিক, অর্থনৈতিক, রাজনৈতিক এবং ধর্মীয় কর্মকাণ্ডের উদারতার। সর্বপ্রকার বিশেষ অধিকার ও সুবিধাবাদ নিশ্চিহ্নকরণ। বিবেকানন্দ তাঁর দর্শন গড়েছিলেন নিজস্ব মৌলিক চিন্তার ভিত্তিতে। শ্রমজীবী মানুষের জাগরণের ব্যাখ্যা এবং সামাজিক ব্যাখ্যাও অবশ্যই তাঁর নিজচেতনার অভিব্যক্তি।' —লেখক সোভিয়েত রাশিয়ার মনীষী অধ্যাপক এবং জওহরলাল নেহরু শান্তি পুরস্কারে ভূষিত ড. ই পি চেলিশেভ। তিনি ১৯৮৩ এবং নভেম্বরে ভারতে পদার্পণকালে এই বক্তব্য রাখেন। তথাকথিত কমিউনিস্টরা স্বামী বিবেকানন্দের বিশ্ববোধ-তত্ত্বে সারা দুনিয়ায় ঝড় তুলে আশঙ্কিত হন যে, এই বুঝি বিবেকানন্দ দর্শন, মার্কস্, লেনিন, স্তালিন, এঙ্গেলস্, ট্রটস্কির রাজনৈতিক চিন্তনে বাধা সৃষ্টি হতে পারে। এ যে আশঙ্কা নয়, প্রকৃত বাস্তব তার ব্যাখ্যায় এই আন্তর্জাতিক খ্যাতিসম্পন্ন খাস সোভিয়েত রাশিয়ার ১০০ ভাগ কমিউনিস্ট মণীষীর এই স্বামীজি দর্শন।

প্রাজ্ঞ বিশেষজ্ঞদের মতে, সমকালীন ভারতবর্ষে স্বামী বিবেকানন্দের আবির্ভাব না ঘটলে স্বদেশ এবং বহির্বিশ্বে শোষণ, শোধনবাদ, সামন্ততন্ত্র, সাম্রাজ্যবাদ এবং মাৎস্যন্যায়ের এত দ্রুত প্রস্থানের পথ তৈরি হত না। বিবেকানন্দ-তত্ত্বকে ধর্মীয় রূপ দিয়ে স্বার্থান্বেষীরা বহুকাল তাঁকে এবং তাঁর চিন্তনকে ধামাচাপা দেওয়ার চেষ্টা করা হয়েছে। স্বামীজি কথিত সাম্যবাদ বিশ্বভ্রাতৃত্বে সকলের সমানাধিকার। এ প্রসঙ্গে তিনি বিশেষভাবে বলেছেন:, 'সমাজে নেতৃত্ব বিদ্যাবলের দ্বারাই অধিকৃত হোক, বা বাহুবলের বা ধনবলের দ্বারা হউক না কেন, সে শক্তির আধার প্রজাপুঞ্জ। যে নেতৃ-সম্প্রদায় যত পরিমাণে এই শক্ত্যাধার হইতে আপনাকে বিচ্ছিন্ন করিবে, তত পরিমাণে তাহা দুর্বল। সামাজিক, আর্থিক এবং জীবনযাপনের সমস্ত রকম সুযোগ-সুবিধায় প্রতিটি নাগরিকের পূর্ণ অধিকারের অপর নাম ধর্মাচরণ। ইহা মানুষের জন্মগত অধিকার। এই জন্মগত অধিকার অর্জন এবং তা পালনের অমর নামই ধর্মপালন। ইহাই পার্থিব জগতে বাঁচিয়া থাকিবার ছাড়পত্র বিশেষ। এই স্বাধীনতায় কেহ হস্তক্ষেপ করিলে বীরদর্পে তাহা কাড়িয়া লইতে হইবে। তাই বলি, দেশের রাজনৈতিক এবং সমাজতান্ত্রিক ভাবধারা প্রচারের পূর্বে গোটা দেশকে 'ধর্মের' বন্যায় ভাসাইয়া দাও। তোমরা সকলেই সেই অজর, অশক্ত নরনারী, সকলেই শোনা... সকলেরই বড় হওয়ার

(পড়ুন পূর্ণ স্বাধীনতায় বেঁচে থাকা) অনন্ত সম্ভাবনা আছে। অতএব ওঠ, দুর্বলতার এই জড়তা হতে জাগো, তোমার জন্মগত অধিকার অস্বীকার কোরো না।'

সর্ব অসাম্য দূরীকরণের একমাত্র রক্ষাকবচ অর্থনৈতিক সমতা, সমবণ্টন ব্যবস্থা এবং মানবিক অধিকারে পূর্ণ সুযোগসুবিধা। তিনি এ প্রসঙ্গে একটি চমৎকার বর্ণনা দিয়েছেন: তুমি সুবিধাভোগী শ্রেণির প্রতিনিধি তাই তুমি আমার পিঠ পা দিয়ে ঘোড়ায় চাপবে আর ঘোড়ার বদলে আমাকে দিয়ে ঘোড়ার গাড়ি চালাবে, আবার বংশপরম্পরা নাকখৎ দিয়ে তোমার দাসানুদাস হয়ে থাকব আর তুমি বসন্তের হাওয়ায় নেচে বেড়াবে এ চলবে না। তোমার সামাজিক সুবিধায় আমারও অংশ আছে। তোমার সুখ-স্বাচ্ছন্দের নন্দনকাননে আমিও সমান অংশীদার। আবার তোমার দুঃখে আমিও তা ভাগ করে নেব... এই হল সাম্যচিন্তা, সমাজতন্ত্রের ভিৎ। বণিকের যন্ত্র, বিত্তের বৈভব ও পণ্যসামগ্রীর জগতে ভিক্ষুকের ভিক্ষাপাত্রের কোনও স্থান নেই। বিবেক-বুদ্ধির আহ্বানে সব কিছুকেই নিয়ন্ত্রিত ও চালিত করতে হবে।

এজন্যই স্বামী বিবেকানন্দকে সারা বিশ্ব চেনে গৈরিক মানবাধিকার কর্মী, সোশ্যাল ডেমোক্র্যাট, সমাজচিন্তক এবং সোশ্যাল প্রফেট হিসেবে। সমাজ নেতৃত্ব যেন তাঁর গৈরিক বসনের অন্তরালে একশতভাগ বস্তুবাদী বিপ্লবী চেতনার অবস্থান। মানুষের হয়ে বলার জন্য সকল নেতৃত্বদানকে স্বার্থান্বেষী সমাজশাসক, রাজনৈতিক দল, পশ্চিমী দুনিয়া এবং এদেশের বণিক সম্প্রদায় তাঁকে গৈরিক ধর্মীয় নেতা বলে পরিচিত করিয়ে তাঁর বিপ্লবকে মানব-বিমুখী করার অপচেষ্টা অব্যাহত থাকলেও সেই স্বার্থ-সমৃদ্ধ পিচ্ছিল পথে কেউ পা বাড়ায়নি বলে তিনি চিরকালীন সকলের বিলে, নরেন এবং স্বামী বিবেকানন্দ। তাঁর জীবনদর্শন তাঁকে আমাদের সমাজে সমাজতান্ত্রিক অভিভাবকরূপে প্রতিভাত করেছে। নেতাজি সুভাষচন্দ্র বসু তাঁর প্রতি শ্রদ্ধার্ঘ্য নিবেদন করে বলেছিলেন, আজ যদি স্বামী বিবেকানন্দ বেঁচে থাকতেন, তাহলে আমি তাঁকেই আমার গুরুপদে বরণ করতাম। মানব জাতির সেবা এবং আত্মার মুক্তি এই ছিল তাঁর জীবনের আদর্শ। আমিও বিশ্বাস করি, স্বামীজির আদর্শবাণীতে... 'প্রত্যেক ব্যক্তিকেই তাহার ন্যায্য প্রাপ্তি দাও... এই ইংরেজি প্রবাদবাক্যটি মানিও, মনে রাখিও। অতএব বন্ধুগণ, বিভিন্ন জাতির মধ্যে বিবাদের প্রয়োজন নাই। বিবাদে কী ফল হইবে? উহা আমাদিগকে আরও বিভক্ত করিবে, দুর্বল করিয়া ফেলিবে, আরও অবনত করিয়া ফেলিবে।'

স্বামী বিবেকানন্দ যেমন সারা বিশ্বজুড়ে মানুষের অধিকারে নিজেকে উৎসর্গ করেছেন, তেমনই এই মানব-মুক্তির মন্ত্রগুপ্তি হিসেবে বিশ্বময় গণজাগরণকে হাতিয়ার করে অগ্রণী হওয়ার নির্দেশ দিয়ে গেছেন। তিনি শাসক এবং শাসিতের মধ্যে সুমধুর সাযুজ্যের স্বপ্ন দেখিয়ে বলেছিলেন, এতেই সকলের মঙ্গল, বিবেকবোধের জাগরণ ঘটবে এবং আসনে আসীন হয়ে সহ-নাগরিকদের প্রতি বঞ্চনার অবসান ঘটানো সম্ভব হবে। স্বাধীনোত্তর ভারতে তাঁর আপ্তবাক্য মিলে গেছে অক্ষরে অক্ষরে। শোষকদের নিশ্চিহ্ন করে মসনদে আসীন উত্তর-শাসকেরাও যদি শোষণ, বৈষম্য, নেতাগিরি এবং রাজনৈতিক পেশী প্রদর্শনে আমরা জড়িয়ে পড়ি, তাহলে স্বামীজির মানবমুখী জীবনসংগ্রামকে আমরা সম্মান দিলাম কোথায় ও কীভাবে?

যাঁরা তথাকথিত বাম বিপ্লব, সাম্য, স্বাধীনতা, বৈষম্যহীন শাসনব্যবস্থা, মানবাধিকার নিয়ে স্তোকবাক্য পাঠ করেন, সেই সকল বামদল এবং দলীয় সহ-সেনিকরা বীরেশ্বর বিবেকানন্দের সংগ্রামী জীবনের প্রথম পাঠটিও কি হৃদয়ঙ্গম করে তা সমসাময়িক ফলিত রাজনীতিতে, শাসন

ব্যবস্থায় প্রতিপালন করার চেষ্টা করেছেন, না তাঁর অসমসাহসী আপসহীন সংগ্রামকে পাথেয় করে অগ্রণী হয়েছেন? বোধ হয় না। তাই যদি হত, তাহলে সুদীর্ঘ সাড়ে তিন দশক সময় হাতে পেয়েও কী করে অভিজাত শ্রেণি, ধনাঢ্যের প্রবল প্রতিপত্তি, দারিদ্রের ব্রাত্য হওয়া, কৃষকের জীবন উন্নয়ন থমকে দাঁড়ায়, সর্বশিক্ষার অধিকার, দলীয় বৈষম্যের আধিপত্য, কেন দমন করা গেল না? স্বামীজির প্রতি কায়মনোবাক্যে শ্রদ্ধাশীলতার প্রকট অভাব, তাঁর জীবন দর্শনের প্রতি প্রচণ্ড অসমর্থনের অহমিকার ফল ভোগ করছে তাঁরই মাতৃভূমির সন্তানরা। তাঁর গৈরিক বিপ্লবী উদ্যোগ এবং স্বাদশীয়ানাকে তাঁর সংগ্রামী জীবনের বাংলার যা আত্মিক সমর্থনের প্রয়োজন ছিল, ইতিহাস বলে তিনি তা পাননি। সে সময় অন্যান্য রাজা এবং মহারাজারা যদি না তাঁকে সক্রিয়ভাবে মানসিক এবং আর্থিক সাহায্য করতেন, তা হলে তাঁর পক্ষে শিকাগো বিশ্ব সম্মেলনে যাওয়া হত না। অবশ্যই আনুষ্ঠানিক আমন্ত্রণ না পেয়েও। মজার কথা এখান থেকেই উদ্যোগ নিয়ে আবার এক বঙ্গপুরুষকে পাঠানো হয়েছিল। কিন্তু তাঁকে স্বামীজির আলোড়িত বাগ্মীতার ধারেকাছেও দেখা যায়নি। আজও অনেকে তাঁর নাম জানেনই না। বিধাতার আশীর্বাদে কি স্বার্থান্বেষীদের কোনও স্থান আছে? নেই বলে এই বিশ্বময় মানবাধিকার কর্মীর নাম স্বামী বিবেকানন্দ।

তাঁর দেহরক্ষার পর এদেশে প্রয়োজন ছিল আর এক স্বামীজির নেতৃত্ব, যা বিগত ১৫০ বছরেও আমাদের ভাগ্যে জুটল না। এই সফল নেতৃত্বের অভাবে ক্লিষ্ট বিশেষ করে বঙ্গবাসীরা। প্রসারিত ক্ষেত্রে সারা বিশ্ব। এই ফিউডাল সিস্টেম বিরোধী গেরুয়া বিপ্লবী সেদিন যা বলে গেছেন, তার তাৎপর্য অসীম, অনন্তকালের কৌতূহলী প্রশ্ন। যাঁরা সত্যিকার পরিশ্রম করে ঘাম ঝরায় না, তাদের হাতেই লক্ষ লক্ষ শ্রমিকের (জীবনসংগ্রামী খেটে খাওয়া মানুষ) ভাগ্য নিয়ন্ত্রিত হয়। ক্ষমতা দখল করে তারা সারা পৃথিবীকে রক্তের বন্যায় বইতে দিতে পারে। ধর্ম এবং সমস্ত কিছুই তাদের হাতের মুঠোয়। তারাই সর্বোচ্চ প্রভু। স্বাধীনতা, সাংবিধানিক আইন, পার্লামেন্ট... যেসব জিনিসের নাম তোমরা শুনছ, সবই তামাশামাত্র। "যাঁহাদের শারীরিক পরিশ্রমে ব্রাহ্মণদের আধিপত্য (উঁচু সম্প্রদায়), ক্ষত্রিয়ের (ধনী সম্প্রদায়), ঐশ্বর্য ও বৈশ্যের (ব্যবসায়ী) ধনধান্য সম্ভব, তাহারা কোথায়? সমাজের যাহারা সর্বাঙ্গ হইয়াও সর্বদেশে সর্বকালের 'জঘন্য 'প্রভবো হি সঃ' বলিয়া অভিহিত তাহাদের বৃত্তান্ত কী?' তিনি ভবিষ্যদ্বাণী করে গেছেন এই বলে যে, এমন আর্থ–সামাজিক গোঠ বন্ধনে শূদ্রের (শ্রমিক ও কৃষক সম্প্রদায়) জয় অবধারিত।"

বিশ্বের সর্বত্র শ্রমিক শ্রেণির জয় এবং পরিণতিতে সকল দেশে এই সম্প্রদায়ের নেতৃত্ব নিয়ে স্বামী বিবেকানন্দের মানবদর্শন সম্বন্ধে তদানীন্তন কমিউনিস্ট রাশিয়ার উক্ত প্রখ্যাত তান্ত্রিক আর একধাপ এগিয়ে বললে, 'স্বামী বিবেকানন্দ নিঃসন্দেহে বিজ্ঞানভিত্তিক সমাজতন্ত্রের আদর্শ সম্বন্ধে ওয়াকিবহাল ছিলেন। তিনি বোধহয় প্রথম ভারতীয়, যিনি সমাজ পুনর্গঠনের আদর্শের একটি সঠিক পরিকাঠামোগত পরিবর্তনের রূপরেখা ভেবেছিলেন এবং সদর্পে ঘোষণা করেছিলেন। এই শ্রমিক ও কৃষক সম্প্রদায়ই পরিণতিতে বিশ্ব সংসারকে সমাজতন্ত্রের পথে ঠেলে দেবে।' এই কথার মধ্যে যেন কার্ল মার্কসীয় তত্ত্বের ইঙ্গিত প্রস্ফুটিত।

স্বামী বিবেকানন্দের ঐশ্বরীয় মানবাধিকারের স্বপ্ন তাঁর বৈদিক সংগ্রামী জীবনের পরিভাষায় বার বার প্রস্ফুটিত হয়েছে। 'সমাজের নেতৃত্ব বিদ্যাবলের দ্বারাই হউক বা বাহুবলের দ্বারা বা ধনবলের দ্বারা, সে শক্তির আধার 'প্রজাপুঞ্জ'। আর যাহারা প্রজার সহায়তা অনাবশ্যক জ্ঞানে আপনাদিগকে 'প্রজাপুঞ্জ' হইতে সম্পূর্ণ বিভিন্ন করিবার চেষ্টা করিতেছে, এই স্থানে এই শক্তিরও মৃত্যুবীজ উপ্ত

হইতেছে। স্বামীজি ঠিকই বলেছেন, 'অজ্ঞ, অশক্ত নরনারী, সকলেই শোনো... সকলেই সেই অজর–অমর শাশ্বত আত্মা, সকলেরই বড় হবার অনন্ত সাধনা আছে। অতএব ওঠ, দুর্বলতার এই জড়তা হতে জাগো। তোমার জন্মগত অধিকার অস্বীকার কোরো না।'

উল্লিখিত শব্দবন্ধ থেকে বাংলার জনজাতি কি স্বামীজি বর্ণিত সুভাষিতানীর অতীত এবং সমকালীন রাজনৈতিক অস্থিরতা এবং কর্তৃত্বের সামান্যতম ইঙ্গিতও লক্ষ্য করছেন না? পরমপুরুষ দেহ রক্ষাকালে সারদাদেবীকে বলে গিয়েছিলেন: 'রেখে গেলাম নরেনকে, যে তোমার এবং সারা বিশ্বের জন্য মঙ্গলময় দূত হয়ে থাকবে।'

'ভদ্রমহোদয়গণ, আপনারা আমার প্রতি যে অনুগ্রহ প্রকাশ করিয়াছেন, সেজন্য আপনাদিগকে পুনরায় ধন্যবাদ দিতেছি। আমি আপনাদিগকে কেবল বলিতে পারি... আমার ইচ্ছা, আমার ইচ্ছা, আমার প্রবল, আন্তরিক ইচ্ছা আমি যেন জগতের, সর্বোপরি আমার স্বদেশের ও স্বদেশবাসীগণের যৎসামান্য সেবায় লাগিতে পারি।' স্বামীজির জন্মের সার্ধশতবর্ষের এই পুণ্যলগ্নে লজ্জাবনত শিরে তাঁকে সশ্রদ্ধ প্রণাম।

অন্ধজনে দেহ আলো, বঞ্চিত জনে নির্ভয় প্রেরণা

যুগান্তর, ১০ ফেব্রুয়ারি ২০১৩

সাধারণভাবে আমরা হেলেন অ্যাডামস কেলার নাম্নী এক বিশ্বের বিস্ময় দৃষ্টিহীন ও বধির মার্কিন নারীকে শারীরিক পঙ্গুত্বকে তুচ্ছ করে দুনিয়া কাঁপানো নারীকেই জানি। আমরা তাঁকে চিনি এইভাবে যে দৃষ্টি ও বধির হওয়া সত্ত্বেও কীভাবে তিনি অতি স্বাভাবিক জীবনযাপন করে গেছেন। আরও একটু বেশি জানলে সাধারণভাবে জানি, একজন মহিলা দৃষ্টিহীন ও বধির হয়েও কীভাবে নিজের মনোবলে মানবসমাজের মূলস্রোতে জীবনযাপন করে নিজের মনীষার স্বীকৃতি পেয়ে গেছেন।

উল্লিখিত জীবনপঞ্জী ওই মহীয়সী নারীর মহত্বের কথা অংশমাত্র। হেলেন কেলারের ৮৮ বছরের জীবনচরিতে আমরা সততই দেখি তাঁর মধ্যে কী যেন এক ঐশী শক্তি এবং মনোবলের সহযোগে বিশ্বনেত্রীর আসনে বসতে। এমন দৃষ্টিহীন ও বধিরতায় আক্রান্ত কোনও মানুষ যে শীর্ষস্থানে পৌঁছুতে পারে, তা পৃথিবীর অষ্টম আশ্চর্য বলায় এতটাও অত্যুক্তি হবে না। চিরনমস্য এই নারীর কৃতি জীবন এত বছর পরেও কোনও দ্বিতীয় জনের নজিরবিহীন প্রশস্তির ডালায় স্বাগত হতে পারেননি।

সম্ভ্রান্ত ফিলিপস ও মিলড্রেড মিলারের কন্যার জন্ম আমেরিকান আলবামা (টাসকাম্ব্রিয়া) ২৭ জুন, ১৮৮০ সালে, মৃত্যু ১ জুন, ১৯৬৮-তে ইস্টন শহরে। আয়ুষ্কাল ৮৮ বছর (২৬ দিন কম)। স্বাভাবিক নবজাতিকার ১৯ মাস পর্যন্ত চোখে দেখা, কানে শোনা উভয়ই সঠিক ছিল। এই সময়কালের মধ্যে ওর মা'র নজরে আসে কোথায় যেন ওর দৃষ্টিশক্তি এবং শ্রবণশক্তির তারতম্য দ্রুত অবনতির দিকে এগিয়ে চলেছে। অভিভাবকরা চিকিৎসকের শরণাপন্ন হলেন। ডাক্তার নিশ্চিত করলেন ওই ফুটফুটে কন্যাটি স্কারলেট ফিভার বা পরিচিত অর্থে ম্যানেনজাইটিসে আক্রান্ত এবং ধীরে ধীরে দৃষ্টিহীন এবং বধির হতে থাকবে। বাবা-মা'র চোখে আঁধার নেমে এল। হেলেন কেলার দৃষ্টিহীন ও বধিরতায় পুরোপুরি আক্রান্ত হয়ে গেল।

ওঁর যখন ৬ বছর বয়স, সেই সময় হেলেনের মা জানতে পারলেন প্রখ্যাত সমকালীন সাহিত্যিক চার্লস ডিকেন্সের 'আমেরিকান নোটস' নামে একটি প্রামাণ্য গ্রন্থ আছে, যেখানে 'লরা ব্রিজম্যান' নামে একজন সমরোগে আক্রান্ত কন্যা কীভাবে স্বাভাবিক জীবনে ফিরে আসে তার প্রামাণ্য দলিল। সূত্র ধরে তাঁরা সেই সময়ের বিশেষজ্ঞ চিকিৎসক ডা. আলেকজান্ডার গ্রাহাম বেল, যিনি বিষয়টি জানতেন, তাঁর কাছে হাজির হন। এঁরই সহায়তায় উক্ত লরা ব্রিজম্যানের শৈশবের স্কুল বোস্টনস্থিত 'পারকিন্স ইনস্টিটিউট ফর দি ব্লাইন্ড'-এ হেলেন কেলারকে ভর্তি করিয়ে দেন। তখন শিশুটির বয়স ৭ বছর।

ঈশ্বরের এমনই করুণা যে ছোট্ট কিশোরীটি তাঁর সর্বক্ষণের অভিভাবকত্বের জন্য, শিক্ষয়িত্রী হিসেবে ওই স্কুলেরই প্রাক্তনী ২৪ বছরের অ্যানে স্যুলিভান নাম্নীয় নারীকে পান। এই সেই অ্যানে

স্যুলিভান, যিনি হেলেন কেলারের সঙ্গে সর্বক্ষণের জন্য পরবর্তী ৪৯ বছর জীবন কাটিয়ে, পরিচর্যা করে গেছেন। এমন ফ্রেন্ড, ফিলসফার, গাইডের প্রায় অর্ধশত বছর সক্রিয় সাহায্য না পেলে ওই কিশোরী প্রখ্যাত হেলেন কেলার হতে পারতেন না। বিশেষজ্ঞরা তাই আজও অ্যানে স্যুলিভানকে ওই একইভাবে শ্রদ্ধা করে আসছেন।

অ্যানে স্যুলিভান নিজেই একই রোগের শিকার ছিলেন বলে ছোট্ট হেলেনকে চমকপ্রদভাবে হাতে-কলমে শিখিয়েছিলেন, কী করে হাত, হাতের আঙুল এবং লিপ রিডিংয়ের মাধ্যমে নিশ্চিত তথা সহজ পদ্ধতিতে সাধারণ মানুষের মতো পৃথিবীকে দিব্যচোখে দেখা, শোনা, পারিপার্শ্বিক পরিবেশকে অনুধাবন এবং ভাব বিনিময় সম্ভব। সঙ্গে ব্রেইল পদ্ধতিতে পারদর্শিনী স্পর্শবিদ্যায় বিশারদ। চোখ ও কান কাজ করতে না পারলেও তাঁর ঐশী শক্তি, চেতনা এবং প্রত্যয়ী মনোবলে হয়ে উঠলেন এমন নারী, যিনি সাধারণের চাইতেও অনেক উচ্চমার্গের অধীশ্বরী।

বালক গদাধর যেমন গোধূলি সময়ে কালো মেঘের মধ্যে দুধ সাদা বকের সারি উড়ে যেতে দেখে ঐশীভাব পেয়েছিলেন, রবীন্দ্রনাথ যেমন 'জল পড়ে পাতা নড়ে' দিয়ে নোবেল প্রাপ্তির পথ খুঁজে পেয়েছিলেন, বিদ্যাসাগর যেমন মাইলস্টোন দেখে গণিত শিখেছিলেন, হেলেন কেলার ওই শিশু অবস্থাতেই স্পর্শের মাধ্যমে সঠিকভাবে উচ্চারণ শুরু করেছিলেন 'ডল' এবং 'ওয়াটার' দিয়ে। মনীষার এ এক ঐশ্বরিক সাযুজ্য।

পড়াশোনায় ক্রমোন্নতির সঙ্গে আরও উচ্চতর ৩টি পৃথক স্কুলে পাঠ শেষে উইকিসিটিয়াস্থিত র‍্যাডক্লিফ কলেজ থেকে তিনি ২৪ বছর বয়সে স্নাতক হন, যা মার্কিন যুক্তরাষ্ট্রে প্রথম। তাঁর ইন্দ্রিয়পঙ্গুত্ব সত্ত্বেও গ্র্যাজুয়েশন সমকালীন বিশ্বে চমক লাগিয়ে দিয়েছিল। তিনি যে এই বিষয়ে সার্থক শিক্ষয়িত্রী হবেন, তা বলার অপেক্ষা রাখে না। তার বাইরেও তাঁর যে বহুমুখী প্রতিভা তাই তাঁকে বিশ্বজনীনতায় পরবর্তীকালে স্বীকৃতিদান করে তাঁকে অমরত্ব দান করে।

হেলেন কেলার মানে সুবক্তা, সমাজসেবী, নারী মুক্তি আন্দোলনের নেত্রী, সমকালীন রণংদেহী রাষ্ট্রগুলির প্রতি যুদ্ধবিরোধী নির্ভীক প্রবক্তা, বিশ্ব শ্রমিক সংগঠনের সদস্যা, শ্রমিকের অধিকারে নেতৃত্ব দান, সমাজতান্ত্রিক বিপ্লবের আহ্বায়ক, ক্রীতদাস প্রথার কট্টর বিরোধী-বিপ্লবী। শান্তির দূত হিসেবে এই দৃষ্টিহীন নারী ৪০ বার বিশ্বের এ প্রান্ত থেকে ও প্রান্ত ঘুরে বেড়িয়েছেন। তিনি সমাজতন্ত্রী হিসেবে সর্বত্র প্রচার চালিয়েছেন। এই মহীয়সী নারী সকল মার্কিন প্রেসিডেন্ট যথা গ্রোভার ক্লেভারল্যান্ড থেকে লিন্ডন বি জনসন পর্যন্ত সকলের শ্রদ্ধা কুড়িয়েছেন। পাশাপাশি অদ্ভুতভাবে পশুপ্রেমী হিসেবে তাঁর পরিচিতিও উল্লেখনীয়।

এবার পর্যালোচনায় রয়েছে তাঁর বিশ্বজনীনতার অবদানগুচ্ছ। মধ্য ৩০ বয়সে ফরেস্ট হিলস-এ প্রতিষ্ঠা করলেন বিখ্যাত আমেরিকান ফাউন্ডেশন ফর দি ব্লাইন্ডস, তারপর বিশ্বখ্যাত হেলেন কেলার ইন্টারন্যাশনাল, তার ৫ বছর পর আমেরিকান সিভিল লিবার্টিজ ইউনিয়ন স্থাপন। ওই সময় তিনি ইন্টারন্যাশনাল ওয়ার্কার্স অব দি ওয়ার্ল্ড-এ যোগ দিয়ে বিশ্ব অন্ধত্ব নিবারণ তথা বিকলাঙ্গদের মানবিক অধিকার ঘোষণা করেন। একই সঙ্গে দরিদ্র মানুষ এবং ক্রীতদাস বিরোধী আন্দোলনে ব্যাপক রূপ দেন। এ প্রসঙ্গে তাঁর বিখ্যাত উক্তি: "The few own many, because they possess the means of all... The country is governed for the Richest, for the Corporations, the Bankers, the Land spectators and for the exploiters of Labour. The majority of mankind are working people. So long as their fair demand... the ownership and control of their livelihoods... are at naught, we can have neither men's rights, nor women's rights. The majority of mankind is ground down by industrial oppression is order that the small remnant may live in ease."

তাঁর সাহিত্যকীর্তি: মাত্র ১১ বছর বয়সে 'দি ফ্রস্ট কিং' দিয়ে সাহিত্যজগতে প্রবেশ। রচিত গ্রন্থসামগ্রী, ১২টি। এছাড়া রয়েছে অসংখ্য প্রবন্ধ, যার মধ্যে আছে রাজনীতি, সমাজজীবন, সভ্যতার সঙ্কট, দৈবদর্শন কিনা। তাঁর ১২টি গ্রন্থের মধ্যে বিখ্যাত হল... দি স্টোরি অব মাই লাইভ, দি ওয়ার্ল্ড আই লিভ ইন, আউট অব দি ডার্ক, মাই রিলিজিয়ন প্রমুখ।

হেলেন কেলার 'ডেলিভারেন্স' নামক নির্বাক চলচ্চিত্রে শুধু অভিনয়ই নয়, তাঁর সম্বন্ধে ২টি তথ্যচিত্র যথা 'হেলেন কেলার ইন হার হিস্ট্রি এবং দি স্টোরি অফ হেলেন কেলার, ৩টি টিভি চিত্র... দি মিরাকল কন্টিনিউজ, সাইনিংসোল এবং হেলেন কেলার্স স্পিরিচুয়্যাল লাইট অ্যান্ড লেগাসি। তাঁকে অনুসরণ করে হিন্দি ছবি 'ব্ল্যাক' এবং বাংলা নাটক 'চুপকথা' উল্লেখ্য।

একজন চোখে দেখেন না, কানে শোনেন না এমন এক নারী কীভাবে বিশ্বসভায় নিজেকে প্রতিষ্ঠিত করেছিলেন, তা নিয়ে আজও সর্বত্রচর্চিত। মার্কিন যুক্তরাষ্ট্র তাঁর প্রতি কৃতজ্ঞতাস্বরূপ দেশের সর্বোচ্চ সম্মান 'প্রেসিডেন্সিয়াল মেডেল ফর ফ্রিডম'-এ ভূষিত করে। এর সঙ্গে রয়েছে আলাবামা এবং নিউ ইয়র্ক-এর পক্ষ থেকে শ্রদ্ধাঞ্জলি 'হল অব ফেম'।

তিনি আজীবন পশুত্ব, বঞ্চিত, ক্ষুধার্ত, পিছিয়ে পড়া মানুষ এবং বর্ণবিদ্বেষের বিরুদ্ধে সংগ্রাম করে গেছেন, যদিও বা নিজে শ্বেতাঙ্গ এবং সচ্ছল পরিবারের কন্যা ছিলেন। তিনি মানুষকে আলোর দিশা দিয়েছেন। অন্ধদের জন্য বয়ে নিয়ে গেছেন আলোকবর্তিকা। নিজের শহর ছেড়ে ইস্টন-এ তিনি ৮১ বছর বয়সে গুরুতরভাবে অসুস্থ হয়ে পড়েন এবং এই অবস্থাতেই ৮৮ বছর বয়সে ১ জুন, ১৯৬৮-এর রাতে ঘুমের মধ্যে অনন্তে বিলীন হয়ে যান। তাঁর প্রতি সম্মান জানাতে আলাবামায় তাঁর নামে হাসপাতাল প্রাঙ্গণে একটি আবক্ষ মূর্তি স্থাপন করা হয়। যার নীচে প্রস্তর খোদিত ঈশ্বরীয় মন্তব্য: 'The best of most beautiful things in the world cannot be seen or even touched, they must be felt with the HEART.'

(গত ২৭ জানুয়ারি নরেন্দ্রপুর প্রাক্তনীদের কাছে স্বামী বিবেকানন্দের ১৫০ বছর পূর্তিতে লেখকের 'হেলেন কেলার' সম্পর্কিত বক্তব্যের সারাংশ)

সার্ধশতবর্ষে বাংলার বাঘ স্যার আশুতোষ

উত্তরবঙ্গ সংবাদ, ২৪ জুন ২০১৩

বাংলায় শিক্ষার সংস্কারে যে মহান বঙ্গসন্তান জীবন উৎসর্গ করে গেছেন, তাঁর নাম আশুতোষ মুখোপাধ্যায়। তাঁকে বলা হয় 'বাংলার বাঘ'। আগামী ২৯ জুন তাঁর সার্ধশততম জন্মদিবস।

বাংলা মায়ের এই কৃতী সন্তানের পিতা স্বদেশ-অন্তপ্রাণ, স্বাধীনচেতা চিকিৎসক ডা. গঙ্গাপ্রসাদ মুখোপাধ্যায় এবং মাতা দেশপ্রেমী জগত্তারিণী দেবী। ২৯ নং মলঙ্গা লেন-এ জন্ম হলেও বৌবাজারের ভাড়া বাড়ি ছেড়ে ওঁরা নিজস্ব বাড়ি ৭৭ নং রসা রোড (এখন শ্যামাপ্রসাদ মুখার্জি রোড)-এ উঠে যান। সে সময় আশুতোষের বয়স ছিল মাত্র ৮ বছর। ছাত্রজীবনে বরাবর তাঁর মূল গৃহশিক্ষক ছিলেন বাবা গঙ্গাপ্রসাদই। তিনি শিক্ষামন্ত্র দিয়েছিলেন— 'যত পারো শেখো, এর কোনও সীমা নেই।' পিতার এই উপদেশ তিনি আজীবন পালন করে গেছেন। আর শিক্ষা নিয়েছিলেন, ইংরেজ শাসকদের গোলামি বৃত্তি না করতে। প্রাক্-কিশোর আশুতোষ প্রথমে স্থানীয় ভবানীপুরের চক্রবেড়িয়াস্থিত নীলমণি মিত্রের পাঠশালায় ভর্তি হলেও পরে সেকালের নামী বিদ্যালয় সাউথ সুবার্বন স্কুলে ভর্তি হয়ে পাঠ শেষ করেন। এই স্কুলে পড়াটা তাঁর জীবনে এক মাইলফলক। প্রধান শিক্ষক ছিলেন প্রখ্যাত শিক্ষাবিদ, স্বদেশি সমাজবিজ্ঞানী পণ্ডিত শিবনাথ শাস্ত্রী মহাশয়। বালক আশুতোষ তাঁর গভীর সান্নিধ্য এবং স্বাধীন চিন্তন সহ শিক্ষার অধিকারের যে আশীর্বাদ লাভ করেছিলেন তা পরবর্তীকালে তাঁকে মহীয়ান হতে সাহায্য করেছিল। স্কুলের গণ্ডি শেষ হওয়ার আগেই ওই দার্শনিক প্রধান শিক্ষকের প্রত্যক্ষ উৎসাহে বাংলা ও ইংরেজি সাহিত্য এবং রামায়ণ মহাভারত, বৌদ্ধশাস্ত্র তিনি গভীরভাবে অধ্যয়ন করেন। তিনি দু'বার ঈশ্বরচন্দ্র বিদ্যাসাগরের সান্নিধ্যে এসেছিলেন। কিশোর আশুতোষকে পণ্ডিতপ্রবর আশীর্বাদ করে বলেছিলেন 'বড় হও'। তাঁকে তিনি রবিনসন ক্রুশো বইটি উপহার দেন।

গঙ্গাপ্রসাদ এবং পণ্ডিত শিবনাথ শাস্ত্রীর শিক্ষা পরিবেশে বিদ্যালয় জীবন শেষের আগেই স্কুলপড়ুয়া আশুতোষ মার্সম্যান-এর 'ভারতের ইতিহাস সমগ্র' (৩ খণ্ড) বাংলায় অনুবাদ করে ফেলেন। এছাড়া পরিভাষায় অনুবাদ করেন কথামাল্য, আখ্যান মঞ্জরী, বোধোদয়, নীতিপথ এবং সংস্কৃত পুরাণ ও বেদচতুষ্টয়।

১৮৭৯ সালে মাত্র ১৫ বছরের বালক এন্ট্রান্সে দ্বিতীয় হন। তারপর বিএ-তে প্রথম শ্রেণিতে প্রথম, এমএ-তে প্রথম শ্রেণিতে প্রথম হন। একই সময় (১৮৮৫-১৮৮৬) দুটি বিষয়ে যথা গণিত এবং রসায়নে তিনি প্রথম হন। এন্ট্রান্সে পেয়েছিলেন ২৫ টাকা মেধাবৃত্তি, বিএ-তে হরিশচন্দ্র বৃত্তিস্বরূপ ১৫০ টাকা, এমএ-র নজিরবিহীন কৃতিত্বের নিরিখে প্রেমচাঁদ-রায়চাঁদ বৃত্তি, মোয়াট স্বর্ণপদক। ১৮৮৮-তে সিটি কলেজ থেকে আইনে স্নাতক, ১৮৯৩-এ সাম্মানিক আইন ডিগ্রি, ১৮৯৪-তে 'ডক্টর অব ল' উপাধি এবং কলকাতা বিশ্ববিদ্যালয় থেকে বিরলতম ডিএসসি উপাধি লাভ করেছিলেন। বিদ্যা শিক্ষাপর্বে অদ্বিতীয় মেধার স্বীকৃতিস্বরূপ প্রতিটি স্তরে তিনি মেধাবৃত্তি পেয়ে এসেছিলেন। প্রেসিডেন্সি কলেজে তাঁর সমকালীন বিদ্যার্থীদের মধ্যে ছিলেন নরেন্দ্রনাথ দত্ত

(পরবর্তীতে স্বামী বিবেকানন্দ), সুরেশপ্রসাদ অধিকারী, আশুতোষ চৌধুরি, আব্দুর রহিম, ভূপেন্দ্রনাথ বসু, ব্যোমকেশ চক্রবর্তীর মতো পরবর্তীকালে দিকপাল বঙ্গসন্তানরা।

ইংরেজদের সর্বোচ্চ স্তর থেকে তাঁকে প্রেসিডেন্সিতে অধ্যাপনার ডাক এলে তিনি বাবার শিক্ষামতো তাদের সেই লোভনীয় প্রস্তাব প্রত্যাখ্যান করেন। তিনি প্রথমত ঔপনিবেশিকদের অধীনে যেমন চাকরিকে ঘৃণা করতেন তেমনি ওদের বৈষম্যমূলক পারিশ্রমিককে বরদাস্ত করতে পারেননি। তাই তিনি সব লোভ ত্যাগ করে সমকালীন জাঁদরেল ব্যারিস্টার রাসবিহারী ঘোষের সহায়তায় কলকাতা হাইকোর্টে ওকালতি শুরু করেন (১৮৮৮)। তীক্ষ্ণ নৈয়ায়িক প্রতিভাবলে আশুতোষ মুখোপাধ্যায় মাত্র ১৬ বছরের মধ্যেই জজ হন এবং ১৯২০ সালে কলকাতা হাইকোর্টের প্রধান বিচারপতির সম্মান লাভ করেন।

এসব তাঁর কাছে দ্বিতীয় ছিল। আসলে তিনি শিক্ষা সংস্কার এবং সর্বশিক্ষা অধিকারের সারস্বত প্রতিনিধি হয়ে জন্মেছিলেন। শিক্ষা আন্দোলনে ওই যুগে তাঁর স্বীকৃতি এল ১৮৮৯ সালে সাহেবদের জমিদারি কলকাতা বিশ্ববিদ্যালয়ের ফেলো এবং সিন্ডিকেট সদস্যের পদলাভ দিয়ে। সূচনা হল সংকল্পিত কঠিন যাত্রাপথের। ১৮৯৮ সালে হলেন টেগোর ল প্রফেসর। নেমে পড়লেন কলকাতা বিশ্ববিদ্যালয়ের সংস্কার, পঠনপাঠনের বিস্তার এবং বাংলা বাদে রাষ্ট্রীয় আঞ্চলিক ভাষার স্বীকৃতি আদায়ে। তাঁকে দমানো গেল না। ফলে ইংরেজ বড়লাট বাধ্য হয়ে আশুতোষ মুখোপাধ্যায়কে ১৯০৬ সাল থেকে ১৯১৪ সাল পর্যন্ত একাদিক্রমে চারবার উপর্যুপরি কলকাতা বিশ্ববিদ্যালয়ের উপাচার্যের সম্মানীয় পদে রাখতে বাধ্য হয়েছিল। তাঁর মেধাশক্তির কোনও বিকল্পের প্রশ্নই তখন অবান্তর ছিল। এমন নজিরকে কেউ পরবর্তীতে স্পর্শ করতে পারেননি।

তিনি চেয়েছিলেন কলকাতা বিশ্ববিদ্যালয়ের সার্বিক বহুমুখী প্রসারণ। ইংরেজরা স্বার্থগতভাবে এর পরিপন্থী। তারা অর্থ বরাদ্দ বন্ধ করে দিল, সম্প্রসারণে বাধা দিল। এল চরম আর্থিক সঙ্কট। উনি যে বাংলার বাঘ। দমবার পাত্র নন। দেশজোড়া তাঁর ছড়িয়ে থাকা গুণগ্রাহীরা সত্বর সাড়া দিলেন। অর্থের ভাণ্ডারে উপচে পড়ল সাহায্য যাঁদের মধ্যে উল্লেখযোগ্য দ্বারভাঙ্গার মহারাজ, কাশিমবাজারের মহারাজা, ধনাঢ্য জমিদার প্রদ্যোৎকুমার ঠাকুর, স্যার গুরুপ্রসন্ন ঘোষ, স্যার রাসবিহারী ঘোষ, জামনগরের মহারাজা, ব্যারিস্টার তারকনাথ পালিত এবং আরও অগণিত বঙ্গবাসী। কলকাতা বিশ্ববিদ্যালয় ডানা মেলল।

শিক্ষকতায় আশুতোষ নিয়ে এলেন আচার্য প্রফুল্লচন্দ্র রায়, পদার্থবিজ্ঞানে পরবর্তীকালে নোবেলজয়ী ডা. চন্দ্রশেখর ভেঙ্কটরমণ, ললিতকলায় অবনীন্দ্রনাথ ঠাকুরকে। পেয়েছিলেন রবীন্দ্র সান্নিধ্যও। ১৯২৩ সালে তদানীন্তন চ্যান্সেলর লর্ড লিটন তাঁকে পঞ্চমবারের জন্য উপাচার্য হতে আহ্বান জানালে তিনি তা প্রত্যাখ্যান করেন। ১৯১১ সালে তাঁকে 'নাইট' উপাধি দেওয়া হয় এবং সেবছরই ভারতের রাজধানী কলকাতা থেকে দিল্লিতে স্থানান্তরিত করা হলে তিনি বেদনার সঙ্গে উল্লেখ করেন 'বঙ্গজননীকে মুকুটহীন করা হল।' তিনিই প্রথম বাংলা সহ সমস্ত প্রাদেশিক ভাষাকে কলকাতা বিশ্ববিদ্যালয়ে স্বীকৃতি দেন, এমনকি পালি পর্যন্ত।

স্যার আশুতোষের আন্তর্জাতিক স্বীকৃতি ও সম্মাননার মধ্যে আছে বেডফোর্ড-এর জিওমেট্রিক্যাল সোসাইটি, এডিনবরা ও ফ্রান্সের ম্যাথেমেটিক্যাল সোসাইটি, রয়্যাল আইরিশ আকাদেমি, কলকাতার ম্যাথেমেটিক্যাল সোসাইটি, ঢাকার সারস্বত সমাজ, সিংহল ইত্যাদির দুর্লভ মাননীয়

সদস্যপদের সম্মাননা। তিনি ছিলেন ইন্ডিয়ান মিউজিয়াম, ইম্পিরিয়াল লাইব্রেরি, বঙ্গীয় ধর্মাঙ্কুর বৌদ্ধসভা, মহাবোধি সোসাইটি, ইন্ডিয়ান সায়েন্স কংগ্রেস ইত্যাদির সাম্মানিক সভাপতি। আদ্যন্ত ধুতি ও ছোট চায়না কোটপরা বাঙালি ছিলেন তিনি। তাঁর সংগৃহীত ৭৫ হাজার বই আজও ন্যাশনাল লাইব্রেরিকে গর্বিত করে রাখা আছে।

তিনি শিক্ষা সংস্কারের পথিকৃৎ হিসেবে বলেছিলেন, শিক্ষার ক্ষেত্রে মূল কথাটি হল এই যে, যেসব বিষয়ের বিশ্বমানবিক মূল্য আছে সেগুলি নিঃসন্দেহে শিক্ষার বিষয়। কিন্তু যতক্ষণ না সে বিষয় বাস্তবরূপে আমাদের প্রত্যক্ষ না হয়ে ওঠে ততক্ষণ বিশ্বমানবিক সত্য নিছক তত্ত্বরূপেই থাকে। তাই বলছিলাম, আমাদের জাতীয় সভ্যতা ও সংস্কৃতির প্রত্যক্ষ গোচর শ্রেষ্ঠ সম্পদগুলির সংরক্ষণ সংবর্ধন আমাদের সর্বদা কর্তব্য।

'বাংলার বাঘ' নামটির বিশ্বব্যাপী প্রতীকী খ্যাতির পিছনে রয়েছে এক রস-কাহিনি। একদিন তিনি ময়দানে প্রাতর্ভ্রমণ করছিলেন (তখন তিনি উপাচার্য)। ওই সময় তাঁর সঙ্গে জরুরি পরামর্শের জন্য সহকারী অধ্যাপকবৃন্দ যেমন রাজেন্দ্রনাথ বিদ্যাভূষণ, দীনেশচন্দ্র সেন-রা তাঁরই সাক্ষাতের জন্য ট্রামে ময়দানের উপর দিয়ে ভবানীপুর যাচ্ছিলেন। ওই সময় ট্রামের জানালা দিয়ে অধ্যাপক রাজেন্দ্রনাথ বিদ্যাভূষণ দেখেন সেই পরিচিত বিশাল মুখে মোটা গোঁফ সহ গম্ভীরভাবে আশুতোষ মুখোপাধ্যায় হনহনিয়ে চলে যাচ্ছেন। দেখেই অধ্যাপক মহাশয় চিৎকার করে বলে উঠলেন ওই যে 'বাংলার বাঘ' যাচ্ছেন। এই হল বাংলার গর্বের সন্তানের বিভূষণ। ব্রিটিশ সাম্রাজ্যে খাঁটি বাঙালির বাঘ হওয়া সহজতর ছিল না। ইংরেজ প্রশাসকেরা পরে তাঁকে পরিভাষায় ওই নামেই সমীহ-সম্ভাষণ করতেন।

স্বদেশি বিশ্ববিদ্যালয় সম্বন্ধে ছাত্রদের দ্বিধামোচনে তিনি বলেছিলেন: তোমরা বিশ্ববিদ্যালয় চাইছ? তবে কি তোমরা মনে কর কলকাতা বিশ্ববিদ্যালয় স্বদেশি বিশ্ববিদ্যালয় নয় তোমাদের কাছে? এখানকার সেনেট আর সিন্ডিকেট পুরোপুরি বাঙালিদের হাতে। এই বিশ্ববিদ্যালয়ের যাবতীয় খরচ নির্বাহ করা হয় বাংলার কৃতী সন্তানদের দানে। প্রত্যেকেই এখানে জাতীয় পরিচ্ছদ পরিধান করে থাকে। কোনওরকম বিদেশি প্রভাব এখানে নেই। তাহলে?

সার্ধশততম ঐতিহাসিক জন্মদিনের প্রাক্কালে শ্রদ্ধেয় আশুতোষ মুখোপাধ্যায়কে প্রণাম।

কলকাতা প্রেস ক্লাব: মানবিক অভিমুখের এক দর্পণ

যুগান্তর, ২ ফেব্রুয়ারি ২০১৩

সারা দুনিয়ার সংবাদমাধ্যম এবং সাংবাদিকতার ইতিহাসে কলকাতা প্রেস ক্লাব এক প্রাচীনতম ঐতিহ্যবাহী গর্বের ভাস্বর সোনালী মুকুট। পরাধীন ভারতে স্বদেশীরা যেমন রোষানলে পড়েছিল, তা থেকে নিস্তার পায়নি ভারতীয়, বিশেষ করে বঙ্গীয় সংবাদপত্র সাংবাদিককূলের সত্য ভাষণ। এরই মধ্যে সমকালীন সাংবাদিকরা যেভাবে কলমের মাধ্যমে উপনিবেশবাদের কঠোর সমালোচনায় মুখর হয়েছিলেন, যার ফলে স্বদেশ ও বিদেশ ইংরেজদের বিরুদ্ধে যে জনমত তৈরি হয়েছিল সেজন্য চিরস্থায়ীভাবে পশ্চিমবাংলার সাংবাদিকতা সর্বজনশ্রদ্ধেয় হয়ে আছে।

১৯৪৫ সাল। সবে দ্বিতীয় মহাযুদ্ধ শেষ হয়েছে, বাংলা এক বেদনাদায়ক দুর্ভিক্ষ ও মন্বন্তর কাটিয়ে উঠেছে। এমনই এক সন্ধিক্ষণে সমকালীন বেশ কিছু চিরনমস্য নবীন সাংবাদিকরা ঠিক করেন সংবাদের উৎকর্ষতার মান উন্নয়ন, পারস্পরিক সংগৃহীত সংবাদের গুরুত্বপূর্ণ বিষয় নিয়ে তথ্য আদান প্রদানে এবং পেশাগত স্বীকৃতির স্বার্থে সাংবাদিকদের জন্য একটি নিজস্ব সংগঠন বা মঞ্চ স্থাপনের। যাঁরা সেদিন এমনতর উদ্দেশ্য পূরণে অগ্রণী হয়েছিলেন, তাঁদের মধ্যে কিছু উল্লেখযোগ্য পথিকৃতের নাম স্মরণে আসছে। যেমন সুধীর চক্রবর্তী (পিটিআই), খগেন দে সরকার (হিন্দুস্থান স্ট্যান্ডার্ড), ধীরেন্দ্রচন্দ্র সেন (দি স্টেটসম্যান), মণীন্দ্রনাথ ভট্টাচার্য, অমলেন্দু দাশগুপ্ত (দি স্টেটসম্যান) প্রমুখ নির্ভীক সাংবাদিককুল।

শুভ ঐতিহাসিক দিন ২২ জুলাই, ১৯৪৫ সাল। স্থান কলেজ স্কোয়ার সংলগ্ন মহাবোধি সোসাইটি হল। ন্যূনতম বিভিন্ন সংবাদপত্রের ৪০ জন সাংবাদিক প্রত্যয়ী মনোভাব নিয়ে সূচনা করলেন 'দি প্রেস ক্লাব অব দি রিপোর্টার্স অ্যান্ড স্টাফ করেসপনডেন্স'। সংগঠনের সভাপতি হলেন দি স্টেটসম্যান-এর ধীরেন্দ্রচন্দ্র সেন, সম্পাদক হলেন হিন্দুস্থান স্ট্যান্ডার্ড-এর মণীন্দ্রনাথ ভট্টাচার্য এবং সভায় সফলভাবে রূপদানের দায়িত্বে ছিলেন দি স্টেটসম্যান পত্রিকার অমলেন্দু দাশগুপ্ত।

প্রথমে ক্লাব কার্যালয়টি ছিল কলেজ স্ট্রিট মার্কেটের এক ঘুপচি ঘরে, যা প্রয়োজনের তুলনায় অত্যন্ত ছোট্ট পরিসর। ফলে দৈনন্দিন আদানপ্রদান এবং যোগাযোগের সুবিধায় নিজেদের তাগিদেই ঘুরিয়ে ফিরিয়ে বিভিন্ন সংবাদপত্র অফিস বাড়ি থেকেই কাজ চালানো হচ্ছিল। ক্রমেই সংগঠনের কর্মধারার বহুমুখী প্রসারতায় আশু প্রয়োজন হয়ে দাঁড়াল প্রয়োজনীয় পরিসরে একটি নিজস্ব এবং স্থায়ী ভবনের। সদিচ্ছা এবং প্রত্যয়ী মনোভাবে আশার আলো দেখা গেল।

১৬ জানুয়ারি ১৯৫৭ সাল। ক্লাবের বার্ষিক উৎসব। স্থান-প্রিন্সেস গ্র্যান্ড হোটেল, যা এখন ওবেরয় গ্র্যান্ড। উদ্বোধক তদানীন্তন ভারতের প্রধানমন্ত্রী জওহরলাল নেহরু। সভায় সেই সময়কার ক্লাব সভাপতি কেদার ঘোষ (দি স্টেটসম্যান) সদলে প্রধানমন্ত্রীর কানে তুলে দিলেন স্থান সংকুলানের অভাবের দৈন্যতা। সদিচ্ছার তদ্বিরে কাজ হল। মাননীয় নেহরুর তৎপরতায় ময়দানে সেনাবাহিনীর স্বত্বাধিকারিত্বে বর্তমান ক্লাবহাউস স্থাপনার অনুমোদন পাওয়া গেল। ক্লাব তাঁবু তৈরি

এবং অন্যান্য আনুষঙ্গিক ক্ষেত্রে ব্যয়ের অর্থ সংকুলান করে প্রায় ৩ বছর পর ১৯৬০ সালের গোড়ায় স্থাপিত হল বর্তমান জায়গায় ক্লাবের অবস্থান। এই হল আজকের প্রেস ক্লাব, কলকাতার ঐতিহাসিক অবস্থান এবং জন্মবৃত্তান্ত। উল্লেখ্য, ক্লাবের হীরক জয়ন্তী পালন করা হয় ২০০৪ সালের ১১ জানুয়ারি। উদ্বোধক প্রধানমন্ত্রী ডঃ মনমোহন সিং এবং সমাপ্তি অনুষ্ঠান সম্পন্ন হয় তদানীন্তন রাষ্ট্রপতি ডঃ এ পি জে আবদুল কালামের মহিমান্বিত উপস্থিতিতে।

প্রেস ক্লাবের ৬৮ বছরের ইতিহাস ফি-বছর সোনালী মুকুটে নতুন করে তারকাখচিত হয়েছে। আজ এই প্রাচীন ঐতিহ্যবাহী ক্লাবটি শুধু ভারতবর্ষেই নয়, সারা বিশ্বের সংবাদমাধ্যম জগতে একটি অভিনন্দিত নাম। ইদানীংকালে কালস্রোতে ক্লাবের ব্যাপ্তি এবং প্রসার তথা কর্মধারা বেড়েছে অভাবনীয় বিপুলতায়। যাঁরা প্রেস ক্লাবের, কলকাতা সম্বন্ধে সম্পূর্ণভাবে ওয়াকিবহাল নন কিংবা প্রত্যক্ষ পরিচিতি নেই, স্বাভাবিকভাবে তাঁদের ধারণা হতে পারে সংগঠনটির আবর্ত শুধুমাত্র সংবাদ-সেবা ভিত্তিক। এই ধারণাটি সঠিক নয়। সংগঠনটির কর্মকাণ্ড অসীম। এর সুদীর্ঘ ইতিহাসের কর্মধারায় বার বার পরিচিত হয়েছি কলকাতা প্রেস ক্লাবের সামাজিক দায়িত্ব, সমাজ চেতনা উদ্বুদ্ধ করায়, পরোপকারে, প্রবীণ ও দুঃস্থ সদস্যদের সহায়তায় বার বার সক্রিয় ভূমিকা গ্রহণে। ক্লাবের প্রশংসিত ভূমিকা পেশাদারিত্বে উৎকর্ষতা আনয়নে, সামাজিক দায়িত্ববোধ রক্ষায়, সাংবাদিক হেনস্থা প্রতিরোধে, অন্যায়ের প্রতিবাদে, সমাজ দর্পণে, যাতে কেউ আঘাত না করে, রাজনৈতিক নিরপেক্ষতা বজায় রেখে পরোক্ষে সুস্থ সমাজ ব্যবস্থা রূপায়ণে। সাংবাদিকের কাজ সংবাদ পরিবেশনে কঠোরভাবে নিরপেক্ষতা পালন করে সঠিক সংবাদ সঠিকভাবে পরিবেশন করা। নিজের মতামত, অতিরঞ্জন বা পক্ষপাতমূলক কোনও কিছু অবতারণা চতুর্থ স্তম্ভের অনুশাসন অনুযায়ী তা কখনওই 'সংবাদ' হতে পারে না। এরই গুরুকুল বলতে পরোক্ষে প্রেস ক্লাবের আদর্শগত মঞ্চ। নবীন সাংবাদিরা প্রবীণ প্রাজ্ঞ সাংবাদিককুল থেকে মতামত বিনিময়ের মাধ্যমে সৎ সাংবাদিক হয়ে গড়ে তোলায় এই মঞ্চটির অবস্থান অকল্পনীয়।

প্রেস ক্লাব প্রসঙ্গে একটি সত্য কথা বাস্তব চিত্র ফুটে ওঠে, যার কাঠিন্য প্রচারে আসে না। সাংবাদিকতার পেশায় যাঁরা আসেন, তাঁদের শতভাগ মুখই পেশাগত আদর্শকে বরণ করে আর্থিক ভবিষ্যৎ বা কেরিয়ার দিয়ে ধনাঢ্য হবার চিন্তা কখনওই অগ্রাধিকার পায় না। এখনও এই পেশা দ্রুত কেরিয়ার-ওরিয়েন্টেড প্রফেশন হয়ে ১০০ ভাগ দাঁড়ায়নি। তাছাড়া রয়েছে সংস্থার স্বাচ্ছল্যের ধারাবাহিক নিশ্চয়তার প্রশ্ন। তবুও অন্যতম মর্যাদাসম্পন্ন সাম্মানিক কাজের আকর্ষণে জীবনের স্বপ্ন রঙিন ইচ্ছে থাকা সাংবাদিক হওয়ার। সার্বিকভাবে পেশাগত সমস্যা নিয়ে প্রয়োজন একটি মঞ্চের, প্রেস ক্লাব যার দিশা।

হাসপাতালে দুর্নীতি ও কর্তব্যে গাফিলতি অথবা চিকিৎসকদের পেশাগত নানা সমস্যা নিয়ে সাংবাদিকদের প্রায়ই লেখালেখি করতে হয়, কিন্তু সাংবাদিক যখন অসুস্থ হয়ে পড়েন এবং অনেকে প্রায় বিনা চিকিৎসাতেই মারা যান, তখন তা নিয়ে খবর হয় না। এমনকী অনেক সাংবাদিকের মৃত্যুর পর তাঁর সহকর্মীরা জানতে পারেন যে, তিনি কতদিন বেঁচেছিলেন। একথা মনে করার কোনও কারণ নেই যে, সব সাংবাদিকদের এখন যথেষ্ট সমৃদ্ধি ঘটেছে। কলকাতার সাংবাদিকদের আর্থ-সামাজিক অবস্থার কোনও খতিয়ান রাখা হয় না... তাহলে এক শোচনীয় ছবি ফুটে উঠত। বেতন বোর্ড অনুসারে এখন আর সাংবাদিকদের বেতন দেওয়া হয় না। অধিকাংশ সাংবাদিক সারাজীবন ধরে চাকরি করেও জীবনের শেষ প্রান্তে এসে অসুস্থ হয়ে পড়লে

হাসপাতালে চিকিৎসার টাকাও তাঁরা দিতে পারেন না। কিছুদিন আগে কলকাতার প্রথম শ্রেণির একটি সংবাদপত্রের ও একটি অগ্রণী প্রেস এজেন্সির সাংবাদিক অসুস্থ হয়ে চিকিৎসার খরচ জোগাড় করতে পারেননি। কলকাতা প্রেস ক্লাব এগিয়ে না এলে এককালের ওই দুই যশস্বী সাংবাদিককে হয়তো বাঁচানো যেত না। (পার্থ চট্টোপাধ্যায়, প্রেস ক্লাব ডাইরেক্টরি, ২০১২)

কলকাতা প্রেস ক্লাবের সংগঠনিক দর্শন সম্পর্কে স্মরণিকের মুখবন্ধে বলা হয়েছে: 'To make the club a platform of even greater social importance and also to make it a centre for professional excellence apart from its role as a rendezvous of working journalists of the city... One should appreciate that the Press Club, Kolkata, is not an academic body to research on history, but our efforts will be amply rewarded of historians and acedemicians recognise the honest and modest effort of the club in bringing out this volume.'

এই সেই ক্লাব, যেখানে দেশ ও বিশ্বের তাবড় তাবড় যশস্বীরা পদধুলি দিয়ে সংগঠনের ব্রত যাত্রাকে উজ্জীবিত করেছেন। কাকে বাদ দিয়ে কার নাম করব? হয়ে আসছে আলোচনাচক্র, সাক্ষাৎকার, প্রশিক্ষণ শিবির, বিভিন্ন স্মারক অনুষ্ঠান উদ্‌যাপন। গত ২০১১–১২–তে যে সকল মুখ্য অনুষ্ঠান সাফল্যের সঙ্গে পালিত হয়েছে তার মধ্যে রয়েছে স্বাধীনতা দিবস উদ্‌যাপন এবং একই সঙ্গে ক্লাব–সদস্যদের সন্তানাদির বসে আঁকো প্রতিযোগিতা, ইফতার উৎসব পালন, প্রাক–পূজা সাংস্কৃতিক অনুষ্ঠান, চক্ষু এবং অন্যান্য ব্যাধির বিনামূল্যে চিকিৎসা শিবির, বিজয়া সম্মিলনী, ক্রিসমাস ডে পালন, বার্ষিক ক্রীড়া, নববর্ষ উদ্‌যাপন, বার্ষিক বনভোজন, স্বামী বিবেকানন্দের ১৫০তম জন্মোৎসব পালন, বাংলা নববর্ষ উৎসব, ক্লাব চিফ অনুষ্ঠান, অরণ্য সপ্তাহ, প্রতিষ্ঠা দিবস পালন প্রভৃতি। এছাড়া সময়ান্তরে বিভিন্ন ব্যক্তিদের নিয়ে 'মিট দ্য প্রেস' তো লেগেই আছে। আদ্যপান্ত পেশাদারী পর্যাবরণে সমৃদ্ধ এই ক্লাব। মাঝেমধ্যে সাংস্কৃতিক অনুষ্ঠানে স্বীকৃত শিল্পীদের নিয়ে পারিবারিক অনুষ্ঠানও উল্লেখযোগ্য। ক্লাবের জমির মালিকানা রয়েছে ভারতীয় সেনাবাহিনীর হাতে। এজন্য ক্লাব কর্তৃপক্ষ ইএম বাইপাসের ধারে একখণ্ড জমির জন্য আবেদন করা হয়েছে।

আলোর চাকচিক্যের পেছনে অন্ধকার আছে, চিত্তকর্ষণী সাংবাদিকতার ক্ষেত্রেও ফলিত ক্ষেত্রে অনেক সমস্যা আছে। এ প্রসঙ্গে পার্থ চট্টোপাধ্যায় যথার্থই বলেছেন, 'সাংবাদিকতা এমন এক পেশা, যতক্ষণ চাকরি আছে ততক্ষণই তাঁর গ্ল্যামার... সরকারের কাছে তাঁর দামও ততদিনই যতদিন তিনি নেতাদের প্রচারে সহায়ক হতে পারেন। তারপর একদিন অবসর নিলে সবাই তাঁর দিক থেকে মুখ ফিরিয়ে নেয়। সংবাদপত্র থেকে অবসর নিলে সেই সংবাদপত্রের মালিকপক্ষ আর সেই অবসরপ্রাপ্ত সাংবাদিকদের দিকে তাকান না। এমনকি তাঁর নিজের প্রতিষ্ঠানে ঢুকতে গেলেও তাঁকে 'ভিজিটর ব্যাচ' পরে ঢুকতে হয়।

কিন্তু একমাত্র প্রেস ক্লাবই তার সদস্যদের জন্য আমৃত্যু কিছু করার চেষ্টা করে। কিন্তু ক্লাবের সাধ্য সীমিত। বিশিষ্টজন, দরদীরা কি এগিয়ে আসবেন? সাংবাদিকদের সুখে–দুঃখের সাথী কলকাতা প্রেস ক্লাব। এমন একটি মহৎ পেশার সঙ্গে যুক্ত সংবাদসেবীদের আর্থ–সামাজিক নিশ্চয়তা দানে অংশীদার, সমব্যথী হওয়ার দায়িত্ব সরকার এড়াতে পারেন না, আপামর বঙ্গ জনজাতি। আসলে এ তো প্রত্যক্ষভাবেই সমাজদর্শন... এমন সংগঠন তো আমাদের কল্যাণেই উৎসর্গীকৃত।

পুজো প্রেম: ট্র্যাডিশন আজও অব্যাহত

মঙ্গলবার ৭ অক্টোবর ২০১৪। খবর ৩৬৫ দিন

উমার আগমন মানেই তারুণ্যের প্রেমের জোয়ারে গা ভাসিয়ে দেওয়ার ডাক। তা ম্যাডক্স স্কোয়ার হোক বা পাড়া বা আবাসনের পুজো হোক না কেন! প্রস্তুতি সেই খুঁটিপুজো থেকে। মলে আলাপ, প্যান্ডেলে বিজয়া পর্যন্ত উষ্ণ সান্নিধ্য। একদিন প্রাণের বন্ধুরা কিছু কিছু জানবে। কিন্তু নতুন বন্ধনে তৃতীয়ের স্থান নেই। অথচ ওয়ার্ম আপের সময় ওদের নতুন প্রেমের খুঁটি পোতায় আড়ষ্ট ভাব কাটানোয় ওদের খুব দরকার ছিল। মণ্ডপে জোড়া বাঁধা নিশ্চিত হওয়ার পর ওরা অতীত। সরস্বতী পুজোয় যদি কৈশোরের কৌতূহলী নীচু স্বরে প্রেমের পুলকিত ডাক আসে, তাহলে ওই অপরিপক্কতার বৃত্ত পূর্ণ করে শারদোৎসবের ৫ দিন। এবার তা শিবঠাকুর সেন্সর্ড করলেও অনুরাগী হৃদয়যুগল তা মানেনি। বড় বড় পার্কের পুজোগুলো তো ওদের প্রত্যাশিত বরাদ্দ সময়ে কোনও কাটছাঁট মোটে করেনি। গোপন কূজনে মণ্ডপের দশপ্রহরিণী নবআবেগাপ্লুতদের পাহারা থেকে ওদের গাইতে বলেন, 'প্রেমের জোয়ারে, ভাসাবে দোহারে বাঁধন খুলে দাও...!' অনুরাগ, আবেগ, নতুন প্রেমে রাত্রিকালীন স্ব স্ব গৃহে ফিরে যাওয়ার নিশি বিরহের একাকীত্ব— ইত্যাদির হৃদকম্পিত প্রথম প্রেমের প্রথম কদম ফুল ফোটে কাশ ফুলের ইশারায়। মা সরস্বতীতে ভালোবাসার হাতে খড়ি আর পূর্ণ শিক্ষিত হওয়া দুর্গাপুজোয়। প্রেম প্রতিষ্ঠায় যাতে কোনও খামতি না থাকে ঠিকঠাক ভাবে পূর্ণত্বের প্রাপ্তি ঘটে, সেজন্য মা দুর্গা স্বয়ং ৫ দিন পাড়ার মণ্ডপে পার্কের পুজো বা আবাসনের পুজোয় সব যুগলমিলনে স্বয়ং উপস্থিত থেকে আশীর্বাদ করেন। সে নতুনের ঠিকানা আবাসনের প্লাস্টিক চেয়ার পার্কের বেঞ্চ বা কাগজ পেতে ঘাসের উপর হোক না কেন? এ ভাবেই বঙ্গীয় যুব প্রজন্ম সময়ান্তরে একই জীবন্ত দলিল রচনা করে গেছে। এক যুগলের বৃত্ত শেষে অপর যুগল ব্যাটন ছেড়ে যাওয়া দায়িত্ব নিয়ে দৌড়েছে। এই রিলে রেস চিরন্তন, চিরসবুজ যৌবনের সুনামি যা চাক্ষুস আছড়ে পড়ে শারদোৎসবের দিনগুলিতে। মা সপরিবারে কৈলাসে ফিরেছেন। আগামী বছর আবার নতুন যুগলের আবির্ভাব— অনুভব, অনুরাগ, নতুন প্রেমের খুনশুটি। আসছে বছর আবার নবরূপে নানান প্যান্ডেলে পার্কে আবাসনের গ্যারেজে!

কলকাতার ভিস্তিওয়ালা

সাপ্তাহিক বর্তমান, ২৭ মে ২০১৭

হারাতে বসা স্মৃতিকে আঁকড়ে ধরে রাখতে কে না চায়। ভিস্তিওয়ালা। পুরনো কলকাতায় হোস-পাইপে সকালে রাস্তায় গঙ্গাজল ছিটানোর পরই আবির্ভূত হত ভিস্তিওয়ালারা। দলে দলে, অলিতে গলিতে। শুদ্ধ পানীয় জল ছাগলের চামড়ার থলেতে ভরে পিঠে চাপিয়ে ওরা বাড়ির দোতলা তিনতলায় উঠে যেত। মেমসাহেবদের স্নানঘরের বাথটব নামক বড় পোর্সেলিনের জলাধার ভর্তি করা, চৌবাচ্চা ও খাবার জল সরবরাহই ছিল মহান জলদান পরিষেবা। সেই ভিস্তিওয়ালা, মসাকওয়ালারা বা আকুন্দরা আজ ক্রমেই হারিয়ে যাচ্ছে। যেন ধ্বংসের মুখে বিরল প্রজাতি। ব্রিটিশ আমলে যখন শহর কলকাতায় দোতলা–তিনতলায় কর্পোরেশনের পানীয় শীতল জল পৌঁছাবার কোনও ব্যবস্থা ছিল না, সেসময় এদের আবির্ভাব। রাস্তা থেকে পানীয় জল টেনে আনায় সাহেব–সুবোদের যেমন অহমিকায় বাধত, তেমনি পর্দানশিন মেমসাহেবদের ওপথে যাওয়া অসম্ভব ছল। অথচ কেতা রাখতে হবে। এলো ভিস্তিওয়ালা।

তথ্য বলছে, ভিস্তি কথাটি এসেছে পারস্যের বেহস্ত বা স্বর্গ কথার সূত্র ধরে। মানুষের তৃষ্ণা নিবারণ এবং জল জোগানের মতো মহান পরিষেবা এরা দিত বলে বলা হত এদের স্বর্গে স্থান হত। এরা স্বর্গের দূতসদৃশ। সেই বেহস্ত কথা থেকেই এই কর্মব্রতীদের বলা হত ভিস্তিওয়ালা।

কথিত আছে, ব্রিটিশরা যখন মধ্যপ্রাচ্য থেকে এদেশে আসে সে সময় জলের টানাটানি শুনে আরব, পারস্য থেকে আঞ্চলিক আদিবাসী মুসলিম ভিস্তিওয়ালাদের সঙ্গে নিয়ে আসে। এরা কঠোর পরিশ্রমী, ধর্মনিরপেক্ষ, বিশ্বস্ত এবং সংঘবদ্ধভাবে কষ্ট করে জীবনযাপন করে। পরবর্তীকালে সর্বত্র জলাভাবের জন্য ভিস্তিওয়ালাদের চাহিদা বেড়ে যাওয়ায় এরা ছড়িয়ে পড়ে কলকাতাসহ বিহার, উত্তরপ্রদেশ, রাজস্থান, মুম্বই, নেপাল, এননকি পাকিস্তান এবং পূর্ব বাংলায়।

ভিস্তিওয়ালাদের বাণিজ্যকেন্দ্র ছিল পুরনো কলকাতার সাহেব পাড়াগুলিতে। কারণ ভিনদেশি মেমসাহেবদের স্নান–বিলাসে এক বৈশিষ্ট্য ছিল। বিলাতি, অ্যাংলো ইন্ডিয়ান, চীনে, পারসিক, ইহুদি, পর্তুগিজ, আর্মেনীয় ইত্যাদি পরিবারগুলির ঠান্ডা পানীয় জল এবং বিলাস সমৃদ্ধ পাশ্চাত্য ধারায় জলবিহারের তাগিদ মেটাত এই ভিস্তিওয়ালারাই। কারণ বাড়ির উপরে জল ওঠার কোনও পৌরব্যবস্থা না থাকা। মধ্য কলকাতার সাহেবপাড়ায় এদের ছিল প্রচণ্ড চাহিদা। যেমন তদানীন্তন বো স্ট্রিট, সানইয়াৎ সেন লেন/স্ট্রিট, পোলক স্ট্রিট, ক্যানিং স্ট্রিট, আর্মেনিয়ান স্ট্রিট, জ্যাকেরিয়া স্ট্রিট সহ জলাভাব সম্পন্ন খিদিরপুর, একবালপুর, ওয়াটগঞ্জ, গোবরা, পার্ক সার্কাস সংলগ্ন ফুলবাগান ৪নং, ব্রিজের বস্তি এলাকা মেছুয়াবাজার, রাজাবাজার, মেটকাফ স্ট্রিট, দিলখুসা স্ট্রিট ইত্যাদি অঞ্চলে।

বর্তমানে ভিস্তিওয়ালাদের দেশ–বাড়ি বলতে বিহার, ইউপি এবং রাজস্থান। কলকাতায় বস্তি এলাকায় শুধু পুরুষরাই কোনও রকমে গাদাগাদি ক'রে থাকে। ঘরের সামনে ঝোলানো থাকে ছাগ

চামড়ার ভিস্তিগুলি। অক্ষম হলে সে দেশে ফিরে যায়, পরের প্রজন্ম শূন্যস্থান পূরণ করে। যেমন দেখা যেত কাবলিওয়ালাদের ক্ষেত্রে। এদের নির্ধারিত কাজের সময় সকাল ৬টা থেকে ৭-৩০টা আর বিকেলে ৩টা থেকে ৪টে'র মধ্যে। মোটামুটিভাবে কর্পোরেশনের জল যখন আসে। এখন তো আর তেমন সচল টিউবওয়েল নেই! এদের খদ্দের বাঁধা, পারিশ্রমিক নগদে। সকালের কাজ শেষে বিশ্রাম আবার বিকেলে জল দেওয়া, সন্ধের পর জ্ঞাতিভাইদের নিয়ে গল্পগুজব, ঘুমানো। কেউ দেশে গেলে অন্য লোক দিয়ে যায়। পারিশ্রমিক থেকে বাসা খরচ, খাওয়া-দাওয়া সামলে সকলেই মোটামুটি দেড়-দু'হাজার টাকা দেশে পাঠায়। এদের লিডারদের বলা হয় খানদানি ভিস্তিভাই। ভিস্তির জল মোটামুটি ৬ ঘণ্টা ঠান্ডা থাকে। টিউবওয়েলের জল হলে আর একটু বেশি সময় ঠান্ডা থাকে।

ভিস্তি তৈরি হয় বিশেষ ধরনের ত্রুটিমুক্ত ছাগলের চামড়া থেকে। তা তৈরি হয় চীনেপাড়া, বানতলা এবং ৪নং ব্রিজ সংলগ্ন এলাকায়। এক-একটির দাম ১২০০ থেকে ২০০০ টাকা। মুম্বই-রাজস্থানে যার দাম ওঠে ৬০০০ টাকা পর্যন্ত। কর্পোরেশনের জল এখন পাইপে বহুতলা পর্যন্ত যায় বলে ভিস্তিওয়ালাদের চাহিদা প্রচণ্ডভাবে নিম্নমুখী। এখনও যে সকল পুরনো বাড়িতে ঢাই আকারের পোর্সেলিনের বাথটব, উপরে ট্যাঙ্কি লাগানো ফোয়ারা আছে, তারা সাহেবি মেজাজ বজায় রাখতে এখনও ভিস্তিওয়ালাদের ছাড়েনি। ভিস্তিওয়ালাদের প্রয়োজনে ভাটা পড়ার আর একটি কারণ এরা আগের মতো নির্ধারিত সময়ে জলের সাপ্লাই দিতে পারছে না, কারণ রাস্তার কলে ভিড় ঠেলে অত জল ভরায় পাবলিকের ঝামেলা।

একসময় যেখানে পুরনো কলকাতায় ১০ হাজারেরও বেশি ভিস্তিওয়ালা ছিল তা আজ মেরেকেটে প্রায় দু'হাজারে দাঁড়িয়েছে। ওদের এলাকয় এখনও দেখা যায় হাফ হাতা ময়লা গেঞ্জি তারও সবটাই ভেজা, পিঠে বাদামি ছোপ আর লুঙ্গি পরে বাড়ি বাড়ি জল ঘর্মাক্ত কলেবরে পৌঁছে দিতে। সময় এসেছে ওদের চলে যাওয়ার। কারণ প্রয়োজন ফুরিয়েছে। দিন আসছে যখন আর শোনা যাবে না 'ইউ ভিস্তিওয়ালা, ওয়ান ভিস্তি এক্সট্রা পানি দেনা'। আহারে রুডিয়ার্ড কিপলিং কবে গাথা শুনিয়ে গেছেন: 'You are a better man than Gungadin!'

ঈশ্বরী সরস্বতী সংহিতা

দৈনিক স্টেটসম্যান রবিবার ২৯ জানুয়ারি ২০১৭

নমো সরস্বতী মহাভাগে বিদ্যে কমললোচনে।
বিদ্যারূপে বিশালাক্ষি বিদ্যা দেহি নমহস্ততে।।

ভূমিকা

দেবী সরস্বতীর সঙ্গে আমাদের বঙ্গ হৃদয়ের অচ্ছেদ্য বন্ধন চিরন্তন। সেই ছোটবেলায় যখন মা–বাবাকে সাক্ষী রেখে পুরুতমশাই শ্লেটে চক দিয়ে ডানহাতের তিনটি আঙুলের মাধ্যমে ধরে ধরে অ আ ক খ লেখানো শুরু করতেন, যাকে পরিচিত বাংলায় বলা হয় 'হাতেখড়ি' দেওয়া। অর্থাৎ সেই দিন থেকে হিন্দু ধর্মীয় মতে লেখাপড়া শুরু। ইদানিংকালে আধুনিকতার ছোঁওয়ায় শ্লেট–চকের বদলে এসেছে খাতা–পেন্সিল বা ডট পেন। খাগের কলম আর দোয়াত তো পূজার আসনে স্থান পেয়েছে। এই বিদ্যাদেবীর নাম দেবী সরস্বতী। তাঁর পবিত্র বন্দনার দিন বাংলা পঞ্জিকা মতে নির্দিষ্ট দিন শ্রীপঞ্চমীতে, এবার তা পড়েছে ১৮ মাঘ বা পয়লা ফেব্রুয়ারি, বুধবার। লেখনী (কলম), পুস্তক (বই) ও বাদ্যযন্ত্রাদির পূজা। গোস্বামী মতে বসন্ত পঞ্চমী।

সরস্বতী পূজার সকাল মানেই অন্তরে আলোড়িত আশৈশব স্মরণে ভেসে ওঠা পুষ্পাঞ্জলি মন্ত্র: 'ওঁ জয় জয় দেবী চরাচরসারে কুচযুগশোভিত মুক্তাহারে...।' অথবা প্রণাম মন্ত্র: 'নমো সরস্বতী মহাভাগে বিদ্যে কমললোচনে। বিশ্বরূপে... বীণারঞ্জিত পুস্তকহস্তে, ভগবতী ভারতী দেবী নমোস্তুতে।' এই একটিমাত্র সকাল যখন স্নান করে পরিস্কার জামাকাপড় পরে অঞ্জলি না দেওয়া পর্যন্ত কিছু খাওয়া চলবে না। শৈশবে ওই সকালেই পূজা হওয়ার আগে বেশি খিদে পেত এবং বকা খেতাম, যা সকলেরই স্মরণে আছে। ঘরে ঘরে অঞ্জলি দেওয়া যায়, বিকল্প হিসেবে নিজ নিজ বিদ্যায়তনে, যেখানে সরস্বতী পূজা হয়, কিংবা কোচিং–এ বা পাড়ার ক্লাবে। ইদানিং সময়ে বারোয়ারী বন্দনাও অনুষ্ঠিত হচ্ছে।

হিন্দু সংস্কার বা শাস্ত্রে আছে দেবী সরস্বতী শ্বেতবর্ণা, হলুদ শাড়ি, নীল পাড়, সাধারণত গহনাবিহীন, মাথায় অর্ধচন্দ্রাকৃতি মুকুট, ভঙ্গিমায় পদ্মাসনা; বাহন হংসী এবং কোথাও কোথাও স্থাপত্যে পাশে ময়ূর। দুই হাতে বীণা বাদনরতা। আবার কোথাও দেবীকে চারহস্ত বিশিষ্ঠ লক্ষ্যনীয়ঃ উপরের ডানহাতে সাদা পদ্মফুল, নীচের ডান হাতের নিশানা বরদারূপী বা আশীর্বাদরতা; বাম উপরিহস্তে পুস্তক/পাণ্ডুলিপি/ভূর্জপত্র এবং অপর বামহস্তে মঙ্গলঘট। পুরাণে সরস্বতীর আট হাতের উল্লেখ আছে। দক্ষিণ ভারতে একাদশ শতকে ছয় থেকে অষ্টহস্তের নৃত্যরতা দেবী সরস্বতীর প্রমাণ আছে। ব্রহ্মাবর্তপুরাণ–এ তাঁর দুই হাত, এক হাতে পুস্তক এবং অপর হস্তে বীণা। পুরাণমতে দেবীর বাহন হংস, বেদমতে ময়ূর, কৃষ্ণযর্জুবেদ মতে দেবীর বাহন সিংহ। বেদশাস্ত্র অনুসারে দেবী সরস্বতী সকল বেদ–এর জননীস্বরূপা। বেদবৃত্তান্ত বা বেদপাঠ অনুশীলনে দেবী সরস্বতীকে দিয়ে প্রারস্ত এবং তাঁর বন্দনা দিয়ে সমাপ্তি। দেবীর চতুর্হস্তের মহিমা

বা প্রতীক হল মানবজীবনের আবর্তে— চেতনা/জ্ঞান, বুদ্ধি, সতর্কতা বা আগ্রহ এবং অহংবোধ। পূর্বোল্লিখিত দুই হাত বিশিষ্টা দেবীর একহাতে পবিত্র জ্ঞানলিপি আর অপর হস্তে পদ্ম হল প্রকৃত সুবুদ্ধিগত চেতনার প্রতীক। তিনি আবার যন্ত্রসঙ্গীত জগতের মাতৃস্বরূপিনী। বেদ-ভেদে তাঁর হস্ত চতুষ্টয়ে চার রকমের বেদের অবস্থানের কথা প্রচলিত আছে। অপরমতে উক্ত বাণী হল সাঙ্গীতিক ক্ষেত্রের ঐকতান বা মিলনক্ষেত্র এবং হংস হল মৌলিকত্ব বা আসল এবং কৃত্রিমতা বা ভেজাল চিহ্নিত করার প্রতীক। কাহিনিতে বলা হয় হাঁসকে দুধ দিলে, সে দুধ এবং জল আলাদা করে শুধু দুধটুকুই গ্রহণ করে এবং জল বর্জিত হয়।

শিক্ষা জ্ঞান, সঙ্গীত, সংস্কৃতি, বিকাশ বা মানসিক প্রস্ফুটন, মনুষ্য জাতির সৃষ্টিকারিণী, পবিত্রতা, বাক‍কর্ত্রী, সৃষ্টিশীলতা, সাহিত্য, বিজ্ঞান, পূণ্যতোয়া, সংস্কৃত ভাষার স্রষ্টা, মোক্ষদায়িনী, বেদমতে বর্ষাজননী, বজ্রকর্ত্রী, দুর্ভিক্ষ মোচনা, ব্রহ্মশক্তি, গ্রীক/রোমান লোককথায় তিনি ওই সকল দেশে দেবী এ্যাথেনা এবং মিনার্ভা, তিনি মহাভারতে সর্বশ্রেষ্ঠ পবিত্র নদী এবং শস্যমাতা তথা মানবীরূপিনী দেবীশ্রেষ্ঠা। মার্কণ্ডেয় ও মাৎস্যপুরাণে সরস্বতী নদী নয় দেবী হিসেবে পূজিতা। সামবেদ মতে তিনি জ্ঞানের সৃষ্টিকারিণীময় ভাণ্ডার বিশেষ। মৎস্যপুরাণসূত্রে তিনি পৃথিবীর জন্মদাত্রী। ঋকবেদ মতে জ্ঞানপ্রবাহিনী জল দেবী এবং এককপূজিতা। অন্যমতে ব্রহ্মা–সরস্বতীর মিলনের ফলে সমস্ত জীব এবং প্রকৃতির জন্ম বা সৃষ্টি, মনু যাদের সন্তান।

উল্লিখিত সরস্বতী দেবীর বৃত্তান্ত থেকে নানান তথ্য, সিদ্ধান্ত, মতামত হিন্দু শাস্ত্রে নানানভাবে প্রকাশমান হয়েছে। গভীরে না গেলে যার প্রকৃত ব্যাখ্যা পাওয়া সমস্যা বিশেষ। দেবী সরস্বতীর জন্ম বা উৎস নিয়ে শাস্ত্রজ্ঞরা যুগে যুগে ব্যাখ্যা দিয়েছেন। কাটা ছেঁড়া উৎস সন্ধান হয়েছে চতুর্বেদে, পুরাণে, মহাভারত এবং অন্য মহাকাব্যে, যা কালক্রমে লৌকিক কথকতায়ও বারবার উঠে এসেছে। সুন্দরী শ্রেষ্ঠা এবং একক সর্ববিদ্যা ও সংস্কৃতি জননীকে নিয়ে দেবলোকে আলোচ্য বিষয় হয়ে দাঁড়ায় এবং রিপু'র প্রত্যক্ষ প্রভাবের কথা ধর্মসাহিত্য ও পুরাণে উঠে এসেছে, যা শুনে মনে হয় এ যেন পৃথিবীর মনুষ্য সমাজলোকের ঘটনা যা আজও প্রবহমান। তারপরও দেবী সরস্বতী শুধু বিদ্যা, জ্ঞান, চেতনা বা সঙ্গীত জগৎকে ছাপিয়ে নিজগুণে ঐতিহাসিকভাবে অনন্যা, অদ্বিতীয়া।

দেবী সরস্বতীর জন্মবৃত্তান্ত এবং পার্থিবলোকে তাঁর সৃষ্টিশীল কর্মপ্রক্রিয়া অন্যান্য দেবদেবীর থেকে স্বতন্ত্র এবং প্রশংসাসাপেক্ষে বৈচিত্র্যময় ও বর্ণাঢ্য। হিন্দুশাস্ত্রের প্রতিটি গ্রন্থে, অধ্যায়ে তিনি নমস্যাদেবী হিসেবে উল্লেখিতা। দেব-ত্রয়ীর অন্যতম তথা ঈশ্বরশ্রেষ্ঠ ব্রহ্মার মুখ নিঃসৃত এই দেবী সরস্বতী। বিশ্বসৃষ্টি এবং তাঁর জীব জগতে প্রাণদানের জন্য সরস্বতীর আবির্ভাব, স্বয়ং ব্রহ্মা যাঁর জনক। বাগ‍্দেবীর জীবনবর্ণনায় পুরাণ মতে তাঁর একমাত্র সন্তান মনু— যিনি নাকি মানবসমাজের সৃষ্টিকর্তা, মানবকুলে প্রাণদাতা।

বেদমাতার জন্মবৃত্তান্ত নিয়ে ব্রহ্মপুরাণে কথিত আছে, স্বর্গলোকের তিন কর্তা ব্রহ্মা, বিষ্ণু, মহেশ্বর বিশ্বসৃষ্টির তাগিদ অনুভব করে তাঁরা বৈঠক করে সিদ্ধান্ত নেন, সৃষ্টিলোকের গোড়াপত্তন করা অনিবার্য হয়ে পড়েছে। বিশ্বসৃষ্টি না হলে, মানবসমাজ সৃষ্টিসাপেক্ষে শিক্ষা, সংস্কৃতি সাঙ্গীতিক কলা বাগ‍্ধারার জন্ম না দিলে পৃথিবীতে অস্থিরতার সৃষ্টি হবে। মানবসমাজ সৃষ্টি করে প্রতিটি মানুষের মধ্যে পূর্ণ মনুষ্যত্ববোধের সৃষ্টি করা প্রয়োজন। ব্রহ্মার উপর দায়িত্ব এল তেমনই এক অবতার সৃষ্টির, যিনিই কিনা পরিণতিতে দেবী সরস্বতী। দেবকুল জানাল যে, এই দেবী-ই হবে

সর্বগুণসমন্বিতা মানব সমাজের মধ্যে বাক্‌-সৃষ্টি থেকে শুরু করে, অন্যান্য সৃজনশীল কার্যধারার অধিষ্ঠাত্রী, দেবী স্বরূপা। মানবজীবনে সকল কলার উৎসা এবং এ মানব সমাজ দ্বারা তিনি সর্বত্র পূজিতা হবেনই। বঙ্গীয় বৈষ্ণবশাস্ত্র মতে কিন্তু তিনি বিষ্ণু'র প্রথমা পত্নী। ভিন্ন মতাবলম্বীদের সিদ্ধান্ত, মনু নয়, তাঁর পুত্র সন্তানের নাম ছিল সারস্বত।

বিদ্যা দেবীর পাশাপাশি তিনি আদি শাস্ত্রে পুণ্যতোয়া নদীমাতা স্বরূপা। কথিত আছে খ্রিস্টপূর্ব তৃতীয় ও চতুর্থ সহস্রাব্দের মধ্যভাগে ভারতবর্ষের উত্তর–দক্ষিণাঞ্চলে পবিত্র সরস্বতী নদীর অবস্থান ছিল। নদীর তীরবর্তী অঞ্চলে ছিল ঘনবসতি, যা সিন্ধু সভ্যতার অঙ্গ বিশেষ। সমকালে এই পুণ্যতোয়া সরস্বতী নদীকে সকল নদীর মাতৃস্থানীয়া হিসেবে পূজা করা হত। খ্রিস্টপূর্ব চতুর্থ সহস্রাব্দের অন্তভাগে এই নদী দীর্ঘ অনাবৃষ্টির ফলে শুকিয়ে গেলে স্থানীয় লোকসমাজ দূরে কুভা নদীর তীরে বসতিস্থাপন করে। এখানে ওই নদীর সমার্থবোধক নামকরণ হয় আবেস্তান। অন্য মতে সুরসুতি। আসল নদীর শুকিয়ে যাবার উপকথায় বলা হয়েছে, ওই সময় দেবকুল চাইলেন সমুদ্রে আগুন ধরিয়ে দিতে। দায়িত্ব দেওয়া হল সরস্বতী নদীকে। তিনি পিতা ব্রহ্মার অনুমতি নিয়ে সর্বজলকে মানবীরূপে রূপান্তরিত করে আগুনকে সমুদ্রে নিক্ষেপ করেন। কাজ সফল হয়। নিজেকে ত্যাগের মাধ্যমে উৎসর্গ করে জগতের কল্যাণ করলেন। অগ্নির বদলে এল জ্ঞানের ভাণ্ডার ও সঙ্গীতের মূর্ছনা। ধ্বনিত হল 'ওম' শব্দব্রহ্ম। সেই থেকেই শ্রী সরস্বতী বাক ও সঙ্গীতের দেবী স্বরূপিণী।

সরস্বতীর সন্ধান মেলে প্রাচীন ও মধ্যযুগের ভারতীয় সাহিত্যে। সময়কাল এক হাজার বছর খ্রিস্টপূর্বাব্দ এবং দেড় হাজার খ্রিস্টাব্দে। তিনি বৈদিক যুগ থেকে অদ্যাবধি দেবী হিসেবে পূজিতা। মহাভারতের শান্তিপর্বে তিনি সমস্ত বেদ এর জননী হিসেবে ভূষিতা, তৈত্তরীয় ব্রাহ্মণ–এ তিনি বাক্‌দেবী এবং সঙ্গীতের অধিষ্ঠাত্রী। ভারতের কিছু কিছু অঞ্চলে এবং তিব্বতেও ইনি মহাবিদ্যা তারা'র ভিন্নরূপ। তান্ত্রিক সাহিত্যে ইনি নীল সরস্বতীর অন্যতমা। লোককথায় ইনি ব্রহ্মার মুখ থেকে হাঁসে চড়ে নির্গতা, তাঁরই দেওয়া নাম সরস্বতী, যিনি চিরপ্রবহমানা জ্ঞানদা। তিনি শব্দব্রহ্মবাণীদায়িনী, তালব্রহ্ম-স্বরদায়িনী এবং ত্রিব্রহ্ম–এর শেষোক্ত নাদব্রহ্ম ধ্যানদায়িনী। বেদমতে পবিত্র জলদেবী। মৎস্যপুরাণ মতে, সরস্বতী সর্বভাষার জননী, হিন্দুত্বের স্রষ্টা, সকল প্রকার কলাবিদ্যার স্রষ্টা, যেমন কবিতা, সাহিত্য, সঙ্গীত, বিজ্ঞান ইত্যাদি। সরস্বতীপুরাণ প্রসঙ্গান্তরে গিয়ে উদ্ধৃত করেছে যে, দেবী সরস্বতীর জননী নেই, বৈবাহিক জীবন শতবর্ষ, তাঁদের একপুত্র স্বয়ম্ভুমারূ, প্রাচীন হিন্দুশাস্ত্রে তিনি ব্রহ্মার শক্তিব্রহ্মান্দিনী, বিজ্ঞানের দেবতা ব্রাহ্মী, ইতিহাসের দেবতা ভারতী বা ভারদী, সঙ্গীতধারা, সুমিষ্টভাষণ–এর জন্য তিনি বাণী বা বাচী, অক্ষরের দেবতা বর্ণেশ্বরী, কবি জিহ্বাগ্রভাষিণী বা কবিতা যার কণ্ঠে স্থাপিত, উপনিষদ–এ ইনি পূর্ণত্বপ্রাপ্তির মূল্যায়ক।

শ্রীমৎভাগবতপুরাণে (১.৪) উল্লেখিত আছে দেবী আদি পরাশক্তি ব্রহ্মাকে নির্দেশ দিয়েছিলেন— তুমি দায়িত্ব সহকারে বিশ্ব ব্রহ্মাণ্ড পরিভ্রমণ করবে, যেক্ষেত্রে সরস্বতী হবেন তোমার স্ত্রী তথা সহচরীর গুরুত্বপূর্ণ ভূমিকা নেবেন, যিনি হবেন জ্ঞানদা এবং আদি ও অকৃত্রিম বাক ধ্বনি ও সঙ্গীতের অধীশ্বরী। তিনি পার্বতী ও লক্ষ্মীসহ ত্রিদেবীর অংশ এবং বিশ্ব মহামানব সংসারের সৃষ্টিতে সাহায্য করবে ব্রহ্মা, বিষ্ণু এবং শিব। দেবী সরস্বতী হলেন জীবসত্তার নির্যাস এবং পবিত্রতোয়া:

অম্বিতমে নদীতমে দেবিতমে সরস্বতী (২.৪১.১৬) দক্ষিণ ভারতে দেবী সরস্বতী সূর্য কন্যা, বাহন সিংহ বা ময়ূর, কার্তিক-পত্নী। পবিত্রতার প্রতীক। ইনি হিমালয় থেকে অমৃত-এর সন্ধান দেন এবং তা স্বর্গে ঈশ্বরকুলে সমর্পণ করেন। ঋক বেদে প্রার্থনা করা হয়েছে: হে জলদেবী এবং জ্ঞানদা, তুমি আমাদের নির্মল কর। তোমার স্পর্শে আমরা এই জীবজগৎ পবিত্র হতে আকাঙ্খী। দেবীর পোশাক এবং অন্যান্য বস্ত্র এক একটি প্রতীক বিশেষ। যেমন, পদ্মফুল— পবিত্রতার প্রকাশ, শাড়ি— স্বচ্ছতা, পুণ্যত্ব, হাঁস— মূল্যবোধাত্মক, পুস্তক— জ্ঞান, ঘট— পবিত্র, বীণা— সৃষ্টি ও শিল্পকলা, ময়ূর— পরিবেশ পরিবর্তনসূচক। নদী অর্থে তিনি সুপরিচ্ছনা, প্রবহমান পুণ্যতোয়া, উর্বরা, সৌভাগ্যসূচিতা, নির্মলা। এজন্য ঋক্‌বেদ (১০.১৭) -এ দেবী বন্দনায় বলা হয়েছে: তপো অম্লানমাতরঃ শুদ্ধয়ন্ত ধর্তেন নো ধর্তব্য পুলস্ত। বিশ্বং হি রিপ্রপববহন্তি দেবী রদিদাভ্যঃ শুচিরাপূতপ্রেমি। আবার ১.৩.১০ স্তোত্রে বলা হয়েছে— হে সরস্বতী, শিক্ষা/বিদ্যাদায়িনী, বাগদেবী, সর্বমঙ্গলা, সকল সৃষ্টির কর্ত্রী, মহানেশ্বরী তোমাকে শ্রদ্ধা জানাই। তিনি সাতটি শাস্ত্রের জ্ঞানী সারদা। সংস্কৃত শাস্ত্রের রচয়িতা, মোক্ষদায়িনী।

তন্ত্রসার-এ সরস্বতী ধ্যানমগ্না বর্ণেশ্বরী বর্ণজননী, জিহ্বাগ্রভাষিণী তদুপরি কবি জিহ্বাগ্রভাষিণী, বেদমতে তিনি বরিষণ দেবী, সারদা তিলকতন্ত্রে তিনি গণেশের সহগামিনী, স্কন্দপুরাণ-এর সুতসংহিতায় সরস্বতী শিব-পত্নী এবং নীলকণ্ঠী। ভাগবৎপুরাণে তিনি রুদ্রের সহধর্মিনী মণিদীপা। অন্যসূত্রে তিনি ঈশ্বর বিষ্ণুজায়া এবং দেবী লক্ষ্মীর মতো সহ-স্ত্রী। সহজযোগে বর্ণিত আছে ব্রহ্মা সরস্বতীকে সকল রকম সুরযন্ত্রের মাতৃস্থানীয়া 'বীণা' প্রদান করেন। পরে তা তিনি নারদ মুনিকে অর্পণ করেন। গুরু নারদের মাধ্যমে শিক্ষা নেয় গন্ধর্বকুল, অপ্সরাগণ এবং কিন্নরেরা। এইভাবে বীণাবাদন শিক্ষাপাঠ ছড়িয়ে পড়ে অন্যান্য দেবতা, মুনি, ঋষি এবং মানব সমাজে। বীণা সর্বসঙ্গীত জগতের উৎস বলে চিহ্নিত। এই যন্ত্রকে মর্তলোকে স্বর্গীয় পরিবেশ সৃষ্টির উৎস বলে পরিচিত। পরিবেশভেদে এর ব্যঞ্জনাময় সুরধ্বনিরও পরিবর্তনের মাধ্যমে এক আনন্দময় স্বর্গীয় পরিবেশ সৃষ্টিকারক, যার ঈশ্বরী দেবী সরস্বতী। শিবপুরাণ এবং মৎস্যপুরাণ-এ দেবীর সাঙ্গীতিক শক্তির উল্লেখ বিশেষভাবে করা আছে। তাই বর্ণশিক্ষা এবং সঙ্গীত শিক্ষা সর্বত্র একত্রে দেখা যায়। তাছাড়া দেবীর অন্যান্য মাহাত্ম্য তো রয়েইছে। অপরদিকে সরস্বতী বর্ণনায় ব্রহ্মবৈবর্ত পুরাণ বিশেষ করে দেবীর জন্ম বৃত্তান্ত বর্ণনা বর্ণনে। বলা আছে দেবীর জন্ম হয় শ্রীকৃষ্ণের 'হৃদয়' থেকে, তিনি শ্রীকৃষ্ণজায়া এবং তস্যকন্যা। তদুপরি শ্রীকৃষ্ণকে বর্ণনা করা হয়েছে শ্রেষ্ঠতম ব্রাহ্মণ হিসেবে। সরস্বতী মাহাত্ম্য প্রকাশ ঋক্‌বেদ অগ্রণী হয়ে উক্তি করল, তিনি স্বর্গস্থিতা বেদাত্মা তথা সাত ভগিনীসহ পবিত্র নদী শ্রেষ্ঠা এবং দেবশত্রুকুলকে সর্বনিধনে তিনিই অগ্রণী হয়ে সফলকাম হন। তাঁর অবস্থান এবং ওইরূপ ভূমিকা না থাকলে পৃথিবীতে শান্তি বিরাজমান হত না। এক্ষেত্রে মনুষ্যসমাজ তাঁর কাছে কৃতজ্ঞ। সেজন্য তিনি একধারে ঈশ্বরী এবং অন্যদিকে পুণ্যতোয়া উর্বরা মঙ্গলময়ী নদী বিশেষ। তাই তিনি মাতৃকুল, নদীকুল এবং দেবীকুলশ্রেষ্ঠা, দুর্ভিক্ষমোচনের দেবী এবং অফুরন্ত চিরপ্রবাহিনী জলদেবী নির্মলা, বাক ও জ্ঞানের দেবীশ্রেষ্ঠা, উপনিষদ ও ধর্মশাস্ত্রে পবিত্রচেতনা শ্রী, তাই ঋক্‌বেদে সার কথা শুনি:

'অম্বিতমে নদীমতে দেবিতমে সরস্বতী'

বরাহ পুরাণ মতে তিনি গায়ত্রী, মহেশ্বরী এবং সাবিত্রী দেবী হিসাবে পূজিতা। একক পূজিতা (ব্রহ্মাবিহীন)। ভিন্ন মতে, সরস্বতী বিষ্ণুর প্রথমা স্ত্রী, কিন্তু তাঁর দুই সহধর্মিনী বর্তমান থাকাতে

তিনি দেবী সরস্বতীকে ব্রহ্মার কাছে সমর্পণ করেন। বিভিন্ন পুরাণ, বেদ, লোকায়ত শাস্ত্র, মহাভারত ইত্যাদি বহুধা বিভক্ত ধর্মগ্রন্থে দেবী সরস্বতীর রূপ, গুণ, মাহাত্ম্য নিয়ে যেভাবে তাঁকে শ্রদ্ধা ও ভক্তিতে ভরিয়ে দেওয়া হয়েছে আনুপাতিকভাবে বিরলতম স্মৃতিবিশেষ। তিনি ব্যতিক্রমী স্বদেশ ও বিদেশে বন্দিতা। দেবী সরস্বতী'র তীর্থস্থানগুলির মধ্যে অন্যতম মন্দিরসমূহ— অন্ধ্রপ্রদেশ— বাসার বা দেবীজ্ঞান সরস্বতী, জম্মু ও কাশ্মীর— দেবী সারদা, হরিয়ানা— পেহোয়া এবং দেবী সরস্বতী (পিক্রঢাকতীর্থ), কর্ণাটক— শৃঙ্গেরীতে দেবী সারদাপীঠ, তামিলনাড়ু— কুথাঙ্গর-এ দেবী সরস্বতী, তেলেঙ্গানা— কালেশ্বরম্-এ দেবী মহা সরস্বতী, ওয়ারঙ্গল-এ দেবী সরস্বতী, উত্তরপ্রদেশে— দেবী মহাবিদ্যা। তিনি মায়ানমার-এ থুরাথাডি বা ত্রিপিটক মেডাও, চিন-এ বিয়ানচাইতিয়ান, জাপান-এ বেনজাইতেন, থাইল্যান্ড-এ সুরাসোয়াগি, শ্রীলঙ্কায়— মঞ্জুশ্রী, তিব্বত-এ মহাবিদ্যাতারা, নীলা সরস্বতী, যার শতনাম উচ্চারিত হয়। এছাড়া সন্ধান পাওয়া যায় কম্বোডিয়া, বালি, ইন্দোনেশিয়া ও পার্শ্ববর্তী রাষ্ট্রসমূহে। আবার তিনি নেপালে— সরস্বতী, তেলেগু ভাষায়— সরস্বতী, কোঙ্কনিতে— সারদা, বীণাপাণি, পুস্তকধারিণী, বিদ্যাদায়িনী, কন্নড় ভাষায়— সারদে, বাণী ও বীণাপাণি, তামিল-এ— কলাইমগল, কলাইবাণী, বাণী, ভারতী, মালয়ালম-এ— সরস্বতী বিন্ধাচল এবং উড়িষ্যা ও আসাম-এ মহা সরস্বতী। গোয়া, মহারাষ্ট্র, কর্ণাটকে সরস্বতী পূজা শুরু হয় মহাসপ্তমীতে এবং শেষ হয় বিজয়া দশমীতে, যাকে বলা হয় সরস্বতী উদাসন। অন্ধ্রপ্রদেশে সরস্বতী পূজা শুরু মহাসপ্তমীতে। ওই দিন থেকে ত্রিরত্নব্রতম্ শুরু এবং দুর্গাষ্টমীতে মূলপূজা অনুষ্ঠিত হয়। গুজরাটের সিদ্ধপুরে কার্তিক পূর্ণিমায় সরস্বতী পূজা হয়। কেরল এবং তামিলনাড়ুতে সরস্বতী পূজা হয় নবরাত্রি উৎসবের শেষ তিন দিনব্যাপী।

দেবী সরস্বতী'র ১০৮ নাম

''সরস্বতী, মহাভদ্র, মহামায়া, বরপ্রদা, শ্রীপ্রদা, পদ্মানিলয়া, পদ্মাক্ষা, পদ্মভক্ত্রকা, পুস্তকভৃতা, জ্ঞানমুদ্রা, রামায়া, পরায়া, কামরূপা, মহাবিদ্যা, মহাপতাকা, মহাশ্রয়া, মালিন্যা, মহাভোগ্যা, মহাভূজা, মহাভাগা, মহৎস্বাহা, দিব্যানগয়া, সুরবন্দিতা, মহাকালী, মহাপাশ্যা, মহাকারা, মহানকুষা, পিতায়া, বিমলা, বিশ্বায়া, বিদ্যুন্মাল্যা, বৈষভ্যা, চন্দ্রিকা, চন্দ্রবদনা, চন্দ্রলেখাভূষিতা, সবিত্যা, সুরসায়া, দেব্যা, বিদ্যালঙ্করাভূষিতা, বাগদেবী, বসুদা/বসুধা, তিভায়া, মহাভদ্রা, মহাবলয়া, ভোগদায়া, ভামা, ভারতী, গোবিন্দা, গোমাত্যা, শিবায়া, জ্যোতির্লায়া/যতিলয়া, বিন্দুভাষী, বিন্ধ্যাচল, বিরাজিতা, চণ্ডিকা, বৈষভ্যা, ব্রহ্মায়ী, ব্রহ্মজ্ঞানৈকসাধন্যা, সুদামান্যা/সৌদামিনী, সুধামূর্তি, সুভদ্রা, সুরপূজিতা, সুভাষিণী, সুনাশয়া, বিনিদ্রয়া, পদ্মলোচনা, বিদ্যারূপী, ব্রহ্মজায়া, মহাফলয়া, ত্রৈমূর্তি, ত্রিকালজ্ঞা, ত্রিগুণা, শাস্ত্ররূপাণ্যা, সম্ভাসুরাপ্রমথিনী, শুভদয়া, স্বরাত্রিকায়া, রক্তবীজনিহন্ত্রা, চামুণ্ডা, অম্বিকা, মুক্তকাপ্রহরিণী, ধুম্রলোচনামদনারী, সর্বদেববস্ততা, স্যোমায়ী, সুরাসুরনমস্কৃতা, কালরাত্রী, কলাধারয়া, রূপসৌভাগ্যদায়িনী, বাগদেবী, বরবোহয়া, বারায়ী, বারিজাসনায়ী, চিত্রম্বরা, চিত্রাঙ্গদা, চিত্রমাল্য বিভূষিতা, কান্তা/কান্তায়া, কামপ্রদায়ী, বন্ধ্যায়া, বিদ্যাধর-সুপূজিতা, শ্বেতনয়না, চতুর্বর্গফলপ্রদায়ী, চতুরান্নসাম্রাজ্য/সম্রাজ্ঞী, রক্তমধ্যায়া, নিরঞ্জনা, হংসাসনয়া, নীলজনঘায়া, ব্রহ্মা-বিষ্ণু-শিবাত্মিকা।— ইতি শ্রী সরস্বতী অষ্টোত্তর শতনামাবলী সমাপ্তম্।''

এছাড়াও দেবীকে শাস্ত্রান্তরে ভিন্ন ভিন্ন নামে কালচক্রে অলঙ্কৃত করা হয়েছে। যেমন— শতরূপা, বেদমাতা, ব্রাহ্মী, বাগীশ্বরী, ব্রহ্মাণী, বরদা, পদ্মাসনা, হংসাসীনা, মোক্ষদা, গায়ত্রী, সোমলতা,

মহাবিদ্যা, ভদ্রকালী, বিশ্বরূপা, বর্ণেশ্বরী বা বর্ণজননী, মণিদীপা, পদ্মাসনা, নীলকণ্ঠী, বজ্রাসনা, ঈশ্বরী, জ্ঞানদা, বাগেশ্রী, বাচী, মঞ্জুশ্রী সহ আরও নাম।

সরস্বতী ব্যাতিক্রমী বৈশিষ্ট্য

বেদ, পুরাণ, মহাভারত, উপনিষদ থেকে শুরু করে অন্যান্য হিন্দুশাস্ত্র দেবী সরস্বতীকে অন্যতম শ্রেষ্ঠ তেজস্বিনী, ব্যক্তিশালিনী দেবকুলের আপসহীন চরিত্র হিসেবে বর্ণনা করেছে সমীহভরে। প্রয়োজনে সততা ও পবিত্রতার স্বার্থে তিনি স্বর্গরাজ্যে দেবকুল বিশেষ করে ব্রহ্মা-বিষ্ণু-শিব'কে সত্যের মুখোমুখি দাঁড় করাতে এতটুকু ইতস্তত করেননি, প্রয়োজনে বিদ্রোহ করেছেন যা অবশ্যই ব্যতিক্রমী, যেজন্য বেদোত্তর যুগে মানবসমাজে নারীকুল অনুপ্রাণিত হয়েছিল। দেবসংসারে একক নারী বা দেবীর পুরুষশাসনের বিরুদ্ধে বিদ্রোহ ঘোষণায় ইদানিংকালের নারী সমাজের কাছেও অনুকরণীয়া দৃষ্টান্ত বিশেষ। তাঁর মধ্যে এত গুণের সমাবেশ ছিল বলে দেবকুলের কারও কাছে দুর্বলতা প্রকাশ কিংবা আপসের প্রশ্নই ছিল না। বিশেষ করে বিদ্যার্থীকুলের কাছে দেবী সরস্বতী আবশ্যিকভাবে গুরুস্থানীয় এবং প্রণম্যা।

এ প্রসঙ্গে বাক্‌সূত্রের বর্ণনা: দেবী সরস্বতী আস্থা ভরে বলেছেন, 'আমি ঈশ্বরকুলের সঙ্গে চলি, অবস্থান করি এবং আত্মনির্ভর করে নিজেকে নিয়ন্ত্রিত করি। যে কেউ নিঃশ্বাস নেয়, অবলোকন করে এবং আহারাদি করে, তার সবকিছুই আমার জন্য— আমি শক্তিধরবর্গের সৃষ্টি করি তাদের মধ্যে জ্ঞান এবং চেতনাশক্তির সঞ্চার করি... বিশ্ব-ব্রহ্মাণ্ড ব্যতিরেকে আমার প্রভাবিত অবস্থান এবং অবাধ বিচারণ।'

ঋক বেদ, বাক্‌সূক্ত এবং বৃহস্পতিসূক্ত সহমত যে: সরস্বতী কোনও ঈশ্বরী নন, তিনি নারীশক্তির প্রতীক, তিনি মানবিক জ্ঞান এবং চেতনা শক্তির উৎস এবং অনুপ্রেরণাদাত্রী বিশেষ। তাঁর অদ্বিতীয়া চারিত্রিক বৈশিষ্ট্য কিন্তু লিঙ্গভেদের তারতম্যের সুযোগ নিয়ে নয়; এর মূলে আছে তাঁর নিরপেক্ষ মাতৃত্ববোধ, স্নেহশীলা, সখ্যতা এবং সমাজ বান্ধব বোধশক্তির উন্মেষ বা প্রকাশ।

পুষ্পাঞ্জলী মন্ত্র

ওঁ জয় জয় দেবী চরচরসারে
কুচযুগশোভিত মুক্তাহারে।
বীণারঞ্জিত পুস্তকহস্তে
ভগবতী ভারতী দেবী নমহস্তুতে।।
নমঃ ভদ্রকালৈ নমো নিত্যং সরস্বতৈ নমো নমঃ।
বেদ-বেদাঙ্গ-বেদান্ত-বিদ্যাস্থানেভ্য এব চ
এস সচন্দন পুষ্প বিল্বপত্রাঞ্জলী সরস্বতৈ নমঃ।।

অস্তমান টুংটাং হাতে-টানা রিকশা

কলকাতা দৈনিক স্টেটসম্যান, মঙ্গলবার ২৩ জানুয়ারি ২০১৮

কলোনিয়াল এরা'র টানে আজও বিদেশি পর্যটকদের কলকাতায় আসার উৎসাহ, তার অন্যতম বৈচিত্র্যময় আকর্ষণ এখানকার ঐতিহ্যময় হাতে টানা রিকশা বা হাতে টানা বাহন। ভারতে প্রথম হাতে টানা রিকশার চল হয় ১৮৮০-তে সিমলায়, তদানীন্তন ইস্ট ইন্ডিয়া কোম্পানির গ্রীষ্মকালীন রাজধানীতে। সেটি একটু অন্য ধরনের -হাতে টানা যান, ভারী এবং লোহার তৈরি, চালক ছিল চারজন। সামনে দু'জন দু'দিকে হাতল ধরে টানত। আর পিছন থেকে দু'জন ঠেলত। এই লোহার রিকশা ব্রিটিশ অভিজাত মহিলাদের খুব প্রিয় যান ছিল। কলকাতায় পরবর্তীতে দু'চাকার রিকশা বর্তমান আকারে চালু হয় ১৮৯০-এর দশকে। কাঠের হালকা এবং একজন চালিত। এমন রিকশা আসে জাপান থেকে। সেই সময় কলকাতার মধ্যবিত্ত শ্রেণির লোকজনই এই রিকশায় চড়তেন। আর ধনী অভিজাত জমিদার শ্রেণির লোকজন চড়তেন পালঙ্কে। কথিত আছে, জাপানে রিকশার চলনের পিছনে আছেন জৈনক ইউরোপিয়ান ধর্মযাজক। তাঁর স্ত্রী বিকলাঙ্গ থাকায় যাওয়া–আসার জন্য তিনি ওই হাতে টানা রিকশার সূচনা করেন। পরে তা জনপ্রিয় হয়ে একসময় ২১ হাজারে দাঁড়ায়। তারপর এই মনুষ্যচালিত যান চীন হয়ে এদেশে পৌঁছয়।

রিকশা কথাটির উৎস জাপান। জাপানি ভাষায় এর নাম 'জিন রিকশা', যার মানে মানুষের দ্বারা চালিত বাহন। কথিত আছে, এই বাহনের মূল আবিষ্কারক বা নির্মাতা জৈনক জাপানি ইজুমি ইওসুকা, সময়কাল ১৮৬৯। জাপান জনক হলেও এখন পুরো এশিয়ার দক্ষিণ–পূর্বাঞ্চলেই এর চলন নিষিদ্ধ। অথচ একসময় টোকিও এবং হংকংয়ে এর জনপ্রিয়তা ছিল তুঙ্গে। বর্তমানে হংকংয়ে ট্যুরিস্টদের অতীত ইতিহাসের সাক্ষ্য প্রদর্শনের জন্য মাত্র তিনটি রিকশা প্রদর্শনী কক্ষে সযত্নে রাখা আছে। একই চিত্র লন্ডন, ডাবলিন এবং লস এঞ্জেলসেও। মানবিক কারণে ১৯৪৯ সালে মাও–জে–দং চীনে হাতে টানা রিকশা বন্ধ করে দেন। এই যান ধীরে বন্ধ করে দেওয়া হয় সমগ্র দক্ষিণ–পূর্ব এশিয়া সহ পূর্ব আফ্রিকা, দক্ষিণ আফ্রিকা, মাদাগাস্কার, নাইরোবি, কুইনান, সাংহাই, উত্তর আমেরিকা, মার্কিন যুক্তরাষ্ট্র, কানাডা এবং ভারতের কলকাতা বাদে অন্যান্য শহর ও রাজ্যে। কলকাতায় উল্লিখিত সময়ে রিকশার আমদানি ঘটায় চাইনিজরা। যার জনপ্রিয়তা বাড়ে ১৯ শতকের শেষ থেকে। উদ্যোক্তা চৈনিক চামড়া ও জুতো ব্যবসায়ীরা। কোনও কোনও ধনী চৈনিক ট্যাংরাবাসী ব্যক্তিগত রিকশাও রাখতেন। ট্যাংরাস্থিত চায়না টাউন-এ কোনও কোনও বাড়িতে তার নিদর্শন চিত্রের খোঁজ পাওয়া যায়।

হাতে টানা রিকশা নিয়ে অ–কলকাতাবাসী থেকে বিদেশি, আগন্তুক পর্যন্ত জনগণের উৎসাহের শেষ নেই। ইংরেজরা বলত, 'প্রাইড হ্যান্ড পুলড় ভেহিকেল অফ ক্যালকাটা'। সত্যিই ব্রিটিশ হেরিটেজ। ঐতিহাসিক এবং বিভিন্ন দলিল-দস্তাবেজের প্রমাণসাপেক্ষে কলকাতায় এই যান ১৮৯০-তে চালু হলেও সরকারিভাবে জনপ্রিয়তা লাভ করে ১৯১৪ সালে। তখন থেকেই রিকশা পুরোপুরিভাবে যানবাহন হিসেবে এই নগরীতে ছড়িয়ে পড়ে। সমাজতত্ত্ববিদরা দীর্ঘকাল ধরে এই

‘মানুষের কাঁধে মানুষ বহন’ নিয়ে ক্ষুব্ধ এবং সরকারও তাই মনে করেছে। যে কারণে রাজ্য সরকার ২০০৫ সাল থেকে নতুন লাইসেন্স এবং তা নবীকরণ করা বন্ধ করে দিলেও ক্রমহ্রাসমান হাতে টানা রিকশা বন্ধ করা যায়নি। সর্বশেষ সরকারি হিসাব অনুযায়ী ২০১৫ সালে রিকশা ছিল ২ হাজার, কিন্তু বেসরকারি মতে ওই সংখ্যা প্রায় ৮ হাজার, যার মধ্যে প্রতিদিন পথে নামে নূন্যতম: ৩ হাজারেরও বেশি। ক্রমশ রিকশার চলন কমে যাওয়ার কারণে বর্তমান সময়ে সাইকেল রিকশা, অটো রিকশা ইত্যাদি কলকাতা মহানগরীতে চালু হয়েছে। তা ছাড়া নতুন লাইসেন্স না দেওয়াও একটা কারণ। এই অমানবিক বাহন তুলে দেওয়ার জন্য। ১৯৭৬ সালে তদানীন্তন সরকার উদ্যোগ নিয়েও বিহারের রাজনৈতিক চাপে সংঘাত দমনে তাঁরা পিছিয়ে আসেন। সেসময় ঝাড়খণ্ড সৃষ্টি হয়নি। তারপর ২০০৫ সালে আবারও চেষ্টা বিফলে যায়। হাতে টানা রিকশা বজায় রাখতে এগিয়ে আসে বিহার ও ঝাড়খণ্ড, কারণ এই দুই রাজ্যের অধিবাসীরাই তো কলকাতায় রিকশা চালায়। এই বাহন পরিষেবায় যুক্ত রয়েছে উভয় রাজ্যের ৩৫ হাজারেরও বেশি শ্রমজীবী।

১৯৭১-এ বাংলাদেশ যুদ্ধের সময় ওপারের অনেক শ্রমজীবী কলকাতায় এসে টানা রিকশা চালানোর জীবিকা গ্রহণ করে, কিন্তু পরে তারা আবার স্বদেশে ফিরে যায়। হাতে টানা রিকশা চালানোর একাধিপত্য ওই হিন্দিভাষী রাজ্য দু’টির, তাও বংশ পরম্পরায়, ৪/৫ পুরুষ ধরে। এরা পরিবার নিয়ে থাকে না। বছরে দু-একবার দেশে যায় অথবা অসুখ-বিসুখ করলে। স্বভূমির প্রতি এদের টান অদম্য। ইদানীংকালে রিকশার চাহিদা কমে যাওয়ায় এই শ্রমজীবীরাও আস্তে আস্তে এখানকার আস্তানা গুটিয়ে আনছে। যেভাবে বিকল্প সুবিধাজনক যান্ত্রিক যান, যেমন ব্যাটারিচালিত রিকশা, অটো ও টোটোর বিস্তার ঘটছে, তাতে করে ওই হাতে টানা রিকশাওয়ালারা ভাবতে শুরু করেছে ‘এই পুরুষই শেষ, পরবর্তী প্রজন্ম এই পেশার জন্য কলকাতায় আর আসবে না। এখানে আর নয়, দেশে ফিরে খেতি-বাড়ি করবে।’ অন্য কোনও কাজ যে করবে এমন বিকল্প ভাবনা কারোরই নেই। এই চালকদের মধ্যে শতকরা হিসাবে মুসলিমরাই অংশত এগিয়ে। এরা মহল্লায় মহল্লায় কাজ করে, সবার সঙ্গে প্রীতির সম্পর্ক এবং অসাম্প্রদায়িকতার যূথবদ্ধতার এদের দৃষ্টান্ত লক্ষণীয়। কয়েক দশক আগেও রিকশাচালক এবং সহযোগীদের সংখ্যা ছিল আনুমানিক প্রায় ৩৫ হাজার লোক, যা আজ ভগ্নদশায়।

বিগত মাত্র দু’দশক রিকশা চালানোর এলাকা দ্রুত কমে এসেছে। এক সময় তো এই হস্তচালিত যানের বিস্তার ছিল পুরনো কলকাতা জুড়ে। খুব বেশি দূরে গন্তব্যস্থল না হলে সহজপ্রাপ্য রিকশাই ছিল উল্লেখযোগ্য বাহন। সেই আধিপত্য আজ সঙ্কুচিত হয়ে এসে দাঁড়িয়েছে মূলতঃ ভবানীপুর, কালীঘাট, লেক রোড থেকে বালিগঞ্জের আনাচে-কানাচে সদর স্ট্রিট, ফ্রি স্কুল স্ট্রিট, নিউ মার্কেট-কেন্দ্রিক অলিগলি, ওয়েলিংটন স্কোয়ার থেকে রডন স্ট্রিট, বউবাজার, কলেজ স্ট্রিটের পুরো চত্বর, বড়বাজার, মহাত্মা গান্ধী রোড ও দু’পাশের অলিগলি, চীনেবাজার, পোদ্দার কোর্ট এলাকা, মেছুয়াবাজার, কলাবাগান, কেশব সেন স্ট্রিট, আমহার্স্ট স্ট্রিট, রাজাবাজার, নারকেলডাঙাভিত্তিক এলাকা, বেলেঘাটা, খিদিরপুর, গড়িয়াহাট মার্কেটাশ্রিত অলিগলি, চিৎপুর, বাগবাজার, সেন্ট্রাল অ্যাভিনিউ, বিবেকানন্দ রোড, শ্যামবাজার থেকে টালা পার্ক হয়ে আশপাশের অলি-গলি ইত্যাদি। এসকল এলাকায় তিন চাকার সাইকেল রিকশার চলন নেই। তবে ঘটনাক্রমে কোথাও কোথাও কিঞ্চিৎ সহাবস্থানও দেখা যায়।

হাতে টানা কাঠের রিকশা তৈরির বর্তমান খরচ কমবেশি ৪ হাজার টাকা। হাতল দু'টি এবং চাকার কাঠ বাবুলগাছের, কারণ শালকাঠের রিকশা বানাতে গেলে প্রায় দ্বিগুণ খরচ। হ্যান্ডেলের শেষ ভাগ অ্যালুমিনিয়ামের, কারণ পেতলের হাতল লাগাবার খরচ বেশি। একজন রিকশাচালক গড়ে প্রায় ১২ ঘন্টা চালায়। যেমন সকাল ৬টা থেকে ১২টা, আবার বিকেল ৪টা থেকে ১০টা। মাঝের সময়টায় ফুটপাথেই খাওয়াদাওয়া এবং রিকশাতেই ন্যাপিং বা সিয়েস্তা। এর মধ্যে খদ্দের এসে গেলে স্বতন্ত্র কথা। এদের দ্বিপ্রাহরিক আহার প্রধানত ছাতুর সঙ্গে পেঁয়াজের খণ্ডসহ আচার-ফালি ও কাঁচালঙ্কা। দিন প্রতি গড় আয় দু'শো টাকা। যার মধ্যে খাওয়া খরচ বাবদই চলে যায় অর্ধেক টাকা। বাকিটা সঞ্চয় করে একসঙ্গে লোক মারফত দেশে পাঠানো। এ এক অদ্ভুত সৎ বন্দোবস্ত। আগে তো সাবেকি বাড়ির নীচে রিকশার সিটে মাথায় দিয়ে এরা সার দিয়ে ঘুমোত। সে সব দালানবাড়ি নিশ্চিহ্ন হয়ে যাওয়ায় এদের একদল ফুটপাথে ঘুমোয়। আবার কোনও কোনও গোষ্ঠী সস্তায় অস্বাস্থ্যকর বাসা ভাড়া নিয়ে একঘরে গাদাগাদি করে শোয়। সব রিকশাই ভাড়ায় নেওয়া, যেজন্য সপ্তাহে দু'শো টাকা মালিককে দিতে হয়, টুংটাং ঘণ্টাটা নিজের যা সাধারণত অ্যালুমিনিয়ামের, দাম ১৫ টাকা আর পেতলের ঘণ্টা হলে তার দাম ১০০ টাকা। আর ডেরায় থাকার ব্যবস্থা থাকলে এক–একজনকে মাসে ১০০ টাকা ভাড়া গুনতে হয়। রিকশা মালিককে বলা হয় 'সর্দার'। এদের সংগঠনের বর্তমান নেতা মুখতার আলি।

আর একদল রিকশাওয়ালা আছে, তারা বিশেষ শ্রেণীর বাবুদের গোপন গন্তব্যস্থলে পৌঁছে দেবার কাজে চিহ্নিত। এদের আয়টা বহনের জন্য নয়, বাবুকে মোটা টাকার বিনিময়ে 'লাল আলো' এলাকার দেহ ব্যবসায়ী নারীর কাছে পৌঁছে দেওয়াই মুল ব্যবসা। দু'তরফ থেকেই ভালো উপার্জন হয়। চিহ্নিত এলাকাগুলির মধ্যে আছে ফ্রি স্কুল স্ট্রিট, সোনাগাছি, রামবাগান এবং রয়েড স্ট্রিট সংলগ্ন তথাকথিত সাহেবপাড়া। রিকশা চালানোর সঙ্গে সঙ্গে মূলতঃ এরা আড়কাঠি বা পিম্প-এর কাজও করে। একটা বা দুটো সেরকম সওয়ারি পেতে পারলে ওদের সারাদিনের খরচ উঠে আসে। এই বিশেষ শ্রেণির রিকশাওয়ালাদের সন্ধান মেলে ওই সকল এলাকায়। অনেক রিকশাচালক বাবুকে পৌঁছে বা ফেরত নিয়ে আসার দায়িত্ব নিয়ে অপেক্ষমান থাকে, যে ক্ষেত্রে ভাড়ার পরিমাণ বেশি হয় 'হল্টিং'–এর জন্য।

টুংটাং রিকশাওয়ালাদের অবাধ বিচরণ বা ব্যবসার এলাকা হল অলিগলি সরু ও মাঝারি রাস্তা অর্থাৎ ট্রাফিক আইনের রক্তচক্ষুর বাইরের এলাকায়। এদের না আছে লাইসেন্স, না ভোটার কার্ড বা আধার কার্ড এবং স্থায়ী ঠিকানা। অন্যায় করলে (ট্রাফিক) এদের ধরা বা রিকশা আটক করা মানে পুলিশের দায় বাড়া। তাই অনেক থানা প্রাঙ্গণে দেখা যায় রিকশায় টাঁই হয়ে উপচে পড়ছে। নেই কোনও দাবিদার কিংবা সরাবার বিকল্প জায়গা। তাই ট্রাফিক আইনে ধরা পড়া রিকশা খুব একটা চোখে পড়ে না। লাইসেন্স প্রথা উঠে যাওয়ায় এরা মুক্ত চালক। ফলত সরকারও জানে না কলকাতায় কত রিকশা আছে কিংবা কত রিকশা প্রতিদিন কলকাতার রাস্তায় চলে।

হাতে টানা রিকশা চালকদের পোশাক সেই চিরাচরিত ধরনের। লুঙ্গি, গেঞ্জি, শীতকালে চাপানো জামা, কাঁধে ময়লা গামছা, খালি পা, তবে ইদানিং সময়ে হাওয়াই চপ্পল যোগ হয়েছে। শৈশবে দেখেছি বিলাসী চালকদের কেউ কেউ টায়ারের চপ্পল পড়ত। চরম গ্রীষ্মে খালি গা কিংবা সস্তার ফতুয়া। কলকাতার অলি–গলি এদের মুখস্থ। তবে এদের কিস্তু রয়েছে এলাকাভিত্তিক হাতে টানা যান চালানোর অলিখিত নিয়ম। মূলতঃ হিন্দিভাষী হলেও এরা বাংলা বোঝে এবং চোস্ত বাংলা

বলতে পারে। ভাড়ার ওঠানামা আছে। দাঁও মারতে কসুর করে না। এক রিকশাকে না নিয়ে অন্য রিকশা নিলে তা নিয়ে এদের মধ্যে কোনও বিবাদ নেই। এক-একটা চিহ্নিত ঠেকে এরা সার ধরে দাঁড়িয়ে থাকে খদ্দেরের আশায়। সাধারণত দুপুরবেলায় খদ্দের কমে যাওয়ায় রিকশাতেই পথিপার্শ্বে জিরিয়ে নেওয়া কিংবা দেশওয়ালি যান চালকদের সঙ্গে দেশের কথা বলা। এরা কখনও ঝগড়া করে না, অবশ্যই নিজেদের মধ্যে। তবুও অলি-গলি, তস্য গলি, সরু-মাঝারি রাস্তার পরিচিতি এদের নখদর্পণে। এলাকা মহল্লাভিত্তিক রোড-ম্যাপ এরা হাতের তালুর মতো চেনে। অপরিচিতজনের কাছে এরা অঞ্চলভিত্তিক পথনির্দেশক।

রিকশা চালকদের ব্যবসার মরশুম: বাচ্চাদের স্কুল খোলা থাকলে এবং গ্রীষ্ম ও বর্ষাকালে, আজও কলকাতা যখন বানভাসি হয়, কোনও যান চলে না, প্রচণ্ড বৃষ্টি, তারই মধ্যে রিকশাচালকরা কোমর জলে দানবীয় শক্তি নিয়ে যাত্রী বহন করে, যা বিস্ময়কর এবং মরশুমি অবলম্বনবিশেষ। বর্ষার মরশুমে এদের গড় আয় সবকিছুকে ছাপিয়ে যায়। ওই সময় বিকল্প যান না থাকাতে গ্রাহকও বাধ্য হয় আকাশ-ছোঁয়া রেটে রিকশা নিতে। বানভাসী অচল কলকাতাকে সচল রাখে এই হাতে টানা যানই। পাড়ায় পাড়ায় রিকশাওয়ালাদের বাঁধা খদ্দের আছে। যেমন— বাচ্চা পড়ুয়াদের স্কুলে পৌঁছে দেওয়া, নিয়ে আসা, প্রতিদিন বৃদ্ধদের ঠিক সময়মতো গন্তব্যস্থলে পৌঁছে দেওয়া এবং ঠিক সময়মতো নিয়ে আসা, বৃদ্ধাদের ক্ষেত্রেও তাই। প্রায় অচল রোগীদের নিয়মিত ডাক্তারখানায় নিয়ে যাওয়া, ফেরত আসার সময় প্রয়োজনে দাঁড় করিয়ে রাখা, ওষুধ কিনে দেওয়া ইত্যাদি। সমীক্ষায় দেখা গেছে, এভাবে এরা এলাকাভিত্তিক আত্মীয়তার বন্ধনে আবদ্ধ হয়ে যায়। যেন ঘরের পরিচিতজন। এরা কখনও অবিশ্বাসের কাজ করে না। মা-বাবার অগাধ বিশ্বাসে তাদের ছোট ছোট ছেলেমেয়েদের চোখ বুজে ওইসব রিকশাওয়ালাদের মাধ্যমে স্কুলে পাঠিয়ে দেয়। মন্দ মরশুমে হল শীতকাল। ঠান্ডায় পারতপক্ষে খোলা রিকশায় কেউ চড়তে চায় না। তাই এসময় এরা দেশে চলে যায়। অপর কারণ স্কুলগুলিও ক্রিসমাসের ছুটিতে বন্ধ থাকে।

পৃথিবীর সর্বত্র যেখানে হাতে টানা রিকশা উঠে গিয়ে মিউজিয়ামে কাচের বাক্সে সংরক্ষিত আছে, সেখানে এখনও কলকাতায় তা জোরকদমে চলেছে, তা শুধু ভারতবর্ষের অন্যান্য রাজ্যই নয়, পৃথিবীর সর্বত্র আলোচিত বিষয়। বিদেশিরা এসে ছবি তুলে নিয়ে যায়। কোনও কোনও বিদেশি/বিদেশিনী অত্যুৎসাহে হাতে টানা রিকশায় চড়ে প্রসন্নচিত্তে ঘুরেও বেড়ায়। সদর স্ট্রিট, চৌরঙ্গি লেন, ফ্রিস্কুল স্ট্রিটে এদের চোখে পড়ে। শক্ত সিটে বসে ওদের হাতল ধরে সহাস্য রিকশা চড়া পথিপার্শ্বের কলকাত্তাইয়া লোকজনের বেশ মজার খোরাক জোগায়।

হাতে টানা রিকশা নিয়ে পৃথিবীর জনগণের মধ্যে কৌতূহলের অন্ত নেই। রিকশাওয়ালা নিয়ে অনেক সিনেমাও হয়েছে। সৃষ্টি হয়েছে সার্থক উপন্যাসও এবং গান। মনে পড়ে ১৯৩০-এ লাওসে'র লেখা উপন্যাস: 'রিকবয়', এডি হাওয়ার্ড-এর জনপ্রিয় গান 'রিকেটে রিকম্যান', রুডিয়ার্ড কিপলিং-এর লেখা 'দি ফ্যান্টমস রিকশ', বিখ্যাত চিত্রী গ্রে ভোর'-এর অসামান্য চিত্রমালা, বিমল রায়ের অবিস্মরণীয় সিনেমা 'দো বিঘা জমিন', কলকাতার রিকশা নিয়ে বিখ্যাত ছবি 'সিটি অব জয়', এই দুটি চলচ্চিত্রে যথাক্রমে বলরাজ সাহানি এবং ওম পুরীর অভিনয় স্মরণীয়। তারও আগে ১৯৩১-এ 'পার্ল-এস-বার্ক'-এর বিখ্যাত উপন্যাস 'দি গুড আর্থ', মনে পড়ে ব্রিটিশ ডকুমেন্টরি, 'ক্যালকাটা'স হ্যান্ড-পুল্ড রিকশ'স অব কলোনিয়াল এরা' এবং সত্যজিৎ রায়ের 'আগন্তুক' এবং অপর্ণা সেনের 'থার্টি সিক্স চৌরঙ্গি লেন'। কলকাতার বহু বিখ্যাত শিল্পীর

আঁকা তেল রঙ এবং স্কেচ বা সস্‌ পেইন্টিং অবিস্মরণীয় হয়ে আছে। ওঁদের কাছে 'রিকশা' এবং 'রিকশাওয়ালা' একটি আকর্ষণীয় সাবজেক্ট, সঙ্গে রয়েছে ফটোগ্রাফারদের ওদের প্রতি বিশেষ টান।

যেভাবে বৈজ্ঞানিক প্রযুক্তির সহায়তায় হালকা, আরামদায়ক এবং ছোট ছোট বিকল্প যন্ত্রচালিত যান বাজারে চলে এসেছে, তাতে সকলেরই আশঙ্কা হাতে টানা কলোনিয়াল রিকশার দ্রুত অবসান আসন্ন। তা ছাড়া যানবাহনের বিপুলতা এবং দ্বিচক্র যান্ত্রিক যানের ভিড়ে এই ধীরস্থির রিকশার চাহিদা কমতে বাধ্য। এখন তো পরীক্ষামূলকভাবে সল্টলেকে বাণিজ্যিক মোটরবাইক চলা শুরু হয়েছে, যা পরে অন্যত্র ছড়িয়ে দেওয়া হবে। ওসমান আলি, আসগর মিঞা, ভিখুলাল, রাম অবতার ইত্যাদি কলকাতার ছড়িয়ে-ছিটিয়ে থাকা রিকশাওয়ালাদের সকরুণ দৃঢ় বিশ্বাস, এরাই হাতে টানা রিকশা বহনে শেষ প্রজন্ম। বিহার-ঝাড়খণ্ডে কষ্টেশিষ্টে খেতি-বাড়ি করার বাসনা, তাই পরবর্তী প্রজন্ম এ শহরে বংশগত পেশায় আর ফিরবে না। চৌরঙ্গির জাদুঘরে স্থান পাবে ঐতিহাসিক 'হাতে টানা রিকশা'। সংরক্ষিত হবে কাঁচের বাক্সে, অতীত স্মৃতিকে বাঁচিয়ে রাখার তাগিদে।

www.ingramcontent.com/pod-product-compliance
Lightning Source LLC
Chambersburg PA
CBHW040736120726
48007CB00008B/100